W0040771

PETER SCHOLL-LATOUR wurde 1924 in Bochum geboren. Ab 1950 arbeitete er als Journalist, unter anderem war er viele Jahre ARD-Korrespondent in Afrika und Indochina, ARD-Studioleiter in Paris, Fernsehdirektor beim WDR und Herausgeber des *stern*. Von 1988 an war er als freier Publizist tätig. Seine zahlreichen Bücher (u. a. »Der Tod im Reisfeld«, 1980, »Mord am großen Fluß«, 1986, »Eine Welt in Auflösung«, 1993, »Der Fluch des neuen Jahrtausends«, 2002, »Die Welt aus den Fugen«, 2012) über die Brennpunkte des Weltgeschehens waren allesamt Bestseller. Bis kurz vor seinem Tod im August 2014 in Rhöndorf arbeitete Peter Scholl-Latour an seiner Autobiographie.

*Mein Leben* in der Presse:

»Sein Lebensbericht liest sich so spannend wie die meisten seiner Reportagen … Seine Memoiren sind ein lehrreiches Zeitzeugnis des Übergangs vom zwanzigsten zum einundzwanzigsten Jahrhundert.«
*Frankfurter Allgemeine Zeitung*

»In Erinnerung bleiben wird uns Scholl-Latour als einer der großen ›Zeitschriftsteller‹. Dafür steht nicht zuletzt der vorliegende Band seiner Memoiren.«
*NZZ am Sonntag*

Besuchen Sie uns auf www.penguin-verlag.de und Facebook.

Peter Scholl-Latour

# Mein Leben

 PENGUIN VERLAG

Der Verlag weist ausdrücklich darauf hin, dass im Text
enthaltene externe Links vom Verlag nur bis zum Zeitpunkt
der Buchveröffentlichung eingesehen werden konnten.
Auf spätere Veränderungen hat der Verlag keinerlei Einfluss.
Eine Haftung des Verlags ist daher ausgeschlossen.

Verlagsgruppe Random House FSC® N001967

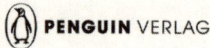

PENGUIN und das Penguin Logo sind Markenzeichen
von Penguin Books Limited und werden
hier unter Lizenz benutzt.

1. Auflage 2017
Copyright © 2015 by C. Bertelsmann Verlag, München,
in der Verlagsgruppe Random House GmbH,
Neumarkter Str. 28, 81673 München
Umschlag: any.way, Hamburg,
nach der Vorlage von buxdesign, München
Redaktion: Regina Carstensen
Satz: Uhl + Massopust, Aalen
Druck und Bindung: GGP Media GmbH, Pößneck
Printed in Germany
ISBN 978-3-328-10131-4
www.penguin-verlag.de

 Dieses Buch ist auch als E-Book erhältlich.

# Inhalt

Avant-Propos   9

Kindheit in Bochum   19

Internat in Fribourg   38

Abitur in Kassel   57

Kriegsjahre in Berlin   78

De Profundis   94
    Gestapo-Haft   94
    Lothringer Idylle   102
    Der Horror des Prager »Pankraz«   108
    Wiener Intelligenz-Zelle   117
    Die Rote Armee in Graz   122
    Zu neuen Ufern   126
    Vertauschte Rollen in Saigon   131

Frankreichs Indochinakrieg   133
    Aufbruch   133
    »Das abenteuerliche Herz«   137
    Ein »Pascha« im Reisfeld   141
    Landung in Tonking   154

Verhör in Bautzen  161
    Blau-Weiß-Rot an der Saar  171

Halbmast in Fernost  181
    »La sale guerre«  181
    Das Pressecamp von Hanoi  186
    Mao an der Schwelle von Shangri-La  197
    Nach der Niederlage von Dien Bien Phu  208
    Ein asiatischer Napoleon  213
    Die letzten Außenposten  216
    Die ersten Amerikaner in Saigon  220

Von Sartre bis Ibn Khaldun  224
    Existentialismus in Paris  224
    Eine erste Arabellion  226
    Orientalische Initiation  232
    Die Sprache des Propheten  240

Krieg in Algerien  259
    Aufruhr am Atlas  259
    Gefahr in Batna  267
    Wirrwarr in Algier  271
    Disteln in der Mitidja  276

Afrika  278
    »Im Herzen der Finsternis«  278
    Auf den Spuren Stanleys  290
    Im Schatten Lumumbas  297
    Che Guevara und die Steinzeit  304
    In den Klauen der »Simba«  308
    Verzweiflung an Afrika  313
    Geschichte eines Mordes  317
    Blauhelme und Söldner  326
    Requiem für einen Rebellenführer  331

»Facing Mount Kenya«  334

Das Ende der Mau-Mau  340

»Angola é nossa«  348

Buschkrieg auf lusitanisch  351

Gefangener der PIDE  357

Die Blume im Gewehrlauf  361

Das Ende der Algérie Française  364

Der Zorn der Centurionen  364

Wiedersehen mit Trinquier  371

Friedliches Tunis  375

Treibjagd auf Fellaghas  379

Die »blaue Nacht«  387

Friede über den Gräbern  390

»Adieu à la gloire«  393

Im Museum der Zeitgeschichte  395

Die Pflastersteine des Quartier Latin  404

Der Rußlandfeldzug des Generals  414

»Gipfel des Ruhms«  418

Unter dem Kreuz von Lothringen  422

»Die Eichen, die man fällt«  423

Epilog. Von Cornelia Laqua  431

Personen- und Ortsregister  435

Bildnachweis  445

# Avant-Propos

Welcher Dämon mag mich wohl an jenem sonnigen Nachmittag im Münchner Verlagshaus geritten haben, als ich meine Unterschrift unter den Vertrag setzte, der mich zur Niederschrift einer Autobiographie verpflichtete? Das war im Jahr 2000, wenn ich mich recht erinnere. Die finanziellen Bedingungen, die Garantiesumme, die mir zugestanden wurde, ging nicht über den bei mir üblichen Vorschuß hinaus. Ein rivalisierender Verlag, der sich offensichtlich von dieser Lebensbeichte einen sensationellen Auflageerfolg versprach, wollte mir das Doppelte bieten. Aber dann hätte ich mich unverzüglich an das Verfassen dieses Opus machen müssen, während Random House, wie sich der Buchvertrieb des Bertelsmann-Konzerns im Zuge der üblichen Verbalamerikanisierung umbenannt hatte, gar nicht versuchte, mir einen präzisen Erscheinungstermin vorzuschreiben.

Ich war damals sechsundsiebzig Jahre alt, und es mag lächerlich klingen, daß ich in diesem hohen Alter verlangte, das Projekt auf die lange Bank zu schieben, an seine endgültige Gestaltung erst heranzugehen, »wenn ich im Rollstuhl« säße, wie ich mich recht überheblich äußerte. Die Publikation einer Autobiographie, das verspüre ich auch heute noch, droht einen Schlußstrich zu ziehen unter jede schriftstellerische Kreativität. Im Unterbewußtsein könnte auch die Freude an neuen, originellen Erlebnissen erlöschen, an jenen »émotions fortes«, die meinem Leben einen Sinn gegeben haben.

Während ich diese Einleitung – gemäß dem Prinzip »nulla dies sine linea – kein Tag ohne geschriebene Zeile« – zu Papier bringe, ist der dichte, feuchte Nebel aufgerissen, der das Dorf Tourrettes-sur-Loup seit zwei Wochen in ligurische Trübsal hüllt. Am späten Nachmittag kommt jenseits der Zypressen und Agaven des Gartens eine strahlende Bläue auf, der dieser Landstrich den Namen Côte d'Azur verdankt. Über dem Esterel-Massiv, das im Mittelalter erobernden Sarazenen als Bollwerk diente, verfärbt sich der Horizont zu einem Purpurstreifen. In diesem Winter trennen mich nur noch ein paar Wochen von meinem achtundachtzigsten Geburtstag. So vermessen es klingt – bis zum Abschluß dieser Memoiren, deren Präambel ich zögernd beginne, hoffe ich, meinen weltweiten Peregrinationen, die seit sieben Dekaden andauern, noch die eine oder andere Episode hinzuzufügen.

Zu Füßen der Terrasse, die Eva ausbauen ließ, damit der Blick sich in ganzer Breite auf das Mittelmeer öffnet, umsäumt eine unberührte Waldlandschaft die steile Felsschlucht des Flüßchens Loup. An der Küste, in vierhundert Meter Tiefe und gebührender Entfernung, täuscht der Hafen Antibes ein makellos weißes Stadtbild vor. Der ursprüngliche Name Antipolis erinnert daran, daß griechische Händler diesen Strand besiedelten, lange bevor er der Provincia Narbonensis des Römischen Reiches einverleibt wurde. Jenseits der Fluten des geschichtsträchtigsten aller Binnenmeere, das mit aufkommender Dämmerung zur grauen Bleiplatte erstarrt, bilde ich mir ein, die Nähe der afrikanischen, der maghrebinischen Gegenpiste zu spüren. Wenn in heißen Sommern der Schirokko aus Süden bläst, übersprüht er die Mauern des Dorfes Tourrettes, dessen verschachtelte Silhouette einer maurischen Kasbah ähnelt, mit einer dünnen Schicht roten Treibsandes, der aus der Sahara herüberweht.

Ich werde mich bemühen, den Abschluß dieses Buches so lange hinauszuzögern, bis meine Kräfte vollends erlahmen und »Freund Hein«, wie man früher einmal sagte, seinen Schatten auf mich wirft. Vorbildlich hat sich in dieser Hinsicht Joachim Fest verhalten, dem ich mich stets verbunden fühlte. Sein Bericht über eine ungewöhnliche Jugend im Dritten Reich, »Ich nicht«, war unmittelbar vor seinem Tod erschienen. Was die ehrenden Reden betrifft, die einem mit Erreichen des biblischen Alters, bei Preisverleihungen oder runden Geburtstagen gewidmet werden, so haben sie stets den ungewollten Klang eines Nachrufs. Die Verleihung der wohl angesehensten Fernsehtrophäe bezeichnete ich denn auch als »letzte Ölung«, als quasisakramentale Zeremonie, die dem Veranstaltungsort, dem »hilligen Kölle«, gut anstand.

Als die Berliner Verlagsleitung von Ullstein meinen achtzigsten Geburtstag besonders aufwendig zelebrierte und Helmut Kohl mir die Ehre erwies, eine Laudatio zu halten, deren Wärme, intuitive Menschenkenntnis und rhetorische Kraft sich weit über die Platituden parlamentarischer Ergüsse erhob, habe ich am Ende meiner eigenen Danksagung die Anwesenden darum gebeten, auf das Anstimmen des üblichen »Happy birthday to you« zu verzichten. Seit Marilyn Monroe diesen Glückwunsch-Song im Ton eines erotischen Lustgekeuches an John F. Kennedy richtete, damit auch niemand daran zweifle, daß sie mit dem Präsidenten der USA geschlafen hatte, ist mir diese Weise ohnehin verleidet. Da mein Wiegenfest – ein recht altertümlicher Ausdruck – im März häufig mit dem Aschermittwoch zusammenfällt, zitierte ich jenen liturgischen Spruch, der jeder Lebenslage angemessen erscheint: »Memento homo quia pulvis es et in pulverem reverteris – Bedenke, Mensch, daß du Staub bist und zum Staube zurückkehren wirst.«

Mit der Niederschrift meiner »Memoiren« habe ich in den Erlebnisberichten meiner zahlreichen Bücher ja längst begonnen. Der französische Autor Chateaubriand hat seinen monumentalen Rückblick auf die Epoche Napoleons und Ludwigs XVIII. unter das Motto »Mémoires d'outre-tombe – Memoiren aus dem Jenseits« gestellt. Wenn Charles de Gaulle seine Serie von Erinnerungsbänden, die – dem Vorbild Julius Cäsars folgend – in der dritten Person abgefaßt sind, als »Mémoires d'espoir – Memoiren der Hoffnung« präsentierte, so entsprach das seiner Neigung, den französischen

Niedergang, dem er sich mit seiner Résistance verzweifelt entgegengestemmt hatte, dessen er sich jedoch schmerzlich bewußt war, mit einem Schein imaginärer »gloire« zu überstrahlen, ehe er »ce cher et vieux pays – dieses liebe alte Land« den Ungewißheiten eines weltweiten Umbruchs überließ. »La vieillesse est un naufrage – das Alter ist ein Schiffbruch«, hatte er in einem früheren Lebensabschnitt festgestellt. Damit hatte er wohl kaum seine eigene Person gemeint, sondern die tragische Gestalt des von der ganzen Nation glühend verehrten Verteidigers von Verdun, den Marschall Pétain, dessen Kapitulation vor den siegreichen Armeen des Dritten Reiches er nur als Symptom von Senilität erklären konnte.

Mein Leben sei stets »in expectatione mortis – in Erwartung des Todes« verlaufen, hatte mein verstorbener Freund Johannes Gross in einer Tischrede gesagt. Das mag durchaus zutreffen für jemanden, der schon in jungen Jahren an der Exekutionsmauer stand. Aber diese Maxime gilt für jeden Menschen, beginnt das Sterben doch mit der Geburt, bleibt der Tod die einzige Gewißheit, über die wir verfügen. Der Gedanke daran hat sogar etwas Tröstliches, denn wer möchte schon ewig verweilen in einem Dasein, das der heilige Bernhard von Clairvaux als »Tal der Tränen« beschrieb?

Ich betrachte es dennoch als eine große Gunst, daß ich meine berufliche Tätigkeit als Buchautor und Chronist der Konflikte unseres Säkulums weit über den Zeitpunkt fortsetzen durfte, der für die meisten Kollegen den Beginn einer Existenz als Rentner oder Pensionär signalisiert. Das verleitet manchen Gesprächspartner auf den unvermeidlichen »Get-together«-Veranstaltungen, die ich nach Kräften zu meiden suche, die etwas hämisch klingende Frage an mich zu richten: »Warum tun Sie sich denn in Ihrem greisen Alter diese Strapazen noch an?«, wenn ich neue Reisepläne in Zentralasien erwähne oder darauf drang, mit siebenundachtzig Jahren südlich von Kundus an einer Patrouille der Bundeswehr in Richtung auf die afghanische Provinz Baghlan teilzunehmen. Aber warum sollte ich meinem Lebensstil, dem Rausch neuer Erkundungen entsagen, bevor die körperliche Gebrechlichkeit eines nahen Todes ohnehin diesen Verzicht erzwingen wird?

Der Historiker Michael Stürmer hat meinen intimen Wesenszug gelegentlich als »heroischen Pessimismus« beschrieben. Es wäre schön, wenn ich über diese römische Tugend in vollem Maße verfügte. Als ich mit Erreichen des fünfundsechzigsten Lebensjahres aus dem Vorstand des Verlagshauses Gruner + Jahr ausschied, oblag es Johannes Gross, die »oraison funèbre« zu halten in einer Hamburger Atmosphäre voll Herzlichkeit und guter Laune, die man dieser angeblich spröden Hansestadt gar nicht zutraut. Unter allen Anwesenden verfügte wohl nur er über ausreichend gallische Bildung, um den Begriff »oraison funèbre« vorrangig auf die erhabene Prosa des Predigers Bossuet am Hof Ludwigs XIV. zu beziehen.

Mein unentwegtes Vagantentum verglich Johannes allzu schmeichelhaft mit den Irrfahrten des antiken Helden Odysseus. Auf mehr als einer Insel, fügte er schelmisch hinzu, sei dieser nicht nur auf furchterregende Ungeheuer gestoßen, sondern habe sich auch am Charme weiblicher Verführerinnen, zumal der zauberhaften Kalypso, erfreut. Da fühlte ich mich veranlaßt, darauf zu verweisen, daß im Epos Homers der legendäre Ulysses nicht nur als wagemutiger Entdecker und Freund robuster Sinne geschildert wird, sondern als »polytropos«, als Mann vieler Listen, und daß auch bei mir zweifellos der vorhandene Hang zum Abenteuer mit einem stark ausgeprägten Selbsterhaltungstrieb gepaart war.

»Hos mala polla planchthe … der viele Leiden erdulden mußte«, heißt es schon in den ersten Versen der Homerschen Überlieferung. So wie die düstere Vision des verwüsteten Troja und der erschlagenen Gefährten den hellenischen Heimkehrer auf seiner endlosen Suche nach Ithaka begleitete, so bleibt auch bei mir der Gedanke an den Wahnsinn des Hitler-Reiches und dessen Untergang als warnendes Omen präsent, verweist auf die Prekarität, der »brave new world« unserer Tage, die sich der »pursuit of happiness – der Jagd nach Glück« – verschrieben hat.

Beim Erreichen meines letzten Lebensabschnitts stelle ich rückblickend eine glückliche Veranlagung fest, dank der ich den Horror, dem ich allzu oft begegnete, instinktiv verdrängen oder als unvermeidlichen Bestandteil der »conditio humana« akzeptieren konnte. Sogar in den Träumen, die Ernst Jünger mit solcher Präzision festzuhalten pflegte, haben mich die Gespenster der Vergangenheit weitgehend verschont. So hat die simulierte Erschießungsszene an der Mauer des SD-Gefängnisses von Prag, die sich ein paar sadistische Schergen Himmlers im Februar 1945 ausgedacht hatten, keine posttraumatische Verstörung bei mir hinterlassen, sondern sie erwies sich als psychisches Stahlbad, das mir erlaubte, allen weiteren Prüfungen, die mich erwarteten, mit einer gewissen »aequanimitas« zu begegnen.

Kein Mensch schätze sich glücklich vor seinem Tod, heißt es schon bei Sophokles. Eine romantische Weise, aus dem Leben zu scheiden, wurde mir versagt, als mich vor drei Jahren ein einmotoriges Flugzeug in jene urwäldlichen bizarren Felsformationen entrückte, die aus dem dampfenden Dschungel zwischen Orinoco und Amazonas wie gigantische Spukgestalten herausragen. Der Pilot, ein reiner Indianer, steuerte plötzlich mit seiner zerbrechlichen Cessna-Maschine auf eine gigantische Felswand zu, als wollte er dort zerschellen. Unmittelbar vor dem Zusammenprall kippte er jedoch mit einer akrobatischen Volte seitlich ab. Das jähe Ende, das ich bereits vor Augen hatte, verflüchtigte sich, und ich sah mich wieder den Ungewißheiten greisen Dahinsiechens ausgeliefert, das infolge der absehbaren Verlängerung des menschlichen Durchschnittsalters auf rund einhundert Jahre mit entwürdigenden Gebrechen einherzugehen droht.

Die Vielzahl der Autobiographien, die jährlich erscheinen, läßt sich kaum noch überblicken. Wer vermag da noch Dichtung von Wahrheit zu unterscheiden? Ich gestehe gern, daß ich mit einem Gefühl des Unbehagens an diese zwangsläufig egozentrische Aufgabe herangehe, und verweise den Leser bereits darauf, daß ich gar nicht daran denke, meine innersten Seelenzustände auszubreiten oder – einer exhibitionistischen Mode folgend – meine erotischen

Aventuren zu schildern. Statt selbstgefällige Zuversicht vorzutäuschen oder in peinliche Larmoyanz zu verfallen, greife ich auf eine Anthologie der persönlichen Erlebnisse und Anekdoten zurück, die ich in diversen Veröffentlichungen notierte. Ich werde dabei jenen Ereignissen den Vorrang einräumen, in denen sich die Einzigartigkeit unseres Säkulums widerspiegelt.

Die Ausübung des Journalistenmetiers, die sich für mich rein zufällig ergab, habe ich niemals als hehre Berufung empfunden. Statt dessen vertieften sich im Verlauf der Jahrzehnte meine Zweifel an einer Profession, die sich mehr und mehr auf Effekthascherei und die Befriedigung des Massengeschmacks ausrichtet. Immerhin habe ich bei meinen politischen Analysen eine gewisse Genugtuung empfunden, daß mich ein sicheres Gespür, ein solides Studium, eine nüchterne Bestandsaufnahme vor Ort immer wieder in die Lage versetzten, so manche Schimäre der »political correctness« als Irrtum oder Lüge zu entlarven. Dazu bedurfte es keiner prophetischen Gaben. Zu den Niederungen des sogenannten »investigative journalism«, der Aufdeckung von Skandalen – im Französischen gibt es dafür den Ausdruck »fouille-merde« –, habe ich mich stets auf Distanz halten können.

Bei meiner vielfältigen Tätigkeit als Korrespondent oder Reporter habe ich niemals den Anspruch erhoben, eine »Wahrheit« zu verkünden. Das Wort »veritas« ist ein theologischer Begriff. Hingegen habe ich mich bemüht, der Wirklichkeit nahezukommen. Mit der schonungslosen Darstellung menschlicher Unzulänglichkeit bin ich nie der Illusion erlegen, die Welt verbessern zu können. Im Angesicht unerträglicher politischer Heuchelei im Namen von Menschenrechten und Demokratie blieb ich mir stets der Sentenz des genialen Komödienschreibers Molière bewußt: »L'ami du genre humain n'est l'ami de personne – Der Freund des Menschengeschlechtes ist niemandes Freund.«

Volker Schlöndorff hat einmal bemerkt, er sehe in mir eine Kombination von Stanley und Hemingway. Wenn dem nur so wäre! Ich will nicht verschweigen, daß ich mich in jungen Jahren mit dem Wunsch trug, einen zeitgenössischen Roman zu schreiben. Daß es dazu nicht gekommen ist, liegt vielleicht an dem Umstand, daß die schöpferische Imagination, die für ein solches Vorhaben unentbehrlich ist, durch die krude, unmittelbare Konfrontation mit der ernüchternden Realität, der ich pausenlos ausgesetzt war, erstickt wurde.

Eine Reihe von mir hochgeschätzter Autoren hat diese Widersprüchlichkeit überwunden und den Schwung von der eigenen Erfahrungsfolge zum literarischen Anspruch vollzogen. Ich denke dabei an Joseph Conrad, Graham Greene, Somerset Maugham, John le Carré und nicht zuletzt an André Malraux, der seine »Antimémoires« – der Titel ist ein Eingeständnis seiner einzigartigen Mythomanie – in den Dienst eines epochalen Zeitgemäldes stellte. Von Malraux stammt auch der Satz: »La vérité d'un homme c'est d'abord ce qu'il cache – Die Wahrheit des Mannes ist das, was er verbirgt«, eine Feststellung, die nicht nur den Verfassern von Autobiographien zu denken geben sollte.

\*

Wir wollen uns nicht im Grübeln verlieren. Über Tourrettes-sur-Loup ist die Nacht hereingebrochen, die »nox humida« des mediterranen Winters. An der Küste flackert der Leuchtturm von Antibes in regelmäßig rotierenden Abständen auf. Zwischen hastig treibenden Wolkenfetzen leuchten die makellosen Konturen des Halbmondes auf, des »Hilal«, wie die Araber sagen, Symbol eines expandierenden Islam. Tatsächlich greift zu Beginn dieses Jahres 2012 auf dem Südufer des Mittelmeers jener weit verzettelte Aufbruch um sich, den man so voreilig als Arabischen Frühling gefeiert hat.

Vor zwei Wochen war ich in Richtung Tunis aufgebrochen. Dank einem glücklichen Zufall beförderte mich ein nächtlicher Flug der Libyan Airways in die durch Straßenkämpfe verwüstete Stadt Misrata. Muammar el-Qadhafi behauptete sich zu jenem Zeitpunkt noch mit einem letzten Aufgebot seiner Anhänger im nahen Hafen von Sirte. Die Rückfahrt zur tunesischen Insel Djerba, die über die vom Krieg verschonte Hauptstadt Tripolis führte, bot ein eindringliches Bild von den chaotischen Zuständen, in denen die libysche Jamahiriya zu versacken droht. In kurzen Abständen wurden wir durch Straßensperren aufgehalten und kontrolliert. Die mit Kalaschnikows fuchtelnden Wüstenkrieger, die unsere Ausweise ohnehin nicht entziffern konnten, erwiesen sich als relativ harmlose Wegelagerer. Sie winkten uns lässig durch. Unser einheimischer Fahrer wußte nicht im Geringsten, welchem Stamm oder Clan, welcher »Katiba« die selbst ernannten Ordnungshüter und Freiheitskämpfer angehörten. Aber es war deutlich zu spüren, daß zwischen diesen Haufen alte Feindschaften wiederauflebten und durch die Stimmung eines religiösen Jihad zusätzlich angeheizt wurden.

Vor meinem Rückflug aus Tunis hatte ich das mir vertraute Trümmerfeld aufgesucht, das auf die legendäre, erloschene Macht Karthagos verweist. Die Legionen des Scipio Africanus hatten nach der Eroberung dieser phönizischen Metropole keinen Stein auf dem anderen gelassen. In der Post, die ich bei meiner Rückkehr nach Tourrettes vorfinde, entdecke ich einen Brief des Münchner Verlagshauses, der mich freundlich drängt, die vereinbarte Biographie an meinem neunzigsten Geburtstag zu veröffentlichen. Das Interesse eines breiten Leserpublikums sei mir gewiß. Da kommen ganz unvermittelt alte Reminiszenzen hoch.

Es ist ja bezeichnend für das hohe Alter, daß das Langzeitgedächtnis sich mit besonderer Intensität erhält. Ich sehe mich plötzlich zurückversetzt in meine Gymnasialzeit des Collège Saint-Michel im schweizerischen Fribourg. Wir pflegten damals ganze lateinische Passagen der »Aeneis« auswendig zu lernen, jenes epischen Gesangs des Dichters Vergil, der dem trojanischen Helden Aeneas gewidmet ist. Nach der Erstürmung Trojas durch die grausamen Danaer hatte er sich nach Westen eingeschifft, um im fernen Karthago von der dortigen Königin Dido mit den Ehren empfangen zu werden, die einem ruhmreichen Krieger zustanden. Der ganze Hof dieser mächtigen Frau hatte sich versammelt in der Erwartung, eine präzise Kunde des trojanischen Untergangs zu vernehmen.

Um uns die Hexameter des römischen Barden Vergil einzuprägen, der im Auftrag des Kaisers Augustus die ruhmreiche Gestalt des Aeneas zum Gründungsvater der imperialen römischen Urbs hochstilisieren sollte, memorierten wir die Verse der »Aeneis«, indem wir – dem Brauch der Peripatetiker folgend – längs der Brüstung auf und ab schritten, die die mittelalterlichen Festungsanlagen der westschweizerischen Kantonshauptstadt überragte.

Bis auf den heutigen Tag bleibt mir haften, wie der herrische Aeneas sich gesträubt hatte, vor den neugierigen und vulgären Phöniziern den unsäglichen Schmerz zu erneuern, der ihn beim Gedanken an die vernichtete Festung Troja und den Tod seiner Gefährten überkam. »Infandum, regina, iubes renovare dolorem«, begann er schließlich seinen Bericht. Es liegt mir fern, auch nur die geringste Beziehung herzustellen zwischen meinem bescheidenen Lebenslauf und der olympischen Größe antiker Heroen. Aber auf die Ermunterung meines Verlegers, doch endlich mit meiner Autobiographie zu beginnen, antworte ich – in der Hoffnung auf ausreichende Lateinkenntnisse des bearbeitenden Lektors – mit dem resignierten Satz des großen Aeneas: »Sed si tantus amor casus cognoscere nostros – Wenn wirklich eine solche Begierde besteht, mein Schicksal zu erfahren, dann fange ich eben an« – »incipiam.«

# Kindheit in Bochum

»Ich habe eine Überraschung für Sie«, sagte eine weibliche Stimme, die sich in Berlin-Charlottenburg am Telefon meldete. »Mein Vater ist in Bochum mit Ihnen zur Volksschule gegangen und hat Ihnen ein kleines Geschenk hinterlassen.« Am folgenden Tag habe ich mir den schmalen Bildband über den Bochumer Stadtteil Ehrenfeld, wo ich meine frühe Kindheit verbrachte, bei einer freundlichen Nachbarin abgeholt. Es handelte sich im Wesentlichen um Reproduktionen von Ansichtskarten, die in den zwanziger Jahren des vergangenen Jahrhunderts mit umständlichen Apparaten aufgenommen und teilweise in rötlich-brauner Tönung nachkoloriert worden waren.

Ein seltsames Gefühl überkam mich dabei, ein Gemisch aus leichter Wehmut und der düsteren Wahrnehmung, wie kurz, aber möglicherweise auch viel zu lang ein menschliches Dasein ist. Auf dem grün umrandeten Einband ist der Bülow-Platz abgebildet, an dem ich täglich auf dem Schulweg vorbeikam. Er ist nach dem Zweiten Weltkrieg in Romanusplatz umbenannt worden, in ehrendem Gedächtnis an einen wackeren Jesuiten, Pater Romanus, der in einem Konzentrationslager des Dritten Reiches zu Tode geschunden wurde. Ein eigenartiger Zufall hatte es gefügt, daß auf meiner Geburtsanzeige dem »Bochumer Anzeiger« im März 1924 ein Druckfehler unterlaufen war. Statt meiner beiden Vornamen Peter Roman stand da »Pater Roman« zu lesen. Die alten Römer hätten darin wohl ein Orakel erblickt.

Durch welchen Zufall sich meine Familie nach dem Ersten Weltkrieg im Ruhrgebiet niederließ, hat mich nie sonderlich interessiert. Vermutlich bot sich dort meinem Vater eine günstige Chance für die Ausübung seines Berufes. Meine Eltern waren beide in Elsaß-Lothringen geboren und aufgewachsen. Die Familie meines Vaters stammte ursprünglich aus dem Saarland. Er hatte in München Medizin studiert und war als Sanitätsoffizier im Ersten Weltkrieg dekoriert worden. Danach hatte er sich auf Dermatologie, damals hieß es noch »Haut- und Geschlechtskrankheiten«, spezialisiert.

Meine Mutter, die in einem Pensionat des Schweizer Kantons Neuchâtel ihr Französisch vervollkommnete, war die Tochter eines Straßburger Studienrates für antike Sprachen, der angeblich fähig war, die langen Gesänge der »Ilias« und der »Odyssee« im griechischen Urtext frei vorzutragen. Mein Vater war in Lothringen, in dem Industrieort Hayingen, groß geworden, hatte dort mit seinen Spielkameraden nur französisch parliert, bevor er im Gymnasium von Diedenhofen, heute Thionville, sein Abitur bestand. Ich erwähne diese Herkunft lediglich, um die tiefe Verbundenheit zu erklären, die beide Eltern für das umstrittene Grenzland ihr ganzes Leben lang empfanden, so wie die spontane Nähe zu Frankreich, die sie sich stets bewahrten.

In Bochum kam der zugezogene Dermatologe beruflich gut zurecht, und meine Eltern hatten sich in den zwanziger Jahren auch gesellschaftlich solide etabliert. Sie dachten jedoch mit Nostalgie zurück an den grünen Lauf der Mosel, den auch die düsteren Schatten der Hochöfen nicht verschandeln konnten, und vor allem an die hohe Silhouette des Straßburger Münsters. Wie oft hat die Erinnerung an das Elsaß und die dort verbrachte glückliche Jugend meine Mutter, eine schöne Frau mit kastanienbraunem Haar und großen grauen Augen, später zu dem Spruch verleitet: »Die Erinnerung, das ist das einzige Paradies, aus dem wir nicht vertrieben werden können.« So traf es sich gut, daß meine Geburt in einem Bochumer Krankenhaus von einer Hebamme, die aus Colmar stammte, auf gut elsässisch angekündigt wurde: »Madame Scholl, es isch a Bua.« Das geschah an einem Sonntag, aber ob mir die Glückshaut des Märchens zuteil wurde, weiß ich bis heute nicht.

Blättern wir weiter in dem kleinen Andenkenband von Bochum-Ehrenfeld. Da entdecke ich das nüchterne wilhelminische Gebäude der Drusenberg-Schule. Ihre massiven Quader haben die fürchterlichen Bombardierungen des Zweiten Weltkrieges fast unbeschädigt überstanden. Ich habe dort als guter Schüler eine heitere Kindheit verbracht. Heute kaum denkbar, die katholischen und die evangelischen Schüler waren rigoros voneinander getrennt. Selbst auf dem gemeinsamen Pausenhof vermischten sich die Konfessionen nie. Die Vorstellung, daß auch Mädchen sich in denselben Klassenräumen aufhalten könnten, kam gar nicht auf.

Von Politik war in meiner Klasse, in der sich auch zahlreiche Arbeiterkinder befanden, kaum etwas zu spüren. Die zwei Gruppen, die sich rivalisierend gegenüberstanden, zeichneten sich dadurch aus, daß die einen einen kleinen Mercedes-Stern am Revers trugen und die anderen die Ringe der Auto Union. Die Helden des Tages waren Fritz Szepan und Ernst Kuzorra, die polnischen Meisterfußballer von Schalke 04. Seltsamerweise habe ich erst dem Begleittext des Ehrenberg-Büchleins entnommen, daß in der Drusenberg-Schule während der französischen Ruhrbesatzung zwischen 1923 und 1925 eine Zahl von »Ruhrkämpfern« gefangengehalten wurde, deutsche Widerständler gegen die gallische Truppenpräsenz. Sehr spät habe ich auch erfahren, daß Robert, der Bruder meiner Mutter, der sich als Leutnant das EK I verdient hatte, an dieser deutschen Résistance beteiligt war, was ihn nicht davor bewahrte, schon in den frühen Jahren der Nazi-Herrschaft in einem KZ ermordet zu werden.

Die konfessionelle Schranke löste sich unter den Jungen von selbst auf, wenn wir in unserer Wohnung in der Bülowstraße den Garten für unsere Indianerspiele benutzten. Zu Hause, wo sich auch die Gespielinnen meiner Schwester Marie-Louise, Marlies genannt, uns zugesellten, hüllten wir uns in Bettlaken und mimten schreckerregende Gespensterauftritte. Daß wir auf diesen seltsamen

Zeitvertreib verfielen, lag wohl an der Präsenz unserer liebenswerten Haushaltshilfe Christine aus dem Münsterland. Sie kam aus einer ländlichen Umgebung von Spökenkiekern und war beim Erzählen ihrer Gruselgeschichten, an denen wir uns ergötzten, selbst zutiefst überzeugt davon, daß es Menschen gab, die mit einem »zweiten Gesicht« ausgestattet waren, die Todesfälle in allen Einzelheiten voraussagten oder gar die Geister der Verstorbenen zu unheimlichen Wiedererscheinungen veranlaßten. Bis zu meinen ersten Gymnasialjahren hat mich dieser bedrohliche Spuk fasziniert.

Bochum war seinerzeit eine halb katholische, halb evangelische Stadt. Im Ruhrgebiet manifestierten sich die Ultramontanen, wie man die Römisch-Gläubigen im Kulturkampf zu disqualifizieren pflegte, als »ecclesia triumphans«. Die Meinolfus-Kirche, wo ich getauft wurde und später zur Ersten Kommunion ging, ragte aus dem Stadtteil Ehrenfeld, dessen bauliche Erschließung ja erst zu Beginn des zwanzigsten Jahrhunderts begonnen hatte, wie eine Trutzburg heraus. Ihr Ausbau hatte sich über lange Jahre hingezogen. Für die Bemalung des Chors und des Hauptschiffes hatte sich die Diözese Paderborn zu einer Thematik entschlossen, vor der heute die meisten unserer angepaßten Geistlichen zurückschrecken würden.

Die Innenwände von Sankt Meinolfus zelebrierten die grauenvollen Visionen der Apokalypse, der »Geheimen Offenbarung« des Apostels Johannes. Da thronte Jesus als gewaltiger, unerbittlicher Richter über dem Hauptaltar und verwies darauf, daß er »Alpha und Omega – Anfang und Ende« sei. Die Fabeltiere, die Johannes auf Patmos erblickte, waren in ihrer ganzen verruchten Bosheit dargestellt. Nur auf die Hure Babylon auf dem scharlachroten Tier hatte man verzichtet, aber die vier apokalyptischen Reiter mit ihren Insignien der Vernichtung galoppierten riesengroß auf den Tabernakel zu. Seltsamerweise haben diese Sendboten der Hölle mein kindliches Gemüt nie belastet. Ich schaute mit immer neuem Interesse zu ihnen auf. Bis auf den heutigen Tag empfinde ich die Kunde dieser Endzeit-Offenbarung als einen der schönsten kirchlichen Texte, ähnlich wie mich später der Klang des »Dies irae«, der drohenden Mahnung des Jüngsten Gerichtes, die leider aus der neuen Liturgie verbannt wurde, mit besonderer Weihe erfüllte.

Bei der Fronleichnamsprozession entfaltete die »alleinseligmachende Kirche« die ganze Fülle ihres Selbstbewußtseins und die Pracht ihrer Riten, wenn die Monstranz – gefolgt von langen Kolonnen Gläubiger – durch die rußigen Straßen der Industriestadt getragen wurde. In jenen Jahren bildeten die polnischen Zuwanderer und Neubürger – überwiegend in Westpreußen als Bergleute angeheuert – unter Führung ihrer Kaplane noch gesonderte Gruppen. Sie beteten und sangen in ihrer Muttersprache. Die Machtergreifung der Nazis sollte dieser Toleranz wie überhaupt der Veranstaltung der Fronleichnamsprozession ein paar Jahre später ein Ende setzen.

Auch einem Kind verschloß sich nach Ausbruch der katastrophalen Wirtschaftskrise von 1929 nicht das bittere Elend, das weite Teile der Ruhrbevölkerung heimsuchte, und die daraus zwangsläufig resultierende politische Radikalisierung. Nach und nach kam eine Stimmung auf, die ich selbst schon als Achtjähriger als Vorboten eines Bürgerkrieges wahrnahm. Mir entging nicht, daß mehrfach am Tag Bettler an unserer Haustür klingelten. Es handelte sich keineswegs um Landstreicher oder Tagediebe, sondern es präsentierten sich rechtschaffene Arbeiter, auch bürgerlich gekleidete Personen, die der erbarmungslosen Arbeitslosenschwemme der Weltwirtschaftskrise zum Opfer gefallen waren. Die Stadt hatte zwar Armenküchen eingerichtet, vor denen sich lange Schlangen Bedürftiger bildeten, aber die verabreichte Nahrung konnte nicht sättigen. Aus der Geborgenheit einer relativ wohlgestellten Arztfamilie heraus sah ich eine massive menschliche Tragödie, an der gemessen die häufig angeprangerte »Armut« der heutigen Bundesrepublik sich als gesegnete Wohlstandsgesellschaft ausnimmt. Der Mittelstand wurde fast ebenso grausam getroffen wie das Proletariat der Werktätigen.

Die grauen Mauern der Bochumer Innenstadt verschwanden

nach und nach unter Protestplakaten einer auf Zusammenprall orientierten Parteienwelt. Ein Mann namens Adolf Hitler wurde immer wieder als Retter aus der Not beschworen oder als Verführer verdammt. Das klang manchmal recht grob: »Große Klappe, kleiner Geist – ist alles, was Adolf Hitler heißt.« Die Nazis taten sich mit antisemitischer Hetze, aber auch mit Anklagen gegen das kapitalistische System hervor. Es ging ihnen in Bochum darum, die breite Schicht der Gruben- und Stahlarbeiter, deren Hoffnungen sich auf eine starke kommunistische Partei richteten, für sich zu gewinnen, für die »Nationalsozialistische Deutsche Arbeiterpartei«. Die Front der Linken – SPD und KPD – zerfleischte sich in gegenseitigen Beschuldigungen. Der Spruch »Wer hat uns verraten? Sozialdemokraten« ist mir im Gedächtnis geblieben. Das katholische Zentrum hingegen bewegte sich unbeholfen zwischen den propagandistischen Barrikaden.

*

Beim Blättern in dem Büchlein über das »Historische Ehrenfeld« entdecke ich mehrere vergilbte Fotos der Hattingerstraße, die quer durch die Stadt verlief. An ihrem Rand lag – unweit des Hauptbahnhofs – das sogenannte Bürohaus, in dem mein Vater seine Arztpraxis eingerichtet hatte. Beeindruckend für uns Kinder war in diesem Gebäude der Paternoster, dessen Kabinen wir immer wieder bestiegen, um uns mit leichtem Schaudern über Dachboden und Keller im Uhrzeigersinn befördern zu lassen. Das altmodische Transportmittel wirkte irgendwie unheimlich mit seinem Knattern und hat mich gelegentlich bis in die Träume verfolgt.

Die wirkliche Bedeutung der Hattingerstraße, so hat sich das wenigstens in meiner Wahrnehmung erhalten, war eine ganz andere. Hier verlief eine Trennungslinie. Jenseits der mehrstöckigen Häuserschluchten begann das Arbeiterviertel, in das ein Kind aus bürgerlichem Haus sich nicht verirrte und wo sich angeblich die Rote-Front-Formation auf ihre weltrevolutionäre Stunde vorbereitete. In Wirklichkeit lebten dort kreuzbrave Leute, die in jenen Jahren einer schrecklichen Misere ausgesetzt waren. Nach der Macht-ergreifung Hitlers wurden in diesen düsteren Vierteln die Führer der KPD durch SA-Schlägertrupps sehr schnell festgenommen und in die ersten improvisierten KZ deportiert. Wirklichen Wider-stand hat es kaum gegeben, denn die Braunhemden betonten im Ruhrgebiet ihren Anspruch nicht nur auf eine nationale, sondern auch eine sozialistische Orientierung. Das Versprechen der Arbeits-beschaffung, die Hitler nach 1933 in einem verblüffenden Tempo gelang, verschaffte ihm auch bei den kleinen Leuten stürmischen Zulauf.

Aber drei Jahre früher sah alles noch ganz anders aus. Da kam es zu Saalschlachten und sogar Meuchelmorden. Revolutionäre Unruhe bahnte sich an. Die politischen Spannungen spiegelten sich im Entfalten von Fahnen. Mit zunehmendem Elend wurde Schwarz-Rot-Gold, die Fahne der Weimarer Republik und auch des frühen Aufbruchs der deutschen Demokraten beim Hamba-cher Fest, durch das wilhelminische Schwarz-Weiß-Rot ersetzt. Da-runter mischten sich die knallroten Fanale der kommunistischen Welterhebung und immer häufiger – auf rotem Grund und in wei-ßem Kreis – jenes der indischen Kultur entliehene schwarze Haken-kreuz, das von der französischen Résistance später als »l'araignée – die Spinne« geschmäht werden sollte.

Jenseits unseres Gartens erstreckte sich ein weites Baugelände, das sich vorzüglich zum Spielen eignete. Dort befand sich auch eine Bauhütte, in der sich eine seltsame Gruppe zusammenfand. Es waren meist Söhne des gehobenen Bürgertums, deren Eltern teil-weise zum Bekanntenkreis meiner Eltern gehörten. Nachträglich kommt mir der mahnende Film »Metropolis« von Fritz Lang in den Sinn, dessen Vorführung der integralen, restaurierten Fassung im vereisten Berlin des Februar 2010 so großes Aufsehen erregte. Am Bochumer Treffpunkt sammelten sich die Abkömmlinge der sorglosen Oberschicht, der »Klub der Söhne«, wie der Regisseur sie nannte – von der im Taylor-Rhythmus schuftenden Arbeiterklasse nur durch ein paar Häuserzeilen und die Hattingerstraße entfernt.

Die »Söhne« trugen braune Hemden und Hakenkreuzbinden. Sie wirkten in keiner Weise furchterregend und hefteten mir sogar ein HJ-Abzeichen an. Ich hütete mich, mit dieser Nadel in die Drusenberg-Schule zu gehen, denn dort standen die Familien der meisten Mitschüler dem katholischen Zentrum oder auch den Sozialdemokraten nah. Für Adolf Hitler verprügelt zu werden, danach stand mir wirklich nicht der Sinn.

Wenn wir bei unseren rüden Kampfspielen mit Kieselsteinen am wuchtigen Gebäude der Ruhrknappschaft – auch sie ist in der Ehrenfeld-Broschüre abgebildet – eine Fensterscheibe zertrümmerten, trösteten wir uns mit dem wenig kindlichen Argument, wir hätten ja zur »Arbeitsbeschaffung« beigetragen. Beeindruckend und irgendwie beklemmend erschienen mir in der letzten Phase vor Hitlers Machtergreifung die nächtlichen dröhnenden Aufmärsche der SA-Kolonnen mit ihren Fackeln und Standarten. Die sozialistische Gegenorganisation, das »Reichsbanner«, konnte da nicht mithalten. Die Straßen von Bochum hallten wider von den Kampfliedern, die einem Führer huldigten, der der Masse »den Glauben an Deutschland«, ein würdiges Dasein und die »Erlösung vom Versailler Joch« verhieß. Dazu hallten die Sprechchöre: »Deutschland erwache! Juda verrecke!«

Meine Eltern sprachen in Gegenwart von uns Kindern nie über Politik. Dem Typus nach sah mein Vater einem französischen Auvergnat ähnlich, unterschied sich dadurch deutlich von den überwiegend westfälisch-polnischen Einwohnern Bochums. Er hatte wohl großen Erfolg bei Frauen, und in seinen letzten Lebensjahren gestand er mir, daß er im Rückblick sein intensives erotisches Leben als »homme à femmes« als Gunst des Schicksals betrachtete. Seinen sportlichen Mut erprobte er als Ballonfahrer. Er nahm mit Freiluftballons, die den Namen Bochum trugen, erfolgreich an diversen Wettbewerben teil, und die Lüfte trugen ihn gelegentlich weit nach Frankreich und Polen hinein. Meine Mutter galt als elegant und mondän.

In jener Zeit war es nicht üblich, daß die Kinder sich bei gesellschaftlichen Veranstaltungen unter die Erwachsenen mischten. Marlies und ich beobachteten nur durch den Türspalt die Ankunft der für das Ruhrgebiet recht extravaganten Gäste, zumal der Schauspieler, die mein Vater als Theaterarzt der durch den Intendanten Saladin Schmitt zu hohem Ansehen gelangten Bochumer Bühne betreute. Seine Eitelkeit schimmerte durch, als er an das schwarze, langgezogene Kabriolett, dessen Anschaffung vermutlich etwas über unseren finanziellen Möglichkeiten lag, ein imaginäres Wappen anbringen ließ. Auf grüner Scholle erhob sich ein roter Turm für den Zusatznamen Latour, den wir in Anbetracht der noch vorherrschenden Empörung über die französische Ruhrbesetzung damals nicht in Anspruch nahmen. Mein Vater legte Wert darauf, daß ich sehr früh Reitunterricht nahm. Im Übrigen war er ein wunderbarer Erzähler. Wenn er abends an mein Bett kam, schilderte er meist geschichtliche Anekdoten und Legenden, die sich oft um die von ihm bewunderte Gestalt Napoleon Bonapartes rankten. Unsere enge Beziehung hat sich durch schwere Jahre bis zu seinem Tod im Sommer 1960 erhalten, als ich seinen plötzlich ganz leicht gewordenen Leichnam persönlich in die Bahre legte.

Meiner Mutter, der das Schicksal nach einer sonnigen Jugend später hart mitgespielt hat, gedenke ich mit Liebe und Bewunderung. Sie war gewiß keine einfache Natur, worunter gelegentlich meine Schwester zu leiden hatte, aber in den Stunden der Prüfung zeigte sie einen unglaublichen Mut und einen Stolz, den nichts brechen konnte. Für ihre Kinder hat diese ansonsten recht spröde Frau sich stets erfolgreich und unermüdlich eingesetzt, wobei ihr der weibliche Charme bis ins hohe Alter zugute kam.

Obwohl ich in jenen Jahren kein sonderlich robuster Knabe war, hatte ich doch eine Schar guter Freunde um mich gesammelt, zu denen die Nachbarn aus der Bülowstraße zählten. Meine ganze kindliche Liebe galt dem Schäferhund Ajax, der uns jedesmal begleitete, wenn wir uns – etwas außerhalb der Stadt, die damals doch von den schwarzen Schlackenhalden der Gruben und von verrosteten Fördertürmen beherrscht war – an einem trichterförmigen, gewaltigen Steinbruch vergnügten. Die steilen Felswände und der grüne Tümpel, in dem sich Kaulquappen tummelten, täuschte uns ein Stück Wildwest vor. Ich wagte mich ziemlich weit in die seitlichen Schächte, um dort nach gut erhaltenen Pflanzenabdrücken im Schiefergestein zu suchen, und brachte eine recht stattliche Sammlung urzeitlicher Versteinerungen zusammen.

*

Von früh an war ich eine Leseratte. Da es zu jener Zeit weder Radio noch Fernsehen gab und Computerspiele außerhalb jedes Vorstellungsvermögens waren, war es durchaus üblich, sich in Abenteuerromane und kriegerische Erzählungen aus der wilhelminischen Epoche zu vertiefen. Ich habe es in kurzer Zeit fertiggebracht, fast sämtliche Bücher von Karl May – es dürften rund fünfzig gewesen sein – zu verschlingen, wobei mich die Indianergeschichten von Winnetou und Old Shatterhand weit weniger interessierten als seine phantastischen Schilderungen des Orients, den der Autor nie besucht hatte, dem er jedoch auf seiner imaginären Reise von Tunesien bis in das Land der Skipetaren eine Authentizität verliehen hatte, die mich viel später, als ich mich persönlich an Ort und Stelle aufhielt, verblüffte. Man denke nur an die Karawanen, die die schiitischen Gläubigen zu den heiligen Stätten des heutigen Irak, nach Najaf und Kerbela – damals noch auf Kamelen –, transportierten.

Ich erlaube mir, in diesem Zusammenhang weit vorzugreifen in die neunziger Jahre des vergangenen Jahrhunderts, als ich als einziger Nichtkleriker von den Behörden Saddam Husseins eingeladen wurde, an einem christlichen Kongreß teilzunehmen, der unter der Ägide des stellvertretenden Ministerpräsidenten Tariq Aziz, eines chaldäischen Katholiken, Geistliche aller Länder und Konfessionen, auch der Sowjetunion, versammelte. Auf der endlosen Fahrt von Amman nach Bagdad saß ich neben einem hochrangigen Theologen des Benediktiner-Ordens, und wir kamen per Zufall auf die mysteriöse Sekte der Yeziden, der »Teufelsanbeter«, wie ihre Verfolger sie nennen, zu sprechen. Deren religiöses Zentrum im nordirakischen Kurdengebiet unweit von Dohuk sollte ich etliche Jahre später aufsuchen. Der Benediktiner hatte sich intensiv mit der eigenartigen Sekte beschäftigt und überraschte mich mit der Feststellung, daß Karl May dieser in sich verkapselten Geheimlehre des Orients erstaunlich nahegekommen war und ihrer Verehrung der gefallenen Engelschar Luzifers sogar ein hintergründiges Gedicht gewidmet hatte.

Als ich, knapp zehn Jahre alt, dazu überging, in den Kriminalromanen von Edgar Wallace zu schmökern, traf mein Vater eine sehr vernünftige und für mein späteres Leben folgenschwere Entscheidung. Er befahl mir, mich in die historischen Chroniken der großen Weltentdecker, in die Epoche der Conquistadoren und unerschrockenen Forscher zu vertiefen. Die Aura dieser durch unerschlossene Kontinente vagabundierenden Abenteurer und Forscher hat mich damals so fasziniert, daß ich den naiven, aber sehnlichen Wunsch äußerte, auf den Spuren dieser wagemutigen Männer zu wandeln und ihnen nachzueifern. Die erste Weltumsegelung durch Magellan, die Eroberung der Inka- und Aztekenreiche durch die Spanier, die Afrika-Durchquerung und Kongo-Erforschung Stanleys, der mühselige Kamelritt Sven Hedins durch die Taklamakan-Wüste des heutigen Xinjiang, die Vermessung des Pazifiks durch James Cook schlugen mich in ihren Bann und haben mich seitdem – mutatis mutandis – nicht mehr losgelassen.

Die kriegerischen Vorgänge kamen dabei nicht zu kurz. So las ich – ohne noch die erforderliche Reife zu besitzen – den Roman »Im Westen nichts Neues« von Erich Maria Remarque, und – was damals recht ungewöhnlich erschien – ein japanisches Kriegstagebuch jener Zeit, das den grausamen Eroberungskrieg der Soldaten des Tenno gegen das von Unruhen gebeutelte China schilderte. Im übrigen galt mein Interesse – und das meiner Altersgenossen – der kolonialen Expansion, die Benito Mussolini gegen das damals afrikanische Kaiserreich Abessinien vom Zaun brach. Trotz aller offizieller Beistandsbekundungen Hitlers für das faschistische Italien sympathisierten wir mit den wilden Kriegern des Negus, dessen schnelle Niederlage uns zutiefst enttäuschte.

Im Jahr 1933 waren die Nationalsozialisten an die Macht gelangt. Die ersten Erfolge Hitlers bei der Überwindung der Arbeitslosigkeit, der propagandistischen Förderung einer breiten Volksgemeinschaft, gewissen Maßnahmen einer gesellschaftlichen Nivellierung – so wurden an den höheren Schulen die bunten Mützen, an den Universitäten die Studentenkorps und Burschenschaften abgeschafft – erzeugten eine euphorische Atmosphäre nationaler Begeisterung. Doch mein Vater, der noch die Schmisse einer schlagenden Verbindung im Gesicht trug, ahnte von Anfang an Unheil, was ihn nicht hinderte, mit seinen Ballonfahrern dem NS-Fliegerkorps beizutreten. Meine Mutter versuchte, die Sorgen hinter einer verkrampften Heiterkeit zu verbergen.

Überrascht wurde ich 1934 durch die Reaktion meiner Eltern auf die blutige und ruchlose Niederschlagung des angeblichen Röhm-Putsches und die damit verbundene Ermordung höchster SA-Führer. Jetzt seien wir endlich von den widerlichen braunen Schlägertypen befreit, meinte mein Vater, und das Regime werde seine brutalen Exzesse wieder herunterstufen. Die Reichswehr, so hoffte er, werde nun zum Zuge kommen. Wer konnte schon voraussehen, daß in aller Diskretion die schwarzen Todesengel der SS von nun an das Sagen haben würden?

Als ich von den Sommerferien auf der Insel Spiekeroog mit meiner Mutter und Marlies nach Bochum zurückkehrte, war kurz zuvor Generalfeldmarschall Hindenburg gestorben, und Hitler hatte sich durch eine Volksabstimmung, die wohl kaum gefälscht war, zusätzlich zu seinem Amt als Reichskanzler auch als Reichspräsident bestätigen lassen. »Wie hast du gewählt?« fragte mein Vater meine Mutter. »Mit Nein«, antwortete sie, und auch er hatte sich gegen Hitler ausgesprochen. Ich spürte instinktiv, daß schwere Zeiten auf uns zukamen.

Einen letzten Blick werfe ich in den kleinen Bildband aus Ehrenfeld und entdecke das architektonisch recht gelungene Gebäude der Graf-Engelbert-Schule. Dort schrieben mich meine Eltern nach Abschluß meiner vierjährigen Volksschulzeit als Schüler ein. Sie begnügten sich widerstrebend mit dieser Oberrealschule und hätten mich lieber in das humanistische Gymnasium geschickt, das jedoch von unserer Wohnung allzu weit entfernt lag. Seltsamerweise erfahre ich erst durch das verblichene Büchlein über Bochum, dessen Autoren Dietmar Bleidick und Dirk Ernesti heißen, daß diese kurz zuvor gegründete Lehranstalt während der Ruhrbesatzung unter dem Namen »Caserne Foch« das französische Hauptquartier beherbergt hatte. In dieser »höheren Schule«, wie man damals sagte, gab es natürlich keine konfessionelle Trennung mehr, die von Hitler ohnehin abgeschafft worden war. Die Protestanten dürften hier in der Mehrzahl gewesen sein. Manche Lehrer gaben sich bereits als fanatische Nationalsozialisten zu erkennen, während der damalige Direktor, ein hochgebildeter, liberaler Mann, der Zugehörigkeit zu einer Freimaurerloge überführt und fristlos entlassen wurde.

Noch konnte sich die katholische Kirche auf das Konkordat berufen, das der Vatikan als erster ausländischer Staat mit dem bereits anrüchig wirkenden Dritten Reich geschlossen hatte. Als auf die Sextaner, zu denen ich gehörte, steigender Druck ausgeübt wurde, der Hitlerjugend beizutreten, bekannte sich eine weit geringere Zahl von Katholiken zu jener Jugendorganisation »Neudeutschland«, ND, die in der Weimarer Zeit in den überwiegend katholischen Reichsgebieten unter hoher klerikaler Führung eine durchaus kämpferische Dynamik entfaltet hatte. Den Neudeutschen ging es darum, die letzten Nachwehen des Bismarckschen Kulturkampfes gegen die Ultramontanen auszulöschen und gleichzeitig zu beweisen, daß sie in Anknüpfung an die glorreiche Tradition des Heiligen Römischen Reiches die besseren Deutschen und Patrioten waren.

Als ich dem ND beitrat, gehörte dessen großes Aufgebot bereits der Vergangenheit an. Fast ebenso stramm wie die HJ war die katholische Jugendbewegung in mausgrauer Uniform mit grünen Hemden zu den Klängen von Fanfaren und Trommeln angetreten.

Aber der Nuntius Pacelli, der spätere Papst Pius XII., hatte sich geirrt, als er annahm, der »Führer« wie er jetzt hieß, werde das Konkordat respektieren. Immerhin erlebte ich noch eine eindrucksvolle Kundgebung des Bochumer Neudeutschland, die durch Schlägertrupps der HJ unterbrochen wurde und in eine wüste Saalschlacht überging.

So bleiben mir vor allem die Heimabende in Erinnerung, in denen unsere halbwüchsigen Führer abenteuerliche Geschichten zu erzählen wußten und wir Choräle, aber vor allem auch Landsknechtslieder anstimmten, die für einen kirchlich orientierten Jugendbund recht seltsam klangen. Ganz war der Dreißigjährige Krieg wohl nicht aus dem kollektiven Unterbewußtsein gelöscht, wenn wir den Refrain anstimmten: »Weit laßt die Fahnen wehen / Wir woll'n zum Sturme gehen / Frisch, frei nach Landsknechtsart.«

Aus heutiger Sicht klingt es gar nicht sehr christlich, wenn der Text von zerschmetterten Mauern und eroberten Städten schwärmte. »Das wird ein lustig Leben / In unserm Lager geben / Bei Würfelspiel und Wein.« Seltsam, wie nachhaltig diese Verse sich mir eingeprägt haben. Lang hat dieser katholische Verein nicht überlebt. Seine Mitglieder wurden wenig später von der Hitlerjugend übernommen, die auf Grund ihrer Geländespiele und Sportveranstaltungen große Anziehungskraft besaß. Eine alte Komplizenschaft der ehemaligen NDler blieb dennoch erhalten und sollte nach Zusammenbruch des Dritten Reiches in den Führungskreisen der von Adenauer gegründeten CDU erheblichen Einfluß ausüben.

*

Mein Bochumer Lebensabschnitt näherte sich dem Ende. Das Unglück brach über meine Familie herein. Es wurde bekannt, daß meine Mutter, die katholisch getauft war, einer jüdischen Familie entstammte, was ich bis zur Verkündung der Nürnberger Gesetze in meiner Unbekümmertheit gar nicht wahrgenommen hatte. Da eine Ausbildung in Frankreich nicht genehmigt werden würde, beschlossen meine Eltern, für meinen weiteren Schulbesuch nach einem Internat in der französischen Schweiz Ausschau zu halten, was auf Grund der seinerzeit drakonischen Devisenbeschaffung kein einfaches Unternehmen war. Zu jener Zeit war die Welt noch klein und eng, und die Umsiedlung in die Helvetische Eidgenossenschaft, wo wir ein französischsprachiges, recht renommiertes und zutiefst katholisches Kollegium ausfindig machten, erfüllte mich mit gespannter Erwartung. Natürlich habe ich unter der Trennung von meinen Eltern und meinem Hund Ajax gelitten, aber dieser Aufbruch erschien mir auch als Sprung ins Abenteuer. Schon damals neigte ich nicht zur Wehleidigkeit. Die fünf Internatsjahre, die ich dort verbringen sollte, wurden tatsächlich zu einem der markantesten Abschnitte meines langen Lebens.

Die kurzen Ferienaufenthalte, die ich in den Sommermonaten vor Ausbruch des Krieges bei meinem Vater in Bochum und meiner Mutter in Kassel verbrachte, ließen keine nostalgische Stimmung aufkommen. Von »brideshead revisited« konnte keine Rede sein, auch wenn ich Verständnis aufbringe für Herbert Grönemeyer, der Bochum mit lyrischer Zuneigung besungen hat.

*

Es hat lange Jahre gedauert, bis ich in das total verwüstete, aber mit bewundernswerter Energie wiedererstandene Nachkriegs-Ruhrgebiet zurückfand. Im Herbst 1969 war ich auf Vorschlag des Intendanten des Westdeutschen Rundfunks, Klaus von Bismarck, zum Fernsehdirektor dieser größten ARD-Anstalt berufen worden. Ganz reibungslos war das nicht verlaufen, denn plötzlich wurde in einer Pressekampagne behauptet, dieser »Direktor aus dem Dschungel«, der in der Tarnuniform seiner französischen Fallschirmeinheit dargestellt war, sei in Wirklichkeit Offizier des französischen Nachrichtendienstes. Vor dem hochkarätig besetzten Rundfunkrat des WDR habe ich deshalb bis ins Detail meinen Lebenslauf vorgetragen, wonach ich – was äußerst selten geschieht – einstimmig durch die Repräsentanten von CDU, SPD und FDP ernannt wurde. Der ehemalige Ministerpräsident Fritz Kühn äußerte lediglich die Frage, ob ein guter Troupier auch zum Generalstäbler geeignet sei. Zu Klaus von Bismarck, mit dem Eichenlaub zum Ritterkreuz ausgezeichnet, der sich jedoch – gestützt auf die preußischen Tugenden seiner Familie – dem Nationalsozialismus stets verweigert hatte, entstand ein enges, fast freundschaftliches Vertrauensverhältnis, das sich weit über meine Dienstzeit in Köln ausdehnte.

Das Ruhrgebiet und meine Geburtsstadt Bochum gehörten zum zentralen Sendebereich der großen Rundfunkanstalt Nordrhein-Westfalens. Bei der Beisetzung des Rundfunkrat-Vorsitzenden Josef Hermann Dufhues, der mir stets besonders gewogen war, begegnete ich ganz zufällig Theo Hartmann, einem Klassenkameraden der ersten Stunde. Wir waren als Kinder eng befreundet. Der tiefverwurzelten katholischen Rechtschaffenheit seiner Familie war das völkische Neuheidentum von »Blut und Boden« stets ein Greuel gewesen. Nur im Knabenalter entstehen wohl jene mehr als brüderlichen Bindungen, wie ich sie auch mit einem ganz anders gearteten Mitschüler, Günter Esser, geschlossen hatte. Dabei waren wir recht unterschiedliche Charaktere, und das blonde Germanentum Günters bildete einen Kontrast zu meinem eher mediterranen Typ.

Mehrere Jahrzehnte waren vergangen seit meinem Aufbruch in die Schweiz, als wir uns zufällig am Rande des Mittelmeers wiedertrafen. Günter hatte es als Bauunternehmer zu immensem Wohlstand gebracht. In seiner Bochumer Villa verfügte er über eine beachtliche Sammlung französischer Impressionisten. Im Hafen von Antibes an der Côte d'Azur ankerte seine fast königliche Yacht, die das ganze Jahr über von sechs festangestellten Bediensteten gewartet wurde. Es ist seltsam, wie eine frühe Blutsbrüderschaft nach so langer Unterbrechung spontan wiederauflebt, obwohl unsere Lebensbahnen recht unterschiedlich verlaufen waren. Ein halbes Jahrhundert war verstrichen, aber wenn wir uns in das recht trübe Wasser zwischen den Îles de Lérins gleiten ließen und ich amüsiert feststellte, daß stets ein Besatzungsmitglied an der Reling darüber wachte, daß uns kein Schwächeanfall überkam, bewährte sich die alte Vertrautheit, selbst wenn das etwas protzige Schiff sich an der Reede von Saint-Tropez in jene Luxus-Armada einreihte, wo die Reichen und die Schönen ihren Überfluß zur Schau stellten.

Wenig später wurde Günter Esser von einer heimtückischen Krankheit befallen. Der Tod ließ nicht auf sich warten. Sein Bochumer Freundeskreis – darunter befand sich ein ehemaliger Angehöriger der »Leibstandarte Adolf Hitler« – war mir nur flüchtig bekannt. Mir fiel die Rolle zu, am offenen Grab des Freundes die Gedenkrede zu halten. So schloß sich der Kreis.

Völlig überraschend traf mich die Ehrung der Regierung des Landes Nordrhein-Westfalen, die mir 1999 die Professorenwürde der Ruhr-Universität Bochum als Anerkennung meiner kulturellen Leistungen verlieh. Im Rahmen des dortigen Instituts für moderne Publizistik habe ich – von Rhöndorf aufbrechend – ein paar Jahre lang vor einer sehr braven Studentenschaft weniger über den eigentlichen Lehrstoff Seminare und Vorlesungen gehalten, sondern mich dem wissenschaftlichen Terrain der »Sciences Politiques« zugewandt, wie das meinem eigenen Studium in Paris und einer lebenslangen Beschäftigung mit dem aktuellen und historisch gewachsenen Weltgeschehen entsprach. Ohne auf den erwarteten Widerspruch zu stoßen, trug ich Gedanken vor, die der damaligen »political correctness« kraß widersprachen. Dabei stellte ich mit Verwunderung fest, daß meine weiblichen Zuhörer ihre männlichen Kommilitonen, die sich zögerlich im Hintergrund hielten, durch ihre sprachliche Begabung, ihre Freude am Disput und ihren zielstrebigen Wissensdrang in den Schatten stellten.

Im Frühjahr 2007 – ich war inzwischen dreiundachtzig Jahre alt – erreichte mich die Mitteilung, die Jury eines Bochumer Großunternehmens habe mir den Medienpreis »Steiger Award« verliehen. Die Veranstaltung fand in einer zur Expositionshalle und Schaubühne umgestalteten riesigen Werkhalle statt. Meine anfängliche Skepsis wurde durch die Namen der übrigen hochprominenten Personen behoben, die ebenfalls zu dieser Verleihung angereist waren. Darunter befanden sich Hans-Dietrich Genscher, Franz Beckenbauer und manch anderer renommierter Zeitgenosse.

Sogar der afghanische Präsident Hamed Karzai war mit dem »Steiger Award« geehrt worden, und dieser umstrittene Staatsmann war tatsächlich mit einem beachtlichen Gefolge von Ministern und Leibwächtern aus Kabul ins Ruhrgebiet gereist. Am Ende der Zeremonie geriet Karzai in den Strudel der Autogrammjäger und Neugierigen. Wohl nie in seiner politischen Karriere, die von permanenten Mordanschlägen begleitet war, hatte sich das afghanische Staatsoberhaupt so leichtfertig exponiert und war einer völlig unkontrollierten Menge ausgeliefert.

An diesem Abend wurde mir eine Möglichkeit geboten, um die ich mich in Kabul vergebens bemüht hätte. Zum Dinner saß ich dem Präsidenten gegenüber, hatte Gelegenheit, mit einigen seiner Minister, die mir aus früheren Begegnungen am Hindukusch bekannt waren, zwanglos zu plaudern und dabei Informationen zu sammeln. Karzai selbst – die Lammfellmütze auf dem Kopf und in den eleganten grünen Usbekenmantel gehüllt – erwies sich als unprätentiöser, höflicher Aristokrat der paschtunischen Stammesgesellschaft. Er übernachtete in der Suite eines Hotels, das auch ich bewohnte, und wieder bestand die Gefahr eines Bombenanschlages auf diesen vereinsamten Herrscher, der nicht einmal die eigene Hauptstadt Kabul im Griff hatte und im Schatten des Todes überlebte.

Wie sehr hätte ich mir gewünscht, daß meine Mutter noch diese späten Etappen meiner Bochumer Karriere miterlebt hätte. Sie war im Alter von fünfundneunzig Jahren in Saarbrücken gestorben. Ein unscheinbarer alter Mann kam in der Festhalle aus rostendem Stahl auf mich zu gehumpelt. »Erlaubst du, daß ich dich noch duze?«, begann er. »Wir haben gemeinsam einst die Schulbank gedrückt. Später habe ich mich freiwillig an die Front gemeldet. Wir waren ja damals so begeistert und verblendet.« Ich erinnerte mich nicht mehr an diesen überlebenden Kameraden, aber mein Verständnis für sein damaliges Engagement konnte ich ihm nicht versagen.

Um am folgenden Tage zur Autobahn nach Köln zu gelangen, sind wir quer durch die Innenstadt Bochums gefahren. Mir fiel dabei das Lied Herbert Grönemeyers ein. Man muß die rheinisch-westfälische Gegend gut kennen, um seine Hymne auf Bochum zu verstehen: »Du bist keine Schönheit / Vor Arbeit ganz grau / Du liebst dich ohne Schminke / Bist 'ne ehrliche Haut / Leider total verbaut / Aber grade das macht dich aus / Du hast 'n Pulsschlag aus Stahl / Man hört ihn laut in der Nacht… Du bist keine Weltstadt / Auf deiner Königsallee finden keine Modeschauen statt… Wer wohnt schon in Düsseldorf?… Glück auf, Bochum.«

# Internat in Fribourg

Wie eine Festung des Glaubens beherrschte das Collège Saint-Michel das immer noch mittelalterlich wirkende Gassengewirr der alten Zähringer-Gründung Fribourg in der Westschweiz. Von der äußeren Steinrampe fiel der Blick auf die gotische Kathedrale Saint-Nicolas, deren Pfeiler und Rosetten wie alle Gebäude der Altstadt in grünlich getönten Sandstein gemeißelt waren. Zwischen den unversehrten Schutzmauern kriegerischer Vergangenheit fielen die gewundenen Häuserzeilen ähnlich wie im benachbarten Bern steil nach unten ab – zu den smaragdfarbenen Wassern der Sarine.

Im Jahr 1935 zog sich noch eine deutliche Trennungslinie zwischen der von bescheidenen Leuten bewohnten »ville basse«, wo sich der alemannische Dialekt erhalten hatte, und den ehemaligen Zunftgassen und Patrizierhäusern des Zentrums. Dort, wie in den modernen Alleen der Oberstadt, wurde fast ausschließlich Französisch gesprochen. Unabhängig von diesem linguistischen Zwiespalt hatte sich der Kanton Fribourg als Bollwerk des militanten Katholizismus bewährt, und das Collegium Saint-Michel hatte dazu entscheidend beigetragen.

Am Ende seiner unermüdlichen Prediger- und Seelsorgerreisen durch das Rheinland, das im Begriff stand, zum lutherischen Protestantismus abzufallen, hatte der niederländische Jesuitenpater Petrus Canisius – sein ursprünglicher Name war Peter de Hondt – in Fribourg oder Freiburg seinen letzten Kraftakt vollbracht. Er verhinderte das Abgleiten dieses eidgenössischen Kantons in die Lehre Zwinglis oder Calvins. Den bewährten Regeln seines Ordens gemäß hatte Canisius, der unter Bezug auf den heiligen Bonifatius als »zweiter Apostel Deutschlands« verehrt wurde, durch den straffen und intelligenten Ausbau des Erziehungswesens auf halber Strecke zwischen Genf und Zürich eine Bastion der römischen Kirche errichtet, deren konfessionelle Intransigenz zur Stunde meiner Ankunft in dieser strengen Lehranstalt noch unverändert erhalten war. Der Geist des Gründers der Societas Jesu, Ignatius von Loyola, lebte in den mächtigen Steinquadern fort, spiegelte sich im verzückten Antlitz der Heiligen auf den Gemälden, die die Wände der wuchtigen Innengänge säumten.

Zwar war der Jesuitenorden als Folge der konfessionellen Machtkämpfe in der Confoederatio Helvetica, die im neunzehnten Jahrhundert im Sonderbundkrieg gipfelten, aus der Schweiz ausgewiesen worden – inzwischen sind sie zurückgekehrt –, die strengen Vorschriften und religiösen Anweisungen, die der heilige Ignatius seinen Ordensbrüdern und deren Schülern hinterlassen hatte, lebten in den Mauern von Saint-Michel jedoch noch intensiv fort. Der Geist der Gegenreformation hatte sich – gestützt auf eine klerikal ausgerichtete Kantonsregierung – auf geradezu archaische Weise erhalten. Er prägte auch das fromme Korps von Erziehern, die zwar dem säkularen Klerus angehörten, die Tradition Loyolas in mancher Hinsicht jedoch kompromißloser und eifernder fortführten, als das in manchen authentischen Niederlassungen der Societas Jesu der Fall war. Nicht von ungefähr hatten die Patres von Feldkirch aus dem österreichischen Vorarlberg in Fribourg Zuflucht vor den Schikanen der Nationalsozialisten gesucht.

Bis zu meiner Aufnahme in Saint-Michel war ich ein recht verwöhntes Kind gewesen. Aber von Anfang an fühlte ich mich wohl an diesem Schnittpunkt der deutschen und der französischen Sprache, in diesem Klima einer gelungenen Symbiose zweier Kulturkreise, denen ich mich beiden zugehörig fühlte. Zudem fand ich mich recht reibungslos in einer klösterlichen Atmosphäre der Entsagung, ja der Askese zurecht, die mir bislang völlig fremd gewesen war. Meine Mutter hatte mich nach Fribourg begleitet, um im Gespräch mit dem Rektor Savoy, einer eleganten Prälatengestalt, und dem Präfekten Pasquier, der bei vielen als gefürchteter Zuchtmeister galt, für eine pflegliche Behandlung ihres Sohnes zu plädieren. Später hat sie mir erzählt, daß sie bittere Tränen vergossen hatte, als sie feststellte, daß in unserem riesigen Refektorium die Tische mit Linoleum bezogen waren und daß wir in meinem Schlafsaal, dem »dortoir«, zu vierzig Internen hinter schulterhohen Holzverschalungen auch im strengen Winter ohne Heizung übernachteten.

Der Lebensrhythmus der Zöglinge war unerbittlich. Um halb sechs früh – meist war es noch stockduster – gellte die kleine Glocke des Aufsehers durch den Schlafsaal. Der »Surveillant« – meist ein junger Geistlicher, der sich in einer bescheidenen Klause nebenan aufhielt – riß uns mit dem Ruf »Benedicamus Domino – Laßt uns preisen den Herrn« – aus dem Schlaf, und darauf antworteten wir mit einem freudlosen »Deo gratias – Dank sei Gott!«. Wer nicht schnell genug aus seiner Koje herauskroch, wurde von dem Soutanenträger durch Überschütten mit kaltem Wasser auf Trab gebracht. Zum Waschen standen uns individuelle Becken zur Verfügung, aber auf die Reinigung des Körpers wurde nicht viel Zeit verschwendet.

Wenig später bewegten wir uns in der vorgeschriebenen Formation – zwei Einzelreihen rechts und links der halligen Steingänge, der Aufseher in der Mitte – auf die Kirche zu. Dort wurde eine stille Messe zelebriert und die Kommunion erteilt. Anschließend ging es – immer noch schweigend – in gleicher Formation zu den Studiensälen in den oberen Etagen. Dort gab es eine Trennung zwischen »les petits, les moyens et les grands – den Kleinen, den Mittleren und den Großen«. Nachdem wir ein kurzes Gebet verrichtet hatten, nahmen wir eine Stunde lang in dem weiten Raum Platz, wo die Pulte von mindestens vierzig Alumni exakt ausgerichtet waren. Das Silentium wurde immer noch nicht gebrochen. Wir bereiteten uns auf den Unterricht des Tages vor.

Unsere »salle d'études« hatte bereits beim ersten Betreten einen etwas einschüchternden Eindruck auf mich gemacht. Unter einem riesigen Kruzifix thronte »le professeur« auf einem überhöhten Podest, und mir fielen gleich zwei gebückte Schülergestalten auf, die zu beiden Seiten auf den Stufen knieten und in dieser höchst unkomfortablen Stellung ihren schriftlichen Aufgaben nachkamen. Wie ich alsbald erfuhr, handelte es sich um Knaben, die die weihevolle Ruhe des Studierraums gestört, unerlaubte Lektüre ihrem Lehrstoff vorgezogen oder sich allzu intensiv mit den Nachbarn unterhalten hatten. Nach einiger Zeit der Buße wurden sie dann mit gebieterischer Geste an ihren normalen Platz zurückbeordert.

Nach einem Vaterunser brachen wir endlich um etwa halb acht zum kärglichen Frühstück auf. Die Laibe Weißbrot schnitten wir selber auf und aßen davon, so viel wir wollten. Dazu gab es Marmelade und Milchkaffee, aber keine Butter. Ein kurzes Tischgebet war das Signal zum Abmarsch in den Unterricht, der in einem Sonderflügel des riesigen Gebäudekomplexes stattfand. Dort trafen wir auch mit den Externen zusammen, jenen Mitschülern aus Fribourg, die bei ihren Eltern wohnten. Der Unterricht – bei dem Latein und später Griechisch eine wichtige Rolle spielten, aber auch Dichtung und Rhetorik – war in zwei getrennte Gymnasien unterteilt, das eine für die Deutschsprachigen, das andere für die Frankophonen.

Nach einem halben Jahr intensiven Paukens, das nicht nur meine Französischkenntnisse auf ein recht anspruchsvolles Niveau, sondern auch mein unzureichendes Latein auf den erforderten Stand brachte, übersprang ich – zur großen Verwunderung des Präfekten Pasquier – eine Klasse und war von nun an voll in das »Lycée français« integriert. Für den deutschen Literaturunterricht wechselte ich stundenweise in das alemannische Gymnasium unseres Collège über.

Der Unterricht dauerte von acht bis elf oder zwölf Uhr. Das Mittagessen wurde uns überreichlich in riesigen Schüsseln vorgesetzt. Wirklich geschmeckt hat es selten. Am Sonntag hatte jeder Interne Anspruch auf eine kleine Karaffe Rotwein, was gelegentlich zu Anwandlungen von Trunkenheit führte – der Sohn eines polnischen Obersts tat sich dabei besonders hervor –, wenn diverse Tafelnachbarn auf ihre Ration Alkohol verzichteten und sie kameradschaftlich zur Verfügung stellten.

Nach dem »Déjeuner«, wie das Mittagessen hieß, gewährte man uns endlich Raum für eine Stunde Freizeit. Dafür stand uns ein riesiger, kahler Hof zur Verfügung, der keine Spur von Rasen aufwies. Das einzige Grün wurde von ein paar kümmerlichen Bäumen gespendet, die längs der hohen Betonmauer wuchsen, die Saint-Michel nach Norden abschirmte. Unsere sportliche Vergnügung beschränkte sich auf Fußball und Volleyball. Dann wurden wir auch schon wieder durch ein Klingelzeichen in die Étude beordert, wo wir eine halbe Stunde – stets von Gebeten eingerahmt – zur Vorbereitung auf den Nachmittagsunterricht hatten, der von zwei bis vier Uhr dauerte.

In strikter Ordnung ging es danach zum »Goûter«, was aus Milchkaffee und Brot, aber dieses Mal ohne Marmelade bestand. Eine halbe Stunde Freizeit verblieb dann noch vor Beginn des Abendstudiums, das sich schweigend über zwei Stunden hinzog. Wer mit seinen Aufgaben fertig war, durfte zur Lektüre von sorgfältig ausgewählten Schriften übergehen. Zur Lesegenehmigung mußte das Buch – für den Surveillant deutlich sichtbar – hochgehalten werden.

Um sechs Uhr abends ging es zum Dîner, das sich qualitativ und quantitativ mit dem Déjeuner vergleichen ließ. Während des Essens saß der Präfekt mitsamt einem halben Dutzend Aufseher auf einer erhöhten Estrade, wo ihnen zwar keine üppigen Mahlzeiten, aber ein besseres Angebot als das der Schüler serviert wurde. Dazu gab es täglich für diese Privilegierten eine Karaffe Rotwein.

Noch eine knappe Stunde blieb uns abends, um in den Innenräumen Tischtennis zu spielen oder uns auf andere Weise die Zeit zu vertreiben. Nach einem längeren Abendgebet – wenn nicht ein feierliches Completorium in der Kirche stattfand – wurden die »Kleinen« zu Bett gebracht. Die Älteren hatten noch eine Stunde, um zu lesen, zu arbeiten oder zu plaudern. Gemeinsame Ausgänge fanden am Donnerstag- und am Sonntagnachmittag statt. Bis zur Stadtgrenze marschierten wir in Dreierkolonnen. An den Ufern der Sarine fanden je nach Jahreszeit Kahnfahrten statt. Wir sammelten auch Schlüsselblumen, aber am liebsten lieferten wir uns rüde Kämpfe und bewarfen uns mit Tannenzapfen.

Am Sonntag, dessen weihevoller Weckruf gnädigerweise erst um sechs Uhr morgens statt um halb sechs erklang, trugen wir die dunkelblaue Uniform des Collège Saint-Michel mit Goldknöpfen und einem mit Goldfäden durchwirkten schwarz-weißen Wappen des Kantons Fribourg. Ein ähnlicher Schmuck zierte auch die blaue Schirmmütze, die wir laut Vorschrift außerhalb der Mauern der Lehranstalt ständig tragen mußten.

Von der Mittelstufe an durfte bei den Spaziergängen geraucht werden, und bei gelegentlichen Ausflügen zum Bauernhof, der dem Collège gehörte, floß das Bier so reichlich, daß es auch hier zu alkoholischen Exzessen kam. Das steigerte sich noch bei der »grande promenade«. Einmal im Jahr fand eine solche Gruppenreise zu Sehenswürdigkeiten der Schweiz statt, vom Vierwaldstättersee und seinen Urkantonen bis zu der vom Calvinismus gezeichneten Stadt Genf, wo wir die Inschrift »Post tenebras lux – Das Licht leuchtet nach der Finsternis« studierten und den Sessel bestaunten, auf dem der Gründer der ketzerischen Reformierten Kirche seinen Abfall von Rom mit puritanischer Strenge vollzogen hatte.

Das feierlichste Ereignis in Fribourg, in der die unterschiedlichsten Soutanen und Nonnenhauben von angeblich vierzig Klöstern miteinander wetteiferten und von zahllosen Kirchtürmen in aller Frühe ein dröhnendes Glockengetöse erklang, war die Fronleichnamsprozession. Für dieses kirchliche Fest bereiteten wir uns auf dem großen Innenhof mit regelrechten Exerzierübungen vor, unter dem Befehl eines Schweizer Unteroffiziers, der angeblich irgendwann einmal in der Armee des Zaren gedient hatte. Beim triumphalistischen Sakramentalumzug der »Fête-Dieu« wurde unsere Uniform durch weißen Schlips und weiße Handschuhe auf den Punkt gebracht.

Fünf Jahre habe ich in dieser klösterlichen Zucht verbracht.

Vielleicht liegt es an meinem glücklichen Naturell, daß ich im Rückblick den erfreulichen Erlebnissen den Vorzug gebe und die schmerzlichen Belastungen, die zweifellos auch existierten, verdränge. Wie stand doch auf der Sonnenuhr am Hauptportal von Saint-Michel: »Dico luminas, taceo nubiles ... Ich berichte über die hellen Stunden und verschweige die düsteren.« Wer aus diesem rigorosen Tagesablauf in unserem Internat folgern würde, wir hätten eine traurige Kindheit und Jugend verbracht, der irrt. Es sind in jenen Jahren dauerhafte Freundschaften entstanden, und es herrschte eine Form der Heiterkeit, die denjenigen, die im trauten Familienkreis aufgewachsen sind, fremd sein mag. Es gab gewiß Reibungen zwischen den Deutsch-Schweizern und den »Welschen«, aber ich verspürte innerhalb dieses helvetischen Vielvölkerstaats – die Italiener aus dem Tessin, die Rätoromanen aus Graubünden kamen ja noch hinzu – einen Zusammenhalt, der uns bei der mühsamen europäischen Einigung als Vorbild dienen sollte.

Ob wir es wollten oder nicht, unsere Erzieher hatten die Ausbildung unter die jesuitische Devise gestellt: »Omnia ad maiorem Dei gloriam – Alles gereiche zum größeren Ruhm Gottes.« Es wurde in Fribourg eine Form des integristischen Katholizismus befolgt, die mit den Auswüchsen reaktionärer Aufsässigkeit, wie sie später unter den Piusbrüdern und dem Bischof Lefebvre aufkam, nichts zu tun hatte. Der Gehorsam gegenüber Rom war oberstes Gebot, selbst wenn wir uns häufig zurückversetzt fühlten in eine Ära gegenreformatorischer Unduldsamkeit. Am deutlichsten drückte sich diese Haltung in der feierlichen Hymne des Collège Saint-Michel aus. Sie huldigte dem Gründer Petrus Canisius, dessen Leichnam heute unter dem Hauptaltar bestattet ist. »Du großer Heiliger«, so begann der Choral, der auf französisch angestimmt wurde, »warst seinerzeit die Rettung Fribourgs vor dem Glaubensabfall«, und das Lied steigerte sich zu der heute erstaunlich klingenden Anrufung: »... fais que le peuple soit fidèle et le magistrat fort – wache darüber, daß das Volk treu und der Richter stark bleibt.« Ein Hauch von Inquisition schwang da mit.

Wenn ich in meinem späteren Leben ein für manche Freigeister skandalöses Verständnis für islamische Eiferer der Salafiya und für den koranischen Fundamentalismus, die »Ussuliya«, wie es bei Sayyid Qutb heißt, aufbrachte, so ist das wohl dem strengen Dogmatismus zu verdanken, dem wir in Fribourg ausgesetzt waren. Für die heutige europäische Jugend, die sich jeder Form von Transzendenz hingibt, mag das unbegreiflich und schockierend erscheinen. Bei uns hingegen war der Spruch noch geläufig, »das Blut der Märtyrer ist der Samen der Christenheit – sanguis martyrum semen Christianorum«, und damit bewegten wir uns in der Nähe jener Todesbereitschaft der islamischen Gotteskrieger, der Mudjahidin oder Pasdaran, deren höchstes Verlangen darauf gerichtet ist, als »Schahid«, als Märtyrer, zu sterben.

Unsere fromme Indoktrination fand ihren Höhepunkt im Frühherbst, wenn die Alumni – nach einer langen Ferienperiode von mehr als zwei Monaten – wieder in die Zucht genommen wurden. Es fanden dann jene Exerzitien statt, die Ignatius von Loyola seinen Jüngern vorgeschrieben hatte. In dieser Woche war strengstes Silentium geboten. Es durften nur erbauliche Schriften gelesen werden. Post wurde nicht zugestellt und der Tagesablauf durch eine Vielzahl von Gebeten diktiert. Den eigentlichen Kern dieser geistlichen Besinnung bildeten die Predigten und Vorträge, die uns laut Vorschrift des Ordensgründers von den Schrecken der Hölle über die Hoffnungen des Fegefeuers zur Kontemplation der ewigen Seligkeit emporführen sollten. Am Ende dieser »Gehirnwäsche«, wie man heute sagen würde, waren auch die rebellischsten Naturen gebrochen oder zumindest unter Kontrolle gebracht.

Ich habe mich stets der deutschsprachigen Exerzitiengruppe angeschlossen, denn dort traten Geistliche auf, die, mit großen rhetorischen Gaben ausgestattet, dem nationalsozialistischen Deutschland den Rücken gekehrt hatten, ja mit knapper Not der Verhaftung durch die Gestapo entkommen waren. Auch in der Schweiz mag es den einen oder anderen Kreis gegeben haben, der mit dem Hitlerismus sympathisierte und im Dritten Reich die Rettung vor der

drohenden Bolschewisierung Europas sah. Innerhalb der geweih-
ten Mauern von Saint-Michel fanden solche Verirrungen keinen
Widerhall. Die Zeitzeugen, die aus Deutschland entkamen, warn-
ten eindringlich vor dem braunen Neopaganismus, der sich unter
dem Hakenkreuz mächtig entfaltete.

*

Das große Weltgeschehen hatte unsere Abgeschiedenheit keineswegs verschont, wie ich mit zunehmender Reife feststellte. Bei Ausbruch des Spanischen Bürgerkrieges stellte sich Solidarität mit der
von Anarchisten und Kommunisten bedrängten katholischen Kirche Iberiens ein, zumal einige Dutzend Mitschüler aus Madrid und
Barcelona bei uns aufgenommen wurden, deren Familien eindeutig für General Franco Partei ergriffen hatten. Von dem der katholischen Kirche häufig angelasteten Antisemitismus war bei unseren Professoren nichts zu spüren. Zwar führten wir am Karfreitag
bei der Fürbitte für die »infideles Judaeos« keine Kniebeuge aus,
weil angeblich die Juden Jesus mit einer solchen Huldigung ver-
höhnt hatten, aber die einzige antisemitische Kundgebung vor der
Synagoge von Fribourg, die ich jemals wahrnahm, ging von einem
Trupp polnischer Studenten aus, die an der nahen Dominikaner-
Universität immatrikuliert waren.

Hingegen beeindruckte uns während der Exerzitien der mystische Hinweis des wortgewaltigen Dominikaner-Paters Erasmus
Berner. Er erwähnte die Verfolgung der Kinder Israel in Deutschland, ahnte auch schon das Grauen der geplanten »Endlösung«, als
er verkündete: »Warum werden denn die Juden so grausam verfolgt? Warum droht ihnen die Vernichtung? Doch nur, weil Satan
seine Wut austobt an dem Volk, aus dem die Jungfrau hervorging,
die Mutter Christi, die zur Erlösung der Menschheit von ihrer Ver-
dammnis beitrug.«

In den Sommerferien besuchte ich meine Eltern in Bochum und
in Kassel, wo meine Mutter zu meiner Großmutter gezogen war,
der gütigsten Frau, die ich in meinem Leben getroffen habe. Um

die Untätigkeit der langen Ferienmonate zu überbrücken, wurden vom Collège sogenannte »Colonies de vacances« überwiegend im Kanton Wallis eingerichtet. Wir kletterten in den Felsen und näherten uns den Gletschern des Hochgebirges. Damals entfaltete sich noch die Farbenpracht der Alpenrosen, unterbrochen von blauem Enzian, auf den Hängen des Valais. Untergebracht waren wir in Schulen und schliefen auf Strohsäcken.

Meine Eltern hatten mit dem befreundeten Latein- und Französischlehrer Yves Bonfils, keinem Geistlichen, vereinbart, daß ich einige Zeit in dessen Familie am Freiburger Ufer des Neuchâteler Sees verbrachte. Das Städtchen Estavayer war von beinahe mittelalterlicher Ursprünglichkeit und vom Tourismus noch völlig unberührt. Dem Aufenthalt in der Familie Bonfils, die in fröhlicher Harmonie und ergebener Frömmigkeit über ein großes Haus verfügte, verdanke ich vielleicht, daß ich mir nicht den bäuerlich klingenden Akzent des im Kanton Fribourg verbreiteten Französisch aneignete, »le boltz«, wie man sagte. Vergeblich habe ich mich hingegen bemüht, Schwyzerdütsch zu lernen. Mit dem Fahrrad besuchte ich die historische Landschaft der Westschweiz und wurde mir dabei der bedeutenden militärischen Rolle bewußt, die die Eidgenossenschaft einst gespielt hatte. Der Kampf zwischen Karl dem Kühnen von Burgund, der eine Wiedergeburt des lotharingischen Zwischenreichs anstrebte, wurde durch die gefürchteten Schweizer Landsknechtshaufen entschieden. So hatten wir im Geschichtsunterricht gelernt, daß der stolze Burgunder »in Grandson das Gut, in Muten den Mut, in Nancy das Blut« verloren habe.

Politische Abstinenz wurde im Collège Saint-Michel nicht geübt. Bei den ansonsten harmlosen kabarettistischen Aufführungen, die im kleinen Theatersaal stattfanden, trat immer wieder der »Führer« des Dritten Reiches als groteske Witzfigur auf die Bühne. Der Präfekt Pasquier gab mir anschließend den Rat, darüber nicht in meinen Briefen an meine Eltern zu berichten. Als Zeitungslektüre stand uns die lokale Zeitung »La Liberté« zur Verfügung, aber auch »Die Weltwoche«, die seitdem manchen Kurswechsel vollzogen hat. Über die Realität des Dritten Reiches, das damals noch von einer Woge deutscher Begeisterung getragen wurde, machte ich mir ohnehin keine Illusion. Das Buch des ehemaligen Nazi-Gauleiters von Danzig, Rauschning, der sich mit dem Regime überworfen hatte, war auf Französisch unter dem Titel »Hitler m'a dit« erschienen. Es enthielt eine Ansammlung eindringlicher Warnungen an die Demokratien des Westens, von denen die meisten sich vollauf bewahrheiten sollten.

Daß wir nicht ganz der Frömmelei und dem religiösen Wahn verfielen, verdankten wir der Verwurzelung unseres Unterrichts im klassischen Geschichtsbild der Antike. Wir lebten ständig unter Bezug auf die Helden von Hellas und Rom. Unsere erste lateinische Lektüre richtete uns unter dem Titel »De viris illustribus« auf jene römischen Tugenden aus, denen das Imperium seine Größe verdankte. Später versetzte uns die »Aeneis« des Vergil in die Sagenwelt des trojanischen Untergangs. Im Griechischunterricht begannen wir zwar – der Einfachheit halber – mit der Übersetzung des Markusevangeliums, gingen aber sehr bald zur Lektüre der »Odyssee« über. Unsere Verbundenheit mit dem heidnischen Pantheon der Antike gipfelte in einer von der Schülerschaft mit großem Aufwand inszenierten Aufführung des »Oedipus Rex« im Kantonaltheater. Als bescheidener Sänger reihte ich mich in jenen schaudernden Chor ein, der das Unglück der Atriden mit seinen Klagen begleitet.

Körperliche Strafen oder leibliche Züchtigungen hat es in Fribourg niemals gegeben. Wir wußten, daß die Jesuiten von Feldkirch einst Linealschläge auf die Finger ihrer Alumni, die sogenannten »Tatzen«, als Disziplinarmaßnahme vornahmen und daß man in den bayerischen Klosterschulen kräftige Watschen austeilte. In Saint-Michel bestand offenbar gar kein Bedürfnis danach. Die Person des Präfekten Joseph Pasquier flößte so viel Respekt, Achtung, gelegentlich auch Furcht ein, daß jede ernsthafte Auflehnung an seiner Präsenz erstarrt wäre. Dieser relativ kleingewachsene Kanonikus hielt sich stets kerzengerade in seiner schwarzen Soutane. Das bäuerlich harte Gesicht mit den blauen Augen wurde von schlohweißen Haaren im Borstenschnitt gekrönt. Jeden Sonntagabend verlas er die Verhaltens- und Fleißnoten seiner Zöglinge. Als ich einmal auf der untersten Stufe dieser Bewertung mit drei Sechsen landete – ohne recht zu wissen, warum –, traf mich das härter als eine Tracht Prügel. Im Lauf der Jahre habe ich die strenge Vatergestalt zu schätzen und zu verehren gelernt, obwohl er stets auf strikte Distanz zu seiner jugendlichen Herde bedacht war.

Die Kontakte zu unseren Geistlichen hatten sich übrigens nie zu privater Vertraulichkeit entwickelt. Sie nahmen uns lediglich die Beichte ab. So kann ich auch versichern, daß es in unserem Collège kein einziges Mal zu unsittlichen Entgleisungen oder Sexualdelikten an Minderjährigen gekommen ist, wie sie heute Schlagzeilen machen. Als eine kleine Gruppe von Schülern des homosexuellen Verhaltens überführt wurde, fand ihre fristlose Entlassung statt. Ansonsten muß ich gestehen, daß das Aufkommen der Pubertät bei den meisten von uns, die allenfalls beim Blättern im Lexikon Larousse die künstlerische Darstellung nackter weiblicher Körper wahrnehmen konnten, nicht unproblematisch verlief.

Bei der Rekrutierung des weiblichen Küchen- und Reinigungspersonals, so beklagten wir uns, hatten die zuständigen Nonnen, die über unser leibliches Wohl auch in der Krankenstation wachten, angeblich die häßlichsten, oft körperlich wie geistig behinderten Mädchen des Kantons Fribourg ausgesucht. Zu unserer Erbauung wurde im städtischen Kino ein Film über den Wüstenheiligen Charles de Foucauld vorgeführt. Bevor dieser französische Offizier, der im Herzen der Sahara in seiner Klause von Tamanrasset von aufständischen Tuareg ermordet wurde, den Weg zur christlichen Tugend, zu Keuschheit und Askese fand, hatte er ein recht frivoles Leben im Stil der Belle Époque geführt. In diesem frühen sündhaften Lebensabschnitt des Lieutenant de Foucauld waren auf der Leinwand die laszive Erscheinung und der üppige Busen seiner Mätresse zu sehen. Während die Dominikaner-Mönche auf den Sitzen neben uns die Hand vor die Augen hielten, um der Versuchung des

Fleisches zu entgehen, starrte ich wie gebannt auf die üppige, verlockende Weiblichkeit. Das Bild der drallen, blonden Kokotte ist häufig in meinen nächtlichen Träumen aufgetaucht.

Ich war etwa vierzehn Jahre alt, als das nationalsozialistische Deutschland eine Serie großer Erfolge feierte. Der »Anschluß« Österreichs an das »Reich« weckte böse Ahnungen in der Schweiz. Der Abschluß des Münchner Abkommens über die Herauslösung des Sudetenlandes aus dem tschechischen Staatsverband ließ zwar flüchtige Hoffnung auf eine internationale Entspannung aufkommen, aber die widerlichen Pogrome der »Reichskristallnacht«, die darauf folgten, lösten bei unseren Lehrern Abscheu und Entsetzen aus.

Der konservative Katholizismus, der damals die politische Ausrichtung des Kantons Fribourg bestimmte, war gewiß nicht philosemitisch gestimmt. Die Freigeisterei jüdischer Intellektueller galt bei vielen Geistlichen als Ferment gesellschaftlicher Zersetzung, und der Anteil jüdischer Revolutionäre, die – mit russifizierten Namen – dem Bolschewismus in Rußland zum Durchbruch verholfen hatten, war beachtlich. Doch die mörderischen Exzesse der rassistischen Ideologie von Blut und Boden wurden durchweg als teuflische Verwerfung christlicher Werte empfunden.

Am ersten Tag des deutschen Angriffsfeldzugs in Polen – er fiel in die Zeit der Sommerferien – hielt ich mich bei meiner Mutter in Kassel auf. Ich weiß nicht, wie es meinem Vater damals gelungen ist, die notwendigen Devisen für eine Verlängerung meines Studienaufenthalts in der Schweiz lockerzumachen. Er hatte mit Fassungslosigkeit die schändliche Passivität beobachtet, mit der die französische Regierung Daladier trotz der offiziellen Kriegserklärung die Niederwerfung Polens durch die Wehrmacht Gewehr bei Fuß hingenommen hatte.

Meine Rückkehr in die Schweiz gestaltete sich problemlos, hat sich mir jedoch als einzigartiges Erlebnis eingeprägt. Die Eisenbahnstrecke, die ich benutzte, verlief nämlich von Rastatt bis Basel in unmittelbarer Nähe des Oberrheins zwischen den Panzersperren der deutschen Siegfried-Linie, des Westwalls, auf der einen und den gigantischen Betonkasematten der französischen Ligne Maginot mitten durch das vermeintliche Frontgebiet. Die Reisenden beobachteten mit Staunen, wie ungezwungen sich deutsche Landser und französische »Poilus« in Sichtweite voneinander bewegten und gar nicht daran dachten, in Deckung zu gehen. Im Vorfeld ihrer Verteidigungsanlagen spielten sie Fußball und winkten sich gelegentlich sogar beschwichtigend zu. Es war bisher kein einziger Schuß gefallen. Kein französischer Artillerist wäre auf die Idee gekommen, den deutschen Eisenbahnzug auf dem nahen Gegenufer unter Beschuß zu nehmen.

So sah sie also aus, die »drôle de guerre«, der seltsame Krieg, zu dem der französische Generalstab sich bereitgefunden hatte, der »komische Krieg«, wie die Übersetzung auch lauten könnte. Man mag sich vorstellen, mit welcher Entrüstung gewisse französische Offiziere der erschlafften Dritten Republik auf diese kriegerische Farce blickten, mit welcher ohnmächtigen Wut zumal ein gewisser Oberst Charles de Gaulle, der in seinen strategischen Essais für einen Bewegungskrieg der Panzerwaffe plädiert hatte, auf den Verzicht seines Oberbefehlshabers, des Generals Gamelin, der auf jede offensive Aktivität reagierte.

Der Überfall der Sowjetunion auf Finnland im Winter 1939, der eine Folge des Hitler-Stalin-Paktes war, veranlaßte unsere Erzieher von Saint-Michel, für das Überleben dieses kleinen, wackeren Landes, das sich der Bolschewisierung widersetzte, ein zusätzliches Vaterunser unserem langen Abendgebet anzufügen, das wir auf den Stühlen kniend verrichteten. Zu jener Zeit genoß ich ein paar bescheidene Privilegien. So durfte ich mich nach der sonntäglichen Vesper mit meiner Schwester im Café Leimgruber treffen. Marlies war inzwischen ebenfalls in einem Pensionat, Sainte-Agnès genannt, untergekommen. Bei ihren Mitschülerinnen hieß ich »Chateaubriand« auf Grund meines damaligen Lockenkopfes und einer oberflächlichen Ähnlichkeit mit dem französischen Schriftsteller gleichen Namens, der mit seinem Werk »Le Génie du christianisme« bei den Nonnen von Sainte-Agnès in hohem Ansehen stand.

An anderen Sonntagen durfte ich der Einladung zum Mittagessen folgen, die ich einem Externen meiner Klasse verdankte. Henri de Meyer gehörte jenem frankophonen Freiburger Kleinadel an, dessen Mitglieder ihre Nobilität im Dienste der französischen Könige erworben hatten. Der Vater Henris war Oberst des Schweizer Heeres, ein hoher Rang in diesem kleinen Land, das nur in Kriegszeiten einen General ernannte, um das Oberkommando zu führen. Colonel de Meyer äußerte sich mir gegenüber natürlich nicht über die Befürchtungen und Planungen der Schweizer Milizarmee, deren Wehrpflichtige die volle Uniform samt Gewehr ständig im heimischen Schrank aufbewahrten, um im Ernstfall binnen kürzester Frist mobilisiert werden zu können.

Aber dem Tischgespräch entnahm ich, daß im Fall eines deutschen Angriffs, der darauf hinzielen würde, durch eine Flankenbewegung über helvetisches Gebiet die damals weit überschätzte Maginot-Linie zu umgehen, das Alpenvorfeld notfalls geräumt würde. In das mächtige Felsmassiv rund um den Sankt Gotthard hingegen hatte man tiefe Stollen und Festungsanlagen gesprengt, dort auch Waffen und Munition gestapelt, um den potentiellen Aggressor abzuschrecken. Tatsächlich kam man 1940 in Berlin wohl zu dem Schluß, daß die Schweiz in ihrem Widerstandswillen nicht zu unterschätzen sei und der Versuch ihrer Eroberung einer unnötigen Kräfteverzettelung gleichkomme.

Während die Eidgenossen – von allen Seiten durch die Achsenmächte eingeschlossen – über den Freihafen Genua und eine eigene Handelsflotte ihr materielles Überleben sicherten, fanden sich die Berner Behörden zu diskreten Vereinbarungen über den Transit deutschen Nachschubs für die in Nordafrika, dann in Italien kämpfenden Wehrmachtsverbände bereit. Jedenfalls war Colonel de Meyer, ein autoritätsbewußter, stolzer Mann, nicht der Typus, der im Fall eines deutschen Übergriffs die Waffe gestreckt hätte.

Der Mai 1940 versetzte die Schweiz in höchsten Alarmzustand.

Niemand hatte mit dem schmählichen Zusammenbruch der französischen Armee gerechnet. Die Welschschweizer waren bestürzt und fast verzweifelt, aber auch die Masse der alemannischen Bevölkerung bereitete sich auf das Schlimmste vor. Als der Schweizer Nachrichtendienst meldete, eine starke Wehrmachtskolonne bewege sich in Richtung Basel, wurde die Generalmobilmachung angeordnet. Die Formierung des Bürgerheeres vollzog sich ohne Verzögerung und nach Plan. Mir war schon immer aufgefallen, wie strikt die Disziplin bei den eidgenössischen Soldaten war. Das begann damit, daß jedem Rekruten der Schädel völlig kahlgeschoren wurde. Der eine oder andere unserer geistlichen Lehrer erschien in jenen Tagen in der Uniform eines Reserveoffiziers und genoß besondere Hochachtung.

Um Quartierreserven zu schaffen, wurde das Collège Saint-Michel als militärische Unterkunft requiriert, der Unterricht abgebrochen, und die Internen wurden nach Hause geschickt. Für mich entstand die seltsame Situation, daß ich als einziger Zögling in den gespenstisch leeren Räumen übrigblieb und ganz allein in dem riesigen Dormitorium übernachtete. Die Internatsleitung gewährte mir in diesen zwei Wochen eine totale Freiheit, in der ich mich sehr schnell zurechtfand.

In aller Frühe stand ich dem einen oder anderen unserer Abbés als Messdiener zur Verfügung, was jedesmal mit der damals für uns recht ansehnlichen Summe von 50 Rappen oder Centimes entlohnt wurde. Die Mahlzeiten nahm ich gemeinsam mit den Professoren ein und genoß die bessere Qualität des Menüs. Der Präfekt überreichte mir sogar den Schlüssel zu der engen Pforte, die in die hohen Abschirmmauern unseres Freizeithofes eingelassen war, so daß ich zu jeder Tages- oder Nachtzeit die Freiheit der Stadtluft genießen konnte.

Der Dramatik der kriegerischen Situation – es sah ja damals so aus, als hätte Hitler bereits den »Endsieg« an seine Fahnen geheftet – war ich mir voll bewußt. Dennoch bleiben mir diese zwei Wochen einer völlig ungebundenen Existenz als herrliches Erlebnis in Erinnerung. Mir kam zugute, daß ich vom ersten Tag an Anschluß an eine Gruppe von Externen meiner Klasse fand, die sich als kleines Jazz-Orchester zusammengetan hatten. Das Repertoire war recht bescheiden. Ich erinnere mich vor allem an die endlos wiederholte »Beer Barrel Polka«, die in der französischen Fassung in dem Vers gipfelte: »Chantons la bière et l'amour – Laßt uns das Bier und die Liebe besingen.«

Von wirklichen Liebesabenteuern waren wir in unserer Unschuld noch weit entfernt, aber die gelegentliche ungezwungene Nähe junger Mädchen löste manche Verkrampfung. Meine Kameraden – es waren nicht mehr als ein halbes Dutzend – meinten es wirklich gut mit mir. Ich war unfähig, irgendein Instrument zu spielen, und auch nicht in der Lage – wie die von ihren Eltern betreuten Externen –, mich an der Belieferung mit Kuchen und Bier zu beteiligen. Doch niemand nahm mir meine Rolle als »pique-assiette«, als Schnorrer, übel. Zu später Stunde, wenn ich – leicht angeheitert – den magischen Schlüssel zog, um in die Festung Saint-Michel zurückzukehren, empfand ich eine Spur von Triumph.

An einen Abschluß meiner Gymnasialzeit in der Schweiz, an ein Baccalauréat, war allerdings nicht mehr zu denken. Jede Geldüberweisung war von nun an gesperrt, und ich richtete mich darauf ein, ab Herbst 1940 nach Deutschland zurückzukehren. Meine Eltern hielten bereits nach einem geeigneten Gymnasium Ausschau. Der Abschied von dem Präfekten Pasquier bleibt mir in starker Erinnerung. Meine Hochachtung für diesen strengen Erzieher war in den letzten Monaten noch gewachsen. Als Abschiedsgruß gab er mir die fromme, für ihn essentielle Mahnung auf den Weg: »Restez fidèle à vos pratiques religieuses – Bleiben Sie Ihren religiösen Praktiken treu!«

Ich beabsichtige nicht, in diesem Buch eine Beichte abzulegen. Ein sehr frommer Mensch bin ich im Lauf meines Lebens nicht gewesen, aber der Kirche habe ich die Treue gehalten. Die »pratiques religieuses«, die mir empfohlen wurden, haben sich ihrerseits gründlich und meiner Ansicht nach bedauerlich verändert, seit das Konzil Vatikan II ein fraglos notwendiges »Aggiorna-mento« vornahm. Die neue Messe in der jeweiligen Landessprache war kaum noch wiederzuerkennen. Die schönsten Verse aus den Psalmen wurden gestrichen, und der Liturgie wurde allzu oft eine protestantische Kargheit auferlegt. Die bisherigen Fastenregeln, die ja wirklich keine übertriebene Anforderung an die Kasteiung der Gläubigen stellten, wurden im Zuge einer anpasserischen Toleranz aufgehoben. Daß der Priester nunmehr zur Gemeinde gewandt, statt in Richtung auf Gott und Jerusalem die Messe zelebrierte, wi-dersprach jeder überlieferten Tradition. Eine Reihe von Pfaffen be-mühte sich sogar, den Gottesdienst in ein fröhliches Musical, in ein Happening abzuwandeln, um dem vermeintlichen Zeitgeist Rech-nung zu tragen. In den Predigten war von Metaphysik und Jensei-tigkeit kaum noch die Rede.

Die katholische Kirche hat sich selbst ihres strahlenden Deko-rums und damit ihrer Anziehungskraft für viele einfache Gemüter, zumal auch in Übersee, beraubt. Die Reduzierung des Heiligenkul-tes, die Abschaffung einer ganzen Reihe bewährter Schutzpatrone, deren Vita ohnehin der Legende angehörte, entsprach der törich-ten Konzession an einen modischen Modernismus. Wieviel kon-sequenter und erfolgreicher hielten da der Islam und die russische Orthodoxie an den ererbten Formen der Frömmigkeit fest. Die Aufdeckung zahlreicher Fälle von Pädophilie in diversen Ordens-anstalten – Vorgänge, die wir uns in Fribourg nicht einmal vorzu-stellen wagten – sollten mich viele Jahre später mit tiefer Traurig-keit und mit Zorn erfüllen.

Aber wenden wir uns wieder dem Schicksalsjahr 1940 zu. Ich weiß nicht, welchem Zufall Marlies und ich es verdankten, daß wir vor der endgültigen Abreise aus Helvetien gemeinsam mit unserem Betreuer und Freund Yves Bonfils zwei Wochen in der herrlichen Umgebung von Zermatt verbringen konnten, auch wenn wir nicht über das Training und die Ausrüstung verfügten, das Matterhorn zu besteigen.

Frankreich hatte kapituliert. Die Schweiz war nunmehr auch

an ihrer westlichen Juraflanke von der deutschen Besatzung umschlossen. Der Übergang von Basel, den ich während der »drôle de guerre« benutzt hatte, unterlag jetzt einer militärischen Sperrung, so daß ich bei Bregenz und dem seit 1938 von Deutschland annektierten Vorarlberg die Grenze überschritt. Die Einreisekontrolle verlief locker, aber mich schockierte die flegelhafte Bemerkung, die ein »ostmärkischer« Zollbeamter an seinen Schweizer Kollegen richtete: »Ihr Eidgenossen seid als Nächste an der Reihe und werdet bald Bestandteil unseres Großdeutschen Reiches sein.«

# Abitur in Kassel

Liegt es an meinem Bemühen um die Tugend der »aequanimitas«, der psychischen Ausgeglichenheit, die ich beharrlich anstrebe? War es ein schützender Engel, der seine Hand über mich hielt? Entspricht es vielleicht nur meiner Veranlagung, tragische Ereignisse rückblickend zu verharmlosen? Jedenfalls erscheinen mir die vier Kriegsjahre, die ich anschließend an meine Schweizer Internatszeit in Deutschland verbrachte, in einem unziemlich günstigen Licht. Bin ich durch die Abgründe dieser kurzen Phase kriegerischer Triumphe des Dritten Reiches und der bald einsetzenden nagenden Angst vor dem Untergang mit der Naivität eines »Candide« gestolpert?

Auch in diesem Lebensabschnitt will ich den Leser nicht mit meinen seelischen Zuständen belasten. Wo immer es möglich ist, werde ich auf die Episodenform des Schelmenromans zurückgreifen. Der »Simplicissimus« des Chronisten Grimmelshausen, mit dem ich mich später in einer Nebenthese meiner Promotion an der Sorbonne befassen sollte, war vielleicht einem ähnlichen Überlebensdrang entsprungen. »Der Wahn betrügt«, heißt es dort immer wieder.

Ich habe es als eine wohltuende Bestätigung empfunden, als mir ein Kasseler Schulkamerad im Jahr 2007 eine schmale Broschüre zukommen ließ, die dem Direktor der Wilhelmschule in Kassel, Wolfgang Paeckelmann, gewidmet war. Unter dessen Obhut habe ich nach dem Ausscheiden aus der klösterlichen Umgebung von Saint-Michel meine letzte Gymnasialzeit bis zum Abitur in Kassel verbracht. Ich lasse einen verstorbenen Oberstudienrat zu Wort kommen, der meinen Glücksfall beschreibt.

»Die Wilhelmschule in Kassel«, so schreibt Dr. Friedrich Walsdorff in seinem Jubiläumsheft, »war in den Zeiten der NS-Diktatur eine friedliche Insel in den Stürmen von Politik und Propaganda. Das ist das Verdienst ihres damaligen Leiters Wolfgang Paeckelmann. Noch verlief das Schulleben in den staatlich verordneten Formen vom Hitlergruß bis zum Flaggenhissen und bis zu den Feiern und den dabei gehaltenen Ansprachen. Wenn heute jemand den Wortlaut einer solchen Rede lesen könnte, würde er wohl den Kopf schütteln über manche bombastische Phrase, wie sie der Führerkult damals forderte. Aber kein Schulleiter hätte diesen Stil vermeiden können, wenn er nicht das Amt verlieren wollte, an das er sich durch die Verantwortung für seine Lehrer und Schüler gebunden fühlte. Paeckelmann war kein Provokateur, sondern stets bemüht, sein Schiff mutig und vorsichtig durch die Klippen zu steuern. Er hat auch die Erziehungsarbeit der Hitlerjugend in körperlicher Übung und disziplinierter Gemeinschaft gebilligt, aber der Indoktrinierung seiner Schüler durch die nationalsozialistische Weltanschauung hat er sich aus seinem christlichen und freiheitlichen Denken heraus mit Erfolg widersetzt.«

Meine plötzliche Verpflanzung aus der mönchischen Atmosphäre christlicher Spiritualität in die neuheidnische Zielsetzung der nationalsozialistischen Volksgemeinschaft verlief deshalb weit reibungsloser, als ursprünglich zu befürchten stand. Die Stadt Kassel war überwiegend protestantisch geprägt. Das dortige Bürgertum trauerte mehrheitlich dem Wilhelminischen Kaiserreich nach, und in dem Maße, wie es sich nicht begeistert zum »Führer« und Reichskanzler bekannte, herrschte bei ihm eine deutsch-nationale Grundstimmung vor.

Wolfgang Paeckelmann, dem ich viel zu verdanken habe, brauchte keine patriotische Gesinnung vorzutäuschen. Wie die meisten Männer seiner Generation betrachtete er den Versailler Vertrag als ein Schanddiktat, das man den Deutschen aufgezwungen hatte. Aber die Ideologie von Blut und Boden, die rassischen Exzesse des »Mythos des XX. Jahrhunderts« lehnte er instinktiv und resolut ab. Und natürlich trug er am Jackenrevers das weithin sichtbare Hakenkreuzabzeichen der NSDAP, aber ohne gewisse formale Konzessionen an das Regime hätte er sich als engagierter Erzieher an der Spitze einer renommierten Lehranstalt nicht behaupten können. Der Direktor des W. G., wie wir damals zu sagen pflegten, war lutherischer Christ, doch er ging keinerlei Pakt mit der auf Hitler eingeschworenen evangelischen Kirche des Reichsbischofs Müller ein. Die renitente Minderheit der »Bekennenden Kirche«, wie sie der Pastor und ehemalige U-Boot-Kommandant Niemöller verkörperte, stand ihm wohl viel näher, obwohl er diese Verbundenheit nach außen nicht zu erkennen gab.

In den Erinnerungen des verstorbenen Studienrats Friedrich Walsdorff entdecke ich eine Passage, die mich unmittelbar berührt. Er nennt den Zusammenhalt des Lehrerkollegiums, das mit ganz wenigen Ausnahmen das »politisch mildere Klima des Wilhelmgymnasiums« gewährleistete. »Es wurden Erzieher dorthin überwiesen«, so heißt es weiter, »die in der politischen Spannung anderer Schulen bedrückt oder gar gefährdet waren. Der Anteil katholischer Lehrer war relativ hoch. Auch stand das Schülerheim in der Ruhlstraße, das vom Salesianer-Orden getragen wurde, der Wilhelmschule nahe … Die Wilhelmschule unterschied sich durch ihre christlich-konservative Prägung von allen anderen Schulen in Kassel. Dieser Ruf veranlaßte viele Eltern aus bestimmten Kreisen dazu, uns ihre Kinder zu schicken, mehr aber war es das Vertrauen, das sie zu Paeckelmann persönlich hatten, daß ihre Kinder bei ihm geborgen seien.«

Aus diesen Überlegungen heraus hatten auch meine Eltern beschlossen, mich in diese ziemlich einzigartige Lehranstalt zu integrieren, zumal das katholisch ausgerichtete Internat, das mich als Internen aufnahm, die konfessionelle Kontinuität meiner Erziehung gewährte. Es gab erstaunliche Nischen der Verweigerung in der von der Propaganda Joseph Goebbels' weitgehend gleichgeschalteten öffentlichen Meinung des Dritten Reiches. Es waren jedoch nicht die Salesianer, die die geräumige Jugendstilvilla der Ruhlstraße betreuten – wie Studienrat Walsdorff annahm –, sondern es war eine kleine Gruppe von Brüdern des Marianisten-Ordens, einer Kongregation, die im schweizerischen Fribourg übrigens das Internat der Villa Saint-Jean besaß und bei den konservativen katholischen Kreisen der laizistischen Französischen Republik in hohem Ansehen stand.

Die Gauleitung von Hessen oder wer auch immer im Parteiapparat das Sagen hatte, duldete nicht, daß diese kleine Schar von Außenseitern von ordinierten Priestern, von Patres des Marianisten-Ordens, betreut wurde. Es mußten also ungeweihte Fratres in die Bresche springen. In der Position des »Chefs«, wie wir ihn nannten, bewährte sich der Bruder Heinrich Seger, auf dessen Meriten und auf dessen Löwenmut ich noch zu sprechen komme. Die Confratres, die ihm zur Seite standen, waren von bescheidenem Format und genossen bei ihren Alumni geringe Achtung. Der Chef hingegen, ein Mann naiven, aber felsenfesten Glaubens, war unerschütterlich im Vertrauen auf Gott und seine Kirche. Daraus leitete sich seine Autorität ab, die auch der Minderheit protestantischer Mitschüler, ja sogar jenen vereinzelten Zöglingen Respekt einflößte und strikten Gehorsam abverlangte, deren Väter der offiziellen Staatsideologie nahestanden.

Wie es diesem wackeren Streiter in Christo gelungen ist, das Spitzelsystem der Gestapo zu überlisten, bleibt mir bis heute ein Rätsel. Zwar mußte die kleine Hauskapelle der Ruhlstraße in einen Versammlungsraum verwandelt werden. Aber neben dem feierlichen Hochamt am Sonntag in der Pfarrkirche, das die katholischen Internen in geschlossener Formation aufsuchten, fanden in unmittelbarer Nähe der Wilhelmschule auch an Wochentagen spezielle Schülermessen statt, die von einer imponierenden Prälatengestalt zelebriert wurden. Dieser Fels in der Brandung, Dr. Dr. Ranft, hat es in der kirchlichen Hierarchie auch nach dem Krieg nicht zur Würde eines Bischofs gebracht, die ihm zweifellos zustand. An der

Wilhelmschule lehrte er Latein, Französisch und Religion für diejenigen, die sich zum Religionsunterricht meldeten. Seine Schwester, die den Haushalt führte, war mit meiner Mutter befreundet. Durch sie waren meine Eltern vermutlich erst auf diesen bescheidenen Kern katholischer Frömmigkeit aufmerksam gemacht worden, in dem ich mich schnell heimisch fühlte.

Ich will hier nicht das umstrittene und peinliche Thema des Verhältnisses des Vatikans und vor allem des Papstes Pius XII. zum Dritten Reich abhandeln. Aber wie kompromißbereit sich mancher Bischof – animiert durch den Kardinal Bertram – auch gegenüber den Nazis verhalten mochte, die große Mehrheit der Geistlichen, der einfache Klerus mitsamt einem Stamm unerschütterlicher Gläubiger, hat wohl – gestützt auf die männlichen und vor allem weiblichen Ordensgemeinschaften – in unverzagtem Widerspruch verharrt gegen die Vergötzung und das geradezu dämonische Charisma des »Führers«.

Ich erinnere mich an einen Franziskaner-Pater, der die Massenhysterie, aber auch die ehrliche Begeisterung, die auf den Reichsparteitagen hochbrandete, die geradezu magische Anziehungskraft, die der Mann aus Braunau auf die Mehrheit der Bevölkerung ausübte, mit dem Auftreten des »Antichrist« verglich, dessen höllisches Blendwerk – einem alten Mythos zufolge – die nahende Parusie des Heilands und Erlösers sowie die Posaunen des Jüngsten Gerichts ankündigen würde. Schon polemisierten gewisse Parteibroschüren gegen die verderbliche Verschwörung von Juden, Freimaurern und Jesuiten.

Ein einfacher Mann wie Heinrich Seger spürte mit sicherem Instinkt, daß das braune Regime den Tag des »Endsieges« abwartete und mit Rücksicht auf die in der Wehrmacht tapfer kämpfenden Katholiken einen Aufschub gewährte, um schließlich zum Vernichtungsschlag gegen die artfremde, zutiefst »ungermanische« Lehre des Nazareners auszuholen. Wie geschickt unser Heimleiter zu manövrieren verstand, ergab sich aus dem Text des täglichen Abendgesangs, den unsere Gruppe von knapp dreißig Schülern vorm Zubettgehen anstimmte. Das Lied begann durchaus patriotisch: »Kein schöner Land in dieser Zeit / als hier das unsre weit und breit«, aber es endete mit einer Anrufung Gottes: »... der Herr im hohen Himmel wacht; / in seiner Güten uns zu behüten, / ist er bedacht!«

Die meisten Insassen der Ruhlstraße stammten aus den katholischen Enklaven – Fritzlar zum Beispiel –, die sich im überwiegend evangelischen Kurhessen erhalten hatten. Aber dazu kamen auch Zöglinge aus Bremen, Leipzig, Baden und Frankfurt. Es entstanden sehr schnell enge Freundschaften. Da war der Frankfurter Ernst Henkel, dessen Bett neben dem meinen stand und der am Abend meiner Ankunft unermüdlich mit mir plauderte, um – wie er mir später gestand – mich vor der Depression zu bewahren, die er nach der Entfernung aus dem trauten Familienkreis empfunden hatte. Ich erwähne auch Gerhard Unzner, der sich mit scharfem Verstand über die Weltanschauung der Nationalsozialisten mokierte. Unter den Jüngeren befand sich Wilhelm Hankel, der sich nach dem Krieg als Professor für Ökonomie, als enger Mitarbeiter des Finanzministers Karl Schiller einen Namen machte.

Kommen wir auf die Wilhelmschule selbst zu sprechen, wo ich eine deutsche Jugend kennenlernte, die bei ihrer Erziehung zum »Herrenmenschen« einer intensiven Ideologisierung ausgesetzt war. In der Hitlerjugend sollte sie zu einer Gattung erzogen werden, die »flink wie Windhunde, zäh wie Leder und hart wie Kruppstahl« wäre. In dieser völlig ungewohnten Umgebung kam ich mir selbst recht exotisch vor. Doch von Anfang an stieß ich auf eine Sympathie und Kameradschaft, die mir in bester Erinnerung bleibt.

Ein Außenseiter war ich dennoch. Ich rechnete ja noch auf Französisch, entwarf den Aufbau meiner Aufsätze, »le plan«, wie man in Fribourg sagte, in der Sprache Voltaires und schrieb »Literatur« mit einem doppelten t, wie das der lateinischen und der davon abgeleiteten französischen Orthographie entsprach. Seit dem phänomenalen Sieg über Frankreich waren erst ein paar Wochen vergangen, und so hänselten mich meine Klassenkameraden – ohne jede Boshaftigkeit oder Häme übrigens – gelegentlich als »unser gallisches Beutestück«.

Die Anpassung an den deutschen Lehrplan war nicht ganz einfach, wurde mir jedoch durch die Lehrerschaft erleichtert. Unter den Paukern befanden sich extrem unterschiedliche Charaktere. Im Biologieunterricht, den Paeckelmann in meiner Klasse persönlich vornahm, wurde uns extreme rassistische Hetze erspart. Dafür mußten wir uns die vier Sorten einprägen, die angeblich die Typologie des deutschen Ariers prägten. Bevorzugt war natürlich der nordische, blonde, blauäugige Mensch mit Langschädel. Zur Volksgemeinschaft gehörten aber auch die fälische und die dinarische Gruppe. Letztere siedelte vor allem in den Alpengegenden. Die ostische Masse jenseits der Elbe war im Lauf der Jahrhunderte assimiliert und aufgenordet worden. Ein paar westische Einsprengsel in Pfalz und Saarland wurden ebenfalls akzeptiert. Der Schuldirektor besaß genügend Humor, um uns darauf hinzuweisen, daß sein Rundschädel nicht zum Idealbild des nordischen Helden paßte, und mein eher mediterranes Erscheinungsbild wurde von den Mitschülern als »westisch« eingestuft.

Für den Lateinunterricht war Studienrat Eisner aus Bayern zuständig, der als praktizierender Katholik Distanz zur vorherrschenden Weltanschauung wahrte. Meine Kenntnisse der Sprache Ciceros und Vergils waren dank meiner humanistischen Ausbildung in Fribourg denen meiner Mitschüler weit überlegen, die sich immer noch mit dem »Bellum gallicum« Julius Cäsars quälten. »Bilden Sie sich nichts ein, Scholl«, pflegte Eisner meine linguistische Überlegenheit zu dämpfen, »unter den Blinden ist der Einäugige der König.« Im Griechischen waren wir in Saint-Michel immerhin bis zur »Odyssee« vorgedrungen. Aber auf die Sprache der Hellenen hatte die Wilhelmschule verzichtet, seit man sie in ein Realgymnasium umgewandelt hatte. Wirkliche Schwierigkeiten bereiteten mir die Fächer Physik und Chemie, mit denen ich bislang überhaupt nicht in Berührung gekommen war.

Der Englischunterricht war in Kassel ziemlich weit fortgeschritten, aber hier halfen mir meine Sprachbegabung und der frühe Privatunterricht des Rektors Savoy von Saint-Michel weiter, so daß ich meine erste Arbeit bereits mit »sehr gut« abschloß. Diese Beurteilung war um so bemerkenswerter, als unser Englischlehrer Lukas einer der wenigen zutiefst gläubigen Nationalsozialisten im Lehrkörper war. Er fungierte sogar als eine Art germanischer Heidenpriester und nahm bei besonders rassebewußten Paaren Trauungen im Namen Wotans und Freias vor. Dabei wirkte Lukas in keiner Weise fanatisch oder gar furchterregend. Er erschien mir eher als ein verschrobener Kauz, der zwar auf die enge Verbindung zwischen britischem Imperialismus und Weltjudentum verwies, wie sie sich in der Figur des Premierministers Benjamin Disraeli auf dem Höhepunkt viktorianischer Machtentfaltung trefflich demonstrieren ließe, aber ansonsten war er ein sehr verträglicher Mensch.

Der Zeichenlehrer Gottwald, der ein breites Berlinerisch sprach, paßte sich zwangsläufig den propagandistischen Vorschriften an. So mußten wir ein Plakat über die Gewinnung der neuen deutschen Ostgebiete entwerfen. Gemeint war wohl der Warthegau, der weit nach Polen hineinragte. Mir fiel nichts Besseres ein, als rauchende Schlote und reifende Kornähren zu zeichnen, über denen eine strahlende Sonne aufging. In deren Ball hatte ich sogar – wenn ich mich recht erinnere – ein Hakenkreuz eingetragen. Anerkennung brachte mir diese klägliche Anpassung nicht ein: »Der Scholl is ein janz amusischer Mensch«, lautete die amüsierte Bewertung.

Mehr Glück hatte ich beim Musikunterricht. Zwar mangelte es mir auch in diesem Fach an Begabung, aber der junge Studienrat Maser, der als Soldat in Frankreich gedient hatte und dort ein Verhältnis zu einer Französin aufrechthielt, übertrug mir die Niederschrift seiner Liebesbriefe an die gallische Freundin in der Sprache Molières. Meine gute Benotung war gesichert. Mehrheitlich hatte ich es mit einer Lehrerschaft zu tun, die man als deutschnational bezeichnen konnte, die sich für die ersten Siegesmeldungen aus dem sich ausweitenden Krieg durchaus begeisterte, aber die finsteren Exzesse des Regimes mit zunehmender Sorge beobachtete.

Eine hervorragende Rolle im nationalsozialistischen Erziehungssystem spielten natürlich der Sport und die körperliche Ertüchtigung. Bei meinen geistlichen Betreuern in der Schweiz hatten wir allenfalls ein wenig Leichtathletik betrieben nach dem Motto »Mens sana in corpore sano«. Der heilige Paulus, der auf Grund einer Passage in seinen Briefen an die Gemeinden Anatoliens als Schutzpatron der Sportler galt, war als übergroßes Fresko am Eingang unserer dortigen Turnhalle dargestellt.

Jetzt stieß ich in Kassel auf Altersgefährten, die im Geräteturnen geübt und in diversen Kampfsportarten gedrillt waren. Meine mangelnde Vertrautheit mit Reck und Barren konnte ich jedoch durch Muskelkraft und Bereitschaft zu Mutproben ausgleichen. Der etwas flapsig auftretende Sportlehrer Jakob bot mir Gelegenheit, mich zu bewähren. Zumal beim Boxen machte er sich einen Spaß daraus, mich gegen Malchow, den kräftigsten Schläger unserer Klasse, antreten zu lassen. Immerhin gelang es mir, mich gegen Malchow zu behaupten, und wenn ich am Ende einer Runde auch eindeutig mehr Schläge eingesteckt hatte als mein Gegner, proklamierte Jakob – wohl auch, um Malchow zu ärgern: »Die Schweiz« – damit war ich gemeint – »hat wieder einmal nach Punkten gesiegt.«

Was mich an meinen Mitschülern am positivsten beeindruckte, war der spontane Gemeinschaftsgeist, zu dem man sie – auch im Sinne der vorherrschenden Ideologie – erzogen hatte. Seinen Nachbarn auf der Schulbank bei Klassenarbeiten abschreiben zu lassen, wurde nicht scharf gerügt, sondern vom Lehrbeauftragten beinahe wohlwollend zur Kenntnis genommen. Ansonsten herrschten rauhe, fast brutale Umgangsformen. Vor Beginn des Unterrichts kam es immer wieder aus reinem Übermut zu ausgelassenen Rüpelspielen, die mit allen greifbaren Gegenständen ausgetragen wurden. Bei einer dieser dröhnenden Auseinandersetzungen – das Treppenhaus war demoliert, dessen Eisengitter und Rosetten wurden als Stoßwaffe und Wurfgeschosse eingesetzt – löste das wutschnaubende Auftauchen Wolfgang Paeckelmanns einen sofortigen Abbruch des Tumults und Rückkehr zu strikter Disziplin aus. Wir saßen regungslos auf unseren Bänken. »Die Verantwortlichen dieser

Verwüstung sollen sich melden und aufstehen«, schrie der Direktor die Klasse an, und alle erhoben sich gemeinsam wie ein Mann.

Im Deutschunterricht wurden meine Aufsätze meist positiv benotet. Als uns das Thema gestellt wurde, welche Gedanken unser Erwachen am frühen Morgen begleiteten, und ein Mitschüler sich besonders linientreu erweisen wollte, indem er versicherte, der Glaube an den »Führer« und dessen geniale Weitsicht enthebe ihn zu dieser frühen Stunde jeglicher Sorge oder Nachdenklichkeit, stieß er immerhin auf milde Kritik und auf den Verweis, daß auch die Eigenverantwortlichkeit zum Wesen einer rechten deutschen Gesinnung gehöre.

Als es galt, ein Thema unserer Wahl zu behandeln und ein beliebiges Buch dafür auszuwählen – ich hatte mir den »Père Goriot« von Balzac vorgenommen –, war der Schüler Wichert, der zu den wenigen gehörte, der gelegentlich regimekritische Witze erzählte, in der Hoffnung auf gute Beurteilung auf das Buch »Jud Süß« verfallen. Welches denn der Autor dieser Biographie sei, fragte der betont intellektuell, fast dandyhaft auftretende Studienrat Herke, der auf Grund extremer Sehschwäche vom Wehrdienst befreit war. Als er den Namen des Schriftstellers Feuchtwanger hörte, brach er in ein schallendes Gelächter aus. Mir selbst hatte er dringend angeraten, auf meine ursprüngliche Absicht, »Das einfache Leben« von Ernst Wiechert zu besprechen, zu verzichten. Dieser Autor sei zu »ostisch« in seiner Geisteshaltung. Sehr viel später erfuhr ich, daß Wiechert als Nazi-Gegner vorübergehend in das Konzentrationslager Buchenwald eingewiesen worden war, eine Erfahrung, die er nach dem Krieg in seinem Bericht »Der Totenwald« niederschrieb.

Bei anderer Gelegenheit hatte uns derselbe Studienrat folgende Bildbeschreibung als Klassenarbeit aufgetragen: »Caspar David Friedrichs ›Mönch am Meer‹ als romantisches Kunstwerk«. Dank einem seltsamen Zufall ist mein damaliges Manuskript erhalten geblieben. Ein paar Passagen, vor allem aber die Bewertung dieses Aufsatzes, der im Nachhinein etwas schwülstig klingen mag, will ich hier zitieren. Nach detaillierter Betrachtung der öden Küstenlandschaft, in der sich die winzige Gestalt des Mönchs verliert, heißt es in meinem Exposé: »Der Himmel öffnet sich in gewaltiger Tiefe auf der ganzen Breite des Bildes. In einigen locker gebauschten Wolkenfahnen finden wir die Dünen des Bodens und den Wellenschlag des Meeres wieder ... In diesen riesigen Räumen von Land, Wasser und Luft geht einsam und winzig ein Mensch auf und ab. Der Körper hat etwas von der schlanken S-Linie der gotischen Skulpturen. Sein Kopf ist leicht zu Boden gesenkt, und seine Gestalt, in eine braune Mönchskutte gekleidet, die auf einen Minoriten schließen läßt. Auf dem Rücken hält er mit verschränkten Händen sein Brevier ... Ohne den Mönch im Vordergrund könnte die gesamte Landschaft das Chaos des ersten Tages der Schöpfung darstellen. Es ist keine Pflanze da, keine Blume, kein Baum, auch kein Tier, nur leblose Monotonie und darüber das Licht.

Die Präsenz des Franziskaners hingegen vermittelt den Eindruck vom letzten Tag der Welt, als sei alles Lebendige abgestorben und als sei dieser Mensch, der sinnend oder betend auf und ab schreitet, der letzte seiner Art ... Es ist anzunehmen, daß dem Bild ›Der Mönch am Meer‹ die Legende vom Heiligen Augustinus am nordafrikanischen Strand von Bône zu Grunde liegt ... Augustinus ging grübelnd am Strand des Mittelmeers auf und ab und bemühte sich vergebens, ein tiefes Geheimnis der Theologie mit seinem menschlichen Verstand zu ergründen. (Es handelte sich um das Mysterium der Dreifaltigkeit) ... Als der Kirchenvater in Ratlosigkeit verharrte, so erzählt die Legende, trat ein Engel auf ihn zu und belehrte ihn, daß alles Wissen und alles Streben des Menschen ihn auch nicht eine Stufe weiterzubringen vermöge in der Erkenntnis der ewigen Wahrheiten. Nach dieser Erleuchtung scheint das Bild gemalt, während der Mönch aufblicken will über die Begrenztheit der Materie in die leuchtende, verheißungsvolle Unendlichkeit des Himmels. Nicht das strahlende Licht der Sonne Gottes, die der Mensch nicht ertragen könnte, strömt vom Himmel, sondern es verbreitet sich der milde bläuliche Schein des Vertrauens und der Geborgenheit in Gott. Es entsteht aber zugleich durch den Gegensatz der kahlen Küste ein eindringliches ›memento mori‹, eine Sehnsucht nach der Unendlichkeit.«

Nach einer summarischen Betrachtung des Gegensatzes zwischen Klassik und Romantik – der ideologischen Zwänge der Epoche wohl bewußt – fand ich einen Abschluß, in dem sich die Kasuistik meiner jesuitischen Erziehung widerspiegeln mochte. Ich zögerte nicht, auf ein Zitat von Joseph Goebbels zurückzugreifen: »Man hat unsere heutige Geistesrichtung ›stählerne Romantik‹ genannt, als eine Synthese von Romantik und Klassik definiert. Das bedeutet: Wir lehnen das Übersinnliche, Verträumte der Romantik ab, haben aber mit ihr das Bedürfnis nach ideellen Werten gemeinsam.« – Mit roter Tinte hatte Dr. Herke seine Beurteilung an den Rand geschrieben: »Die Erklärung des Bildes durch die Augustinus-Legende ist mehr als ein geistreicher Einfall. Die ganze Arbeit zeugt von tiefem Eindringen in den Geist der Romantik. Auch unsere heutige Begrenzung dieses Geistes wird am Schluß klar ausgesprochen. Sehr gut.«

Überschwengliche Deutschtümelei konnte man meiner Klasse nicht vorwerfen. Bei der Lektüre der »Minna von Barnhelm« fiel mir die Rolle des französischen Hochstaplers Riccaut de la Malinière zu, und ich versuchte, dessen kurze französische Sentenzen im getragenen Tonfall der Comédie Française vorzutragen. Das löste spontanen Applaus aus. »Corriger la fortune« ist mir im Gedächtnis geblieben.

In der letzten Phase vor der Einberufung zur Wehrmacht veranstalteten wir den damals üblichen Bierabend, bei dem in Erwartung des ungewissen Schicksals, das uns allen bevorstand, der Alkohol reichlich floß und die Stimmung ausgelassen war. Es blieb nie aus, daß ich von meinen Kameraden, bei denen ich eine bemerkenswerte Beliebtheit genoß, aufgefordert wurde, ein französisches Chanson zum besten zu geben. Sehr umfangreich war mein diesbezügliches Repertoire nicht. So griff ich immer wieder auf das Lied der Filmschauspielerin Danièle Darrieux zurück: »J'attendrai toujours ton retour… – Ich werde stets auf deine Rückkehr warten…

Die Zeit eilt dahin und schlägt traurig im Rhythmus meines beschwerten Herzens… – dans mon cœur si lourd.«

Ich will bei diesem Rückblick durchaus nicht die düsteren Vorahnungen verschweigen, die Prekarität meiner Situation, der ich mir stets bewußt war. Meine Mutter lebte jetzt unweit von Kassel in Harleshausen, und ich ging sie häufig besuchen. Sie wohnte dort in einer kleinen Wohnung inmitten der mächtigen Eichenmöbel und einer umfangreichen klassischen Büchersammlung, die ihr mein verstorbener Großvater hinterlassen hatte. Die Terrasse öffnete sich auf ein weites Getreidefeld, an dessen Rand eine Flakbatterie beim Auftauchen britischer Bombergeschwader ihr nächtliches Feuerwerk veranstaltete. Meine Mutter verschmähte es, nach irgendeiner Deckung zu suchen, und so blickten wir ungerührt auf die zuckenden Mündungsfeuer und die »Christbäume«, mit denen die Flieger Albions ihre Ziele aufhellten.

Mein Vater hatte sich aus einer seltsamen Laune heraus zur Wehrmacht gemeldet, diente als Oberstabsarzt der Luftwaffe und genoß große Bewegungsfreiheit in diversen besetzten Ländern, zumal Griechenland, wohin er versetzt wurde. Als im Hauptquartier der Wehrmacht der Plan reifte, in gewaltiger Zangenbewegung über Ägypten einerseits und den Kaukasus andererseits die britischen Positionen im gesamten Mittleren Osten auszuhebeln, war er einer in Aufstellung befindlichen Orienttruppe zugeteilt worden, die unter dem Befehl des Generals Felmy stand. In diesem bunten Haufen waren Nordafrikaner, die in französischen Gefangenenlagern rekrutiert wurden, geflüchtete Araber der gescheiterten Aufstandsbewegung Rashid el-Ghailanis aus dem Irak, Inder und diverse Kaukasus-Völkerschaften vertreten.

Am liebsten hätte mein Vater auch mich in dieser abenteuerlichen Einheit gesehen. Wenn er mich in Kassel besuchte, erteilte er mir in der Gewißheit, daß wir auf die eine oder andere Weise in Kriegshandlungen einbezogen würden, einen Rat, der mich beeindruckte. Bei allen Unternehmungen sollte ich mich getrost freiwillig melden, außer wenn es darum ginge, irgendwelche Menschen zu erschießen, dann solle ich irgendeine Unabkömmlichkeit vortäuschen. Das phantastische Projekt der Orienteroberung durch das Dritte Reich blieb am Ende ein Märchen aus »Tausendundeiner Nacht«. Als der deutsche Vormarsch im Kaukasus zum Stocken kam und Rommel bei El Alamein zum Rückzug gezwungen wurde, befanden sich die Vorauselemente der Truppen Felmys in der Kalmückensteppe und wurden dort beim sowjetischen Durchbruch in Richtung Stalingrad aufgerieben.

Zwischendurch tat mein Vater im Luftwaffenlazarett Braunschweig Dienst. Ich verbrachte dort ein paar Tage und besichtigte – mit einem weißen Kittel angetan – die »Ritterburg«, die Abteilung für Geschlechtskrankheiten. Seit der Eroberung Griechenlands war plötzlich die Syphilis, die vor dem Krieg in Deutschland fast verschwunden war, wieder mit bedenklicher Häufigkeit aufgetreten. Zur Behandlung war man damals noch auf Neosalvarsan angewiesen. Bei mehreren Verwundeten der Ostfront, so erfuhr ich, fand man gelegentlich die alten Mitgliedsausweise der Kommunistischen Partei Deutschlands vor, die vor der Machtergreifung Hitlers über eine beachtliche Gefolgschaft verfügt hatte. Diese ehemaligen Kommunisten hatten für den Fall einer Gefangennahme durch die Rote Armee die vergilbten Papiere wieder herausgeholt. Die Sanitätsoffiziere waren menschlich genug, in solchen Fällen die Dinge auf sich beruhen zu lassen und keine Meldung zu erstatten.

Die Rückschläge des Rußlandfeldzuges hatten zu einer Steigerung des nationalsozialistischen Vernichtungswahns geführt. Die Klänge der Sondermeldungen – durch die »Préludes« von Franz Liszt ins Pathetische gesteigert – bewirkten bald düstere Ängste. Insgeheim hatte wohl die Mehrheit der Bevölkerung auf ein Bündnis mit der Sowjetunion gehofft, um dem Britischen Empire den Todesstoß zu versetzen, noch bevor die USA ihr erdrückendes materielles Gewicht in die Waagschale warfen. An den Litfaßsäulen mehrten sich die blutroten Anschläge, die die Hinrichtung von »Volksverrätern« anprangerten. Meistens handelte es sich um Fälle von »Wehrkraftzersetzung«.

Wie schnell das Grauen zur Banalität wird, entnahm ich der Bemerkung eines Mitschülers, der die Urteile mit den Worten kommentierte: »Wieder eine Rübe ab.« Man hatte sich schon daran gewöhnt, daß im Schaufenster der Bäckerei, wo wir manchmal auf unsere Karten eine Rosinenschnecke kauften, ein Zettel darauf hinwies, daß der Zutritt für Juden und Polen verboten sei. Einmal pro Woche wurde unsere Klasse in das Postgebäude am Bahnhof abkommandiert, um dort bei der Versendung von Paketen jeglicher Art mitzuhelfen. Längs der Güterwaggons fielen mir Kolonnen ausgezehrter Sträflinge – viele in der gestreiften Kluft der KZ-Häftlinge – auf, die von bewaffneten Polizisten und deren Hunden schärfstens bewacht wurden.

Von meiner Mutter erfuhr ich eines Tages, daß die resolute ältere Jüdin in unserer Nachbarschaft, die sich keine Illusion über ihre Situation machte, den Freitod gewählt hatte. Eine andere Jüdin aus unserer Bekanntschaft wurde in den Osten abtransportiert, angeblich nach Łódź, das in jenen Tagen Litzmannstadt hieß. Daß am Ende dieser Reise der Tod stände, war uns gewiß. Die Tatsache jedoch, daß im Generalgouvernement eine regelrechte Industrie des Mordens entstand, wo Millionen von Menschen vergast wurden, war damals noch den wenigsten bekannt.

In der Aula des W. G. fanden immer häufiger Trauerfeiern statt. Zum »Lied vom guten Kameraden« wurden die Namen der älteren Mitschüler aufgerufen, die an der Front »für Führer und Vaterland« gefallen waren. Es mehrten sich die Vorträge von uniformierten Propagandisten, die den Kampf im Osten gegen die bolschewistischen »Untermenschen« als die entscheidende Bewährungsprobe des deutschen Volkes darstellten. Eines Tages trat dort auch ein Offizier des Reichssicherheitsdienstes auf, um bei der Oberklasse, die vor der Einberufung stand, für die Meldung zu dieser auf Mord spezialisierten Sondertruppe der SS zu werben. Er stellte die Tätigkeit des SD in den besetzten Gebieten als eine konstruktive, hohe Intelligenz erfordernde Neuordnung Europas dar, so daß mein Nachbar mir in aller Unschuld zuflüsterte, das sei doch eine Aufgabe, für die ich mich eignen würde. Daß ich drei Jahre später, vom Reichssicherheitshauptamt angefordert, nur durch eine glückliche Fügung dem Tod in den Kellern der Prinz-Albrecht-Straße entging, konnte ja niemand ahnen.

Im Straßenbild mehrten sich die Scharen sogenannter Ostarbeiter – nach Deutschland verschleppter Russen und Ukrainer –, die als Sklaven der Rüstungsindustrie eingesetzt wurden und an ihrer Jacke das Zeichen ihrer Herkunft trugen. Auch halbverhungerte sowjetische Kriegsgefangene hockten auf den Trottoirs. Sie hatten aus Holzresten recht kunstvolle Spielzeuge angefertigt und hofften, dafür von deutschen Passanten ein paar Pfennige zu erhalten. Von schweren Luftangriffen war Kassel bislang verschont geblieben, so daß trotz all dieser Vorboten des Grauens eine erstaunliche Normalität des täglichen Lebens erhalten blieb.

Eines Tages kam es für mich zu einer Überraschung, die mir im Nachhinein wie eine Posse erscheint. Die Zugehörigkeit zur Hitlerjugend war für jeden jungen Deutschen eine Pflicht, der er sich kaum entziehen konnte. Bei mir hatte sich die Frage nicht gestellt, bis mich eine Einberufungsorder in die HJ in der Ruhlstraße erreichte. Das gleiche Schicksal traf meinen Freund Helmut Läufer aus dem Schwarzwald, dessen zutiefst katholische Eltern seine Mitgliedschaft in dieser Jugendorganisation aus religiösen Gründen ablehnten. Nun waren wir beide an der Reihe und wurden in die sogenannte Pflicht-HJ eingereiht.

Dieser verlorene Haufen erwies sich bald als harmloser, als wir befürchtet hatten. Eine ziemlich vergammelte Rotte von knapp fünfzig Jugendlichen hatte sich vor der Murhard-Bibliothek aufgereiht. Die wenigsten verfügten über eine Uniform mit Braunhemd und Hakenkreuz-Armbinde. Wir begannen mit Exerzieren, aber das hatte ich schon ausgiebig auf dem Schulhof geübt. Das Kommando führte ein Scharführer, der alles andere als ein Scharfmacher war, sondern seine Aufgabe, uns zu drillen und auf Linie zu bringen, mit unerwarteter Lässigkeit anging.

Ich weiß nicht mehr, wie oft diese durchaus erträglichen Zwangstreffen der Pflicht-HJ stattgefunden haben. Die meisten dieser Gefährten, die sich bislang auf die eine oder andere Weise vor dem Dienst gedrückt hatten, waren entweder verschrobene Sonderlinge, oder sie gehörten dem von den braven Bürgern als asozial eingestuften Milieu der Kasseler Schlacken an. Mit ihnen war gut auszukommen. Es war typisch für unseren Verein, daß wir immer wieder dasselbe Lied anstimmen mußten, dessen Text sich mir eingeprägt hat. »Es zittern die morschen Knochen / Der Welt vor dem roten Krieg«, so begann die Hymne. Dann ging es weiter: »Wir werden weiter marschieren / Wenn alles in Scherben fällt / und heute gehört uns Deutschland / Und morgen die ganze Welt.« Der Scharführer, der Sinn für Humor hatte, berichtigte uns jedes Mal: Noch heiße es nicht, morgen »gehört« uns die ganze Welt, sondern »hört« uns die ganze Welt.

Ohne große Ankündigung wurden wir eines Tages regulären HJ-Einheiten zugewiesen. Mir wurde die unerwartete Gunst zuteil, in die Laienspielschar versetzt zu werden, eine kleine Schauspieltruppe, die mit politisch erzieherischen Bühnenstücken zur geistigen Aufrüstung beitragen sollte. Dort ging es überaus locker zu. Wir trafen uns an der Löwenburg auf der Wilhelmshöhe und begannen gleich mit der Rollenverteilung einer stupiden Propagandaklamotte, die den Titel »Der Kommandant« trug. Es ging um die Darstellung der dramatischen Situation, in der sich der Kommandant des Alcázar von Toledo, ein Anhänger General Francos, befand, als die republikanischen Gegner seinen Sohn gefangengenommen hatten und mit dessen Erschießung drohten, falls der Befehlshaber der Festung nicht kapitulierte.

Die Rolle des Kommandanten, so bestimmte unser Scharführer namens Stern, den ich nach dem Krieg als Arzt wiedertraf, sollte ausgerechnet ich übernehmen, und ein paar Tage sagte ich – da eine Sprengung des Alcázar vorbereitet wurde – so idiotische Sätze auf wie »Hört ihr das Bohren am nackten Stein«. Jeder Einwand der Belagerten wurde mit dem Befehl »Der Kommandant hat es anders gewollt« abgelehnt, und ich kam mir in meiner heroischen

Attitüde ziemlich lächerlich vor. Eines Tages fand eine Überprüfung unserer theatralischen Fortschritte durch eine Gruppe höherer männlicher und weiblicher Chargen der Hitlerjugend statt. Sie tuschelten eine Weile, und dann wurde mir schonend beigebracht, daß mein mediterraner Typ, der dem spanischen Befehlshaber von Toledo in Wirklichkeit doch recht ähnlich war, nicht für die Kommandantenrolle taugte, die man sich offenbar blond und nordisch vorstellte. Das Ganze verlief am Ende im Sande. Das Alcázar-Stück wurde niemals öffentlich aufgeführt.

Im Kasseler Internat der Marianisten-Brüder genossen wir eine weit großzügigere Bewegungsfreiheit als in der klösterlichen Zwangsburg von Saint-Michel. Wir waren längst in das Alter gekommen, in dem wir die Reize des anderen Geschlechts intensiv wahrnahmen. Das Schulsystem war zwar weiterhin nach Geschlechtern getrennt, aber es boten sich andere Gelegenheiten der Begegnung, wenn auch in unserer Lehranstalt auf eine protestantisch geprägte Prüderie geachtet wurde. Schon kurz nach Ausbruch des Krieges waren die Tanzstunden abgeschafft worden. Die höheren Schülerinnen wurden mit zunehmendem Mangel an Arbeitskräften als Straßenbahnschaffnerinnen eingesetzt, und eine von ihnen mit lockigem braunem Haar und strahlend blauen Augen erregte unsere besondere Aufmerksamkeit. Wie sie wirklich hieß, habe ich nie erfahren. Wir nannten sie »Caramba«, und unser Mitschüler Wolfgang Herzog aus Wien verbrachte ganze Nachmittage Straßenbahn fahrend in ihrer verzückten Betrachtung. »A streetcar named desire«, so hätte man dieses harmlose Werben nennen können. Von Geschlechtsbeziehungen konnte nicht die Rede sein, und jeder Schüler des W. G., der bei einem erotischen Abenteuer ertappt worden wäre, hätte mit seiner sofortigen Entlassung rechnen müssen.

Auf welche Weise unsere kollektive Freundschaft mit Christa Schlue zustande kam, ist mir entfallen. Es war eine besonders sympathische Nachbarin, wohnte bei ihren Eltern unweit der Ruhlstraße und mochte sechzehn Jahre alt sein. Sie war keine Schönheit, aber ihr blonder, resoluter Typus war nicht ohne Charme.

Obwohl sie allen Kriterien einer strengen nordischen Rassenauslese entsprach, war Christa eine fanatische Nazi-Gegnerin. Das ging so weit, daß sie ihre Süßstoffkarte, auf der man eine kleine Ration Gebäck beziehen konnte, als Geste des Protestes über den Gartenzaun des Gauleiters schleuderte. Für eine solche Verschwendung brachten wir zwar kein Verständnis auf, aber uns imponierte die Aufsässigkeit dieser Amazone. Im Hause ihrer Eltern feierten wir auch meine Abschiedsfeier. Weiß der Teufel, wie wir den Alkohol aufgetrieben hatten, aber er reichte zu einem grölenden Besäufnis.

Die Musterung zum Wehrdienst hatte ich längst hinter mir und war als kriegsverwendungsfähig befunden worden. Aber auf meine Einberufung zu Arbeitsdienst oder Wehrmacht wartete ich vergebens. »Die haben dich vergessen«, meinten meine Klassenkameraden und ließen es dabei bewenden. Mit einem engen Kreis von Freunden gestalteten wir noch eine andere, stilvollere Festlichkeit der Trennung. Das Treffen fand bei einer Freundin meiner Mutter statt, die aus Metz stammte und die man dort als »grande dame« bezeichnet hätte. Madame Michel verfügte über eine große, elegante Wohnung. Sie war vermögend und betrieb nebenbei eine Leihbücherei, was Sinn machte in einer Zeit, da die gedruckten Neuerscheinungen nur der nationalsozialistischen Propaganda dienten.

Daß Madame Michel auf die Nazis mit abgrundtiefer Verachtung herabblickte, lag wohl an ihrem Sinn für Anstand und gute Manieren. In Kassel bot sie zudem einer Schwester Unterkunft, deren Mann in Gdingen gelebt hatte, sich als Pole fühlte und bei der deutschen Eroberung in den Untergrund abgetaucht war. Die drei Kinder dieser Ehe waren durch die Rassenbehörden gerade noch als »Volksdeutsche dritter Klasse« eingestuft worden. Der Neffe Janosch, der einberufen und an der Italienfront eingesetzt wurde, nutzte – wie ich später erfuhr – die erste Gelegenheit, um sich zu einer Einheit der polnischen Anders-Armee durchzuschmuggeln, die ihm gegenüberlag und sich durch große Bravour auszeichnete. Seine blonde Schwester Hala mit den reizvollen slawischen Backenknochen war mein heimlicher Schwarm.

Wenn ich auf diese wackeren Regimegegner zu sprechen komme, so nicht, um den Eindruck zu erwecken, in Deutschland habe es von Opponenten gegen die Nazis gewimmelt. Es waren Ausnahmefälle in einer massiven Volksgemeinschaft, die auf den »Führer« und seine Doktrin von Blut und Boden eingeschworen war. Aber es hatte diese Aufsässigen gegeben, und sie äußerten sich unverblümt über den katastrophalen Ausgang des Krieges, der sich im Osten jenseits aller Siegesfanfaren abzuzeichnen begann.

Der Chef unseres kleinen Internats, Heinrich Seger, hatte mit zorniger Mißbilligung von unseren Festlichkeiten erfahren. Er stellte sich wohl unsere seltenen Begegnungen mit Schülerinnen unseres Alters als frivole Ausschweifungen vor. Davon waren wir weit entfernt. Aber dieser in seinem katholischen Glauben wurzelnde Heimleiter, über den wir ob seiner Biederkeit unsere Witze machten und sogar ein kleines Spottgedicht verfaßten, erschien uns eines Tages in einem ganz anderen, einem strahlenden Licht. Unter den älteren katholischen Schülern wählte er eine verläßliche Zahl aus und rief uns diskret in der ehemaligen Heimkapelle zusammen. Dort verlas er uns die Briefe und Predigten, die der Bischof von Münster, Graf von Galen, gegen die gottlose, lebensverachtende Doktrin der braunen Diktatur an seine Diözesanen gerichtet hatte.

Der Marianist Seger hatte damit ein für jene Zeit tödliches Risiko auf sich genommen. Hätte die Gestapo erfahren, daß dieser Erzieher deutsche Jugendliche in einem anti-nazistischen Sinn beeinflußte, sie gewissermaßen in ein Komplott einbezog, mit dem ein beherzter Prälat sich der Allmacht der NSDAP entgegenstellte, wäre er vermutlich nicht nur in ein Konzentrationslager eingewiesen, sondern auf dem Schafott hingerichtet worden. Seger hatte seine Initiative mit dem geistlichen Studienrat Dr. Ranft abgesprochen, und die beiden haben uns in ihrer Bereitschaft zum Martyrium zutiefst beeindruckt.

Viele Jahre später – wir waren dem Greisenalter nahe – habe ich mich mit einem Freund über diesen Abend des stillen Widerstandes unterhalten. Wilhelm Hankel hatte inzwischen nicht nur eine beachtliche Karriere durchlaufen, er hatte darüber hinaus ein sehr weltliches Leben geführt und sich der Kirche entfremdet. Doch als wir nach einem gemeinsamen Vortrag in Hannover die Erinnerungen an die Ruhlstraße wiederauffrischten, stellten wir – das Whiskyglas in der Hand – mit tiefer innerer Bewegung fest, daß es uns in jenen Jahren vergönnt war, authentischen Heiligen zu begegnen. Wer käme – so fragten wir uns – im Vatikan, wo man den letzten Habsburger Kaiser Karl beatifizierte, wohl auf den Gedanken, diesen bescheidenen, aber heldenhaften Marianisten-Frater Heinrich Seger in den Stand der Seligkeit zu erheben?

Mein Abitur habe ich in Kassel ohne Probleme bestanden, wies lediglich Schwächen in Physik und Chemie auf. Die generelle Beurteilung, die dem Abschlußzeugnis voranging, enthielt den Hinweis »körperlich groß und kräftig«, was damals wichtiger war als die Erwähnung meiner intellektuellen Fähigkeiten. Meine Kasseler Gymnasialjahre, die gewiß nicht frei waren von Sorgen und Beklemmungen, bleiben mir dennoch als überwiegend positiver Lebensabschnitt in Erinnerung. Ich hatte – allen Verwerfungen der vorherrschenden Weltanschauung zum Trotz – echte Freundschaft und Kameraderie erlebt. Wie unterschiedlich sich unsere spätere Lebensbahn auch gestalten mochte, ich habe mich mit den Schülern des Wilhelmgymnasiums weiterhin verbunden gefühlt. Ohne jeden Komplex kann ich bis auf den heutigen Tag auf eine deutsche Generation zurückblicken, die sich damals anschickte, in die Feuerprobe ihrer tragischen Epoche einzutreten und teilweise in ihr unterzugehen.

# Kriegsjahre in Berlin

Ein paar Wochen nach meinem Schulabschluß befand ich mich in Berlin. Auf meine Einberufung zur Wehrmacht hatte ich vergeblich gewartet. Mein soldatischer Einsatz entsprach nicht den damaligen Gesetzen der Nazis. Vielleicht hätte mancher andere Erleichterung darüber empfunden, von den Gefahren des Fronteinsatzes verschont zu sein. Für mich stellte diese Zurücksetzung eine herbe Enttäuschung dar. Ich habe niemals Verständnis aufbringen können für diejenigen, die es darauf anlegten, sich auf die eine oder andere Weise dem Dienst an der Waffe zu entziehen. Schon der Kameradschaftsgeist mit meinen Altersgefährten, meinen Schulkameraden und Freunden hätte mich dazu bewogen, ihr Schicksal zu teilen. Bei meiner Veranlagung wäre ich riskanten Einsätzen nicht ausgewichen, und die Chance hätte wohl fünfzig zu fünfzig gestanden, daß ich entweder gefallen, schwer verwundet worden oder für Jahre in einem sibirischen Gefangenenlager verschollen wäre.

Mag sein, daß der Vermerk »n.z.v.« in meinem Wehrpaß – »nicht zu verwenden« – mir damals das Leben gerettet hatte, aber ich empfand Bitterkeit und mußte an den Satz denken, den der französische König Henri IV. einst an seinen tapferen Gefolgsmann Crillon gerichtet hatte: »Pends-toi, brave Crillon, nous avons combattu à Arques, et tu n'y étais pas – Häng dich auf, mein wackerer Crillon, wir haben in Arques gekämpft, und du warst nicht dabei.«

Wenn ich dennoch auf die rund achtzehn Monate, die ich auf dem Höhepunkt des Zweiten Weltkrieges in der »Reichshauptstadt« verbrachte, ohne Wut und Verzweiflung zurückblicke, so verdanke ich das wieder einer Reihe von glücklichen Fügungen, wie sie mir im Leben häufig zuteilwurden. Dieses Mal hatte ich es nicht irgendeiner Intervention katholischer Geistlicher, sondern einer diskreten Seilschaft protestantisch-konservativer Ehrenmänner zu verdanken, daß ich als Volontär, wie man damals sagte, bei der kleinen Privatbank Berger & Co. in der Berliner Behrenstraße eine Banklehre antrat. Der Schuldirektor Paeckelmann hatte irgendeinen Freundeskreis mobilisiert. Nach einem langen abendlichen Gespräch mit dem Leiter dieses Finanzunternehmens, Erich Leist, in dessen Dahlemer Villa trat ich meinen Dienst an. Dr. Leist war ein Mann von mächtiger Statur und preußischer Erziehung. Er hat mir auf den ersten Blick imponiert, und er dürfte – wie ich später erfuhr – den Verschwörern nahegestanden haben, die am 20. Juli 1944 versuchten, dem Regime Hitlers ein Ende zu setzen.

Ich muß gestehen, daß der Einstieg in eine bescheidene Karriere als Bankbeamter meinen beruflichen Wunschvorstellungen in keiner Weise entsprach. Die Zinswirtschaft ist mir bis auf den heutigen Tag suspekt geblieben. Aber ich arbeitete bei Berger & Co. in einer menschlich angenehmen Atmosphäre. Mehr als ein Dutzend Mitarbeiter zählte das Unternehmen nicht, und keiner von ihnen empfand auch nur die geringste Sympathie für die braune Bonzenherrschaft, die Deutschland ins Verderben steuerte.

Meine Unterkunft hatte ich bei zwei Schwestern der gutbürgerlichen Gesellschaft gefunden, die mir ein elegantes Zimmer in ihrer Wohnung in der Achenbachstraße zwischen Nürnberger Platz und Joachimstaler Straße zuwiesen. Die mit dichten Bäumen bestandene Achenbachstraße wurde im Herbst 1943 so gründlich bombardiert, in einen solchen Trümmerhaufen verwandelt, daß sie nach dem Krieg gar nicht wiederaufgebaut wurde. Die beiden grauhaarigen und extrem gepflegten Damen, Frau Sattler und Fräulein Wendt, haben mich in jenen Monaten geradezu mütterlich betreut. Adolf Hitler und seine Kumpane waren ihnen ein Greuel, wie ich überhaupt sehr bald feststellen konnte, daß im damaligen

Berlin die Begeisterung für das Dritte Reich geschrumpft war und sich in Grenzen hielt.

Im Gegensatz zur Provinz war es dort üblich, beim morgendlichen Gang zum Bäcker mit »Guten Morgen« und nicht mit »Heil Hitler« zu grüßen. Jedenfalls herrschte in weiten Kreisen eine Toleranz, die anderenorts kaum anzutreffen war. Dazu kam die bange Skepsis im Hinblick auf den Kriegsausgang. Als mein Vater mich besuchte und im Appartement der beiden Schwestern die Sammlung wertvollen Porzellans entdeckte, gab er ihnen – unter Hinweis auf seinen eigenen Totalverlust – den dringenden Rat, allen Hausrat, den sie entbehren konnten, irgendwo auf dem Land in Sicherheit zu bringen.

Berlin war zu jener Zeit von Luftangriffen noch weitgehend verschont. Zwar heulten nachts die Sirenen, und es kam auch zu ein paar Explosionen, aber das veranlaßte mich nicht, aus dem Bett zu steigen und den Luftschutzkeller aufzusuchen. Ein paar Tage zuvor hatte Joseph Goebbels seine berüchtigte Rede vor einem jubelnden Sportpalast gehalten, in dem er seiner Anhängerschaft die Frage stellte: »Wollt ihr den totalen Krieg?«, was mit einem tosenden »Ja!« beantwortet wurde, so daß im Ruhrgebiet die heimliche Aufforderung an die alliierten Bombengeschwader gerichtet wurde: »Fliegt doch lieber nach Berlin, denn die haben ja geschrien.«

Aus meiner relativ geruhsamen, aber wenig geschätzten beruflichen Tätigkeit habe ich versucht, das Beste zu machen. Unter den Bankkunden, deren Konten ich überprüfte, befanden sich auch – mit bescheidenen Beträgen – zwei Mitglieder des Hauses Hohenzollern und die Wissenschaftlerin Lise Meitner, die auf Grund ihrer jüdischen Religionszugehörigkeit mit dem Zusatznamen »Sarah« gekennzeichnet war. Diese hochqualifizierte Physikerin hatte rechtzeitig emigrieren können und sollte bei der Entwicklung der amerikanischen Atombombe, beim Projekt »Manhattan« eine beachtliche Rolle spielen.

Bei meinen gelegentlichen Botengängen – es ging meist um den Transport größerer Barsummen zu anderen Bankunternehmen –

traf ich mich regelmäßig mit meinem Freund Hans Reis, der auf seine berufliche Situation ganz anders reagierte als ich und tatsächlich – neben einem später abgeschlossenen Jurastudium – den Titel eines Bankkaufmanns erwarb. Unsere Diskussionen über den Lauf der Welt, auch über die Rolle der katholischen Kirche, der er über die Jesuiten des Berliner Canisianums nahestand, verliefen einmal so heftig, daß wir im Weitergehen eine Tragetasche mit drei Millionen Reichsmark auf einer Parkbank liegen ließen, sie aber nach einer halben Stunde mit unendlicher Erleichterung unangetastet am selben Ort wiederfanden.

Die Lebensmittelrationen für Deutsche waren knapp, aber so ausreichend bemessen, daß niemand Hunger leiden mußte. Zur Ergänzung fand ich mich – gleich gegenüber der Berliner Handelsgesellschaft – öfter in dem Restaurant Lutter & Wegner ein, bestellte dort einen Muschelsalat und gedachte in diesem historischen Kellerlokal, das heute nicht mehr existiert, der romantischen und abstrusen Erzählungen E. T. A. Hoffmanns. In den Mittagspausen, wenn das Wetter es erlaubte, schmökerte ich im reichlichen Literaturangebot aus der Hausbibliothek von Frau Sattler und entdeckte dort die Werke Thomas Manns, die im üblichen Buchvertrieb längst der Zensur zum Opfer gefallen waren.

Die koketten Sekretärinnen der umliegenden Großbanken fanden sich ebenfalls auf den Parkbänken des Gendarmenmarktes ein. Diese jungen Damen konnten einem leidtun, denn ihre Freunde, Liebhaber und Verlobten standen meistens im Feld, und sie mußten sich recht einsam fühlen. Um vorzutäuschen, daß sie Seidenstrümpfe trugen – an Nylon war zu jener Zeit nicht zu denken –, zogen manche mit einem dunklen Stift die Andeutung einer Naht auf ihre nackten Beine.

Meiner Vermieterin verdankte ich auch, daß ich Billetts zu den besten Theateraufführungen jener Zeit mit den begnadetsten Schauspielern des Schillertheaters oder des Theaters am Gendarmenmarkt erhielt. Ich begeisterte mich an einer Vielzahl klassischer Dramen und goutierte auch die Grillparzers. Ähnlich wie in den Opern Wagners und Mozarts, denen ich in der Staatsoper Unter den Linden lauschte, traten die Helden der Bühne damals in den ursprünglichen Kostümen auf, wie sie von ihren Autoren und Komponisten konzipiert worden waren. Im Rückblick auf die damalige hohe Darstellungskunst kann ich mich heutzutage mit den krampfhaften, oft grotesken Anpassungen und Verfälschungen klassischer Meisterwerke nicht anfreunden, mit denen exzentrische Regisseure ihre Genialität zu beweisen suchen, statt sich auf die Suche nach neuen, originellen Themen zu begeben.

Meine wirkliche Erholung und Entspannung fand ich im Sommer am Ufer des Wannsees. Dort lag ich mit dem Wohlgefühl einer Eidechse stundenlang in der sonnigen Wärme, tauchte in das Wasser ein, um zum gegenüberliegenden Ufer zu schwimmen, erkletterte ein relativ hohes Gerüst, von dem ich mich nach einem Kopfsprung wieder auf den Rückweg machte. Um mich in halbwegs sportlicher Form zu erhalten, besuchte ich auch regelmäßig ein Übungsstudio in der Nähe des Funkturms und trat dort zum Boxen an. Der Zufall fügte es, daß ich meist auf junge Piloten aus dem Irak stieß, die nach dem gescheiterten Putsch des arabischen Nationalisten Rashid el-Ghailani gegen die britische Mandatsmacht über die Türkei nach Deutschland geflüchtet waren. Es handelte sich um gut trainierte Athleten, und ich hatte beim Schlagaustausch einen schweren Stand.

Im Herbst 1943 schlug auch für die Reichshauptstadt die Schicksalsstunde der systematischen Vernichtung durch die alliierten Bombergeschwader. Trotz der Sirenen war ich wieder einmal im Bett geblieben, als ein ungeheuerliches Explosionsgetöse das Haus erschütterte. Am nahen Nürnberger Platz waren zwei gewaltige Luftminen niedergegangen, die die dortigen Häuser in Trümmerhaufen verwandelten. Die Einschläge gingen in der engsten Umgebung weiter und erreichten auch die Achenbachstraße. Mit einer Behendigkeit, die ich mir selbst nicht zugetraut hätte, bin ich die Treppe hinuntergehastet und traf im kaum abgestützten Luftschutzkeller auf eine Truppe verstörter Menschen. Die Kinder waren offenbar so erschrocken, daß sie das Schreien vergaßen. Meine Unterkunft bei Frau Sattler wurde in jener Nacht nur oberflächlich beschädigt, aber drei Tage später stand das Jugendstilhaus in hellen Flammen.

In aller Objektivität muß festgestellt werden, daß die Fürsorge und die Verpflegung der Ausgebombten, zu denen auch wir zählten, vorzüglich organisiert waren. Es trafen sofort Räumungsmannschaften ein, die in den Trümmern nach Toten und Verletzten suchten. Kurz danach war eine Feldküche zugegen, die jeden mit einer kräftigen Suppe versorgte. Für eine neue Unterkunft war auch schnell gesorgt. Ich zog mit den beiden Wirtsdamen und den wenigen Kleidungsstücken, die uns noch blieben, in die Nassauische Straße in Wilmersdorf um. Zwar wurden wir in eine weniger elegante Wohnung des Hinterhauses einquartiert, aber die Zustände waren nicht so dramatisch, so daß wir uns dort relativ schnell ein wenig heimisch fühlten.

Von nun an prasselten fast jede Nacht die dröhnenden Sprengsätze herunter, und darauf folgte der Abwurf Tausender Brandbomben, die das Gebälk der Dachböden in flammende Fackeln verwandelten, wenn niemand rechtzeitig zugegen war, um sie durch die Luke auf die Straße zu schleudern. Irgendwie war ich fasziniert von der Feuerorgie, über die die sogenannten »Christbäume« gleißendes Licht verbreiteten. Sobald das schlimmste Dröhnen abgeklungen war, eilte ich zu dem Giebelgeschoß hoch. Mehrfach stieß ich dort auf die sprühenden Stäbe, deren besondere Tücke darin bestand, daß sie oft mit Sprengsätzen versehen waren, die beim Zugriff die Hand abreißen konnten.

Nicht wegen solcher bescheidener Mutproben erwähne ich die Vernichtung Berlins aus der Luft. Das für mich Erstaunliche an diesen »Terrorangriffen«, wie sie in der Goebbelsschen Propaganda genannt wurden, war die Tatsache, daß sie bei der breiten Bevölkerung keinerlei Panik auslösten, daß der Defätismus nicht gefördert wurde, sondern daß die Masse der Betroffenen mit Trotz und Durchhaltewillen reagierte. Beim »Blitz« auf London, der

1940 von der deutschen Luftwaffe gegen Großbritannien geführt wurde, hatten sich die Engländer ähnlich resolut verhalten. Aus diesen Rückblicken sollten die Strategen unserer Tage, ob es sich nun um die Stäbe der U.S. Air Force oder die Wing Commander der israelischen Luftwaffe handelt, ihre Schlüsse ziehen und zu der Erkenntnis gelangen, daß die Entfaltung eines noch so umfangreichen Bombenpotentials aus der Luft die Zivilbevölkerung nur bedingt einzuschüchtern vermag und keineswegs eine militärische Entscheidung herbeiführen kann.

In jenen angespannten Monaten erlebte ich den Untergang der 6. Armee in Stalingrad über Rundfunk in einem westfälischen Wirtshaus. Jedermann hätte den pathetischen Aufruf Hermann Görings, seinen Vergleich dieser Katastrophe mit der heldischen Selbstaufopferung der Spartaner an den Thermopylen, als grobe Irreführung erkennen müssen, zumal das Afrikakorps Rommels nach dem Durchbruch der Briten bei El Alamein zum überstürzten Rückzug auf Tunesien gezwungen wurde.

Es klingt paradox, aber ich habe zu jenem Zeitpunkt über eine Reise- und Bewegungsfreiheit verfügt, die mit meinem seltsamen Schwebezustand schwer zu vereinbaren schien. Ich war mir voll bewußt, daß diese Toleranz schon sehr bald zu Ende gehen würde, auch wenn die gelegentlichen Kontrollen meines Wehrpasses durch Patrouillen der Feldgendarmerie stets glimpflich verliefen. Solange der europäische Kontinent fest in deutscher Hand war, bestand für mich nicht die geringste Chance, den Frontwechsel zu den Alliierten vorzunehmen, zu dem ich mich entschlossen hatte. Es ging von nun an um das nackte Überleben, und das Nazi-Reich Adolf Hitlers konnte ich beim besten Willen nicht als mein Vaterland betrachten.

Das allzu brave Leben als Bankvolontär bei Berger & Co. konnte mir auf Dauer nicht bekommen. Bei meinen Streifzügen durch Berlin entdeckte ich den Alexanderplatz. Dort hatte sich seit dem Roman Döblins nicht allzu viel verändert. Die deutschstämmige Unterwelt der Weimarer Republik war durch die Zwangsrekrutierung zahlloser Fremdarbeiter in ein Ganovenmilieu internationalen

Zuschnitts verwandelt worden. Die Franzosen waren in der Mehrzahl und gaben in zwielichtigen Kneipen den Ton an. Es waren durchaus ehrenwerte junge Leute darunter, die im Zeichen der sogenannten »relève«, einem beachtlichen Kontingent französischer Kriegsgefangener, die Repatriierung erlauben sollten. Der ganze Jahrgang 1923 war dafür von Marschall Pétain mobilisiert worden.

Die Perspektive, jenseits des Rheins – wenn auch unter halbwegs erträglichen Bedingungen – deportiert zu werden, um an der Aufrüstung der Wehrmacht mitzuwirken, bewog damals eine große Zahl bislang zaudernder Patrioten, in den Untergrund abzutauchen und sich den Widerstandsgruppen des »Maquis« anzuschließen. Daneben gab es jedoch auch weniger achtbare Gruppen französischer »travailleurs volontaires«, die sich, um den Hungerrationen ihrer Heimat zu entkommen, freiwillig gemeldet hatten und vor aktiver Kollaboration nicht zurückschreckten. Die Kriminellen unter ihnen, die sich vom Schwarzmarkt und anderen düsteren Nebentätigkeiten ein bequemes Auskommen versprachen, waren im Umkreis des Alexanderplatzes zahlreich vertreten.

Mein Eintauchen in diese anrüchige Umgebung verdankte ich wieder einmal dem Zufall. In der U-Bahn las ich eine französische Zeitung, »La Gerbe«, die sich der Propaganda der Besatzungsmacht hemmungslos unterworfen hatte. Ein etwa zwanzigjähriger junger Mann in der braunen Uniform der Organisation Todt sprach mich daraufhin auf französisch an. Er schien keine hohe Meinung von »La Gerbe« zu haben und gab das offen zu verstehen. Ich konnte ihm nur beipflichten. Gérard war Lothringer aus Thionville, aus Diedenhofen, jener Industriestadt nahe der luxemburgischen Grenze, die nach dem Frankreichfeldzug dem deutschen Gau Westmark eingegliedert worden war. Gérard war ein typischer Sohn einer Grenzregion. Die Parteibehörden hatten ihn wohl gerade noch als »Volksdeutschen« der Kategorie III eingestuft, was ihn davor bewahrte, in ein entlegenes französisches Département abgeschoben zu werden. Aber um in der Wehrmacht zu dienen, wirkte er vermutlich zu unberechenbar.

Ich sollte mich mit diesem »Lorrain« schnell anfreunden. Ich lud ihn mehrfach zu den Damen Sattler und Wendt ein, die Gefallen fanden an seinem romanischen Temperament und seinem dunklen Lockenkopf. Offenbar verstand er es recht erfolgreich, sich vor den Arbeitseinsätzen der Organisation Todt zu drücken. Jedenfalls verschaffte er mir Zugang und Kontakt zu den politisch buntgescheckten französischen Fremdarbeitern, die ein paar Lokalen des Alexanderplatzes das Flair von Pigalle oder der Rue de Lappe verliehen.

In meiner jugendlichen Naivität hoffte ich, im trüben Umfeld dieser disparaten Exilgruppen auf den Kern irgendeiner französischen Widerstandsgruppe zu stoßen. Vielleicht befanden sich ja ein paar Gaullisten unter ihnen, Anhänger jenes Generals, der von London aus die bescheidene Truppe der »Français libres« um sich geschart hatte. Sehr viel wahrscheinlicher war es hingegen, daß die Kommunistische Partei Frankreichs einige ihrer Kader als »ouvriers volontaires« eingeschleust hatte, um Spionage oder Sabotageakte auszuüben, aber deren Strukturen hatten sich in hermetischen Verschwörungszellen abgekapselt.

Andererseits mangelte es nicht an Zuhältern, die jedem »Roman noir« zur Ehre gereicht hätten, an Schwarzhändlern und Kriminellen. Diese Kategorie war nicht ungefährlich, denn es war ihnen jeder Verrat zuzutrauen. Mit großer Selbstverständlichkeit wurde ich damals in der seltsamen Runde aufgenommen und gelegentlich sogar vor ein paar Typen gewarnt, die der »Gestapo française« angehörten. Es tauchten auch Soldaten der SS-Division »Charlemagne« auf, die unter dem blau-weiß-roten Wappen auf dem Ärmelstreifen den Namen Karls des Großen, des fränkischen Gründungskaisers, trugen.

An Huren mangelte es nicht, darunter entdeckte ich ein paar wirklich nette Mädchen, denen ich meine Einführung in die »ars amatoria« verdankte. Die Unterkünfte der Franzosen und Belgier waren bescheiden. Sie schliefen in soliden Barackensiedlungen. Angesichts des sich verschärfenden Bombenkrieges quartierte sich eine

Anzahl von ihnen in besser geschützten, aber muffigen Kellergewölben ein. Dort erhielten sie Besuch von deutschen Frauen, Kriegswitwen, den »einsamen Herzen«, von denen es damals so viele gab. Niemand nahm Anstoß daran, daß das Sexualleben in den Sammelunterkünften auf jede »privacy« verzichten mußte. Jedenfalls stellte ich fest, daß ich als frommer Internatszögling mühelos Zugang fand zum Ganovenmilieu und mich gar nicht unwohl fühlte bei dieser Transplantation der »Mystères de Paris« in die Metropole des nach Weltgeltung strebenden Germanenreiches.

Der brave Bankvolontär von Berger & Co., der von seinen Kollegen auf Grund seiner zurückhaltenden Rechtschaffenheit geschätzt wurde, vollzog oft genug nach Einbruch der Dämmerung eine Verwandlung, die sich mit der Geschichte von »Dr. Jekyll und Mr. Hyde« vergleichen ließe. Engere Beziehungen nahm ich zu einem belgischen Knastbruder aus Verviers auf, dessen Namen ich vergessen habe, obwohl ich ihm seinen Reisepaß – in der Erwartung, daß ich eventuell meine Identität wechseln müßte – für eine Flasche Schnaps abgekauft habe. Leider ließ sich der zwielichtige Mann nicht mit der grandiosen Verbrechergestalt Vautrin vergleichen, aber das eine oder andere dieser Unterweltgewächse hätte recht gut in ein besonders düsteres Kapitel der »Comédie humaine« des genialen Honoré de Balzac gepaßt.

Im Frühsommer 1944 kam in dem altpreußischen Bekanntenkreis des Dr. Erich Leist eine gewisse Anspannung auf, die ich nicht zu deuten wußte. Mein Freund Hans Reis hatte seinerseits von wachsender Mißstimmung in der hohen Generalität und im Oberkommando der Wehrmacht vernommen. Zu jener Zeit hatte General Eisenhower den Befehl zur Invasion der Normandie erteilt. Der deutsche Atlantikwall zerbrach unter dem gewaltigen Aufgebot der angelsächsischen Streitkräfte. Im Osten trat die Rote Armee zu einer zermalmenden Offensive gegen die deutsche Hauptkampflinie im Raum von Minsk an, und dieser Durchbruch sollte erst in den Vororten Warschaus vorübergehend zum Stehen kommen. Vergeblich versuche ich, mich an eine persönliche Wahrnehmung des 20. Juli zu erinnern, jenes verhängnisvollen Tages, an dem der Anschlag gegen Hitler in der »Wolfsschanze« scheiterte. Ich glaube sogar, daß ich auf Grund einer beruflichen Freistellung den sonnigen Tag wieder einmal am Wannsee verbrachte. Jedenfalls waren für den Normalbürger in den Straßen Berlins weder die Entfaltung eines verstärkten militärischen Aufgebots noch das Rumoren eines politischen Umsturzes zu spüren. Wer das Überleben des »Führers« und die anschließende Vernichtung eines Teils der deutschen, speziell der preußischen Elite als nationale Katastrophe empfand, hütete sich, seine Meinung offen auszusprechen.

Andererseits muß ich in aller Ehrlichkeit sagen, daß die Mehrheit der deutschen Bevölkerung, deren unverblümte Meinung ich auf zahlreichen Zugreisen registrieren konnte, diesem Akt heroischer Verzweiflung ablehnend gegenüberstand, ja, ihn sogar in ideologischer Verblendung als Landesverrat empfand. So unglaublich es klingt: In der hoffnungslosen Situation, in der sich das Dritte Reich gegenüber dem alliierten Vordringen in Ost und West befand, hielt sich die Mär von den phantastischen Wunderwaffen, mit denen der zum Äußersten entschlossene Diktator doch noch eine strategische Wende zu seinen Gunsten erzwingen würde.

Um so bemerkenswerter war der Kommentar des Bankkaufmanns Wagner, der bei Berger & Co. mein unmittelbarer Vorgesetzter war und der die Nazis aus tiefstem Herzen haßte. »Es war ein Glück«, so meinte dieser stets mißgelaunte, spießig wirkende Mann, der auf das Pensionsalter zuging, »es war ein Glück, daß dieser Kerl am Leben geblieben ist. Wäre er von der Bombe Stauffenbergs zerfetzt worden, dann garantiere ich Ihnen, hätte sich in weiten Kreisen der ›Volksgemeinschaft‹ eine Dolchstoßlegende erhalten und die Behauptung, der Krieg wäre ja doch noch zu gewinnen gewesen.«

Erfrischender klang die Bemerkung eines jungen Kollegen, mit dem ich zweimal in der Woche beim theoretischen Unterricht über Finanzwirtschaft zusammentraf. Günter Wolter, so hieß er wohl, war an der Front verwundet worden und deshalb vom weiteren

Wehrdienst befreit. In unserem Lehrgang kamen wir auf jene obskure Sekretärin zu sprechen, die den politischen Inspirator des mißlungenen Staatsstreichs, den ehemaligen Leipziger Bürgermeister Goerdeler, an die Gestapo verraten und dafür die ausgesetzte Kopfprämie von einer Million Reichsmark kassiert hatte. »Was würden Sie mit dieser Summe anfangen?« fragte der für uns zuständige Lehrer mit hintergründigem Humor. »Wie würden Sie die Million anlegen, Herr Wolter?« Der zögerte nicht lange. »Ich würde mein Wohnzimmer damit tapezieren«, antwortete er und genoß das zustimmende Gelächter der überwiegend weiblichen Teilnehmer unseres Kurses.

Fast bis zum Ende des Krieges habe ich den Kontakt zu meinen Kumpels aus der Ruhlstraße in Kassel aufrechterhalten. Der eine oder andere suchte mich in Berlin auf, wenn ihm die Verlegung seiner Einheit die Gelegenheit dazu bot.

Es war ein harter Schlag, als ich nach einer nächtlichen Bahnfahrt in Kassel eintraf und in Herleshausen meine Mutter überraschen wollte. Das Haus, das sie bewohnte, hatte die Royal Air Force in einen Trümmerhaufen verwandelt. Zu meiner Erleichterung entdeckte ich meine Mutter inmitten dieses Gewirrs von Balken und Ziegeln. Sie suchte vergeblich nach irgendwelchen brauchbaren Gegenständen und trug ihr Unglück, wie es ihre Art war, mit erstaunlicher Fassung, obwohl fast alles ausgelöscht worden war, was sie mit ihrem früheren Leben verband.

Daß sie überlebt hatte, verdankte sie dem Zufall. Sie hatte bei Bekannten übernachtet. Die neu zugezogene Familie, der das Erdgeschoß überlassen worden war, hatte zu ihrem persönlichen Schutz einen kleinen Bunker mit Stahlstreben und Sandsäcken im Garten ausgebaut. Der Familienvater hatte stets ein dickes Parteiabzeichen am Revers getragen, aber es handelte sich um freundliche, hilfsbereite Menschen. Nun waren nur noch ein paar Körperfetzen von diesen Nachbarn und ihren Kindern übrig. Ihr Behelfsschutzraum war durch einen Volltreffer plattgewalzt worden.

Ich blieb zwei Tage, übernachtete – wie sich später herausstellte –

bei der Frau eines Offiziers der Waffen-SS, der irgendwo im Osten kämpfte. Da die Wilhelmschule ebenfalls verwüstet war und ihren Unterricht in Notunterkünfte auf das Land verlagerte, wurde auch das kleine Internat in der Ruhlstraße von seinen Insassen geleert. So konnte meine Mutter dort unterkommen. Der Status der »privilegierten Mischehe«, der in der Gesetzgebung der Nazis vermutlich von Hans Globke, dem späteren engen Mitarbeiter Adenauers, redigiert war, bot ihr weiterhin einen prekären Schutz.

Beim Treffen mit früheren Schulkameraden fiel mir eine abscheuliche Verrohung der Sitten auf, die wohl nur durch die mörderische Unerbittlichkeit dieser letzten Kriegsphase zu erklären war. So erzählte ein bislang harmloser Mitschüler voller Genugtuung, wie er und ein paar Soldaten seiner Kompanie im Generalgouvernement junge Polen vom Trottoir prügelten, wenn sie ihnen begegneten. Ein anderer berichtete ohne jedes Mitgefühl über die Festnahme französischer Widerstandskämpfer in Lyon, die von den Gestapo-Schergen – in die berüchtigten schwarzen Ledermäntel gekleidet – brutal mißhandelt wurden, bevor noch das erste Verhör begann.

In der Familie meines Freundes Ernst Henkel, den wir Schorsche nannten, habe ich im Herbst 1944 ein paar Tage in Frankfurt verbracht. Dort herrschte ein ganz anderer, hochanständiger Umgangston. Das Regiment führte die älteste Schwester Heidemarie, deren Mann bei den Polizeieinheiten im Partisanengebiet Weißrußlands eingesetzt war. Man merkte diesem mächtig gewachsenen Westfalen an, daß er an einer schweren Last trug. In seinem Augenausdruck spiegelte sich manchmal das entsetzliche Grauen, dessen unfreiwilliger Zeuge er geworden war. Neben Schorsche war noch ein älterer Bruder Kurt zugegen, der in aller Frühe des kommenden Tages als Unteroffizier seine Rückkehr an die Front antreten mußte.

Obwohl Heidemarie ihn bedrängte, den Aufbruch hinauszuschieben und ihm auch ein paar plausible Gründe für diese Verspätung suggerierte, wich Kurt keine Sekunde von seinem Einsatztermin ab. »Der Iwan bereitet in unserem Abschnitt eine neue Offensive vor«, sagte er. »Ich kann die Kameraden in ihren Schützenlöchern nicht im Stich lassen. Ich würde jede Achtung vor mir selbst verlieren.« Bevor er früher als unsere Runde schlafen ging, gab die ältere Schwester der attraktiven Cousine Rita den Wink, ihm ins Bett zu folgen. Kurt sollte seine letzte Nacht in der Heimat nicht ohne die wohltuende Gesellschaft einer Frau verbringen, und Rita galt nicht gerade als ein Ausbund von Tugend. Wer hätte ihr daraus in der damaligen Situation einen Vorwurf gemacht?

Bei einem Abstecher nach Wien, wo ich mit unserem österreichischen Internatskollegen Wolfi zusammentraf, kam bei einer typischen Wiener Caféjause das Gespräch auf eine beachtliche Zahl von Fremdarbeitern – Franzosen zumal –, die zu jener Zeit versuchten, über das nahe Slowenien, das vom Reich annektiert worden war, zu den Kämpfern des jugoslawischen Partisanenführers Tito überzuwechseln. Es waren durchaus nicht nur Kommunisten, die sich auf den Weg in einen äußerst gefährlichen und strapaziösen Widerstand machten. Zum ersten Mal kam mir der Gedanke, daß ich – falls meine Versuche, die eng verzahnten feindlichen Linien im Westen zu durchqueren, scheiterten – eventuell auf diese abenteuerliche Alternative zurückgreifen könnte.

Es hatte sich bei mir in diesen Wochen, in denen sich zusehends die Frage des nackten Überlebens stellte, eine seltsame Ruhe eingestellt. Viele, viele Jahre später – es war zu Beginn des Jahres 2010 – wurde mir in meiner Berliner Wohnung ein Paket aus jenen Tagen zugestellt, das mich recht nachdenklich stimmte. Die Tochter meines Internatsfreundes Walter schickte mir einen Brief, den ich an ihren soeben verstorbenen Vater am 12. Dezember 1944 abgeschickt hatte und den er offenbar wie eine Reliquie aufbewahrt hatte. Ein paar Auszüge davon will ich wiedergeben. Ein literarisches Glanzstück war es beileibe nicht, und mir fällt nachträglich der schnoddrige Stil auf, den ich mir damals zugelegt hatte.

»Mein lieber Walter«, so begann ich, »man sah mich in Berlin schon Asche auf mein trauerndes Haupt streuen in der Annahme, daß es Dich erwischt hätte. Diese Vermutung verstärkte sich nach dem Rückzug im Westen immer mehr, ja wurde fast zur Gewißheit. Deine letzte Botschaft kam ja aus der gesegneten Gegend von Arcachon, und ich fragte mich, ob Du den Maquisards oder den Amerikanern entkommen seist. Da schreibt mir Schorsche in einem eben erhaltenen Brief so ganz nebenbei, der Walter habe sich auch wieder gemeldet, allerdings sei nur ein Bruchteil dieses Briefes leserlich gewesen. Wenn ich nicht so hocherfreut wäre, Dich unter den Lebenden zu wissen, würde ich jetzt die strenge Miene unseres Chefs Heinrich Seger aus der Ruhlstraße aufsetzen, wenn er uns am Sonntagvormittag die Benotung unseres Betragens und unserer schulischen Leistung vorlas.

Zuerst will ich Dir von ein paar alten Kameraden berichten, mit denen ich noch in Verbindung stehe. Helmut Läufer verlor bei den Kämpfen des Sommers bei Białystok den rechten Arm. Er befindet sich zur Zeit im Schwarzwald und sieht seiner Entlassung vom ›Barras‹ entgegen. Er nimmt die Sache verhältnismäßig gottergeben, und das ist ein Glück. Gerhard Unzner sitzt schon seit geraumer Zeit auf einer Schreibstube in Naumburg an der Saale. (Zwei Jahre zuvor war Unzner mit erfrorenen Füßen an Bord einer der letzten Ju 52 aus Stalingrad ausgeflogen worden und seitdem nicht mehr kampftauglich.) Wolfi befindet sich allen Anfechtungen zum Trotz noch in Wien. Schorsche, der mit knapper Not im Zustand totaler Erschöpfung aus einem russischen Kessel nach Königsberg entkam, wird Dir inzwischen selber geschrieben haben. Jochen Tauber, den wir aus diversen Gründen ja nicht sonderlich schätzen, ist in der Normandie gefallen. Friede seiner Asche. Erich Severin ist auch an seinem ersten Einsatztag in Holland gefallen. Also, wie Du siehst, eine wenig erfreuliche Bilanz.

Nun zu mir. Wie Du aus dem Absender erkennst, bin ich noch in Berlin, in der gleichen beschissenen Tretmühle. Ich habe neulich meinem Überdruß durch eine Spritztour in den Westen Luft gemacht. Drei Wochen lang bin ich auf den Straßen von Lothringen, Moselland, Saargebiet, Rheinland und Hessen herumgeirrt.

Das war im Oktober. Die Tiefflieger haben mich nicht erwischt. Es brachte mir auch nichts ein, daß ich bis in die Hauptkampflinie am Moselufer gegenüber von Luxemburg vordrang. Ich mußte wieder zurück. Das erfreulichste Ereignis dieser Tournee fand während meines Aufenthalts in Metz statt. Ich lernte dort die Praxisassistentin meines Vaters kennen, der sich schon nicht mehr in Metz aufhielt, und wir haben uns beide bis über die Ohren ineinander verliebt. Lange hat diese erotische Idylle nicht gedauert, weil ich nur eine Aufenthaltsgenehmigung für eine Woche besaß. Inzwischen hat sich die Front zwischen Simone und mich geschoben, und dieses amouröse Kapitel dürfte wohl abgeschlossen sein. Jedenfalls war es ein sehr schönes Kapitel. Ich breche hier ab, weil ich vor einem neuen Aufbruch stehe.«

Am 12. Dezember 1944, als ich diese Zeilen schrieb, ahnte ich nicht, daß sich einen Monat später die Pforten der Hölle vor mir öffnen sollten. »Lasciate ogni speranza, voi ch'entrate – Ihr, die Ihr hier eintretet, laßt alle Hoffnung fahren!«, so hatten wir einst in der »Göttlichen Komödie« des Dichters Dante Alighieri gelesen.

# De Profundis

## Gestapo-Haft

Die vom grellen Licht der Verhörlampe geblendeten Augen brauchen einige Zeit, ehe sie die vagen Konturen der rechteckigen Zelle wahrnehmen. Auf den vier Strohsäcken regen sich Gestalten. »Qui êtes-vous? Vous êtes Français, ils vous ont maltraité? – Wer sind Sie? Sind Sie Franzose, wurden Sie mißhandelt?« fragt eine klare, in dieser Umgebung seltsam mondän klingende Stimme. Auch im Französischen läßt sich aus ein paar Worten die Klassen- oder Bildungszugehörigkeit des Gesprächspartners entnehmen.

Der Zufall hatte es in diesem Januar 1945 gefügt, daß ich im Gestapo-Gefängnis Graz einem mit vier Franzosen belegten Kerker zugewiesen wurde. Die Männer, die ich noch immer nicht deutlich sehen konnte, rückten mir einen Strohsack zurecht und suchten mit brüderlichem Zureden den Schock des Verhörs zu lockern. Drei von ihnen – das erzählten sie gleich – waren Metallarbeiter aus der Gegend von Saint-Étienne. Sie waren in ein steirisches Werk zwangsverpflichtet worden. Vor ein paar Wochen hatten sie versucht, sich nach Slowenien abzusetzen und sich der dortigen jugoslawischen Aufstandsbewegung anzuschließen. Schon bei den Vorbereitungen dieses Unternehmens waren sie denunziert und verhaftet worden. Auch ich gab – wohlweislich nur in Bruchstücken und mit der Behauptung, ich sei Lothringer – die eigene Geschichte zum besten: Meine durch Leichtsinn verursachte Festnahme kurz vor dem Übergang zu den Tito-Partisanen im Raum östlich von Maribor, den Transport in Handschellen unter scharfer Bewachung ins Gefängnis von Graz, mein nächtliches Verhör.

»Wie sah der Gestapiste aus, der Sie vernommen hat?« fragte der Mann mit der klaren, eleganten Aussprache. Ich hatte mich jetzt an das trübe Licht gewöhnt. Der Fragesteller war zierlich gewachsen, hielt sich jedoch kerzengerade und trug Reithosen. Ich schilderte ihm den Polizisten: einen pickligen jungen Mann mit öligem schwarzem Haar und einem starken Balkanakzent. Es war mein Pech, daß er in meinen Taschen neben falschen Papieren einen Schlagring mit spitzen Eisenkanten entdeckt hatte, den er während des Verhörs durch Schläge in meinen Nacken ausprobierte. Schmerz empfand ich dabei nicht, so sehr war ich auf die Beantwortung der Fragen konzentriert.

Viel zu vertuschen gab es allerdings nicht. Ich war von einer SS-Streife gestellt worden, als ich im Begriff stand, mich einer vorgeschobenen Brigade Titos anzuschließen. Ideologische Neigung war dabei nicht im Spiel. Nach vergeblichen Versuchen, im Westen zu den Alliierten durchzukommen, bot mir der jugoslawische Widerstand eine letzte Chance, mich aus der fatalen Schlinge zu lösen. Die Umstände meiner Festnahme waren eindeutig. Ich stand unter Partisanenverdacht.

»Da sind Sie wohl dem ›Hongrois‹ in die Hände gefallen, einem Volksdeutschen aus Ungarn. Er gehört hier zu den gefürchtetsten Folterern«, kommentierte der Unbekannte. »Aber es ist an der Zeit, daß ich mich vorstelle: Ich bin der Baron Jean de La Ferronnière, Oberleutnant der französischen Armee, und heiße Sie willkommen. Wir sind Schicksalsgefährten, und – Sie werden es merken – wir empfinden uns als Brüder, welches auch die soziale Herkunft sei.« Die drei Arbeiter – Lucien, Louis und Jacques – beugten sich über meinen Nacken und wuschen mir das Blut ab.

Plötzlich fiel die Spannung, die Angst der letzten vierundzwanzig Stunden auf wunderbare Weise von mir ab. In der Enge der überheizten, modrigen Zelle, wo es von Ungeziefer wimmelte, kam ein Gefühl der Geborgenheit auf. Ich fühlte mich aufgenommen in diese kleine Gemeinschaft, irgendwie auch zurückversetzt in meine Internatsjahre in der französischen Schweiz. Die Sprache schob sich wie ein schützender Mantel zwischen meine bange Einsamkeit und die schreckliche Realität.

\*

Das Grau eines verschneiten Wintermorgens quälte sich durch die vergitterten Fenster. Der Ausblick war durch ein schräggestelltes Brett versperrt, so daß wir nur ein Stück wolkigen Himmels und das Treiben der Schneeflocken beobachten konnten. Der kleine Baron, der pedantisch auf Ordnung und Haltung in der Zelle achtete, wies mich in den Gefängnisalltag ein. »Zu essen gibt es fast nichts, nur eine warme Wasserbrühe und angefaulte Kartoffeln. An die Wanzen gewöhnt man sich. Das Schlimmste ist die Untätigkeit und das Warten auf das nächste Verhör.« Durch Klopfzeichen an der Wasserleitung war eine begrenzte Verständigung mit der Nebenzelle möglich, wo ein Freund des Barons, ein Jurastudent aus Lyon namens Hervé Sollier, einsaß. Auf welche Weise die beiden tatsächlich in die Fänge der Gestapo geraten waren, versuchte ich erst gar nicht zu erfahren. Vorsicht, Schweigen, Festhalten an fiktiver Verharmlosung gehörten jetzt zu den Gesetzen des Überlebens.

»Il faut garder la tête haute – wir müssen den Kopf hochhalten«, meinte der Baron. »Wir vertreiben uns hier die Zeit mit einfachen Ratespielen. Jeder erzählt aus seinem Leben, über seine beruflichen Kenntnisse. Ich gebe ein wenig Geschichtsunterricht, und jetzt, wo Sie da sind, können wir gemeinsam literarische Kenntnisse auffrischen. Das hilft in unserer Situation.« Er hatte zwei Jahre Medizin studiert, ehe er 1940 als Reserveoffizier in Gefangenschaft geriet. Aus der Gymnasialzeit erinnerte sich Jean an eine mir vertraute Anthologie französischer Dichter.

In den folgenden Tagen deklamierten wir vor den andächtig lauschenden Gefährten aus Saint-Étienne unser jeweiliges Repertoire. Meine Stärke lag eher bei Victor Hugo und Fragmenten seiner »Légende des siècles«. Jean konterte mit Monologen aus den Tragödien

Corneilles. Das Lieblingsgedicht des Barons, das ich nach zwei Tagen auswendig konnte, war einem obskuren Poeten des ausgehenden Jahrhunderts, Albert Samain, entliehen. »Im Garten der Infantin« war eine Sammlung elegischer Verse, aus denen die Trauer um eine verflossene Traumwelt ritterlicher Ideale und schwermütigen Stolzes sprach. Erst sehr viel später sollte ich erfahren, daß dieser etwas fade, gestelzte Albert Samain zu den Lieblingsdichtern des Generals de Gaulle zählte.

Der Baron verkörperte in seiner Person die ganze Zerrissenheit des besiegten und gedemütigten Frankreichs. Der kühle, auf Distanz bedachte Blick seiner braunen Augen wirkte schmerzlich, wenn er über das Schicksal der Seinen sprach. Er war als »hobereau«, als ultrakonservativer Landjunker, in der Gironde aufgewachsen. Seine Familie hatte sich mit der Republik und deren Antiklerikalismus nie ausgesöhnt. Zu den Pächtern ihrer Domäne hatte die Sippe der La Ferronnière, die an allen Enden sparen mußte, um ihr kleines Château instand zu setzen, ein paternalistisches Verhältnis bewahrt, eine Art spätfeudalistischer Lehnstreue.

Natürlich stand man der »Action Française«, ihren ultranationalistischen Thesen, ihrem Antisemitismus, ihrem Ruf nach einem starken Königtum im erneuerten Ständestaat nahe. »Für alle in meiner Umgebung«, gestand Jean, »insbesondere für unsere Studentengruppe in Bordeaux, die mit den jungen Monarchisten, den ›Camelots du roi‹ sympathisierte, war es eine Tragödie, als der Papst die ›Action Française‹ und deren Propheten Charles Maurras verurteilte, ja, die gleichnamige Zeitschrift auf den ›Index librorum prohibitorum‹ setzen ließ. Manche haben sich über diese Entscheidung des Vatikans hinweggesetzt, über diese opportunistische Anpassung der Kurie an die Zeitströme eines verfaulten Parlamentarismus, einer Demagogie des allgemeinen Stimmrechts. Sozial wollen wir auch sein, aber nicht im neojakobinischen Jargon eines marxistisch verbrämten Christentums. Nun, meine eigene Familie hat die Absage an Rom nicht vollzogen. Was wäre uns denn geblieben nach der Trennung von Thron und Altar?«

Es sollte viel schlimmer kommen für die La Ferronnière. Die verhaßte Republik, »la gueuse«, war unvorbereitet und halbherzig in den Krieg gegen Deutschland gestolpert, die Niederlage wie ein Gottesgericht über Frankreich hereingebrochen. Der Baron räumte ein, daß manche seiner adeligen Gesinnungsgenossen den Zusammenbruch der Dritten Republik mit heimlicher Genugtuung zur Kenntnis genommen hatten. Jetzt war Schluß mit der Allmacht der Freimaurerlogen, dem Kaziken-Klüngel der Radikalen Partei, der Spekulation der Börsenjobber, dem Bündnis zwischen Metöken und linkslastigen Freidenkern, die immer noch der 1938 gescheiterten Volksfront, der Einheit mit den gottlosen Kommunisten, nachtrauerten. An ihre Stelle sollte die nationale und christliche Erneuerung treten. Die monarchistischen Reaktionäre waren auf schmerzliche Weise bestätigt worden. Aber gleichzeitig blutete ihr Herz über die Erniedrigung des Vaterlandes.

»Der Marschall Pétain hatte recht, als er in der Stunde der Kapitulation seinen Landsleuten zurief, die Genußsucht habe über die Bereitschaft zum Opfer triumphiert«, eiferte sich Jean. Der Marschall, als Sieger von Verdun verehrt, hatte dem Wunsch der Ultrakonservativen entsprochen, als er die Republik ebenso abschaffte wie die Devise »Freiheit, Gleichheit, Brüderlichkeit« und sie durch einen kulturlosen französischen Reststaat, »l'Etat français«, in der unbesetzten Südzone sowie durch die neue Trilogie »Arbeit, Familie, Vaterland« ersetzte.

»Mein Vater ist dem ›Conseil du Maréchal‹, dem höchsten Beratungsgremium Pétains, beigetreten. Deshalb ist er nach der Landung der Amerikaner, nach der Machtergreifung der Roten und der Gaullisten wie ein gewöhnlicher Verbrecher in den Kerker geworfen worden. Wir hatten vergeblich darauf gewartet, daß der legitime Thronprätendent Frankreichs, Henri Comte de Paris, sich der nationalen Wiedergeburt zur Verfügung stellen würde. Aber wir wurden im Stich gelassen. Die Intriganten in der Umgebung des Marschalls – die Lavals, Darlans, ganz zu schweigen von den zwielichtigen Linksfaschisten Doriot und Déat – haben die Restauration verhindert, und der Graf von Paris hat sich vergeblich bei den Gaullisten angebiedert.«

Ein »Collaborateur«, ein Befehlsempfänger der Deutschen, wollte Jean de La Ferronnière jedoch auf keinen Fall sein. An dem Feldzug gegen den Bolschewismus, der am 22. Juni 1941 begann, hätte er mit Begeisterung teilgenommen. Er war drauf und dran, sich aus seinem Gefangenenlager freiwillig in jene »Légion tricolore contre le bolchévisme« zu melden, die im Schatten einer fadenscheinigen deutsch-französischen Zusammenarbeit aufgestellt wurde. Was ihn in letzter Minute gehindert habe, sei der Zwang gewesen, eine deutsche feldgraue Uniform anzuziehen. Das kleine Ärmelschild »France« mit den blau-weiß-roten Farben erschien ihm als unzureichendes Alibi neben dem Hakenkreuz.

In den Augen der strikten französischen Patrioten war Jean auf andere Weise schuldig geworden. Er hatte sich im Gegensatz zu den übrigen gefangenen Offizieren bereitgefunden, das Lager zu verlassen, sich in den Arbeitsprozeß des Dritten Reiches eingereiht, an der deutschen Kriegswirtschaft mitgewirkt. Jean hatte zweifellos unter dieser verfehlten Entscheidung, die für seine Kameraden einer Fahnenflucht gleichkam, schwer gelitten. Nach einigen Monaten ziemlich freizügiger Tätigkeit im Planungsbüro eines Rüstungsbetriebes hatte er dilettantisch und naiv, wie das seine Art war, eine geheime Zelle gründen wollen und davon geträumt, mit amerikanischen – wohlweislich nicht mit britischen – Agenten in Verbindung zu treten, Widerstand zu leisten. So war er in die Fänge der Gestapo geraten.

Die Protektion des Marschalls Pétain konnte ihm zu diesem Zeitpunkt nichts mehr nützen, denn der war ja nach dem Blitzfeldzug der Alliierten quer durch ganz Frankreich ins Schloß Sigmaringen geflüchtet. Immerhin, so beteuerte Jean, seien ihm Prügelei und Folter erspart geblieben. »Ich habe die ›Gestapistes‹ beeindruckt«, meinte er treuherzig, »indem ich ihnen fest in die Augen geschaut und gesagt habe: ›Ich bin Edelmann und Offizier. Mich schlägt man nicht.‹« Er mußte wohl ein recht harmloser Fall gewesen sein, daß die Schergen Himmlers ihn verschonten. Die anderen Franzosen, Hervé Sollier aus der Nebenzelle insbesondere, hatten keinen Anspruch auf solche Vorzugsbehandlung. Hervé war am späten Nachmittag, wie wir durch Signale aus der Nebenzelle erfuhren, als blutendes und stöhnendes Bündel vom Verhör zurückgeschleppt worden.

Natürlich spürte der Baron de La Ferronnière, in welche abscheuliche Gesellschaft ihn die reaktionäre Familientradition gesteuert hatte, mit welchen Verbrechen die angebliche »révolution nationale« von Vichy behaftet war. Schon lange vor der Dreyfus-Affäre sei man bei ihm zu Hause stets gegen die Juden gewesen. Im sozialistischen Regierungschef Léon Blum, der der Volksfront vorstand und mit ihr scheiterte, habe er die Verkörperung semitischer Machtintrige, marxistischen Sittenverfalls, heuchlerischer Plutokratie gesehen. Doch die Judenverfolgung, die nach 1940 auch im unbesetzten Frankreich einsetzte, war ihm ein Greuel. »Mein Vater hat, wo immer er konnte, flüchtigen Juden Hilfe gewährt, oft auch falsche Papiere besorgt«, beteuerte er. Er sah darin eine christliche Pflicht. Die sich zynisch gebenden Ultrakonservativen in Adel und Bourgeoisie hätten damals geklagt, Hitler habe ihnen sogar die Freude am Antisemitismus verdorben.

Er war ein unzeitgemäßer Mann, der zierliche Baron de La Ferronnière. Sein altes Geschlecht hatte ihn müde und verletzbar gemacht. Er war ein »kleiner Marquis«. Jean hatte sich nach einem aufrechten, gottgefälligen Leben, nach der Ehe mit einer standesgemäßen Person heiteren Gemüts gesehnt, wie sie auf den Gütern Aquitaniens aufwuchsen. Er hatte bei Kriegsausbruch von Heldentaten auf dem Schlachtfeld geträumt, ähnlich jenen Saint-Cyriens von 1914, die mit weißen Handschuhen ins Gefecht zogen – und dann war er in diese gräßliche Kompromittierung geschlittert, in die widerliche Nachbarschaft jener unappetitlichen Mordgesellen und Psychopathen, die den Großteil der militanten französischen Kollaborateure mit dem Hitler-Reich stellten.

Bei meinem zweiten Verhör, das ein ruhiger, älterer Gestapo-

Beamter aus Graz vornahm, wurde mir mitgeteilt, daß ich vom Reichssicherheitshauptamt angefordert sei und deshalb mit dem nächsten Gefangenentransport nach Berlin in die Prinz-Albrecht-Straße gebracht werden solle. Offenbar wurde die Wichtigkeit meiner Person dort maßlos überschätzt. Eine solche Einweisung in die Zentrale der NS-Repression kam einem Todesurteil gleich. Es war mein Glück, daß der Aufenthalt im Grazer Gefängnis sich um knapp drei Wochen verlängerte. In der oberen Etage war eine Fleckttyphusepidemie ausgebrochen. Alle Häftlingstransporte wurden wegen Infektionsgefahr bis auf weiteres eingestellt.

Seltsam, wie der Mensch sich an die außergewöhnlichsten Bedingungen anpaßt. Der Hunger war bitter. Die Angst vor dem Verhör ließ uns nicht aus den Klauen. Die Jagd auf Wanzen – als Wettbewerb betrieben – war ein recht trostloser Zeitvertreib, selbst wenn wir mehrere Dutzend blutstrotzende Parasiten als Trophäe von Zelle zu Zelle melden konnten. Die beliebteste Unterbrechung war der wöchentliche Gang zur Dusche, wo ich den anderen französischen Häftlingen vorgestellt wurde. Wir schüttelten uns pudelnackt im nassen Kellertrakt mit betontem Zeremoniell die Hand. In diesem Augenblick entstand eine völlig unbegründete Ausgelassenheit, die wohl auf die belebende Wirkung des heißen Wasserstrahls zurückzuführen war.

Jean de La Ferronnière hat uns alle – auch die drei braven Arbeiter aus Saint-Étienne, von denen zumindest einer den Kommunisten nahestand – dazu gebracht, an seinen Gebetsübungen teilzunehmen. »... et délivre-nous du mal – und erlöse uns von dem Übel« – das kam in dieser Situation leicht über unsere Lippen, und die Bitte um die Fürsprache im Ave-Maria: »... maintenant et à l'heure de notre mort – jetzt und in der Stunde unseres Todes« klang ganz banal.

Der 21. Januar 1945 ragte aus dieser klösterlichen Routine heraus und erfüllt mich noch rückblickend mit Staunen. Zu früher Stunde hatten wir die braune Brühe aus dem Blechnapf geschlürft und möglichst lange an dem winzigen Brotstück gekaut, da wandte sich der Baron mit feierlichem Gesicht an seine Zellengenossen. »Meine Freunde«, sagte er im Tonfall eines Predigers, »dies ist ein besonderer Tag. Am 21. Januar 1793, vor genau hundertzweiundfünfzig Jahren, wurde unser König Ludwig XVI. durch die Schreckensherrschaft der Revolution zum Fallbeil geführt und enthauptet. Er war ein guter König, ein heiliger König, wie Papst Pius VI. nach der Hinrichtung verkündet hat. Laßt uns deshalb gemeinsam niederknien und für den ermordeten König Frankreichs ein Vaterunser beten.«

Wir haben der Aufforderung des Barons Folge geleistet – mehr um den liebenswerten Haftgefährten einen Gefallen zu tun, als daß uns der Sinn nach einer solch anachronistischen Veranstaltung gestanden hätte. Als wir noch knieten, drang eine barsche Mikrophonstimme durch die Zellentür, hallte unheimlich über den leeren Gang. Eine Reihe von Häftlingen wurde zum Verhör aufgerufen. Wir bekreuzigten uns, als wir feststellten, daß kein Name aus unserer kleinen Gemeinschaft darunter war.

## Lothringer Idylle

Der Gefangene, den die bange Sorge um die elende Zukunft und die Erwartung des Todes umgibt, folgt vermutlich einem heilsamen Schutzreflex, wenn er die imaginäre Flucht in eine heitere oder zumindest tröstliche Vergangenheit antritt. Während ich des Abtransports nach Berlin harrte, hielt ich mich in der Erinnerung bei dem verflossenen Lothringer Sommer des Jahres 1944 auf.

Der Landstrich zwischen Metz und Diedenhofen gehört gewiß nicht zu den lieblichsten Gegenden Frankreichs. Zudem war dieses Département Moselle seit dem deutschen Siegeszug von 1940 dem Großdeutschen Reich Hitlers unter der Bezeichnung »Gau Westmark« einverleibt und mit dem früheren Saargebiet administrativ verflochten worden. Den Einwohnern von Metz hat es wenig genutzt, daß sie sich vor den anrückenden Divisionen des Hakenkreuzes um die Liebfrauen-Statue im Zentrum der Altstadt scharten und »Sauvez la France« sangen.

Doch in jenem warmen Sommer 1944 – wie unendlich lang waren die vier Jahre der Besatzung erschienen und wie unwirklich schnell hatte sich das Schicksalsrad wieder gedreht – staute sich in den Lothringer Orten, vor allem aber in Metz, diesem historischen Vorposten der gallischen Nation, ein Gefühl von Zuversicht und Trotz. Die Alliierten waren in der Normandie gelandet, hielten zur Stunde zwar nur einen erweiterten Brückenkopf zwischen Cotentin und Arromanches, aber sie waren nicht ins Meer geworfen worden und spannten die Muskeln zum Stoß ins französische Hinterland.

Damals waren die Wiesen und Getreidefelder im Raum von Ückingen und Hayingen, von Busenweiler und Sankt Avold noch mit rotem Klatschmohn, weißen Margeriten und blauen Kornblumen übersät, eine Farbsymphonie, die den Patrioten die angestammte, verfemte Trikolore ersetzten mußte. Die jungen Burschen unter achtzehn Jahren, die sich – ebenfalls ein Akt des Protestes – am Sonntag besonders zahlreich zum Hochamt einfanden, trugen je einen Klatschmohn, eine Kornblume, eine Margerite am Rockaufschlag. Sie tuschelten – in dialektal gefärbtem Französisch – über ihre Chance, der Zwangsrekrutierung durch die deutsche Wehrmacht oder gar durch die Waffen-SS doch noch entgehen zu können. Ihre älteren Brüder waren zum Teil an der Ostfront verschollen. Die wenigsten dieser Sonntagspatrioten hätten sich jedoch – selbst zu dieser späten Stunde – bereitgefunden, den waghalsigen Absprung in den Untergrund zu wagen.

Mein Vater, der sich als Arzt in Ückingen niedergelassen hatte, trug sich mit melancholischen Ahnungen. Er wußte, daß er dieses Land Lothringen, in dem er seine Kindheit verbracht und von dem er sein ganzes Berufsleben lang im Ruhrgebiet geschwärmt hatte, bald wieder verlassen würde. Eine gewisse Idylle war noch erhalten geblieben an den grünen Wassern der Mosel zwischen den sanften Bodenwellen mit den spitzen Kirchtürmen, die durch die rostigen

Stahlkonstruktionen der Hochöfen von Hagendingen nicht entzaubert wurde. Vermutlich dichteten wir zusätzliche Harmonie in diese sommerliche Industrielandschaft. Das Wasser der Mosel war immerhin noch nicht so verschmutzt, daß wir auf das Schwimmen verzichtet hätten, und im Garten des Landhauses von Ückingen – pompös »le château« genannt – blühten die Rosen dunkelrot in der Abendsonne. Am folgenden Tag reiste ich mit einiger Beklemmung nach Berlin zurück, wo seit der Zerschlagung der Verschwörung in der Bendlerstraße die letzte Illusion über eine erträgliche Kriegsbeendigung geplatzt war.

Noch leuchtender als die paar Sommertage von Ückingen erschien mir in meiner Rückbesinnung der Lothringer Herbst des Jahres 1944. Zwei Monate nach dem Abstecher an die Spree war ich wieder mit der Eisenbahn nach Metz gereist. Auf der Suche nach meiner Familie stieß ich in der Rue Sainte-Marie, die auf den Namen eines deutschen Obersts umbenannt worden war, auf Simone, die frühere Sprechstundenhilfe meines Vaters. Simone quartierte mich kurzentschlossen in der verlassenen Praxis an der Esplanade ein. Dank ihr erschien mir die graue Stadt Metz in jener Woche wie die magisch verklärte Welt des Zauberers Muzot. Durch die Römerstraße patrouillierten noch die Streifen der Feldgendarmerie, aber die amerikanischen Vorhuten kampierten bereits hinter den Höhen von Rozérieulles.

Das Tabakgeschäft der Madame Geiger, auf französisch »Jéjère« gesprochen, lag im Gassengewirr der verschachtelten Altstadt. Ihre Tochter Simone war eine blonde, blauäugige Lothringerin, kaum zwanzig Jahre alt, die sich mit den spärlichen Mitteln jener Zeit nach Pariser Postkartenvorbild als »Femme fatale« zu stilisieren suchte, in Wirklichkeit jedoch ein lebensprühendes, sentimentales und leicht durchtriebenes Provinzmädchen war. Wenn sie mit wiegenden Hüften und auch im Alltag provozierendem Ausschnitt über die Römerstraße oder Rue Serpenoise an meinem Arm spazierenging, drehten sich alle Männer nach ihr um. Kein Wunder, daß ich mich Hals über Kopf in Simone verliebte. Wir trafen uns wiederholt im Schatten der Metzer Kathedrale, und diese gotische Trutzburg erschien mir imposanter als das Straßburger Münster, an dem meine im Elsaß geborene Mutter so sehr hing.

Der erste Höhepunkt unserer Beziehung war ein Rendezvous in der elterlichen Wohnung in der Rue de la Garde, wo unser Schäferstündchen durch den Bombenangriff eines amerikanischen Kampfflugzeugs auf die nahe Moselbrücke dramatisiert wurde. Nach einer Woche feierten wir sogar – halb im Ernst, halb im Scherz – Verlobung in der verlassenen Praxis hoch über der Esplanade. Die Freundin Monique, Tochter eines Kneipenwirts, eine fränkisch-üppige Schönheit und durchaus kein Kind von Traurigkeit, hatte den Alkohol beschafft, und wir zelebrierten unsere unverhofften »fiançailles« wie eine blühende, dem Schicksal ausgeborgte Idylle, deren Zerplatzen an den dumpfen Artillerieschlägen – vom Westwind herübergetragen – abzuzählen war.

Simone hatte mir ein Lothringer Kreuz aus Goldplaqué geschenkt, keine wertvolle Ansteckuadel, aber in jenen Tagen ein durchaus bekennerhaftes Symbol. Am 18. Juni 1940 hatte Charles de Gaulle als Zeichen seiner persönlichen Bindung an Ostfrankreich und vor allem aus Protest gegen die Annexion der sogenannten Westmark durch das Dritte Reich das Lothringer-Kreuz zum Wahrzeichen und zum Wappenschild jener Freien Franzosen gemacht, die sich von London und Übersee aus gegen die Kapitulation des Pétain-Regimes auflehnten.

Es gehörten die ganze Torheit der Jugend und eine Art Wirklichkeitsentfremdung dazu, wie sie wohl nur in Tagen eines totalen Umbruchs aufkommt, daß ich mir dieses golden schimmernde Signal des Widerstands an den Rockaufschlag heftete und mich damit nicht nur im zuverlässigen Freundeskreis produzierte. Als ich Simone ins Restaurant Moitrier einlud, das vor dem Krieg als gastronomischer Höhepunkt der Stadt Metz gepriesen und wo selbst in diesen kläglichen Kriegszeiten – auf Marken natürlich – ein genießbares Essen serviert wurde, trug ich das gaullistische Emblem provokativ zur Schau. Die Lothringer Kellner wandten den verblüfften Blick nicht von meinem Rockaufschlag, während die an den Nebentischen tafelnden Wehrmachtsoffiziere vielleicht meinten, es handele sich um eine obskure slowakische Auszeichnung. Erst bei meiner Verhaftung habe ich mich – aus Gründen der Selbsterhaltung – von diesem Corpus Delicti getrennt. Es verschwand in dem Fäkalieneimer, der mir im slowenischen Grenzraum von Maribor in die eiskalte Zelle geschoben worden war.

Die amerikanische Offensive, so schien es in diesem Oktober 1944, war vor den Außenbastionen von Metz zum Erliegen gekommen. An eine unauffällige Durchquerung der festgefügten Linien war nicht zu denken. Nach einem langen, verliebten Nachmittag an der Esplanade begleitete mich Simone zum Metzer Bahnhof. Wir leisteten uns die in solcher Stunde üblichen Treueschwüre; sie waren sogar ernst gemeint. Ich bestieg den klapprigen Zug, der in Erwartung von Tieffliegern verdunkelt in Richtung Sarrebourg abdampfte. Am Rande dieses verschlafenen lothringischen Städtchens war die Front in Bewegung geraten. Auch hier stellte ich jedoch nach kurzer Besichtigung im Morgengrauen fest, daß ein Durchkommen nach Westen unmöglich war, zumal ich über keinerlei örtliche Komplizen verfügte. Ein paar freundliche deutsche Fallschirmjäger nahmen mich bis zum Dorf Finstingen, heute Fénétrange, auf ihrem Fahrzeug mit. Es war ein Wunder, daß ich nicht schon an jenem Tag verhaftet wurde.

Der trübe, regnerische Nachmittag im Wirtshaus von Fénétrange schmeckte nach bitterer Ernüchterung. Über die Dorfstraße rollten Nachschubkolonnen und schwere Panzer mit dem Hakenkreuz. Die Einwohner hatten sich in ihren Wohnungen eingeschlossen. Auf die Mauern waren ein paar große V-Zeichen gepinselt, dazwischen das Lothringer Kreuz. Die deutschen Patrouillen gaben sich schon nicht mehr die Mühe, diese Signale der Auflehnung zu übertünchen.

Ich war nicht der einzige Gast in der ungeheizten Wirtsstube. Am Nebentisch diskutierte eine Gruppe von vier Franzosen. Die drei Männer waren in Zivil, trugen jedoch die breite, schwarze Baskenmütze, die bei der gefürchteten Milice des Pétain-Regimes zur Uniform gehörte. Die einzige Frau fröstelte in einer Lederjacke. Die Leute machten einen gehetzten, lauernden Eindruck. Mir schien, als trügen sie das Kainszeichen des Verrats auf der Stirn. Nach ein paar Sätzen wußte ich, daß es sich um flüchtende Kollaborateure, Zulieferer der Gestapo, handelte, die jetzt im Reichsgebiet ihr Heil vor den wahllosen Exekutionskommandos der entfesselten Widerstandskämpfer, der Maquisards, suchten. Am Nebentisch war von deutschen Wunderwaffen die Rede, die den Lauf des Krieges noch einmal wenden würden, von einer deutschen Großoffensive, die im Fall eines Separatfriedens mit den Sowjets die alliierten Positionen im Westen überrollen sollte. Es handelte sich um das übliche Wunschdenken der hoffnungslos Geschlagenen und Verfemten. Die Wirtsstube von Fénétrange – das war mein letzter Eindruck von Lothringen.

Ich wollte versuchen, in dem Dorf Nittel durch die deutsche Hauptkampflinie schwimmend an das westliche Ufer der Mosel zu gelangen, wo die Amerikaner bereits ihre Stellungen errichtet hatten. Aber der wohlwollende katholische Pfarrer warnte mich davor, daß ich bei einem solchen Durchbruchsversuch von beiden Seiten unter Feuer genommen worden würde. Die Deutschen würden mich als einen vermutlichen Überläufer und die Amerikaner als einen potentiellen Saboteur ins Visier nehmen. Auf langen Umwegen bin ich – wiederum zwei Monate später, Anfang Januar 1945 – in die Gestapo-Zelle von Graz eingewiesen worden.

So erwachsen war ich immerhin schon damals: Ich wußte, daß meinem Liebesabenteuer mit Simone keine Zukunft beschieden war. Mir stand der Gang durch den Orkus bevor. Simone, das wußte ich sehr wohl, und das verringerte meine Zuneigung zu der Lothringer »Braut« keineswegs, würde mit ihrem Temperament eine lange Zeit der Einsamkeit oder gar des entsagungsvollen Wartens nicht ertragen. Was sollte es auch? Sie hatte mir strahlende Stunden geschenkt.

## Der Horror des Prager »Pankraz«

Der Befehl zum Aufbruch kam plötzlich. Kaum war Zeit, meine Grazer Zellengenossen in die Arme zu schließen. Ich wurde in einen großen, vergitterten Transitraum eingewiesen, in dem ein sehr unterschiedliches Völkchen versammelt war. »Morgen um sechs werden Sie zum Bahnhof geleitet und unter scharfer Bewachung nach Wien überführt«, verkündete ein Gefängnisbeamter.

Es gibt die Umsichtigen, die schweigsamen Gefangenen und diejenigen, die um jeden Preis ihre Leidensgeschichte zum besten geben müssen. Ein junger, bleicher Mann, der noch den grauen Wehrmachtsrock trug – Achselklappen und Hoheitsadler mit Hakenkreuz waren abgerissen worden –, stellte sich als Fahnenflüchtiger vor. Eine SS-Streife hatte ihn im Berghof seiner Eltern in Kärnten aufgespürt, wo er sich zu verstecken suchte. Er war bereits zum Tode durch Erschießen verurteilt und sah der baldigen Exekution entgegen. Der Fahnenflüchtige hatte einen starren, abwesenden Blick, als sähe er durch den Gesprächspartner hindurch, ein Merkmal naher Todesgewißheit, wie ich in den kommenden Wochen lernen sollte.

Ein schmächtiger Juwelier aus Düsseldorf suchte ebenfalls die Aussprache. Mit seiner jüdischen Frau, die vor dem Abtransport ins Konzentrationslager Theresienstadt stand, hatte er bei Verwandten in der Steiermark unterschlüpfen wollen. Nach der Verhaftung bei einer Kontrolle im überfüllten Eisenbahnwaggon hatte die Jüdin sich in ihrer Grazer Frauenzelle erhängt. Vorher hatte sie ihrem Mann über den Kalfaktor einen Zettel zukommen lassen. Sie hoffe, schrieb sie darauf, daß ihr Freitod ihrem Mann die Einweisung in ein Konzentrationslager ersparen möge. Selbst dem grauhaarigen, mürrischen Gestapo-Beamten hatte das offenbar imponiert. »Ich wünschte mir, unsere deutschen Frauen brächten so viel Mut und Charakter auf wie die Ihre«, hatte er dem völlig verdutzten Düsseldorfer gesagt, als er den Juwelier vor der Einweisung in den Sammeltransport zu sich bestellte.

Ein wieselähnlicher Österreicher, der angeblich wegen Abhörens von Feindsendern und Weitergabe defätistischer Meldungen einsaß, versuchte sich einzuschmeicheln, fragte nach den Umständen der Verhaftung, war auf abstoßende Weise neugierig. Vermutlich war er ein Spitzel. Bei diesen vorsichtigen Kontakten erfuhr ich nebenbei, daß das Konzentrationslager Mauthausen bei Linz als ein Ort des Todes und der systematischen Vernichtung galt, während Dachau als »Sanatorium« gepriesen wurde. Makabre Verzerrung der Begriffe!

Die Hälfte der Durchgangszelle war mit einer Gruppe russischer Kriegsgefangener belegt. Die Männer hatten kahlgeschorene Schädel, trugen erbärmliche Uniformfetzen am Leib. Sie bildeten eine resignierte, dumpfe Gruppe für sich, sprachen auch kaum untereinander. Bei einem Fluchtversuch aus ihrem Lager waren sie überwältigt und schrecklich mißhandelt worden. Mir fiel ein breitschultriger Franzose mit schwarzem Bart auf, der sich radebrechend um die Russen bemühte. Er hatte sein Reisebündel aufgeschnürt und verteilte seine letzten Habseligkeiten an die verständnislosen Rotarmisten. Mehr als drei Paar Socken, etwas Unterwäsche und zwei Pullover hatte er allerdings nicht zu bieten. »Der Graf von Saint-Luc übt tätige Nächstenliebe«, tuschelte der verdächtige Österreicher. »Bei diesen roten Gottlosen hat er sich vielleicht die falschen Lämmer ausgesucht.«

Der Comte de Saint-Luc war mir dem Namen nach wohlbekannt, obwohl ich ihm bei der wöchentlichen Dusche nie begegnet war. Dieser Geistliche genoß bei den französischen Häftlingen den Ruf eines Heiligen. Er hatte sich freiwillig als Arbeiter nach Deutschland gemeldet, gewiß nicht, um zum »Endsieg« des Dritten Reiches beizutragen, sondern um sich des Seelenheils seiner verschleppten oder verirrten Landsleute anzunehmen. Der Abbé war nach und nach zu einer Sammelfigur christlicher Zuversicht und patriotischen Aufbegehrens geworden. Er war von einem anderen Schlag als der schmächtige Baron de La Ferronnière. Ihm war nicht nur die hünenhafte Kraft seiner Vorfahren erhalten geblieben, die im Zeichen des Kreuzes um das Heilige Land gestritten hatten, er hatte auch das robuste Gemüt jener mönchischen Ritterorden bewahrt und sah sich durch Anfechtungen und Kerkerhaft zusätzlich bestätigt.

Meine Lothringer Euphorie war mit dem brutalen Szenenwechsel verflogen. Ich nutzte eine Pause im Bemühen des Priesters, um mich ihm vorzustellen und ihn um das Anhören der Beichte zu bitten. Der Abbé nahm mich beiseite. Wir setzten uns auf die Pritsche. Mir fiel aus der Nähe die Unbekümmertheit seiner blauen Augen auf. Mein Sündenregister war schnell aufgezählt, schien den Herrn von Saint-Luc auch nicht sonderlich zu beeindrucken. »Ego te absolvo a peccatis tuis«, sagte er fast routinemäßig und schlug mir mit einem kurzen Lachen auf die Schulter. »Ich kümmere mich wieder um meine Russen«, meinte er dann. »Etwas christliche Nächstenliebe, in Ermangelung christlicher Seelsorge, kann diesen Bolschewiken vielleicht guttun. Allzulange ist Rußland seiner Kirche schon entfremdet.«

Bei einbrechender Dunkelheit setzte sich Saint-Luc wieder neben mich auf die Pritsche. Er hatte schon mehrere Haftanstalten durchlaufen. »Was Ihnen bevorsteht, wird viel schlimmer sein als Ihre bisherigen Zellenverhältnisse«, sagte er nachdenklich. »In den Lagern haben sich die Pforten der Hölle aufgetan. Ich bin kein hochtrabender Mensch und neige nicht zur Mystik. Aber das Tier der Apokalypse regt sich.« Er spottete ein wenig über die modernistischen Sozialtendenzen, die sich auch in der französischen Kirche neuerdings kundtaten. Bei aller Bemühung um das Wohl der Gesellschaft hätten gewisse Prälaten und auch die Jesuiten von Fourvière immer weniger vom Jenseits – vom Himmel gelegentlich, von der Hölle schon gar nicht – gesprochen. Aber plötzlich habe sich das Böse offenbart, die Last der Erbsünde und die Macht Satans. »Sie werden es vielleicht noch erleben«, fuhr er ohne jedes Pathos fort, »das Übel in dieser Welt, die Kräfte der Finsternis sind so gewaltig und furchterregend, daß sie die Notwendigkeit des Göttlichen, des absolut Guten, herausfordern. Das Teuflische erscheint uns hier als eine Art negativen Gottesbeweises, als die unverhoffte Theodizee. Welchen Sinn hätte sonst dieses Inferno?«

Ich solle versuchen zu schlafen, riet mir der Abbé. Er selbst zog seine groben Schuhe aus, schob sie als Unterlage unter den mächtigen Kopf, streckte sich auf das blanke Holz, bekreuzigte sich und versank in tiefen Schlummer. Wie er auf dem Rücken dalag, die Hände verschränkt, glich er jenen »gisants«, jenen in Stein gehauenen Fürstengestalten des Mittelalters, die man in den Gruften der gotischen Kathedralen findet.

*

Im hallenden, blau beleuchteten Flur des »Pankraz« zu Prag war unser eben eingetroffener Gefangenentransport längs der Mauer ausgerichtet. Die SD-Chargen der Haftanstalt stolzierten erregt und sichtlich angetrunken vor uns auf und ab und bellten dazu. Sie trugen gut geschnittene feldgraue Uniformen mit Totenkopf und Schaftstiefel. »Wer ist hier Jude?« brüllte ein blonder Rabauke. Ein dunkelhaariger junger Mann hob zögernd den Arm. Der SD-Mann baute sich vor ihm auf. »Du willst mich wohl schlagen mit deinem erhobenen Arm, du Sau!« brüllte er und knüppelte den Juden nieder. Der junge Mann wurde in die unteren Verliese des Pankraz verschleppt. »Die Kerle hier haben heute noch nichts gefressen«, schrie ein SD-Scharführer. »Wir haben doch einen Juden geschlachtet. Der wird für alle reichen.«

Unter den Häftlingen breitete sich kaltes Entsetzen aus. Ein holländischer KZler im gestreiften »Pyjama«, der an Ruhr litt, entleerte seine Gedärme auf den Fliesenboden. Die SD-Bewacher schäumten vor Wut. »Die Schweine sind verseucht. Wir werden euch an die Wand stellen und alle erschießen, damit wir nicht auch noch verrecken.« Schon wurden wir zum Abmarsch in den Innenhof kommandiert. Wir stellten uns vor der Erschießungsmauer auf, wie wir mit Sicherheit annahmen, und harrten unseres Schicksals. Hinter den vergitterten Fenstern der hohen Gegenwand suchte ich nach den Mündungen von Maschinengewehren. Erst eine halbe

Stunde später, als wir in den Gang zurückgetrieben und auf verschiedene Großzellen verteilt wurden, merkten wir, daß die SD-Männer sich einen Scherz geleistet hatten. Mir kam diese Erkenntnis ohne merkliche Erleichterung.

Wir legten uns eng gedrängt nieder. Ich fand keinen Schlaf auf dem Strohsack und tastete heimlich die linke innere Schuhsohle ab, wo ich eine Rasierklinge verborgen hatte. Die Aussicht, notfalls mit dem Durchschneiden der Pulsader dem Schlimmsten zu entgehen, war ein karger Trost. Das Grauen, das der Abbé de Saint-Luc angekündigt hatte, war über uns gekommen.

Einen Vorgeschmack dessen hatten wir schon in der Durchgangsstation Wien, im Gefängnis an der Elisabethpromenade, bekommen, in deren überfüllter Transitzelle sich Szenen von Goyascher Intensität abspielten. Eine Bande russischer Zivilgefangener, offenbar Kriminelle, wie sie – späteren Aussagen zufolge – auch die stalinistischen Straflager Sibiriens terrorisierten, fielen wie Wölfe über die Neuankömmlinge her und plünderten sie aus. Es kam zu erbitterten Kämpfen mit Zähnen und Krallen um die armseligsten Gegenstände. Ein zum Skelett abgemagerter KZ-Häftling klammerte sich an sein Stück Brot wie eine Mutter an ihr Kind und brach schluchzend zusammen, als ihm diese letzte Ration entrissen wurde.

Auf der Bahnfahrt zwischen Linz und der Grenze zum Protektorat Böhmen und Mähren wurde unser Zug von einem amerikanischen Tieffflieger beschossen. Ausgerechnet unser Zellenwagen, den der Pilot als solchen nicht ausmachen konnte, wurde von der Maschinengewehrgarbe erfaßt. Die Häftlinge schlugen wie wahnsinnig gegen die Eisenwände. Einer der begleitenden Polizisten stellte sich breitbeinig mit gezogener Pistole in den Gang und versuchte uns einzuschüchtern. Er wurde als einziger getroffen und brach tot zusammen.

Der Zug kam in einem Dorfbahnhof zum Stehen. Kein Gefangener war auch nur verletzt. Wir forderten schreiend die Zivilisten auf dem Bahnsteig auf, die Türen des Zellenwaggons zu öffnen.

»Freies Österreich«, riefen ein paar »Politische« aus der Ostmark. Aber niemand kam uns zu Hilfe, und schon eilten ein paar Soldaten der Waffen-SS herbei, um jeden Ausbruchsversuch zu verhindern. Unter schwerer Bewachung wurden wir in einen eiskalten Güterwaggon verfrachtet und rollten weiter nach Prag. Im Durcheinander des Tieffliegerangriffs und der Verladung waren – wie wir später erfuhren – unsere Begleitpapiere verlorengegangen, was sich als Gnade des Schicksals erweisen sollte.

Wir schliefen noch nicht lange in unserer Prager Zelle, da wurde die Tür aufgerissen und grelles Licht eingeschaltet. »Aufstehen!« Zwei SD-Männer klopften mit Eisenstäben an die Gitter der Lichtschächte, um zu prüfen, ob sie nicht angesägt waren. Dann teilten sie unsere Belegschaft von rund vierzig Mann in zwei Gruppen ein. Auf die eine Seite wurden die russischen Kriegsgefangenen – hohlwangige, gutmütig wirkende Gestalten in braunen Lumpen – abgedrängt; gleich neben ihnen verängstigte Italiener der überrumpelten Badoglio-Armee in ihren grünlichen Militärmänteln. Durch einen schmalen Freiraum getrennt und offenbar etwas privilegiert, lagerten die wenigen Deutschen, aber auch ein krauses Sammelsurium aus Holländern, Ungarn und sonstigen Nationalitäten. Sogar zwei düstere, sich gegenseitig anknurrende Armenier gigantischen Wuchses waren dabei.

Mehrere Deutsche trugen Wehrmachtsuniformen. Zwei Feldwebel fielen mir auf. Sie waren mit dem Eisernen Kreuz 1. Klasse und der goldenen Nahkampfspange ausgezeichnet, was die SD-Schergen mit erstaunter Anerkennung registrierten. Sie seien wegen Wehrkraftzersetzung festgenommen worden, behaupteten die Feldwebel, aber in der kleinen Gefangenengruppe sprach sich schnell herum, daß sie wegen Homosexualität aus der Wehrmacht ausgestoßen worden waren. Vermutlich würden sie bald mit dem Rosa Winkel der Schwulen in ein KZ eingewiesen.

Ein sympathischer Leutnant erzählte mir seine Geschichte. Er hatte – in Jugoslawien eingesetzt – nach dem Attentat gegen Hitler seiner Enttäuschung über den Fehlschlag dieses Unternehmens im

Kameradenkreis freien Lauf gelassen. Sein bester Freund hatte ihn als Defätisten denunziert. Nun sah der Leutnant seiner Abkommandierung in ein Strafbataillon entgegen.

So ausgeprägt ist der Überlebensinstinkt, daß das Entsetzen der ersten Stunden bald schon einer gewissen Gewöhnung zu weichen beginnt. Unter den Bewachern befanden sich offenbar nicht nur Sadisten und Henker. Ein SD-Mann, dem wir das Schlimmste zugetraut hätten – eine Verbrechervisage mit niederer Stirn und zusammengewachsenen Augenbrauen –, erwies sich als halbwegs zugänglich, fast gönnerhaft. Er brachte uns am zweiten Tag etwas ausgetrockneten Kuchen, der eigentlich für tschechische Gefangene von deren Prager Verwandtschaft am Portal des Pankraz abgegeben worden war. Auf dem Flur begegneten wir flüchtig zwei abgeschossenen britischen Piloten, die Vorzugsbehandlung genossen. Im Vorbeigehen grüßten uns die Engländer mit einem verstohlenen V-Zeichen.

Am zweiten Tag entdeckte ich Marcel. Marcel war ein schmächtiger, in sich gekehrter Franzose. In der Zelle war er völlig isoliert, und ich zerrte seinen Strohsack kurzerhand auf die Seite der Deutschen herüber. Marcel war offenbar an seinem Arbeitsplatz verhaftet worden. Er trug noch den blauen Monteursanzug. Das hagere, graue Gesicht war von Folterungen gezeichnet. Ein paar Zähne waren ihm ausgeschlagen worden. Es dauerte eine Weile, bis er Zutrauen zu mir faßte. »Ich kann Ihnen ruhig meine Geschichte erzählen«, sagte er am dritten Tag, als es dunkel wurde. Jedes Mal bei Einbruch der Dunkelheit verkrampfte er sich vor Angst. »Ich habe nichts mehr zu verlieren, und ich kann auch keinem meiner Genossen mehr schaden. Meine nächste Bestimmung ist Mauthausen, und dort werden sie mir nicht nur das rote Dreieck der Politischen auf die Zebra-Kluft nähen, sondern auch den schwarzen Punkt für Nacht-und-Nebel-Fälle. Das bedeutet: Ich werde zu den unerträglichsten Arbeiten im Steinbruch eingeteilt und so schnell wie möglich zu Tode geschunden.«

Ursprünglich war Marcel Automechaniker bei Renault in Boulogne-Billancourt gewesen. Seit langem gehörte er der Kommunistischen Partei an. Den Angriff des Dritten Reiches auf die Sowjetunion hatte er wie eine Erlösung empfunden nach den Monaten schmachvollen Taktierens der Partei mit der deutschen Besatzungsmacht. Er hatte bei Renault Zellen des Widerstandes organisiert. Dann meldete er sich freiwillig zum Arbeitseinsatz nach Deutschland, und zwar im geheimen Auftrag der Partei. In einem schlesischen Rüstungsbetrieb hatte er versucht, die französischen Arbeiter im Sinne der Weltrevolution zu indoktrinieren. Er hatte präzise Anweisungen und technische Kniffe mit auf den Weg bekommen. Marcel war ein Experte für Industriesabotage. Er versah seine Arbeitskollegen mit relativ harmlosen Gift- und Reizstoffen, die es ihnen erlaubten, sich wochenlang krankschreiben zu lassen. Beim Nahen der Roten Armee hatte er sogar versucht, eine kleine Kampftruppe aufzustellen, hatte sie mit selbstgefertigten oder im Betrieb entwendeten Waffen ausgerüstet, und dabei war er gefaßt worden.

Marcel war kein gebildeter Mann. Der alte, fromme Spruch »Sanguis martyrum semen Christianorum« war ihm unbekannt. Aber in seiner Einstellung zur marxistischen Erlösungstheorie war er ein eiserner Bekenner. Vom Wert seines Opferganges war er zutiefst überzeugt, er haderte nicht mit dem Schicksal. Ein Schwärmer war er keineswegs. Ich hätte ihm sogar im Fall einer kommunistischen Machtergreifung das Zeug zum »politischen Kommissar« zugetraut. Die Herrschaft der Werktätigen, der Sieg des Proletariats – das waren für ihn Gewißheiten der Zukunft; sie erfüllten ihn mit Zuversicht über den eigenen Tod hinaus.

Wir sprachen über die Verhältnisse im befreiten Frankreich. »De Gaulle als Adeliger steht in einem anderen Lager als wir«, meinte Marcel. »Das heißt nicht unbedingt, daß er ein Klassenfeind ist.« Immerhin habe er Maurice Thorez – den Generalsekretär der Kommunistischen Partei Frankreichs, der 1939 vor seiner Einberufung zur französischen Armee desertiert und nach Rußland geflüchtet war – nach Paris zurückkommen lassen und ihm einen Ministerposten in der provisorischen Regierung angeboten. »Ich habe gehört, daß die Kräfte der Reaktion, vor allem die Berufsmilitärs, dabei sind, die wackeren Widerstandskämpfer, die ›Francs-tireurs et partisans‹, zu entlarven«, sagte Marcel sorgenvoll. »Dabei haben die FTP die Hauptlast des Kampfes im Untergrund, in den Maquis, getragen und die höchsten Opfer gebracht. Aber die Bourgeoisie, die schon wieder zur Macht drängt, nachdem sie sich an Pétain geklammert hatte, merkt natürlich, daß wir Kommunisten bei den Francs-tireurs et partisans das Sagen haben.«

Für die Kollaborateure, für Pierre Laval und auch für den greisen Marschall Pétain hatte Marcel nur einen Urteilsspruch parat: die standrechtliche Erschießung. »Tu vas voir« – jetzt kam sogar ein wenig Pathos in seinen Pariser Faubourg-Akzent – »Du wirst sehen, daß die Arbeiterklasse sich diesmal durchsetzen wird. Wir werden endlich das Testament der ›communards‹ vollstrecken. Der Volksaufstand, der 1871 unter den Kartätschen und Exekutionskommandos der ›Versaillais‹ zusammenbrach, ist heute zu einer unwiderstehlichen Bewegung geworden. ›La France sera rouge et socialiste – Frankreich wird rot sein und sozialistisch‹.« Die totale Hingabe an sein klassenkämpferisches Ideal hatte Marcel über die Dürftigkeit seiner durchschnittlichen Arbeiterexistenz hinausgehoben.

Die sowjetischen Armeen – so erfuhren wir in jenen Tagen durch die Kalfaktoren – hatten eine Großoffensive eingeleitet, die deutschen Stellungen im Warthegau durchbrochen und die Oder erreicht. Es keimte Hoffnung im Pankraz auf. Die Weisung wurde schnarrend verlesen, daß alle Gefangenentransporte in Richtung Reichshauptstadt und die KZ-Lager Oranienburg und Sachsenhausen umgeleitet, daß die betroffenen Häftlinge nach Möglichkeit an ihre Ausgangspunkte zurückgeschickt würden. Für mich bedeutete das: Von meiner Einlieferung ins Reichssicherheitshauptamt in Berlin konnte keine Rede mehr sein. Ich würde mit dem nächsten Zellenwaggon in Richtung Graz in Bewegung gesetzt, eine an sich absurde Verschiebeübung, die in der strategischen Krisenlage des schrumpfenden Großdeutschen Reiches die Pedanterie der repressiven SS-Verwaltung enthüllte.

Für Marcel allerdings stand die Bahnstrecke nach Mauthausen weit offen. Wir wurden auseinandergerissen, obwohl auch meine Fahrt über Linz führen würde, also in die unmittelbare Nachbarschaft des gefürchteten Todeslagers. »Bonne chance«, sagte Marcel zum Abschied und drückte mir die Hand. Ich wagte nicht, ihm das Gleiche zu wünschen.

## Wiener Intelligenz-Zelle

Jeden Morgen war Pierre Buchoud als Erster auf den Beinen, noch ehe die Eisentür der »Intelligenz-Zelle« aufgerissen und die stinkenden Blechnäpfe ausgeteilt wurden. Im Wiener Gefängnis an der Elisabeth-Promenade, im Volksmund »Liesl« geheißen, trug der Hauptmann Buchoud eine extravagante Kluft: die knallrote Hose mit dem blauen Streifen der französischen Offiziersschule Saint-Cyr und einen khakifarbenen Militärpullover. Der Capitaine begann sofort nach dem Wecken mit seiner Morgengymnastik. Er war ein rotblonder Lothringer aus Nancy, von bäuerlicher, untersetzter Statur. Aus seinen blauen Augen strahlte eine fast aggressive Zuversicht. Im kurzen Winterkrieg 1939/40 an der Warndt, während der »drôle de guerre«, wie man in Paris sagte, hatte er, als Oberleutnant in einem »bataillon de choc« dienend, zwei deutsche Panzerfahrzeuge geknackt, war dafür mit der Ehrenlegion dekoriert und zum Hauptmann befördert worden.

Die Jahre der Kriegsgefangenschaft hatten ihn in keiner Weise gebrochen. Welcher Art von Verschwörung er sich dort angeschlossen hatte – offenbar war ihm aus dem Lager heraus sogar Funkkontakt zu den Alliierten gelungen –, hat er mir nicht erzählt. »In der Haft sagt niemand die Wahrheit«, erklärte er kategorisch. Es muß wohl ziemlich dilettantisch zugegangen sein bei diesem Offizierskomplott. Nach der Festnahme war er der Gestapo übergeben und gefoltert worden.« Sie haben mich hinter dem Rücken angekettet, an einem Flaschenzug hochgezerrt und stundenlang an den Knöcheln hängenlassen. Es war ein Glück, daß ich vor Schmerz ohnmächtig wurde, ehe sie mich zur Aussage pressen konnten. Mein Freund Lemaître, der Oberleutnant im Gefängnistrakt unter uns, ist bei Bewußtsein geblieben und hat am Ende ausgepackt. Aber das kann ihm niemand übelnehmen. Ich versuche alles, um ihm darüber hinwegzuhelfen und ihn aufzuheitern.«

Die schwer vergitterten Fenster unserer Zelle gingen auf den inneren Gefängnishof. Sie erlaubten im Gegensatz zu den sonst üblichen Lichtschächten einen Ausblick auf das Gegengebäude. Nach seinen Leibesübungen, die sehr gute Kondition verrieten, schob Buchoud seinen rotblonden Haarschopf, so weit er konnte, zwischen die Eisenbarren. »Lemaître«, schrie er nach unten. Der Oberleutnant war schon zur Stelle und meldete sich. »Ils l'ont dans le cul«, brüllte Buchoud, den höchst obszönen Refrain eines alten Militärliedes, der besagen sollte, daß die Deutschen sich ihre Siegeshoffnung in den Hintern stecken könnten. Zu uns hallte die etwas brüchige Stimme des Lieutenant Lemaître aus der unteren Etage herauf: »Ils l'ont dans le cul«, rief auch er wie ein Echo.

Als ich bei Nacht, aus Prag kommend, von einem Wächter in den dunklen Haftraum der »Liesl« geschoben worden war, hatte sich mir gleich eine mächtige Pranke auf die Schulter gelegt. »Ich heiße Stephan Gyurek und bin hier Zimmerkommandant«, sagte eine österreichisch gefärbte Stimme, »ich begrüße dich in der Wiener Intelligenz-Zelle.« Warum der Sammelraum diesen Namen verdiente, wurde mir nie ganz klar. Eine sehr unterschiedliche Gesellschaft war hier zusammengewürfelt.

Nur einige sind mir in Erinnerung geblieben: ein eleganter junger Wiener aus reichem Hause, der auf Grund eines Asthmaleidens vom Wehrdienst freigestellt worden war und sich in den letzten Kriegsmonaten einem versnobten politischen Salon angeschlossen hatte, wo man österreichischen Widerstand gegen Hitler mimte, in Wirklichkeit jedoch über den Austausch regimekritischer Witze nicht hinauskam; ein silberhaariger Graf aus der Steiermark, der sich als mannhafter Gegner des Nationalsozialismus darstellte, aber wohl wegen seiner Neigung für schöne Epheben in die Fänge der Gestapo geraten war; ein vitaler Hauptmann der ungarischen Honvéd – so elegant und fesch, als stammte er aus einem Roman von Arthur Schnitzler –, der offenbar massiven Schwarzhandel mit Heeresgut betrieben hatte; ein Diplomat des kurzlebigen slowakischen Staates von Hitlers Gnaden, der sich im Auftrag seines geistlichen Stabschefs Jozef Tiso in Dalmatien bemüht hatte, Kontakt mit den Briten aufzunehmen, um der bevorstehenden Okkupation durch die Rote Armee in letzter Minute zuvorzukommen.

Die beherrschende Figur in dieser kleinen Truppe von etwa zwanzig Gestapo-Häftlingen war zweifellos der Kommunist Stephan Gyurek. In endlosen Debatten versuchte er, auch mich zum Marxismus-Leninismus zu bekehren. Dabei erwies er sich als hervorragender Dialektiker. Bei den ersten Verhören war er verprügelt und aufs äußerste gepeinigt worden. Aber in dem Maße, wie das Kriegsglück sich wendete und die Armeen Stalins aus dem ungarischen Raum auf das Burgenland vorrückten, waren die Vernehmungsmethoden geschmeidiger geworden. Bei der letzten Vorladung durch seinen »Spezialisten«, gab Stephan lachend zum besten, habe der hochgebildete, aber bislang unerbittliche Zivilbeamte der Staatspolizei ihm einen Sessel angeboten und so freundlich mit ihm geplaudert, daß er beinahe um eine Tasse Tee gebeten hätte.

Der Weitertransport nach Graz verzögerte sich. Die alliierte Luftwaffe bombardierte die Schienenwege, die nach Süden führten. Eines Tages schlug auch in der »Liesl« eine schwere amerikanische Bombe ein. Es entstand Panik im getroffenen Gefängnisflügel. In der folgenden Nacht fielen Schüsse. Scheinwerfer tasteten die hohen Mauern ab. Die Wachmannschaften waren überreizt. Einer Gruppe russischer Kriegsgefangener war es tatsächlich gelungen, ihre Gitter durchzusägen und nach einem akrobatischen Kraftakt über die Dächer zu entkommen. »Der Sowjetstaat wird nach dem Sieg jeden gefangenen Russen zur Rechenschaft ziehen«, kommen-

tierte Stephan, »der Ausbruchsversuch wird den Genossen zugute-
gehalten werden.«

Capitaine Buchoud wirkte auf mich wie ein Fels in der Brandung. In seinem Offizierslager hatte er an verschiedenen Lehr-
gängen teilgenommen, die von gefangenen Hochschulprofessoren
abgehalten wurden. Dabei hatte er einen Russischkurs belegt. Buchoud war der Gegentyp des Barons de La Ferronnière. Ihm wäre
nicht der Gedanke gekommen, Gedichte zu rezitieren oder toten
Königen nachzutrauern. Er war schon als Kind in der Kadetten-
anstalt La Flèche im Geiste einer kämpferischen Republik erzogen
worden. Gegenüber seinen Oflag-Gefährten bewahrte er Distanz.
Die französischen Offiziere in Gefangenschaft hätten in den Jahren
nach der Niederlage von 1940 ein wenig rühmliches Bild abgegeben, erzählte er. Die absolute, unermüdliche Diskussion über eventuelle Beförderungschancen nach der Befreiung hätten alle anderen
Gedankengänge der Aktiven vernebelt.

Buchoud hatte seit vier Jahren keine Frau mehr gesehen. So begeisterte er sich an den Silhouetten der weiblichen Häftlinge, die
hinter den Gitterstäben des gegenüberliegenden Gebäudes zu erkennen waren. Die Freude war groß, als er dort zwei Französinnen
erspähte. Er verbrachte Stunden damit, sich über ein gängiges Zei-
chenalphabet mit diesen beiden Mädchen, die vermutlich einem
zweifelhaften Gewerbe nachgingen, zu verständigen. »Was schert
es mich schon, daß sie Huren sind«, winkte Buchoud ab. »Mir ist
erzählt worden, daß unter den KZ-Insassen zwei Kategorien mehr
Mut und Härte als die meisten anderen bewiesen hätten, die Adeligen und die Zuhälter.« Von den Französinnen erfuhren wir, daß
bei den inhaftierten Frauen auf Grund der schlechten Ernährung
die Menstruation ausblieb.

Unsere Gefängniswärter waren recht verträglich geworden. Es
waren altgediente Männer, die uns die letzten Meldungen von der
Front zuflüsterten. Buchoud stellte sorgfältige strategische Überlegungen an. Seine Prognose für das Kriegsende lautete auf Mai
oder Anfang Juni. Er sollte recht behalten. Die übrigen Haftgefähr-

ten konnten sich ein so schnelles Ende des Dritten Reiches immer noch nicht vorstellen.

Mein Wille zum Überleben war nun aufs Äußerste angespannt. Aber mein Gesundheitszustand stimmte mich sorgenvoll. Ein entsetzlicher Juckreiz plagte mich. Ich verfiel in einen fiebrigen Dämmerzustand, und als ich Mitte März 1945 doch noch aus der Wiener Intelligenz-Zelle herausbeordert wurde, um einer Massenverfrachtung nach Süden eingereiht zu werden, erkannte ich den Capitaine Buchoud nur noch durch einen Schleier. Er kramte in der Tasche seines Offiziersmantels und gab mir heimlich einen Riegel Schokolade als Wegzehrung. Ein königliches Abschiedsgeschenk.

*

Warum ich diese Kerkerszenen und eher zufälligen Begegnungen mit ein paar versprengten Franzosen so ausführlich schildere? Weil am Rande des Abgrundes die wahren Kräfte des Menschen, die »condition humaine«, sich wohl am eindringlichsten offenbaren. Was mich mit den Franzosen in der Gestapo-Haft verband, war weder die Selbstlosigkeit einer Ideologie noch das literarische Pathos, das Malraux seinen Helden unterstellt. Im Auf und Ab dieser Haftwochen, in der Erwartung des Todes, erlebten wir Augenblicke einer schwer deutbaren Exaltation. Die Einzelschicksale wurden in dieser Grenzsituation dramatisch überhöht. In der Stunde der Demütigung und der Schmach erschienen mir diese Gefährten eines dunklen Zufalls in einer Aura erzwungenen Heldentums. Diese bescheidenen Bekenner wären mir außerhalb dieser Extremsituation vermutlich höchst trivial vorgekommen. In den diversen Gefängnissen der Gestapo – im Lichte der Erniedrigung, nicht des Ruhms, der »gloire« – hatte ich eine Initiationsschwelle überschritten, öffnete sich mir der Zugang zur mystischen Natur des französischen Nationalbewußtseins.

## Die Rote Armee in Graz

Auf dem Rücktransport von Wien nach Graz wurde ich von heftigen Fieberstößen geschüttelt. Die Reise verlief chaotisch. Wegen Bombenschäden wurden wir in der Wiener Neustadt vorübergehend auf Lastwagen verladen. Die Fahrt war ein Alptraum. In den kalten Vorfrühlingsnächten schliefen die Häftlinge zum gegenseitigen Aufwärmen eng ineinander verschachtelt. Jede Stunde wurde ein Signal gegeben, weil unsere abgemagerten Hüften unerträglich schmerzten, und wir veränderten unsere Lage um hundertachtzig Grad. Von dem Schüttelfrost klapperten mir die Zähne so stark, daß ich meine unmittelbaren Nachbarn weckte.

Die Ankunft in Graz erlebte ich in einem schmerzlichen Nebel. In der Entlausungsanstalt des Polizeigefängnisses, wo ich ein paar Stunden verbrachte, stellten die Bewacher mit allen Anzeichen des Ekels fest, daß meine Kleidung von Läusen und anderem Ungeziefer nur so wimmelte. Zu Fuß schleppte ich mich in einer kleinen Gruppe von Leidensgenossen in ein Arbeitslager, das administrativ der Zentrale des Konzentrationslagers Mauthausen unterstellt war. In der Dämmerung entdeckten wir elektrifizierte Stacheldrahtverhaue, Wachtürme mit bewaffneten Posten. In den Holzbaracken waren die Pritschen übereinandergeschichtet. Die Haare wurden mir abrasiert. Eine schwarz-grüne Häftlingsmütze, die mir wie eine Narrenkappe vorkam, wurde mir verpaßt. Die Bewacher stammten – ihrer Aussprache nach zu urteilen – überwiegend aus Kroatien oder Slowenien. Sie benahmen sich rauh und grobschlächtig. Bösartig waren sie nicht. Am nächsten Morgen wurde ich zu Sägearbeiten abkommandiert. Dort brach ich zusammen. Der Sanitäter, selber ein Häftling, diagnostizierte Flecktyphus.

Dann geschah das Wunder. Ein polternder Lagerführer mit starkem Ruhrgebiet-Akzent ließ mich ins Gau-Krankenhaus Graz einweisen. Ein alter Zivilist mit Armbinde und Karabiner brachte mich zur Straßenbahnstation, begleitete mich bis zu einem hoch gelegenen Gebäudekomplex, schloß meine Handschellen auf und lieferte mich ein.

Von der zweimonatigen Haft war ich schrecklich abgemagert. Die Knie waren breiter als die Schenkel. Der Flecktyphus suchte mich mit besonderer Virulenz heim, wie ich später vom Pflegepersonal erfuhr. Das Gehör, die Artikulationsfähigkeit, sogar das Sehvermögen waren aufs äußerste beeinträchtigt. Wie Schemen nahm ich die Nonnen vom Orden der Barmherzigen Schwestern vom heiligen Vinzenz von Paul wahr mit ihren riesigen, weißen Flügelhauben, das warme Bad, in das ich gehoben, die saubere Wäsche, in die ich gebettet wurde. Trotz des Fiebers, das sich zwischen 41 und 42 Grad bewegte, soll ich stets gelächelt haben, wenn ich zu Bewußtsein kam, wie mir der freundlich um mich besorgte österreichische Arzt später berichtete.

In den Krankenhauspapieren wurde ich weiter als Schutzhäftling geführt, aber niemand stellte mir nach. Allmählich überwand ich die Krankheit, nahm Anteil am Leben im großen Pflegesaal der Flecktyphus-Station, wo die Serben und Kroaten in der Mehrheit waren. Die einen hatten unter Milan Neditsch, die anderen unter Ante Pawelitsch gekämpft. Mein unmittelbarer Nachbar war ein italienischer Leutnant der Badoglio-Armee, mit dem ich mich schnell anfreundete. Vor dem Fenster blühte ein großer Kirschbaum in der milden Frühlingssonne. Stundenlang genoß ich den Anblick dieser weißen Pracht wie eine Verheißung des Überlebens. Mit fortschreitender Gesundung war meine Appetitlosigkeit einem schrecklichen Hunger gewichen. Die junge Schwester Agnes, die mich besonders hingebungsvoll betreute, gab mir jeden Abend ihre eigene Essensration, damit ich schneller zu Kräften käme.

Der Stationsarzt flüsterte mir morgens die letzten Nachrichten vom Zusammenbruch des Dritten Reiches zu. Eines Tages trat er mit einer schwarz umrandeten Zeitung an mein Bett. Das Bild Hitlers füllte die Titelseite. Darüber las ich die Schlagzeile: »Der Führer ist gefallen.« Da überkam mich eine geradezu explosive Freude, der animalische Triumph, überlebt zu haben. Ich war inzwischen wieder imstande, kleine Spaziergänge im Krankenhauspark zu machen, und nahm Kontakt zu einer Anzahl französischer Zivilarbeiter der verschiedenen Abteilungen auf. Sie waren meistens zum »service du travail obligatoire«, der Zwangsverpflichtung, ins Großdeutsche Reich verfrachtet worden. Auf Grund meines Häftlingsstatus, der durch meinen kahlgeschorenen Kopf deutlich unterstrichen wurde, akzeptierten mich die Franzosen von Anfang an als ihren Wortführer.

Am frühen Morgen des 8. Mai 1945 erfuhr ich aus einer knappen Sondermeldung des Senders Alpenland von der deutschen Kapitulation. Der Mitteilung über das Ende der nationalsozialistischen Herrschaft folgte das Deutschlandlied in der ursprünglichen, elegischen Fassung Haydns. Da überkamen mich – bei aller Genugtuung über die Rettung – Ergriffenheit und Wehmut in Gedanken an den Untergang des Deutschen Reiches und der Deutschen Nation.

Den ganzen Tag über rollte die SS-Division »Wiking« in perfekter Formation am Gau-Krankenhaus Graz vorbei gegen Westen, als zöge sie noch einmal in die Schlacht. Vom Krankenhaus beobachtete ich diese eilige Absetzbewegung von der nahen ungarischen Front. Den SS-Formationen ging es darum, die rettenden britischen Vorhuten zu erreichen, die – von Italien kommend – in Kärnten eingerückt waren. Am Rande der motorisierten Kolonnen der Division »Wiking« flüchteten auch russische Hilfsverbände, die auf seiten der Wehrmacht gekämpft hatten, Bataillone der Wlassow-Armee und kompakte Trupps von Krimtataren, deren erschöpfte asiatische Gesichter zu Stein erstarrt waren. Zwei Tage später sollte ich dieses Streugut des Krieges unter Bewachung von Rotarmisten wieder nach Osten zurückfluten sehen, der Rache Stalins, den sibirischen Lagern und dem Tod in den Bergwerken der Tundra entgegen.

Die Besetzung von Graz durch die Rote Armee vollzog sich während der folgenden Nacht. Es kam zu einigen Ausschreitungen und Vergewaltigungen. In aller Frühe brachte mir Schwester Agnes meine Trainingsjacke, die mich durch die Gefängnisse begleitet hatte. Sie hatte auf meine Bitte ein blau-weiß-rotes Kennzeichen aufgenäht. Ich zog mich an, setzte die Baskenmütze auf, von der ich mich ebenfalls nie getrennt hatte, und begleitete die Nonne bei ihren Behördengängen in die Stadt. Dieser männliche Schutz war nicht überflüssig in der beklemmenden Unruhe der ersten Besatzungsstunden. Die Rotarmisten in ihren erdbraunen Uniformen waren überall, darunter viele Mongolen aus Zentralasien. Kein Panzer war zu sehen, nur wenige brüchige Lastwagen. Hingegen bewegten sich unzählige Panjewagen auf den Straßen von Graz. Auf der großen Wiese vor dem Eingang des Spitals weideten kleine, robuste Pferde. Die Rotarmisten kampierten daneben, aßen dicke Schreiben Graubrot mit Speck. Die Ankunft der Russen glich einem Hunneneinfall.

Auf Grund meiner blau-weiß-roten Etikettierung, die mich gewissermaßen in die Rolle eines Alliierten versetzte, verlief die Erledigung unserer Verwaltungsgeschäfte ohne jedes Problem. Zwei Tage später wurde ich von den Franzosen des Gau-Krankenhauses beauftragt, Schritte bei der sowjetischen Kommandantura zu unternehmen, um die Repatriierung nach Frankreich zu beschleunigen. Mit Erleichterung erfuhr ich, daß eine Verschiffung über Odessa, die wir ursprünglich befürchteten, nicht stattfinde, sondern daß wir bei gegebenem Anlaß die sowjetisch-britische Demarkationslinie zwischen Steiermark und Kärnten in Richtung Norditalien passieren würden.

Bevor mir die Russen irgendein Papier ausstellten, verwiesen sie mich an eine sowjetische Kommandantur, die ich dann auch in einer überfüllten Schreibstube der Bürgermeisterei entdeckte. Dort wehte die Trikolore neben der roten Fahne mit Hammer und Sichel. Zwielichtige Gestalten hatten sich der Vertretung Frankreichs bemächtigt. Die selbsternannten Repatriierungskommissare von Graz wirkten auf den ersten Blick wie Ganoven und waren es vermutlich auch. Schon wieder wurde das Unterste nach oben gekehrt. Hatte ich es mit Zuhältern, windigen Kollaborateuren, Anpassern oder gar getarnten Vichy-Milizionären zu tun?

An meinen hohlen Wangen, meinem geschorenen Schädel und meiner grimmigen Entschlossenheit merkten diese seltsamen Amtsträger gleich, daß ich aus dem Lager oder aus dem Gefängnis kommen mußte. Die übrigen Antragsteller, darunter eine grell bemalte Pariserin, die beteuerte, sie sei am Morgen dreimal von Russen vergewaltigt worden, wurden beiseite geschoben. Die Schreibtischhelden der »Französischen Kommandantura« hatten sich der politischen Lage angepaßt. Sie trugen rote Armbinden und rote Halstücher. Den Brustrevers hatten sie mit Hammer und Sichel verziert. »Am liebsten würden sie sich auch noch die Eier rot anstreichen«, sagte ein redlicher französischer Arbeiter neben mir.

Im Nu hatte ich die gewünschten Papiere für mich und die mir anvertraute Heimkehrergruppe des Spitals. Das dubiose Dokument bedurfte jedoch des Gegenstempels der sowjetischen Behörden. Auch diese Formalität verlief ohne Verzögerung. Ein netter russischer Hauptmann klopfte mir auf die Schulter, unterschrieb und stempelte das Papier. Dabei drückte er mir eine Einladung zum Nachmittagskonzert in die Hand. So war es mir vergönnt – eingeklemmt in eine verschüchterte Menge zerlumpter Zivilisten aus allen Teilen Europas – einem Chor der Roten Armee zu applaudieren. Untermalt von mächtigen Trompetenstößen, stimmten die martialischen Sänger eine dröhnende Hymne zu Ehren des großen Völkervaters Josef Stalin an.

## Zu neuen Ufern

Eine letzte Kontrolle teils jovialer, teils bärbeißiger Russen lag hinter uns. Die Schranke öffnete sich. Wir gingen auf eine Villa zu, vor der Soldaten wie von einem anderen Stern postiert waren. Die Engländer der 8. Armee trugen schmucke Sommeruniformen. Ihre Barette zierten rote und grüne Pompons. Die braungebrannten sportlichen Männer waren gut genährt und glatt rasiert. Über ihnen am Mast wehte der Union Jack wie ein Symbol der Freiheit. Der britische Sergeant grüßte lässig und versorgte uns mit Konservenkost. Wir stapelten die Kisten auf dem Panjewagen, den wir mitsamt einem herrenlosen Pferd am Vortag requiriert hatten.

Es waren ein Dutzend französischer Zivilisten, die ich von nun an über die Pässe Kärntens der italienischen Grenze entgegenführte. Die Euphorie der neu gewonnenen Freiheit beschleunigte auf wunderbare Weise meine Genesung. Nur die Fußgelenke waren abends noch geschwollen. Ab Villach ging unsere Fahrt auf Lastwagen der britischen Streitkräfte weiter. Beim Anblick dieser siegreichen Armee, dieser strahlenden jungen Männer, die aus dem Niltal aufgebrochen, über Libyen, Tunis und Italien bis an Hitlers Alpenfestung vorgerückt waren, überkam mich eine Melancholie, die nicht frei war von Neid.

Diese jungen Engländer, Australier, Kanadier, denen man anmerkte, daß sie ihre Kriegserlebnisse bereits als die »besten Jahre ihres Lebens« zu glorifizieren begannen, waren aus den fernen, bunten Gestaden eines geheimnisvollen Orients aufgebrochen. Sie waren frei von den Ängsten und Demütigungen des geschundenen europäischen Kontinents, gehörten offenbar einer besseren, heiteren Welt an. In diesen Tagen ist vermutlich mein Entschluß gereift, mich sofort nach Überschreitung der französischen Grenze zum Expeditionskorps nach Ostasien zu melden, wo der Krieg gegen Japan noch im Gange war.

Selbst wenn man einer so erbärmlichen Rotte angehörte, wie wir sie bildeten, war die erste Alpenüberquerung in Richtung Italien ein begeisterndes Erlebnis. Die Szene aus Titus Livius kam mir in den Sinn, die Geste Hannibals, der seinen Heerscharen den Weg zum Reichtum der Po-Ebene wies. Unsere Reise über Venedig, Verona, Brescia, Mailand und Turin war alles andere als ein ruhmreicher Eroberungszug! Wir waren Streugut des Krieges, schliefen auf dem Fußboden geräumter Klassenzimmer, wurden mit mageren Portionen abgespeist.

An die Gastlichkeit der lombardischen Bauern denke ich heute noch dankbar zurück. Sie fragten nicht lange nach unserer Herkunft oder unserem politischen Bekenntnis, wenn wir in wenig vertrauenerweckendem Aufzug an ihr Tor klopften. Sie holten uns an den großen Familientisch, wo die ganze Sippe mit nie weniger als sechs Kindern versammelt war. Die Matrone, breithüftig, gutherzig und selbstbewußt, schlug das Kreuz und teilte jedem seinen Teller Polenta zu. Fremde wurden genauso bedacht wie die eigenen Angehörigen.

In Turin tauchten ein paar französische Offiziere und Ärzte auf, um erste Kontrollen und medizinische Untersuchungen vorzunehmen. Als unser Konvoi am späten Abend in Susa eintraf, wurden wir von französischen Soldaten begrüßt. Es war keine sehr ansehnliche Militäreinheit, die über den Mont-Cenis-Paß gekommen war. Die Partisanen des Maquis waren nur mühselig diszipliniert worden. Ihre Uniformierung war buntscheckig, die Befehlsgewalt der zum Teil selbsternannten Offiziere fragwürdig. Diese aus der Résistance hervorgegangene Territorialeinheit gebärdete sich revolutionär. Neben der blau-weiß-roten Trikolore flatterten rote Wimpel. Die improvisierten Soldaten dieser kläglichen »Armée d'Italie« – oft Widerstandskämpfer der letzten Stunde – suchten vergeblich an die Tradition der »levée en masse«, des Massenaufgebots unter dem »großen Carnot« anzuknüpfen.

In dem Gasthof, wo wir mit US-Rationen und Rotwein bewirtet wurden, verharrte ich vor einem Farbdruck, der einen Krieger der Französischen Revolution darstellte. Dieser Grenadier trug weder Schuhzeug noch ordentliche Uniform. Er sah so schlampig aus wie die Soldaten von Susa. Aber von ihm ging die Gewißheit der historischen Sendung aus. Er lehnte lässig an einer blau-weiß-roten Schranke und rauchte seine Pfeife. Über ihm proklamierte das Grenzschild: »Ici commence le pays de la liberté – hier beginnt das Land der Freiheit.«

Bis in die späte Nacht wurde in Susa getrunken und gegrölt. Die Siegerpose dieser undisziplinierten französischen Vorhut wirkte gespielt, beinahe peinlich. Die Lieder, die hier angestimmt wurden – die Kenntnis der Texte brach ohnehin nach dem zweiten Vers ab –, gehörten einer anderen Zeit an. Da wurde von der Madelon gesungen, dem kessen Serviermädchen des Ersten Weltkrieges, von den »Africains«, den Algier-Franzosen, die über das Mittelmeer kamen, um den heiligen Boden des Vaterlandes zu verteidigen und zu Füßen der Trikolore zu sterben. Da ertönte auch der Refrain: »Vous n'aurez pas l'Alsace et la Lorraine – Ihr werdet Elsaß und Lothringen nicht bekommen, denn Euch zum Trotz bleiben wir Franzosen – malgré vous, nous resterons Français!« Enttäuscht und schwermütig legte ich mich auf die Pritsche im Gasthaus von Susa. Ein paar Betrunkene auf der Straße stimmten zu später Stunde die Marseillaise an: »Le jour de gloire est arrivé!« Kläglicher Tag des Ruhms.

Jenseits der Grenze, in Savoyen, wurde es ernst. Der Mont Cenis lag kaum hinter uns, und schon erwartete uns feindseliges Mißtrauen in Saint-Jean-de-Maurienne. Zehn Monate nach der Befreiung Frankreichs herrschten hier noch Bürgerkriegsstimmung und die Nachwehen jener Revolutionsjustiz der Maquisards, der zahlreiche Kollaborateure, aber auch viele Unschuldige zum Opfer gefallen waren. Die bewaffneten Partisanen trugen blau-weiß-rote Armbinden mit den Initialen FFI (Forces françaises de l'Intérieur – Französische Streitkräfte des Inneren) oder FTP. Die kommunistischen FTP forschten nach ehemaligen Mitgliedern der verhaßten Vichy-Miliz und nach Soldaten der französischen Waffen-SS. Jeder von uns mußte den Oberkörper entblößen. Die Sansculotten des Jahres 1945 suchten in unseren Achselhöhlen nach dem Blutgruppenzeichen, das den Angehörigen der SS eintätowiert worden war. Wir mußten froh sein, daß wir mißmutig durchgewinkt wurden und wieder unsere Lastwagen besteigen konnten. Am Rande der Gebirgsstraße entdeckte ich deutsche Kriegsgefangene mit hohlen Wangen und furchtsamen Blicken. Es war ein grausames, oft mörderisches Los für Wehrmachtsangehörige, in die Gewalt französischer Partisanen geraten zu sein.

In Annecy änderte sich die Situation schlagartig. Wir wurden in einem luxuriösen Kurhotel einquartiert. Die Verpflegung war vorzüglich. Das Fenster meiner Suite, die ich mit drei Gefährten meines Aufbruchs aus Graz teilte, öffnete sich auf den stillen, idyllischen Alpensee. Die Offiziere des Fünften Büros, die uns höflich nach unserem Lebenslauf und nach den Umständen unseres Aufenthalts in Deutschland während der letzten Jahre befragten, gehörten der regulären Armee an. Der elegante Major mit Menjoubärtchen und randloser Brille, der mich verhörte, fand mich offenbar sympathisch. Nach einer halben Stunde besaß ich einen Passierschein mit blau-weiß-rotem Querbalken, der mir die individuelle Weiterreise nach Metz freigab.

An diesem vorläufigen Endpunkt meiner Reise hatten sich die Dinge nicht beruhigt. Die Libération, die heißersehnte Befreiung, hatte den Opportunisten und Denunzianten ein weites Feld geöffnet. In der Rue de la Garde traf ich die Mutter Simones an. Sie sah mich sorgenvoll und ein wenig ängstlich an. »Mon pauvre Pierre«, wiederholte sie immer wieder. Schließlich rückte sie mit der Nachricht heraus, von der sie wohl annahm, daß sie mich zutiefst verletzen würde. Simone, meine blonde Braut aus dem Lothringer Herbst des Vorjahres, hatte sich nach Nancy abgesetzt und arbeitete dort als Krankenpflegerin im Hospital der US-Army. »Sie konnte nicht in Metz bleiben«, beteuerte Madame Geiger.

Simone sei gelegentlich mit deutschen Offizieren ausgegangen und man hätte ihr daraus – obwohl das nur Österreicher und nie Preußen gewesen seien – einen Strick drehen können. »Du weißt gar nicht, wie diese Pseudo-Widerständler, diese jungen Lumpen sich hier aufgeführt haben. Den Mädchen, die mit den Deutschen geflirtet hatten, wurden die Köpfe kahlgeschoren.« Simone hatte sich in Nancy mit einem älteren Chirurgen verlobt, der im Rang eines Obersts der amerikanischen Streitkräfte stand, und ich müßte doch einsehen, daß sich ihrer Tochter hier eine große Chance biete. Es bereitete mir Mühe, Madame Geiger davon zu überzeugen, daß ich volles Verständnis für den gesunden Überlebensinstinkt ihrer Tochter empfand.

Zwei Tage zuvor hatte ich mich ohnehin freiwillig zum französischen Expeditionskorps für Fernost gemeldet und befand mich bereits auf der Suche nach einer Einheit, die möglichst bald in Richtung auf den asiatischen Kriegsschauplatz verschifft werden würde. In jenem heißen Frühsommer 1945 schlug es für mich »25 Uhr«, wie der rumänische Schriftsteller Constantin Virgil Gheorghiu es später formulieren sollte. Ehe ich in Marseille in khakifarbener Kolonialuniform an Bord des britischen Truppentransporters »Andus« ging, der drei Wochen später vor der indochinesischen Küste am Cap Saint-Jacques anlegen sollte, wurde ich – auf der Suche nach dem »bataillon de choc«, zu dem ich mich gemeldet hatte – durch die verschiedenen Truppengattungen geschleust.

Meine Irrfahrt führte über Alençon in der Normandie, den Truppenübungsplatz Valdahon im Jura, über Obernai im Elsaß, wo ich vorübergehend dem 7. Algerischen Schützenregiment eingegliedert war, ja über eine kurze Besatzungspräsenz im Saarland und an der Mosel, wo ich mal bei einer flandrischen Infanterie-Division, mal bei einem Kolonialbataillon aus dem Senegal Dienst tat. Erst in Indochina bestätigte der Oberkommandierende des Fernost-Expeditionskorps, General Leclerc de Hauteclocque, durch persönliche Order, daß ich der kleinen Elitetruppe des Fregattenkapitäns Ponchardier, dem Fallschirmkommando gleichen Namens, zugewiesen wurde, das nach dem Vorbild des britischen Special Air Service ausgerichtet war.

## Vertauschte Rollen in Saigon

Man schrieb den Februar 1946. Wir waren nach zweiwöchigem Einsatz im Partisanengebiet des Mekong-Deltas nach Saigon zurückverlegt worden. Da wurde ich zur Bewachung jenes festungsähnlichen Gefängnisses abgestellt, das sich damals noch – gleich neben dem Palast des Gouverneurs von Cochinchina – mit seinen weißgetünchten Mauern und Zinnen wie ein Zerrbild des Kolonialismus behauptete. Ich machte nachts meine Rundgänge durch die grell beleuchteten Flure.

Hinter den Zellengittern wimmelte es von Gefangenen. Die Hitze und der Gestank waren fürchterlich. Die vietnamesischen Häftlinge, meist Angehörige der prokommunistischen Aufstandsbewegung Vietminh, aber auch Jünger der kriegerischen Sekten Cao Dai oder Hoa Hao erhielten einmal am Tag eine Schale Reis mit Nuoc Mam, jener scharfen, würzigen Soße, die man aus faulem Fisch gewinnt. Ehe ich auf den Wachturm kletterte, hatte ich der Massenabfütterung von mehreren hundert Häftlingen beigewohnt. Sie kauerten in der annamitischen Hockstellung auf dem Boden. Die Wärter brüllten und sorgten mit Stockhieben für Ordnung. Bei den Verhören, so hatte ich vernommen, kam es zu Folterungen. Die Gefangenen waren wegen der Hitze nur mit einer kurzen Hose bekleidet. Ihre teils ängstlichen, teils stumpfen Blicke hatten auch mich gestreift. Auf dem Wachturm sah ich zum strahlenden Firmament der Tropennacht auf. Ausnahmsweise zündete ich mir eine Zigarette an, um den ätzenden Nuoc-Mam-Geruch zu verdrängen.

Welch seltsamer Schicksalsweg hatte mich dazu gebracht, binnen weniger Monate so radikal die Rolle zu wechseln, vom Gefangenen zum Bewacher! Die Situation war unwürdig und unerträglich. Am folgenden Tag bestand ich darauf, sofort einer Patrouille im Kampfgebiet zugeteilt zu werden. Ich fühlte mich zutiefst erleichtert, ja wie gereinigt, als ich wieder unter der stechenden Sonne der Trockenzeit – die Maschinenpistole an der Hüfte, vom eigenen Schweiß fast geblendet – den trockenen, krustigen Boden der Reisfelder Cochinchinas unter dem Marschstiefel spürte.

# Frankreichs Indochinakrieg

## Aufbruch

Der Truppentransporter »Andus«, sechsundzwanzigtausend Bruttoregistertonnen, war von der Royal Navy ausgeliehen. Es lief so manches auf Pump bei den französischen Streitkräften in jenen Tagen Ende 1945. Die Nation hatte sich von der Niederlage des Jahres 1940 weder moralisch noch materiell erholt. Die britischen Seeleute der »Andus« blickten mit einiger Verwunderung auf die Angehörigen dieser Kolonialarmee, die sie nach Fernost geleiten und die dort offenbar das französische Versagen im Mutterland wettmachen sollten. Der Krieg gegen Japan, in den de Gaulle sich noch in aller Eile hatte drängen wollen, war zu Ende gegangen, ohne daß eine einzige französische Einheit daran teilgenommen hätte.

In Sichtweite der »Andus« folgte ein anderes Truppenschiff ähnlicher Tonnage. Neben dem Union Jack wehte die niederländische Fahne. Holländische Kolonialtruppen waren nach Batavia unterwegs. Im Roten Meer begegnete die »Andus« Konvois, die in entgegengesetzter Richtung nach Europa steuerten und an deren Masten Siegeswimpel flatterten. An Deck standen britische Veteranen des Burmafeldzugs, die auf ihre heimischen Inseln, in den Frieden und den Alltag zurückkehrten. Durch den Feldstecher konnte man ihre von der Tropensonne geröteten Gesichter erkennen, auf denen sich die hemmungslose Freude spiegelte, den Gefahren des Dschungels und eines unerbittlichen Gegners entronnen zu sein. Die Engländer winkten den französischen Soldaten der »Andus« sowie den Holländern ausgelassen zu. Durch ein Megaphon war eine englische Stimme mit spöttischem Unterton zu hören: »You are going the wrong way – Ihr fahrt in die falsche Richtung!« – »Was wollen diese Briten schon wieder?« fragte ein beleibter französischer Schreibstubenmajor mit tiefer Mißbilligung in der Stimme.

Es war eine absurde Situation. In London, wo seit kurzem die Labour Party regierte, hatte man sich entschlossen, den Empire-Träumen – Kipling hin, Kipling her – den Rücken zu kehren und den Indischen Subkontinent in die Unabhängigkeit zu entlassen. In Burma hatte die britische Armee nach anfänglichen Rückschlägen eine letzte große Show abgezogen. Mit der stolz geschwellten Brust des Siegers konnten sie nun von der Bühne abtreten, und Admiral Mountbatten würde dem Abschied von Delhi Statur und Allüre verleihen. Doch die Unterlegenen der ersten Runde, die Zufallssieger der letzten Stunde, Franzosen und Holländer, klammerten sich an die Fata Morgana ihrer einstigen überseeischen Herrlichkeit, an Indochina und an Indonesien.

Die jungen französischen Offiziere litten unter der Enttäuschung, zu spät zu kommen und nunmehr einem zweitrangigen Unternehmen entgegenzusehen. Manche hatten unter de Gaulle bei den Freien Franzosen gedient – von der Vichy-Regierung als Landesverräter deklariert – oder hatten sich in Nordafrika unter amerikanischem Oberbefehl der Armee angeschlossen; die meisten jedoch hatten die Demütigung der deutschen Besatzung auskosten müssen. Diese Schmach der Niederlage und der Unterwerfung suchten sie nun im Wasser des Mekong und des Roten Flusses abzuwaschen. Insgeheim bangten sie davor, in ein befriedetes, in Treue zu Frankreich verharrendes Indochina zurückzukehren. Es dürstete sie nach exotischem Abenteuer, nach den »émotions fortes«, den starken Erlebnissen. Vermutlich hatten die wenigsten dieser Lieutenants Jean-Paul Sartre gelesen, aber sie waren auf ihre Art Existentialisten in Uniform. Sie suchten die Wege der Freiheit, »les Chemins de la liberté«, in einem tropisch-kriegerischen Saint-

Germain-des-Prés« ihrer Phantasie. »Endlich ein Stück Erde finden ohne Asphalt …«, schrieb einer in sein Tagebuch.

An Bord der »Andus« befanden sich zwei Kompanien Fremdenlegionäre. Zu zwei Dritteln waren sie Deutsche. Die meisten von ihnen kamen aus französischer Kriegsgefangenschaft, wo sie halb verhungert waren. Sie hatten sich nach Indochina gemeldet, weil sie die Hoffnung auf ein Wiedersehen mit ihren im Osten vermißten Angehörigen ohnehin aufgegeben hatten oder weil sie sich ganz einfach sattessen wollten. Einige hatten bei der SS gedient und wollten die Entnazifizierungsverfahren in der Heimat meiden. Die deutschen Legionäre sangen abends ihre alten Wehrmachtslieder, wo von Erika und Heide, von Lore und Försterwald die Rede war. Sie ahnten nicht, daß die Gegner von gestern, die des Refrains von der »Madelon« überdrüssig geworden waren, diese martialischen Weisen Germaniens übernehmen und daß zwanzig Jahre später französische Rekruten zum Takt der »Blauen Dragoner« marschieren würden.

Die interessantesten Fälle waren die belgischen Legionäre. In Wirklichkeit handelte es sich um Franzosen, die, um in dieser Ausländertruppe dienen zu können, eine falsche Staatsangehörigkeit angegeben hatten. Es waren keine schweren Jungs oder gewöhnliche Kriminelle, wie sie vor 1939 häufig in der Legion untergetaucht waren. Die »falschen« Belgier waren französische Kollaborateure, die im Krieg auf deutscher Seite in der »Legion gegen den Bolschewismus« und später in der SS-Division »Karl der Große« gedient hatten. Soweit sie nicht durch Einsätze gegen die eigene Résistance im Mutterland belastet waren, hatte de Gaulle ihnen die Chance der Rehabilitierung geboten. Fünf Jahre Dienst in der Fremdenlegion in Indochina, und sie könnten mit weißer Weste wieder in ihre Heimat zurückkehren.

Neben den Deutschen, unter denen Prahler und Mythomanen das große Wort führten und wo es von angeblichen U-Boot-Kapitänen und Ritterkreuzträgern wimmelte, machten die »belgischen Franzosen« einen ernsten und nachdenklichen Eindruck. Die

Trümmer der Division »Charlemagne« hatten in Pommern Nach-hutgefechte gegen die vorrückenden Russen geführt und waren dort weitgehend aufgerieben worden, ehe die Überlebenden den Führerbunker in der Reichskanzlei verteidigen durften.

Im Gegensatz zu den regulären Freiwilligen für Fernost, die die japanische Kapitulation in ihren Einschiffungslagern bei Marseille mit Enttäuschung quittiert hatten, betrachteten die ehemaligen französischen Ostfrontkämpfer die kriegerische Kursänderung mit heimlicher Genugtuung. »Unser wirkliches Ziel ist nicht Saigon oder Hanoi«, flüsterte ein blutjunger Legionär, der unter der Anonymität des weißen Képi den Namen eines berühmten französischen Geschlechts verbarg. »Indochina ist nur eine Durchgangsstation. Das wirkliche Ziel unseres Einsatzes wird schon in naher Zukunft Wladiwostok und die sowjetische Fernostprovinz heißen.« Der Ost-West-Konflikt, der Kalte Krieg, hatte begonnen. Das hatte sich sogar auf der »Andus« herumgesprochen, während sie durch die phosphoreszierenden Fluten des Indischen Ozeans auf die Straße von Malakka zusteuerte.

Die Kajüten waren überbelegt und stickig. Nachts standen die Soldaten, solange sie konnten, auf Deck, schnappten Luft, spielten Belote und spähten in die immer wärmer und feuchter werdende Dunkelheit. Auch die Angehörigen des weiblichen Hilfspersonals der sogenannten AFAT trieben sich um diese Zeit in der Nähe der Rettungsboote herum und warteten auf die galante Gesellschaft eines Offiziers. Dann genügte es, die Plane beiseitezuschieben, um zwischen Ruderbänken und Steuer ein Liebesnest zu finden. Die meisten dieser Armeemädchen bewegten sich unter so vielen Männern völlig ungeniert. Sie waren stark geschminkt und so burschikos, daß sehr bald die Vermutung aufkam, sie hätten gute Gründe, das Mutterland zu meiden, die einen, weil sie einen deutschen Besatzungssoldaten geliebt, die anderen, weil sie ihr uraltes Gewerbe in einem Wehrmachtsbordell ausgeübt hätten. Es gab eben viele Neider und viel Samenkoller an Bord der »Andus«.

Ein schmalbrüstiger Kavallerie-Leutnant, der mit seinem blonden Schnurrbart und blassen Teint besser in einen Proust-Roman gepaßt hätte, zitierte ein Gedicht von Heredia. »Wie ein Falkenflug… Müde ihr hochmütiges Elend zu ertragen… Trunken von einem kriegerischen und brutalen Traum…«, so klangen die schwülstigen Verse der »Conquistadors«, die jedem französischen Gymnasiasten vertraut waren. »…über den Bug ihrer weißen Caravellen geneigt, entdeckten sie bei Nacht jene neuen Gestirne, die aus der Tiefe des Meeres in ein unbekanntes Firmament stiegen.«

## »Das abenteuerliche Herz«

Wie oft bin ich gefragt worden, warum ich mich nach der Misere und den Gefährdungen in der Nazi-Zeit unverzüglich und freiwillig zu einem Kolonialfeldzug meldete, der mich im Grunde nichts anging. Aber hier bot sich die Gelegenheit, dem tristen Zustand, in dem sich Europa und das besetzte Deutschland befanden, den Rücken zu kehren und zu fremden, exotisch verlockenden Horizonten aufzubrechen. Meine Kindheitslektüre der Weltentdecker und Conquistadoren mag dabei nachgewirkt haben. Dazu kamen eine unstillbare Neugier – rerum novarum cupidus –, die Freude am Wagnis, das Suchen nach jenen »émotions fortes«, die mir bis ins hohe Alter erhalten blieben und meinem Leben einen Sinn gaben. Kurzum, man hat dafür den Ausdruck »das abenteuerliche Herz« geprägt.

Wieder einmal half mir der Zufall, dieses Mal in Gestalt eines Majors des »Cinquième Bureau« von Metz – einer Militäreinrichtung, die sich speziell mit der Überprüfung der aus Deutschland heimkehrenden Franzosen befaßte. Dieser Offizier kam meinem Wunsch, mich dem Corps Expéditionnaire Français d'Extrême-Orient anzuschließen, bereitwillig entgegen. Daß ich zur Zeit meines militärischen Engagements noch nicht die französische Nationalität besaß und dennoch »à titre français« rekrutiert wurde, störte den Kommandanten des Cinquième Bureau nicht im geringsten.

Während meiner gesamten Dienstzeit als »Pierre Latour« – der Doppelname »Scholl« war den Armeebehörden wohl zu kompliziert – ist niemals ein Zweifel an meiner Staatsangehörigkeit aufgekommen. Dazu waren meine französischen Sprachkenntnisse zu perfekt und mein Typus zu galloromanisch. Allenfalls tauchte einmal die heimliche Vermutung auf, ich hätte der französischen SS-Division »Charlemagne« angehört.

Es ging recht großzügig zu bei den Freiwilligen für Fernost. Über den Baracken des Militärcamps bei Marseille, wo wir uns zur Einschiffung einfanden, wehte bereits ein kalter Mistral, als jedem »engagé volontaire« ein Kurzurlaub gewährt wurde, um sich von den Familienangehörigen zu verabschieden. Daß ich als Ziel meiner »permission« die britische und die amerikanische Besatzungszone in Deutschland angab, verhinderte in keiner Weise, daß ich einen blau-weiß-rot-gestreiften »Ordre de mission« erhielt, der mir die erwünschte Reise ermöglichte. So traf ich nach kurzem Suchen meine Mutter in Kassel bei guter Gesundheit und zuversichtlicher Laune an. Da meine Schwester Marlies im Begriff stand, einen amerikanischen GI zu heiraten, einen Jungen aus guter Familie, der in Minneapolis beheimatet war, bereitete sich auch meine Mutter auf den Umzug in die Neue Welt vor. Ich nutzte den kurzen Aufenthalt in Kassel, um meine Lehrer des Wilhelmgymnasiums, vor allem den Rektor Paeckelmann, der dem mühsamen Entnazifizierungsprozeß ausgesetzt war, nachhaltig zu entlasten.

Das Tragen einer Alliiertenuniform bewirkte damals bei den provisorischen deutschen Behörden wahre Wunder. So verschaffte ich meinem Vater, den ich in einem Landhaus bei Düsseldorf vorfand, die berufliche Niederlassung, die man ihm bislang vorenthielt, durch einen kurzen Besuch im Büro der zuständigen Ärztekammer. Zur Erheiterung sei erwähnt, daß ich kurz zuvor bei einem Konzert in Kassel-Wilhelmshöhe in Begleitung meiner Mutter ganz zufällig meinem ehemaligen HJ-Führer Stern begegnete, der seinerzeit unsere Laienspielschar befehligt hatte. Bei meinem Anblick entfuhr dem früheren Schulkameraden, der meine prekäre

Situation im Dritten Reich nie wahrgenommen hatte, der Ausruf: »Du alter Nazi erscheinst hier plötzlich in Ami-Uniform!«

Mit einem Bataillon der französischen Infanterie Coloniale fand ich mich wenige Tage später an Bord der »Andus« ein. Wenige Wochen nach unserer Ankunft in Indochina und unserem Einsatz im Mekong-Delta wurde ich bereits von dem Colonel meiner Einheit als Anwärter für einen Offizierslehrgang vorgeschlagen, der gerade in dem hochgelegenen süd-annamitischen Städtchen Dalat improvisiert wurde. Als wirkliche Auszeichnung empfand ich jedoch meine »Mutation« in die exklusivste Eliteeinheit der französischen Fernostarmee, in das Commando Parachutiste Ponchardier.

Der Oberbefehlshaber des Expeditionskorps, General Leclerc de Hauteclocque, entsprach damit einem Wunsch, den ich – sämtliche hierarchischen Vorschriften mißachtend – in einem Brief an diesen angesehensten Offizier der »France Libre«, an den Eroberer von Straßburg, gerichtet hatte. Es störte niemanden, daß ich nicht über die extrem harte Ausbildung nach dem Vorbild des britischen Special Air Service verfügte, dem meine neuen Kameraden in Nordschottland und in Ceylon unterzogen worden waren. Daß ich trotzdem den Strapazen des Commando-Einsatzes ein knappes Jahr nach meiner Erkrankung an Flecktyphus gewachsen war und mich auch im Kampfeinsatz behauptete, deutete darauf hin, daß ich über eine recht robuste Natur verfügte.

Es sind keine »Stahlgewitter«, die ich rückblickend beschreiben könnte, und Heldentaten habe ich auch nicht vollbracht. Für Überlegungen über den Sinn eines spätkolonialen Unternehmens war kein Raum, und psychische Traumata waren unbekannt bei dieser rauhen, athletischen Truppe von etwa achtzig Mann, deren bevorzugte Waffe der Dolch war. Der Dolch war im Wappen des Commando Ponchardier abgebildet unter der Devise: »À la vie, à la mort – Auf Leben und Tod.« Die mörderische Klinge, so wurde mir gleich am ersten Tag beigebracht, sei stets von unten, niemals von oben in die Magen- oder Herzgrube des Gegners einzurammen.

Vor den vorgeschriebenen Übungsabsprüngen mit dem Fallschirm, die ohne Ersatz-Parachute oder »ventral« stattfanden und zu denen mir das angemessene Training fehlte, ließ ich mich von einem muskelstrotzenden Feldwebel instruieren. Er genoß besonderes Prestige, weil er an dem mißglückten Unternehmen Montgomerys bei Arnheim teilgenommen hatte, jenem fatalen Fehlschlag, der in dem Film »A Bridge Too Far« glaubhaft rekonstruiert wurde. Der »adjudant-chef«, der auf Grund dieses Einsatzes das blau-weiße Fallschirmabzeichen der Briten auf dem linken Uniformärmel statt auf der Brust tragen durfte, gab mir gelassen ein paar Anweisungen. »Du wirst sehen«, meinte er, »sobald sich nach dem Absprung aus der Douglas DC-3 der Parachute öffnet, empfindest du eine Art Wollust, wie sie nur noch vom Geschlechtsakt übertroffen wird.«

Als es dann soweit war, mußte ich leider feststellen, daß die geschilderte Euphorie von sehr kurzer Dauer war, denn da kam schon – auf Grund der niedrigen Flughöhe der Dakota-Maschine – der verkrustete Boden des Reisfeldes bei Bien Hoa mit bedenklicher Geschwindigkeit auf mich zu, und ich mußte mich für den harten Aufprall zusammenreißen. Die Gefahr bestand zudem im Umkreis des Feldflugplatzes von Bien Hoa, wo die U.S.-Army später einen gewaltigen Stützpunkt ausbauen sollte, daß unser »Stick« in einen jener schlammigen Kanäle abgetrieben wurde, die damals noch die weite Reisebene wie ein Netz aus Adern durchzogen.

Was ich damals nicht ahnte: In diesem Monat einer exotischen Partisanenbekämpfung habe ich Erfahrungen gesammelt, ja, einen Instinkt entwickelt für jene Form der Kriegführung, die die Amerikaner sehr viel später als »Counterinsurgency« bezeichneten, eine Feindberührung, der sie bis auf den heutigen Tag weder angepaßt noch gewachsen sind. Es traf sich seltsam, daß mein unmittelbarer Vorgesetzter im Commando Ponchardier, der Capitaine Roger Trinquier, der mich irgendwie schätzte, über brutale Methoden der Aufstandsbekämpfung, wie er sie ein paar Jahre später als Oberst gegen die Fellaghas, der algerischen Nationalen Befreiungsfront praktizierte, ein Buch unter dem Titel »La Guerre moderne« verfaßte. Diese Studie – das war völlig ungewöhnlich – wurde später von den Offizieren der U.S.-Special Forces bei ihren Kampagnen in Irak und Afghanistan als kompetentes Lehrmaterial benutzt.

*

Ich will nur zwei Episoden aus der frühen Phase des französischen Indochinakrieges schildern, die verdeutlichen, wie damals schon – in Vorwegnahme des »asymmetric war« unserer Tage – die psychologische Einfühlung in die Mentalität des Gegners Voraussetzung war für eine erfolgreiche Partisanenbekämpfung. Die richtige politische Analyse erwies sich auf Dauer als wichtiger als die Überlegenheit der eigenen Waffen. Die Unterschätzung der zähen Widerstandskraft und der Todesbereitschaft der feindlichen Guerilla hat seitdem zu einer ganzen Serie von strategischen Fehlleistungen und zu ruhmlosen taktischen Rückschlägen geführt.

## Ein »Pascha« im Reisfeld

Sobald die Wagenkolonne Saigon verlassen hatte und die Gummibaumplantagen der nordwestlichen Nachbarprovinz erreichte, wurden die Spuren des Partisanenkrieges sichtbar. Die Asphaltstraße war durch tiefe Gräben zerwühlt, die die Bauern unter Anleitung der roten Kommissare bei Nacht immer wieder ausheben mußten. Die Ausschachtungen waren so regelmäßig, daß sie von den Franzosen »Klaviertasten« genannt wurden. Der Morgenhimmel färbte sich im Osten grün-gelb. Wir fuhren in Richtung Tay Ninh, und bald entdeckten wir jenseits der Palmenwedel und der endlosen Reisfelder einen finsteren Gebirgskegel, der sich bedrohlich aus der platten Ebene erhob. Der Felsen hieß »Schwarze Jungfrau« und signalisierte die kambodschanische Grenze. Wer ahnte in diesem Januar 1946 schon, daß eines Tages die amerikanischen GIs zu dieser »Black Virgin« wie zu einer Rachegöttin aufblicken würden?

Wir ließen die Fahrzeuge und die Straße hinter uns. Horden von Affen huschten durch das Bambusdickicht. Viel zu schnell stieg die

Sonne zum Zenit. Das Vogelgezwitscher erstarb mit der aufkommenden Hitze. Das Grün der Pflanzen wurde schwarz. Die Luft flimmerte. Für das Commando handelte es sich um ein Routineunternehmen. Die Soldaten gingen so lange als klar erkennbare Silhouetten über die Dämme, die die nackten Reisfelder unterteilten, bis von irgendwo auf sie gefeuert wurde. Die Gefahr war gering, die vietnamesischen Freischärler der ersten Stunde waren kümmerlich bewaffnet und noch schlechter ausgebildet. Verluste bei den Franzosen gab es vor allem, wenn Angehörige der Kempeitai, der japanischen Feldgendarmerie, die in Saigon als Kriegsverbrecher gesucht wurden, die Aufständischen verstärkten und anleiteten.

Stunden dauerte nun schon der Marsch, der sich in einem halben Bogen um die »Schwarze Jungfrau« zur kambodschanischen Grenze bewegte. Die Reisfelder waren von der Sonne zu steinhartem Ziegel gebrannt. Wie in einer Fiebervision blickten die Männer des Commandos auf die Risse im lehmigen Boden und das unregelmäßige Muster der verdorrten Pflanzenstummel. Der Schweiß lief brennend in die Augen.

Aus einem Gehöft, das im Bambus verborgen lag, fielen ein paar Schüsse. Die Franzosen orteten die Richtung, pflanzten das Bajonett auf ihre speziell für den Nahkampf getrimmten Sten-Maschinenpistolen und stürmten, aus der Hüfte schießend, auf das Dickicht zu. Ein paar Schatten huschten über das Reisfeld, gerieten in die Garbe des leichten Maschinengewehrs, das bereits in Stellung gegangen war, und kippten um.

Wir näherten uns den Toten. Es war ein jämmerlicher Anblick: kleine, gelbe Puppen mit verrenkten Gliedern. Ihre altmodischen Lebel-Gewehre lagen wie Spielzeuge neben ihnen. Die dürren, sehnigen Beine steckten in kurzen Hosen. Von Uniformierung war nicht die Rede, aber auf ihre schwarzen Kittel hatten sie den roten Stoffetzen mit dem gelben Stern genäht, das Wahrzeichen der indochinesischen Revolution. Die Gefallenen waren also keine Angehörigen der seltsamen Cao-Dai-Sekte, die in Tay Ninh ihr bombastisches Heiligtum besaß und ebenfalls gegen die Franzosen kämpfte, sondern es handelte sich um Partisanen des Vietminh, jener kommunistischen Befreiungsfront Vietnams, die von nun an unter wechselnden Bezeichnungen die Weltöffentlichkeit dreißig Jahre lang in Atem halten sollte.

Die Dörfer im Umkreis waren beim Nahen der fremden Soldaten von ihren Einwohnern fluchtartig verlassen worden. Es waren bescheidene, rechteckige Hütten. Die Möblierung beschränkte sich auf eine breite Holzpritsche und ein paar Matten. Aber nirgendwo fehlte der Ahnenaltar. In diesen Katen herrschten peinliche Ordnung und Sauberkeit. Sie wären für einen Europäer durchaus bewohnbar gewesen. Die Soldaten füllten ihre Feldflaschen in den dickbäuchigen Tonkrügen, die vor jedem Haus standen. Das Wasser war schlammig und lauwarm. Kein Wunder, daß die Ausfälle durch Amöbenruhr immer zahlreicher wurden.

Vor dem Weitermarsch wurde Feuer gelegt. Ein Streichholz genügte, und schon brannten die Strohdächer lichterloh. Die Wasserbüffel, die die Reisbauern bei ihrer Flucht zurückgelassen hatten, wurden abgeknallt. Auch ein kleiner Cao-Dai-Tempel ging in Flammen auf. Es gelang mir, durch den Qualm einen letzten Blick auf den schmucklosen Tisch zu werfen, wo die Heiligen dieser konfusen synkretistischen Religion aufgereiht waren. Ein kleiner, dickbauchiger Buddha aus Ton fiel mir auf, der mit einem spitzbübischen Lächeln die Patschhändchen hob und dabei auf einem Tiger ritt.

Beim nächsten Überfall büßte das Commando einen Toten und zwei Verwundete ein. Dafür trieben die Leichen von zehn roten Partisanen im fauligen Wasser des nahen Irrigationsgrabens. In einem größeren Gehöft fand die Lagebesprechung statt. Oberst Ponchardier, der – ursprünglich aus der Marine nationale kommend – von seinen Soldaten »Pascha« genannt wurde, war mißmutig. Das war kein Krieg nach seinem Geschmack. Der gedrungene, wie ein Catcher gebaute Mann, der ein wenig aussah wie der Schauspieler Lino Ventura, hatte seine Sondertruppe einmal darauf getrimmt, gemeinsam mit dem britischen Special Air Service über

Singapur abzuspringen. Die Partisanenbekämpfung in Cochinchina war dafür kein Ersatz.

Ponchardier war von seinen Männern nicht zu unterscheiden, wie er mit nacktem Oberkörper auf dem grünen Dschungelhut saß und die Maschinenpistole stets in Reichweite hielt. Am Koppel trug er eine altertümliche Autohupe, die er im Einsatz gelegentlich quäken ließ, wie andere zum Sammeln blasen. Der Pascha war mit seiner kleinen Einheit von etwa einhundert Mann dem französischen Oberbefehlshaber in Indochina unmittelbar unterstellt. Seine Soldaten grüßten nur die eigenen Offiziere und blickten mit einiger Herablassung auf die übrigen Regimenter des Expeditionskorps herab, die ihnen nach Saigon gefolgt waren.

Als junger Offizier war Ponchardier schon 1940 zu den Freien Franzosen de Gaulles gestoßen und hatte im französischen Untergrund der Besatzungszeit mit seinem Bruder Dominique, der ihm verblüffend ähnlich sah, die Widerstandsorganisation »Sosias« gegründet. Mit Hilfe eines gezielten Bombardements der Royal Air Force hatte er die inhaftierten Résistance-Kämpfer aus dem Gestapo-Gefängnis von Amiens befreit.

Sein Bruder Dominique hat die heldischen, halb pittoresken Taten dieses seltsamen Paares in seinem Buch »Pflastersteine der Hölle« festgehalten und das eigenartige Gefühl beschrieben, das einen Untergrundchef überkommt, wenn er das erste Mal mit nackter Hand einen Verräter in den eigenen Reihen erwürgen muß. Pierre Ponchardier ist einige Jahre nach dem Ende des Algerienfeldzugs als Admiral über dem Senegal tödlich abgestürzt. Dominique hingegen brachte es zum Botschafter in Bolivien und Hochkommissar in Djibouti. Aber als seinen größten Erfolg betrachtete er die Massenauflage der Spionageserie, die den Abenteuern des »Gorilla« gewidmet war. Der »Gorilla«, so meinte de Gaulle einmal, als er seinen Botschafter empfing, sei wohl Dominique selbst.

Das Commando Ponchardier galt als rauhe Truppe von Abenteurern und Schlägern. Aber auch brave Söhne aus sogenannten guten Familien waren dabei, die der Enge ihrer bürgerlichen

Umgebung entfliehen wollten. An Originalen fehlte es nicht: ein China-Experte mit einem riesigen Adler auf der tätowierten Brust, der die ergötzlichsten Anekdoten über die Söhne des Himmels zu erzählen wußte; zwei Pariser »Titis«, die dem Zuhältermilieu entsprungen schienen und denen man zutraute, daß sie von dem Plünderungsrecht, das dem Commando angeblich im Kampfgebiet zugestanden war, Gebrauch machten; ein paar junge Einzelkämpfer des Nachrichtendienstes DGER; sie waren nach der japanischen Kapitulation im Gebirge von Tonking abgesprungen und hatten dort die demoralisierten Überreste der alten französischen Indochina-Armee vorgefunden, die sich während des Krieges zu Pétain bekannt hatte und im März 1945, als sie sich in letzter Stunde anschickte, gemeinsame Sache mit den Alliierten zu machen, von den Soldaten des Tenno mühelos zerschlagen worden war.

Die Außenprovinzen und ethnischen Minderheiten der Metropole waren stark vertreten: Elsässer und Korsen, Bretonen und Basken. Man konnte sich schwer vorstellen, wie diese Männer nach der Entmobilisierung wieder in ein normales Zivilleben zurückfinden würden. Dem Pascha waren sie teilweise selber nicht ganz geheuer. »Wenn ich das nächste Mal eine Truppe aufstelle«, so gestand er mir einmal brummend, »werde ich mir artige und solide Jungs aussuchen. Auf Dauer sind sie tapferer als die Ganoven, denen sehr schnell der Schwung abgeht.«

Die Offiziere des Commandos sollten sehr unterschiedlichen Schicksalen entgegengehen. Hauptmann Quilici, der wie ein korsischer »Bandit d'honneur« wirkte, sollte ich zwanzig Jahre später als Oberst der Fallschirmjäger der Marineinfanterie im Tschad wiedertreffen, wo er die nördlichen Oasen in der Tibesti- und Ennedi-Wüste inspizierte. Oberstleutnant Augustin, der schon damals den mönchischen Typus verkörperte, wie er im französischen Offizierskorps häufig ist – Säbel und Ziborium blicken hier auf uralte Verbindungen zurück –, kehrte nach dem Algerienfiasko der Armee den Rücken und entsagte als Laienbruder in einem Dominikanerkloster dem Glanz der Waffen.

Die erstaunlichste Karriere durchlief Capitaine Trinquier, der in der französischen Konzession von Shanghai bei der Kolonialinfanterie gedient hatte, ehe er zu der Truppe Ponchardiers stieß. Der Pascha empfand wenig Sympathie für diesen mediterran-schönen, allzu eleganten Mann, der selbst im indochinesischen Busch mit einem Seidenhalstuch herumlief und sich durch gewählte Redensarten hervortat. Niemand hätte Trinquier damals zugetraut, daß er in der letzten Phase des französischen Fernostkrieges hinter den Linien des Vietminh die Widerstandsnester des profranzösischen Gebirgsvolkes der Meo organisieren oder daß er im Nordafrikafeldzug mit der unerbittlichen Ausmerzung des Terrorismus in der Kasbah von Algier beauftragt würde. Am Ende war er nach dem Generalsputsch gegen de Gaulle und seinem Ausscheiden aus der Armee kurzfristig als Oberbefehlshaber der Katanga-Gendarmerie in die Dienste des kongolesischen Separatisten Moïse Tshombé getreten.

Auf dem Weitermarsch stießen wir überraschend auf eine Gruppe kambodschanischer Bauern. Sie näherten sich im Gänsemarsch. Als Khmer waren sie an der dunklen Haut, an den gewellten Haaren und am Sarong zu erkennen, den sie um die Hüfte gewickelt hatten. Beim Anblick der französischen Soldaten knieten sie nieder und falteten die Hände in einer uralten Geste der Unterwerfung. Wir hatten kambodschanisches Siedlungsgebiet erreicht. Die Häuser längs der Wasserläufe standen auf Pfählen. Sogar die Landschaft veränderte sich. Die Reisfelder wurden hier durch einsam stehende, zerzauste Zuckerpalmen beherrscht. Im nächsten Dorf wurden kräftige Kambodschaner als Träger rekrutiert. Sie stellten sich gern den Franzosen zur Verfügung, wenn es galt, ihre Erbfeinde, die Vietnamesen, zu töten. Im Gefecht überwanden sie schnell ihre erste Panik und brachen bei jeder Schießerei in kindliche Heiterkeit aus.

Das alte französische Fort von Tay Ninh mit seinen Schießscharten, Zinnen und Türmen lag – aus der Ferne gesehen – wie ein Spielzeug in der Abendsonne. Es stammte aus der hohen Zeit der Kolonisation, als die ersten französischen Eroberer in Cochinchina noch gegen Flußpiraten kämpften. Über den Klappbetten wurden Moskitonetze aufgespannt. Die Dunkelheit kam plötzlich, und die Nacht war klebrig-schwül. Die Soldaten aßen ihre Rationen. Irgendwo war Rotwein beschafft worden. Es ging laut zu in den Kasematten der altertümlichen Festung.

Im Lauf des Nachmittags war ein Trupp der politischen Sonderpolizei aus Saigon eingetroffen, überwiegend Eurasier. Sie hatten Gefangene verhört. Dabei war gefoltert worden, wie wir bei unserer Ankunft im Fort erfuhren. Den Verdächtigen waren die Köpfe so lange in Wasserkübel getaucht worden, bis sie gestanden. Man nannte das »la baignoire – die Badewanne«. Daß die Amerikaner fünfzig Jahre später eine ähnliche Methode, nunmehr »water boarding« genannt, anwenden würden, lag damals außerhalb unserer Vorstellungskraft. »La gégène«, die elektrische Tortur mit Hilfe eines kleinen Generators, war damals in Indochina noch nicht gebräuchlich. Aber die Asiaten, so hieß es, verfügten über raffinierte und schreckliche Methoden, um die Widerspenstigen zum Sprechen zu bringen. Wehe übrigens dem Europäer, der den Partisanen lebend in die Hände fiel. Wir hatten mehrfach die Leichen von Franzosen in den Gewässern Cochinchinas treiben sehen, denen die Hoden in den Mund gestopft und die mit einem Bambusrohr gepfählt worden waren.

Während die Truppe lärmte und nach kambodschanischen Mädchen verlangte, standen die vorgeschobenen Außenposten zu zweit und dritt am Rande des Dschungels. In dieser gefährlichen Einsamkeit schien die Wildnis von den Geräuschen der Tierwelt zu dröhnen. Je kleiner ein Insekt war, desto mehr Lärm veranstaltete es. Dazwischen huschte und raschelte es. In der nächtlichen Natur fand ein gnadenloses Jagen und Morden statt. Nur die Angst vor der Blamage hinderte die Posten daran, wahllos in diese trappelnde, surrende und quietschende Umwelt zu schießen, in deren Schutz die Späher des Feindes heranschleichen konnten, ohne gehört zu werden.

Die Offiziere werteten in einem Turmzimmer die Informationen, die ihnen ein Nachrichtenagent aus Saigon unterbreitete, aus. Der Spezialist vom Zweiten Büro war ein Halbchinese mit einem Vogelgesicht und einem lauernden Blick. Er hatte maßgeblich an den Folterungen teilgenommen. Die Franzosen hatten die meisten Illusionen verloren, mit denen sie ursprünglich nach Indochina zurückgekehrt waren. Damals waren die Sonderbeauftragten de Gaulles – teilweise schon vor der japanischen Kapitulation – über den Aufstandszonen der Einheimischen mit Fallschirmen abgesprungen, weil man in Paris glaubte, die antijapanischen Guerilleros würden sie als Freunde und Befreier begrüßen. Der Großteil dieser Wagemutigen war sehr schnell unter schrecklichen Qualen umgebracht worden. Die Überlebenden – so der spätere Premierminister Pierre Messmer – mußten froh sein, wenn die roten Partisanen sie in Bambuskäfige sperrten, wo sie der Bespeiung der Bevölkerung ausgesetzt und mit faulen Eiern beworfen wurden.

Der Mann vom Zweiten Büro wies auf eine Veränderung in der politischen Lage im Raum Tay Ninh hin. Ursprünglich hatte das Expeditionskorps den Hauptfeind in Indochina bei jenen Sekten und Gruppen gesucht, die mit den Japanern paktiert und sich die Unabhängigkeit von Tennos Gnaden erhofft hatten. Das war in den Provinzen rings um Tay Ninh vor allem die Mischreligion des Cao Dai mit anderthalb Millionen Menschen. Im eigentlichen Mekong-Delta am Rande der Schilfebene, war es die kriegerische Buddhisten-Bewegung der Hoa Hao, die rund sechshunderttausend Gefolgsleute zählte.

Doch neuerdings sahen sich diese wirren religiösen Eiferer, die über kampftaugliche Milizen verfügten, ihrerseits durch das Hochkommen der roten Revolutionsfront des Vietminh bedroht. Sie reagierten mit instinktiver Feindseligkeit auf die martialische Ideologie der kommunistischen Kommissare, der Can Bo, die mit apostolischer Hingabe die Reisbauern aufwiegelten, und suchten bereits nach einem Auskommen mit der früheren Kolonialmacht unter der Voraussetzung, daß die Franzosen die Autonomie der Cao Dai und Hoa Hao respektieren würden. Von nun an war klar, daß die Sekten wertvolle Verbündete sein könnten, denn sie allein schienen über die unentbehrliche geistige Motivierung zu verfügen, um der ideologischen Sturmwelle des Kommunismus standzuhalten.

Der antikommunistische Flügel des vietnamesischen Nationalismus hatte noch das klägliche Schauspiel des Kaisers von Annam, Bao Dai, zu deutsch »Bewahrer der Größe«, vor Augen, der im April 1945 von den Japanern zum Staatsoberhaupt eines unabhängigen vietnamesischen Reiches proklamiert worden war und sich dabei auf die Nippon-freundliche Dai-Viet-Partei und die Mandarine von Hue stützte. Bao Dai, der 1925 unter französischer Obhut als Zwölfjähriger Kaiser geworden war, hatte sich nur ein paar Wochen behaupten können gegenüber jenem ziegenbärtigen Partisanenführer aus dem nördlichen Tonking, der unter dem Namen Ho Chi Minh in Hanoi die »Demokratische Republik Vietnam« ausgerufen hatte.

Ho Chi Minh war für die französischen Nachrichtendienste kein Unbekannter. Als junger Fotolaborant war er nach Frankreich gekommen und bereits 1920 bei der Gründung der Kommunistischen Partei Frankreichs in Tours als fernöstlicher Genosse zugegen gewesen. Später war er durch die Schule der Komintern gegangen, ehe er im Zweiten Weltkrieg von der südchinesischen Grenze aus mit einem Häuflein Getreuer den Kampf gegen die Japaner aufnahm. Zu jener Zeit genoß Ho Chi Minh paradoxerweise das Wohlwollen des amerikanischen Geheimdienstes OSS, der in der chinesischen Provinzstadt Kunming basiert war und den Vietminh mit Waffen und Geld unterstützte.

Der Pascha hoffte in jenen Tagen noch, daß sein Commando zu großen Taten berufen sein könnte. In der südlichen Hälfte Indochinas hatte das französische Expeditionskorps in einem Feldzug von Englands Gnaden wieder Fuß fassen können. Aber nördlich des 16. Breitengrades, so war es im Potsdamer Abkommen verfügt – in Tonking, in Annam und in Nord-Laos –, waren die chinesischen Soldaten Tschiang Kai-scheks, die Divisionen des Kuomintang, mit der Entwaffnung der Japaner beauftragt worden. Sie hatten sich als neue Besatzungsmacht etabliert und dachten offenbar gar nicht daran, diese unverhoffte Eroberung an die ehemaligen französischen Kolonialherren zurückzugeben.

Wenn es nach Roosevelt gegangen wäre, der ein dezidierter und romantischer Antikolonialist war, hätte kein französischer Soldat mehr nach Indochina zurückgedurft. Aber Roosevelt war tot, als der Tenno kapitulierte, und die Briten sahen es ganz gern, daß Franzosen und Holländer sich in ihren ehemaligen Besitzungen, die die Japaner in Aufruhr und Chaos hinterlassen hatten, festkrallten. Vielleicht sollten sie dort den Ansturm des asiatischen Nationalismus auf eine Pufferzone in Indochina und Indonesien ablenken, in deren Schutz Großbritannien – in den Augen der Franzosen immer noch das »perfide Albion« – seine weitsichtige und liberale Commonwealth-Politik auf dem Indischen Subkontinent einleiten würde.

In der Nacht von Tay Ninh waren sich die französischen Offiziere bereits im klaren, daß das Schicksal Vietnams nicht im Schlamm des Mekong-Deltas und im südlichen Cochinchina entschieden würde, sondern in jenem rauhen und feindseligen Norden – damals noch Tonking genannt –, wo die Soldaten der Nationalarmee Tschiang Kai-scheks und die Kommunisten Ho Chi Minhs sich in feindseliger und mißtrauischer Koexistenz gegenüberstanden.

Dem Pascha war eine geheime Mitteilung des Generals Leclerc, des französischen Oberbefehlshabers, zugekommen, der zufolge sich das Commando auf die Möglichkeit eines Fallschirmabsprungs über Hanoi vorzubereiten habe. Das Unternehmen werde allerdings erst in die operative Phase treten, wenn eine ausreichende französische Landungsflotte am Cap Saint-Jacques zusammengestellt und zum Auslaufen nach Tonking bereit war. Die Offiziere nahmen die Ankündigung des Einsatzes mit gemischten Gefühlen auf. Bei den letzten Übungssprüngen über dem Feldflugplatz Bien Hoa hatte sich herausgestellt, daß die Fallschirme unter dem Klima und der unzureichenden Wartung gelitten hatten. Es war zu schweren Unfällen gekommen. Im übrigen schien man in Paris den fanatischen Kampfgeist der Vietnamesen sowie das Massenaufgebot der Chinesen erheblich zu unterschätzen.

Am frühen Morgen war ein unerwarteter Regenguß niedergegangen. Die Feuchtigkeit war von der Sonne bereits aufgesogen, als ich auf das Heiligtum der Cao Dai, ein riesiges gelbes Gebäude im Stil einer französischen Kathedrale, zuging. Der Dschungel auf den steilen Hängen der »Schwarzen Jungfrau« glänzte zu dieser Stunde in sattem Grün. Die Normalisierung war wohl schon weiter gediehen, als wir ursprünglich angenommen hatten, denn die Kathedrale war beim morgendlichen Gottesdienst mehr als zur Hälfte gefüllt. Der »Papst« der Cao-Dai-Sekte war nach Thailand geflüchtet, doch der größte Teil seines Klerus – es gehörten ein Kardinalskollegium und mehrere Bischöfe dazu – war an Ort und Stelle geblieben, wurde von den Franzosen nicht behelligt und ging in dem gewaltigen, halligen Kirchenschiff seinen seltsamen Riten nach.

Dort, wo sich in einem katholischen Gotteshaus der Hochaltar befunden hätte, blickte aus einem strahlenumgebenen Dreieck ein riesiges Auge auf die Gemeinde. Die Geistlichen waren je nach Rang in blaue, rote und gelbe Seidengewänder gehüllt, die in einer spitzen Ku-Klux-Klan-Kapuze endeten. Die gewöhnlichen Gläubigen kleideten sich in Weiß. Das Gebetsgemurmel erinnerte an das Rezitieren christlicher Litaneien und buddhistischer Sutren. Immer wieder verbeugte sich die Gemeinde, und die Gongs dröhnten ohne Unterlaß. Weihrauchschwaden stiegen zu dem mystischen Auge auf. Diese kuriose Mischreligion war nicht älter als das zwanzigste Jahrhundert. Zu ihren Heiligen, die besondere Verehrung genossen, zählten Buddha, Konfuzius, Jesus Christus und … der französische Dichter Victor Hugo.

Am Eingang der Kathedrale waren diese Propheten des Cao Dai in naiven bunten Stuckskulpturen abgebildet. Die französischen Besucher belustigte vor allem die Darstellung Victor Hugos, der offenbar wegen seiner humanistischen Botschaft als Autor der »Misérables« in dieses Pantheon aufgenommen worden war. Victor Hugo blickte in der grünen Gala-Uniform eines Mitglieds der Académie Française auf den Palmenhain vor dem Gotteshaus. Mich berührte der Umstand, daß der bärtige Kopf mit dem Dreispitz des Académicien dem überlieferten Porträt des Karl Marx in frappierender Weise ähnelte.

Im Grunde bestand jedoch kein Anlaß zum Spott. Religionsgründungen sind stets mit Seltsamkeiten verbunden. Der Cao Dai würde mit Sicherheit kein dauerhaftes Phänomen sein. Aber in seiner fanatischen Hingabe, seiner Suche nach fremden Modellen, seinem nationalen Engagement war er in mancher Beziehung mit jener ideologisch verbissenen Untergrundreligion des vietnamesischen Kommunismus verwandt, die in Hanoi einen Teil der Macht bereits an sich gerissen hatte und deren Jünger im Mekong-Delta immer zahlreicher wurden.

Die Franzosen glaubten, ihre Annamiten zu kennen. In Cochinchina war eine »Eingeborenen«-Bourgeoisie entstanden, die die französische Sprache und Lebensart angenommen, ja sogar die französische Staatsangehörigkeit erworben hatte, Ärzte, Anwälte, Plantagenbesitzer. Doch unterhalb dieser Elite lebte ein Volk, das allenfalls den Ethnologen der »École française d'Extrême-Orient« und manchen Missionaren vertraut war. Diese »Nhaques«, diese Reisbauern, wie sie verächtlich genannt wurden, waren im Ersten Weltkrieg wegen ihrer angeblichen militärischen Untauglichkeit nur als Trainsoldaten verwendet worden.

Die sogenannten Indochina-Experten, die »old hands«, wie diese unbelehrbaren Dummköpfe des Kolonialismus mit einem englischen Ausdruck bezeichnet wurden, hatten den ankommenden Soldaten des Expeditionskorps erzählt, daß die Annamiten niemals in der Dunkelheit kämpften, aus Angst vor den Geistern, den »Ba Cui« und den Tigern. Sehr bald stellte sich heraus, daß in Vietnam die härteste Kriegerrasse Asiens lebte und daß die Nacht ihr eigentliches Element war.

*

Bevor das Commando seine ständige Unterkunft in einem weitläufigen chinesischen Sippenhaus am Boulevard Gallieni auf halbem Weg nach Cholon erreichte, wurde der Konvoi durch einen ungewöhnlichen Auflauf blockiert. In Dreierreihen, aber ohne Waffen, marschierte ein langer Zug Soldaten aller Waffengattungen – Offiziere an der Spitze – durch den Stadtkern von Saigon. Wir fragten die Zuschauer, was sich hier abspiele. Ein Grüppchen französischer Kriegsgegner und linker Antikolonialisten, so hieß es, habe ein Pamphlet verteilt, das den Abzug Frankreichs aus Indochina forderte und dem Expeditionskorps vorwarf, es habe statt »honneur et patrie, Ehre und Vaterland, honneur et profit – Ehre und Profit« auf seine Fahnen geschrieben. Die kleine Druckerei dieser Defätistengruppe war von den militärischen Demonstranten bereits zertrümmert worden. Jetzt hallten die Sprechchöre durch die Rue Catinat: »De Gaulle au pouvoir – de Gaulle an die Macht!«

General de Gaulle war im Januar 1946 von seinem Amt als Chef der Provisorischen Regierung Frankreichs überraschend zurückgetreten. Er hatte damit gegen das Wiederaufkommen des Parteienhaders, gegen den inneren Zerfall Frankreichs protestieren wollen und sich zornig in sein Landhaus nach Colombey-les-Deux-Églises zurückgezogen. Die Armee von Indochina, in der das gaullistische Element stark war, sah sich plötzlich verwaist, zumal die Parteien der französischen Linken gegen den Feldzug in Fernost zu agitieren begannen. Nicht nur die Sympathien der französischen Kommunisten waren eindeutig auf seiten der vietnamesischen Nationalisten. »De Gaulle an die Macht!« tönte es noch ein paarmal. Dann gelang es einer Streife der Militärpolizei, die Manifestanten mühelos in ihre Kasernen zurückzuschicken. Es sollte zwölf Jahre dauern, ehe der gleiche Ruf – auf dem Forum von Algier von einer gewaltigen Menschenmenge aufgegriffen – den Sturz der Vierten Republik einleitete.

# Landung in Tonking

Die Bucht von Halong bot ein gespenstisches Bild. Aus dem dunkelgrünen, regungslosen Meer tauchte ein Heer von bizarren Kalkfelsen auf, sobald die Nebeldecke sich ein wenig lüftete. Ein dünner, kalter Regen, »Crachin« genannt, ging unaufhaltsam nieder. Die Soldaten der französischen Landungsflotte standen fröstelnd an der Reling und sehnten sich schon nach der Hitze Saigons. Aus dem Dunst wurden immer mehr Dschunken sichtbar. In den primitiven Wohnkajüten der flachen Boote hausten ganze Sippen. Mit ihren dunkelbraunen Segeln huschten die Dschunken wie Fledermäuse über das Wasser.

Die vietnamesischen Bootsleute suchten den Kontakt mit der fremden Invasionsarmee. Sie waren in Fetzen gekleidet und boten ein paar Fische und Krabben zum Verkauf an. Sie mußten unter schrecklichem Mangel leiden, denn sie stürzten sich auf die Speisereste, die aus den Luken fielen, fischten sogar die leeren Konservenbüchsen auf und sammelten sie wie Kostbarkeiten. Auf den ersten Blick waren diese Fischer aus Halong ein recht freundliches Völkchen. Sie schnatterten ohne Unterlaß. Als die Soldaten mit den Mädchen schäkern wollten und diese zurücklächelten, stellten die Franzosen mit Entsetzen fest, daß ihre Zähne schwarz lackiert waren.

Drei Tage lang lag nun schon in diesem Frühjahr 1946 die Flotte vor der nordvietnamesischen Hafenstadt Haiphong. General Leclerc war an Land gegangen, um mit den national-chinesischen Kommandeuren zu verhandeln. Im Prinzip hatte die Regierung Tschiang Kai-scheks bereits Ende Februar der Ablösung ihrer Truppen nördlich des 16. Breitengrads durch die Franzosen zugestimmt. Aber die Autorität des Generalissimo über seine Warlords der Provinz Yunan, die mit ihren marodierenden Haufen in Tonking eingefallen waren, schien begrenzt zu sein. Die national-chinesische Soldateska war wie eine Heuschreckenplage über Nordvietnam hereingebrochen. Sie hatte geplündert, vergewaltigt und sich wie in einem eroberten Land aufgeführt. Der Abzug kam ihr höchst ungelegen.

Am vierten Tag hallte Artilleriefeuer durch die phantastische Felsenlandschaft der Halong-Bucht. Dem französischen Oberkommandierenden war die Geduld gerissen. Ein Sturmkommando war an der Küste gelandet, und der Kreuzer »Le Triomphant« war die Mündung des Roten Flusses in Richtung auf die Hafenkais von Haiphong hochgesteuert. Der Kreuzer wurde von Küstenbatterien beschossen, aber mit ein paar Salven brachte er den Widerstand zum Schweigen. Über den chinesischen Stellungen ging die weiße Fahne hoch, und die landenden Franzosen stellten zu ihrer Verwunderung fest, daß die feindlichen Geschütze, mit denen die Soldaten aus Yunan nichts anfangen konnten, von japanischen Kriegsgefangenen bedient worden waren.

Ich wurde nicht müde, die national-chinesischen Soldaten zu beobachten. An den Vietnamesen gemessen, waren sie relativ hochgewachsen. Sie trugen eine himmelblaue Uniform mit dicken Wickelgamaschen. Beim Marsch warfen sie ihre Schuhe am liebsten über die Schulter und liefen barfuß. Im Gegensatz zu den Tonkinesen, die sich neugierig um die Neuankömmlinge drängten und sie ausfragten, stand zwischen Franzosen und Chinesen eine psychologische Scheidewand, die nie durchbrochen wurde.

Die »Söhne des Himmels« verfügten zwar über fabrikneue Lastwagen von General Motors und führten jeden Morgen in den Parks von Haiphong unter furchterregendem Gebrüll Leibesübungen vor, aber sie wirkten wie ein mittelalterlicher Kriegshaufen. Die wohlhabenden chinesischen Kaufleute von Haiphong, die von ihren Landsleuten aus dem Norden nicht weniger ausgeplündert wurden als die einheimischen Vietnamesen, blickten mit Abscheu auf diese Horde und ließen ihrer konfuzianischen Geringschätzung für alles Soldatische freien Lauf.

Von einem ganz anderen Schlag waren die kriegsgefangenen Japaner. Die Disziplin dieser Armee war immer noch intakt, und die

Offiziere liefen wichtigtuerisch zwischen ihren Untergebenen umher wie gestiefelte Kater. Die Japaner stauten sich später zu Tausenden an den Kais und kehrten nach der ersten Niederlage ihrer mehrtausendjährigen Geschichte an Bord amerikanischer Frachter ins Land der aufgehenden Sonne zurück.

Zum ersten Mal ahnten die französischen Administratoren und Ostasien-Experten, die nach Tonking zurückkamen, daß sie einer völlig veränderten Welt und gewaltigen, unkontrollierbaren Kräften gegenüberstanden. Am schnellsten begriff General Leclerc de Hauteclocque die neue Situation. Er war sehr zu Unrecht in einem Roman Hemingways als arroganter Junker skizziert worden. Leclerc hatte ab 1940 in Zentralafrika die ersten versprengten Trüppchen Freier Franzosen gesammelt und war mit ihnen im Lauf der drei folgenden Jahre quer durch die Wüste des Tschad und Libyens bis an die Gestade des Mittelmeers gezogen. Mit seiner 2. Panzerdivision war er im Sommer 1944 in der Normandie gelandet, und General Eisenhower war galant genug, diese französische Einheit als erste alliierte Truppe in Paris einrücken zu lassen. Leclerc hat ihm das schlecht gedankt, denn gegen den ausdrücklichen Befehl des alliierten Oberbefehlshabers war er im Winter 1944/45 über die Vogesen in die Rheinebene nach Straßburg vorgestoßen und hatte dort, einem romantischen Eid gemäß, den er unter den Palmen der Oase Kufra geleistet hatte, die Trikolore auf dem Münster gehißt.

Dieser schlanke, eigenwillige Mann, der sich nie von seinem Spazierstock trennte, war in Nordvietnam auf einen ungleichen Komplizen gestoßen, auf den Revolutionär Ho Chi Minh. Die wenigsten Franzosen, die sich damals in Indochina befanden, haben den tieferen Sinn der geheimen Kontakte zwischen Leclerc und Onkel Ho, wie er in jenen Tagen bei seinen Gefolgsleuten hieß, erfaßt, schon gar nicht Admiral Thierry d'Argenlieu, der, im Auftrag de Gaulles mit allen administrativen Vollmachten ausgestattet, als Hochkommissar Frankreichs nach Fernost gekommen war. D'Argenlieu, ebenfalls ein Gaullist der ersten Stunde, war vor dem Krieg Abt eines Karmeliterklosters gewesen. In Indochina führte er sich wie ein verspäteter Kreuzritter auf, sperrte sich gegen jeden Kompromiß mit den Feinden Frankreichs und wurde in der Pariser Linkspresse als »blutiger Mönch« bezeichnet.

Der Nationalist Ho Chi Minh hatte instinktiv begriffen, daß ein Verbleiben der Chinesen in Tonking für die Unabhängigkeit Vietnams weit verhängnisvoller sein würde als ein vorübergehendes Paktieren mit den Franzosen. Schließlich hatte die französische Kolonialherrschaft nur knapp einhundert Jahre gedauert, aber seit zwei Jahrtausenden wehrte sich das vietnamesische Volk gegen die Vasallisierung und totale Assimilation durch das Reich der Mitte.

Hinzu kamen aktuelle politische Überlegungen. Die Kuomintang-Chinesen, die eine marxistische Regierung unter Führung der Nationalen Sammlungsfront Vietminh vorgefunden hatten, mißtrauten dem Volkstribun Ho Chi Minh, der im selben ideologischen Lager stand wie ihr Todfeind Mao Zedong. Auch in Indochina hatte es bürgerliche Nationalisten gegeben, auf das chinesische Beispiel Tschiang Kai-scheks ausgerichtet. Sie hatten bereits 1931 einen Aufstand gegen die Franzosen ausgelöst, der von den Kolonialbehörden in Blut erstickt worden war. Zu jener Zeit hatte die Kommunistische Partei Indochinas es ebenfalls mit Hilfe französischer Marxisten zu ein paar Zellenbildungen gebracht.

Die Stunde Hos schlug erst, als die Wechselfälle des Zweiten Weltkrieges seinen überlegen organisierten Partisanentrupps die große Chance zuspielten. Im Troß des Kuomintang waren die bürgerlichen Nationalisten der Bewegung »Viet Nam Quoc Dan Dang« oder VNQDD nach Hanoi zurückgekehrt, und die Chinesen hatten Ho Chi Minh gezwungen, diese Klassenfeinde, die er zutiefst haßte, in seine Regierung aufzunehmen. Zwischen Vietminh und VNQDD kam es im Winter 1945/46 zu immer heftigeren Auseinandersetzungen, so daß für Ho Chi Minh die baldige Ablösung der Chinesen durch die Franzosen zu einer Frage des Überlebens wurde.

General Leclerc seinerseits sah in dem Marxisten Ho Chi Minh einen potentiellen Verbündeten. Das französische Kolonialreich gehörte seit der Niederlage von 1940 ohnehin der Vergangenheit an und sollte durch neue, liberale Verflechtungen zwischen dem Mutterland und seinen Überseegebieten abgelöst werden. Ho Chi Minh hatte den Verbleib der Republik Vietnam in einem gemeinsamen Staatenverbund mit Frankreich vorgeschlagen. Wesentliche vietnamesische Souveränitätsrechte auf den Gebieten der Diplomatie, der Verteidigung und der Währungspolitik wollte er bis auf weiteres an Paris delegieren.

Eine seltsame Absprache kam damals zustande: Die Landung der Franzosen nördlich des 16. Breitengrads rettete die Kommunisten Tonkings vor der Umklammerung durch die verbündeten Kräfte des Kuomintang und des VNQDD; innenpolitisch würde die Vierte Republik, die soeben durch ein Referendum bestätigt worden war, dem Vietminh in Nordvietnam freie Hand lassen. Die Franzosen handelten sich dafür den Abzug der Soldaten Tschiang Kai-scheks und den Verbleib Indochinas in jenem französischen Überseeverbund ein, der im neuen Verfassungstext den Namen »Union Française« trug.

Beide Parteien ahnten wohl, daß sie einen Pakt mit dem Teufel geschlossen hatten. In der französischen Armee bestand kein echter Wille zur Entkolonialisierung, und den meisten konservativen Offizieren waren die roten Vietminh-Kommissare ein Greuel. Nachdem die beutebeladenen Chinesen schließlich über die Grenze nach Kwangsi und Yunan in das Reich der Mitte zurückmarschiert waren, räumten die Revolutionskomitees des Vietminh zunächst einmal unter ihren bürgerlichen Rivalen auf und massakrierten die führenden Mitglieder des VNQDD im Städtchen Yen Bai. Die Franzosen sahen tatenlos zu, wie diese antikommunistischen Gegenkräfte, die ihnen in den späteren Jahren so bitter fehlen würden, liquidiert wurden. Insgeheim brannten die Obersten des Expeditionskorps darauf, nach Abzug der lästigen Chinesen und dem Gemetzel von Yen Bai sobald wie möglich auch die Vietminh an der Gurgel zu packen und die »Pax Franca« mit Waffengewalt in Fernost wiederherzustellen.

Die Vietnamesen ihrerseits machten aus ihren tatsächlichen Absichten kein Hehl. Auf jede Mauer, auf den Asphalt jeder Straße war das magische Wort »Doc Lap« in riesigen Lettern mit roter Farbe gepinselt. »Doc Lap« hieß »Unabhängigkeit«, und nur ein Narr konnte davon ausgehen, daß diese fanatischen Nationalisten marxistischen Glaubens auf die volle Souveränität endgültig verzichten, daß sie jemals eine wie auch immer geartete Unterordnung unter Paris akzeptieren würden. Andere Wandaufschriften forderten mit gleicher Eindringlichkeit die Einheit der »Drei Ky«, der drei Landesteile Vietnams: Cochinchina, Annam und Tonking.

Die Revolutionäre des Vietminh hatten erfahren, daß die maßgeblichen französischen Finanzkreise im Umkreis der Banque de l'Indochine notfalls bereit waren, das übervölkerte Delta des Roten Flusses mit den darbenden Massen des Nordens seinem Schicksal zu überlassen sowie die unwirtlichen Gebirge Zentralannams abzuschreiben. Sie wußten aber auch, daß diese Einflußgruppen auf ihren Besitz in Cochinchina, auf die Reisebene am Mekong, die einträglichen Gummiplantagen des Südens nicht verzichten und aus diesem Landesteil eine separate Republik von Frankreichs Gnaden machen wollten.

Haiphong bot in jenen Wochen ein seltsames Bild. Neben der Trikolore wehte die nunmehr offizielle rote Fahne des Vietminh mit dem gelben Stern. Die junge Republik Vietnam verfügte über eine eigene Armee, die in rostbraune Uniformen gekleidet war. Die Soldaten trugen dazu grüne Tropenhelme. Ihre Waffen stammten meist aus japanischen Arsenalen. Gemeinsam mit französischen Kolonialinfanteristen wurden die kleinen Männer des Onkel Ho zu gemischten Patrouillen ausgeschickt. In Wirklichkeit standen sich die Zufallspartner wie Hund und Katze gegenüber. Die französischen Stäbe betrachteten es als eine Demütigung, daß sie von gleich zu gleich mit diesen Heckenschützen verhandeln mußten, deren militärischer Anführer, ein gewisser Vo Nguyen Giap, seine strategischen Kenntnisse als Geschichtslehrer erworben hatte. Die

Tatsache, daß Giap ein Bewunderer des Feldherrn Bonaparte war, brachte ihm nur mitleidiges Lächeln ein.

Die kalte Regenzeit war abrupt zu Ende gegangen. Innerhalb einer Woche verwandelte sich Tonking in einen Glutofen. Die zerklüfteten Vorgebirge waren jetzt zum Greifen nahe. Jedermann spürte, daß Nordvietnam ein beschwerlicher Kriegsschauplatz sein würde. Haiphong war – mit Ausnahme von zwei Plätzen, die einem französischen Provinzstädtchen Ehre gemacht hätten – eine unansehnliche Ortschaft. Doch in diesem Frühlingsmonat erblühten die Flamboyants und Jacarandabäume in feuerroter und violetter Pracht.

Ich war damals neben einem Kanal untergebracht, in einer ziemlich trostlosen Gegend, wo die häßlichen Außenbezirke von Haiphong in die monotone Weite der Reisfelder übergingen. Jede Nacht klangen aus den nahen Dörfern revolutionäre Kampflieder. Mit dem Fernglas beobachteten wir das Exerzieren der Vietminh-Miliz, die in Ermangelung von Gewehren oft mit Bambusstöcken hantierte. Als eines Morgens im Kanal die verstümmelten Leichen von drei französischen Pionieren dem Meer zutrieben, wußten wir, daß die Tage des trügerischen Stillhaltens, des Modus Vivendi, gezählt waren. Eine Woche später wurde ich wieder nach Saigon abgeordnet und schiffte mich in der Halong-Bucht auf dem Kreuzer »Tourville« ein. In der roten Abendsonne bot sich mir ein Schauspiel von atemberaubender Herrlichkeit. Aus den stillen Fluten der Bucht, die im späten Licht wie pures Gold glänzte, erhoben sich die schwarzen Kalkfelsen wie barbarische Grabsteine. Die Dschunken zogen weite Kurven und bewegten sich vor dem untergehenden Gestirn wie Insekten, die um eine Flamme kreisen.

# Verhör in Bautzen

Meine Dienstverpflichtung in der französischen Indochina-Armee war ursprünglich auf drei Jahre festgelegt. Bevor diese Frist abgelaufen war, beschloß das Verteidigungsministerium in Paris, das Commando Ponchardier zu repatriieren. In der Gegend von Pau in Südwestfrankreich wurden reguläre Fallschirmregimenter aufgestellt, und die Veteranen des Expeditionskorps sollten sich an deren Ausbildung beteiligen. Im übrigen war die Kampfkraft unserer kleinen Truppe erheblich geschrumpft. Es hatte nicht nur Verluste durch Feindeinwirkung gegeben. Vor allem Malaria und Amöbenruhr hatten die Reihen gelichtet. Bevor wir uns in Richtung Marseille einschifften, hatte der Pascha noch eine besondere Ehrung erwirkt. Wir formierten uns am breiten Boulevard hinter der Kathedrale und nahmen die Parade der verfügbaren französischen Garnison von Saigon ab.

In Europa angekommen, war ich auf mich selbst gestellt. Zunächst ging es mir darum, meine persönliche Situation zu klären, um anschließend ein Universitätsstudium aufzunehmen. Anfang 1949 wurde mir mitgeteilt, daß ich laut Ministerratsbeschluß die französische Staatsangehörigkeit besaß. Der beachtliche Soldrückstand, der in Ermangelung einer anderen Adresse an die brave Madame Geiger in Metz überwiesen wurde, erlaubte mir zunächst, relativ sorglos zu überleben und in aller Ruhe nach einem »festen Punkt« zu suchen, wo sich mir – nach Ablauf meiner theoretisch noch bestehenden Militärverpflichtung – eine Existenzgrundlage und eine heimatliche Verankerung bieten würden. Was lag da näher, als nach Saarbrücken aufzubrechen, wo die Vierte Republik mit Zustimmung der Alliierten einen autonomen Saarstaat ins Leben gerufen hatte, der sich in enger wirtschaftlicher Verflechtung mit Frankreich befand.

Ich war zwar in Bochum zur Welt gekommen, aber meine väterlichen Vorfahren, die Scholls wie die Latours, stammten – in engem Kontakt zur nahen Lorraine – sämtlich aus dem Raum zwischen Wadern und Blieskastel. Meine Großeltern waren in Bildstock begraben. Mein Großvater war als junger Mann in eine der Saargruben bei Sulzbach eingefahren, und mein Vater hatte während der Semesterferien als Werkstudent an den Hochöfen von Röchling gearbeitet.

Bevor ich die neuen Autonomiebehörden aufsuchte, um jenen roten Personalausweis anzufordern, der jedem Einwohner zustand, der im Saarland geboren war oder über familiäre Bindungen dort verfügte und der ihm eine begrenzte politische Mitsprache erlaubte, wandte ich mich an das noch vorhandene Militärkommando und wurde an den Offizier des Deuxième Bureau, einen Major Hennequin, verwiesen. Der hörte sich meinen persönlichen Situationsbericht an und gab mir nach einem kurzen Telefonat im Nebenzimmer den Rat, mich am nächsten Morgen in einer diskreten Villa der Heinestraße einem gewissen Capitaine Mérignac vorzustellen. Ich traf dort auf einen eleganten Mann mittleren Alters in Zivil. Mit seinem gepflegten, grauen Bärtchen und seinen guten Manieren hätte er in einen Roman von Proust gepaßt.

Mérignac machte kein Geheimnis daraus, daß er der zuständige Resident des französischen Nachrichtendienstes war, der damals noch, wenn ich mich recht erinnere, unter dem Namen »Direction Générale d'Études et de Recherches« agierte. Der Hauptmann kam gleich zur Sache. Westeuropa lebte damals – von akuten Berlin-Krisen bedrängt – in banger Erwartung einer eventuellen Großoffensive der sowjetischen Armeen in Richtung Rhein und Ärmelkanal. Aus der Luft gegriffen waren diese Befürchtungen nicht, wie sich wenig später am exemplarischen Fall des nordkoreanischen Überfalls Kim Il Sungs auf die Republik von Seoul zeigte. Heute kann man sich nur schwer eine Vorstellung von der Anspannung machen, die seinerzeit die westliche Allianz belastete.

Die Franzosen waren im Gegensatz zu den Amerikanern, die die »Organisation Gehlen« ins Leben gerufen hatten, offenbar sehr unzulänglich über die Stationierung der Sowjetarmee auf deutschem Boden und deren Planungen informiert. Mérignac hat mich bei einer Tasse Tee in keiner Weise bedrängt, als Kundschafter jenseits des »Eisernen Vorhangs« die ihm vorliegenden Angaben zu überprüfen und auch Erkenntnisse zu sammeln über den Abbau von Uranerzen, der in den radioaktiven Schächten bei Aue im Erzgebirge vom NKWD forciert wurde.

Die Einheit, bei der ich in Indochina gedient hatte, sei ja wohl auch darauf trainiert worden, hinter feindlichen Linien zu operieren, meinte Merignac. Leichtsinnig, wie man in jungen Jahren ist, nahm ich das Angebot an, das mit keinerlei finanzieller Vergütung verbunden war. In diversen Städten der sowjetischen Besatzungszone hielten sich noch ein paar ehemalige Mitschüler aus Kassel auf, die den Krieg überlebt hatten. Dazu kamen Bekannte meiner Eltern, die sich darauf vorbereiteten, in den Westen zu entkommen. Für private Unterkunft in der Gefahrenzone war also gesorgt.

Mit einem weiteren »Ordre de mission« für den Lieutenant Pierre Latour habe ich damals den französischen Sonderzug nach Berlin bestiegen. Dort tauschte ich meine Uniform gegen eine unauffällige, ziemlich schäbige Zivilkleidung aus und bezog im Wedding, im französischen Sektor, eine bescheidene Wohnung. Ohne Schwierigkeiten beschaffte ich mir einen Berliner Personalausweis und einen sogenannten Interzonenpaß. Unter Berufung auf meine Gestapo-Haft wurde mir – ich glaube, es war sogar im Ostsektor – ein knallrotes Dokument mit dem Aufdruck »Opfer des Faschismus« ausgehändigt.

Ich trieb meine Abstammung so weit, daß ich im Wedding das klägliche Büro der Kommunistischen Partei aufsuchte – falls sie damals noch diesen Namen führte – und täuschte dem zuständigen Funktionär, einem redlich wirkenden, verhärmten ehemaligen KZ-Häftling vor, ein Sympathisant der sozialistischen Weltrevolution zu sein. Meine zwei ersten Erkundungsreisen ins »Feindgebiet« verliefen ohne große Komplikation, brachten aber auch wenig substantielle Auskünfte ein – außer der Feststellung, daß die den Franzosen vorliegenden Stationierungsangaben der Sowjetunion häufig der Phantasie dubioser Agenten, wenn nicht einer gezielten Desinformation entsprachen. Bei meinem zweiten Unternehmen hatte ich nicht den komfortablen französischen Sonderzug benutzt, sondern war aus sachdienlichen Gründen durch den tiefen Schnee auf Schleichwegen über die grüne Grenze bei Eschwege inmitten einer deutschen Künstlerkolonne in das sowjetisch besetzte Gebiet Deutschlands eingedrungen.

Mein dritter Ausflug wäre mir fast zum Verhängnis geworden. Dieses Mal führten mich meine Erkundungen über Cottbus und Görlitz in ein abgelegenes Dorf in der Oberlausitz, wo ein ehemaliger Mitschüler aus dem kleinen Internat der Ruhlstraße in Kassel eine Anstellung als Lehrer gefunden hatte. Er lebte dort nicht weit von der tschechischen und der neuen polnischen Grenze entfernt.

Gerhard Unzner war 1942 im Kessel von Stalingrad eingeschlossen gewesen und hatte den Nazis gegenüber eine spontane Abneigung empfunden, doch die neuen kommunistischen Behörden von Ostberlin waren ihm ebenfalls ein Greuel. Es sollte ihm noch vor dem Mauerbau gelingen, sich in den Westen abzusetzen. In seiner ländlichen Abgeschiedenheit lebte unsere alte Freundschaft wieder auf. Rein zufällig fand sich bei Gerhard auch ein kränkelnder Nachbar ein, der, bei Aue im Erzgebirge den radioaktiven Strahlungen schutzlos ausgesetzt, im Stachanow-Rhythmus nach Uranerzen geschürft hatte.

Auf der Rückreise nach Berlin mußte ich in Görlitz den Zug wechseln. Ich nutzte die vierstündige Wartezeit, um die neue Staatsgrenze an der Neiße zu besichtigen, deren Brückenübergang jenseits des Flusses durch einen gigantischen polnischen Adler markiert war. Auf deutscher, jetzt sächsischer Seite war das herrliche barocke Stadtbild von Görlitz, das von jeder Bombardierung verschont geblieben war, über und über mit roten Fahnen beflaggt. Aus den Lautsprechern dröhnten klassenkämpferische Parolen. Ein riesiges Porträt Stalins verdeckte das Rathaus in einer Höhe von drei Etagen. Das Parkgelände längs des Flusses, die Brücke, fast das ganze östliche Stadtviertel waren so gut wie menschenleer. Ich wollte gerade einen alten Mann ansprechen, der – mit einem riesigen Bündel beladen – auf die Brücke zu humpelte, da raschelte es hinter mir im Gebüsch. Ein Rotarmist trat mit vorgehaltener Maschinenpistole auf uns zu. »Stoj!« sagte er nur und verwies uns auf das Grenzwärterhäuschen am Eingang zur Brücke, dem ich bisher keine Beachtung geschenkt hatte.

In dem Kontrollhäuschen saß ein sowjetischer Unteroffizier usbekischer Nationalität vor einem riesigen Wust Papier. Diese Unterlagen schienen ihn jedoch ebensowenig zu interessieren wie unsere Ausweise, die wir bei ihm abliefern mußten. Seine Aufmerksamkeit war durch ein Kochgeschirr mit Gemüsesuppe voll in Anspruch genommen und durch ein vollbusiges russisches Mädchen, das wohl als Dolmetscherin fungierte. Was mich beunruhigte, war weniger der Alkoholdunst, der von dem Usbeken ausging, als die grüne Mütze der Grenztruppen des NKWD, die er in den Nacken geschoben hatte.

Von der polnischen Seite kamen ein paar Arbeiter herüber. Sie waren offenbar im Elektrizitätswerk tätig. Sie zeigten dem Posten ihren Ausweis und boten ihm mit einer Handbewegung, die lange Gewohnheit verriet, Zigaretten an. Der Usbeke nahm aus jedem Päckchen fünf oder sechs Zigaretten heraus und winkte die Arbeiter durch. Ich bereitete mich auf das erste Verhör vor. Wie sollte ich dem Unteroffizier des NKWD plausibel machen, daß Görlitz lediglich eine Zwischenstation war, weil ich mich auf dem Weg zu einem kriegsverletzten Schulfreund befand, daß mein Spaziergang zur Neißebrücke nur durch Langeweile und touristische Neugier motiviert war. Der Wachhabende telefonierte auf seinem vorsintflutlichen Apparat. Der Alte mit dem Holzbein beugte sich zu mir: »Er sagt, wir kommen ins Lager.«

Ein russischer Soldat und ein deutscher Grenzpolizist in dunkelblauer Uniform führten uns in das Polizeigefängnis von Görlitz ab. Wir standen unter dem Verdacht des illegalen Grenzübertritts. »Hauptsache«, sagte der Wachtmeister, »daß man euch keine Spionageaffäre daraus dreht.« In diesem Moment schnürte sich mir die Kehle zu. Sollten meine sowjetischen Bewacher erfahren, daß ich vor kurzem noch in der französischen Armee in Indochina gedient hatte, wäre mein Schicksal besiegelt gewesen.

Das Durchgangslager der Grenzpolizei in Bautzen, in das wir in derselben Nacht überführt wurden, lag etwas außerhalb des schmucken, alten Städtchens. Die Baracken tauchten im ersten Morgennebel auf. Ich stellte erleichtert fest, daß die Bewachung durch deutsche Polizei ausgeübt wurde. Ein einfacher, drei Meter hoher Stacheldraht ohne Wachtürme umzäunte das Lager. Die länglichen Baracken mit ihren zweistöckigen Holzpritschen waren verwahrlost. Noch erbärmlicher wirkten die gedrängt untergebrachten Insassen, die apathisch auf ihren Strohsäcken hockten und sich schleppend unterhielten.

»Wird hier nicht gearbeitet?« fragte ich nach Inbesitznahme einer Pritsche meinen Nachbarn, einen blonden Jüngling mit hungrigen Augen. »Heute soll der russische GPU-Offizier zum Verhör kommen«, sagte er. »Deshalb werden wir nicht zur Arbeit abgeführt.« In diesem Lager redete man immer noch von GPU statt von NKWD. »Weshalb hat man euch hier festgesetzt?« fragte ich. Er zeigte auf seine Umgebung: »Alles kleine Fische; schwarze Grenzgänger, die in Schlesien oder den Sudeten beheimatet waren und drüben ein Stück Hausrat holen, nach Verwandten forschen, etwas Tauschhandel treiben wollten.« Später stellte sich heraus, daß auch Angehörige der ehemaligen Feldgendarmerie und enttarnte SS-Leute in diesem Lager festgehalten wurden.

»Wie lange bleibt man hier?« wollte ich wissen. »Bis das Verhör stattfindet, und das ist immer erst fertig, wenn der Bau so überfüllt ist, daß man sich nicht mehr lang hinlegen kann. Wenn dann ein Schub Neuer kommt, werden diejenigen verhört und entlassen, die den Russen harmlos erscheinen.«

»Woher kommst du eigentlich?« fragte der Blonde. »Von Berlin«, antwortete ich. »O weh, das ist schlecht. Sie haben neulich ein paar Polen direkt ins GPU-Gefängnis abgeführt: ›General Anders Armee‹ oder so etwas ähnliches. Andere bleiben monatelang hier. Da, der Große zum Beispiel. Über den haben sie herausbekommen, daß er einem Polizeikommando in der Ukraine angehörte. Bei dem Dunkelhaarigen daneben, der gerade seiner Frau in der Nebenbaracke Zeichen macht, haben sie einen alten englischen Dienstgruppenausweis gefunden. Der ist schon zwölf Wochen hier. Wenn du einen guten Rat willst, nimm dich vor dem Kahlkopf da drüben in acht. Die Wände haben Ohren.«

Ich begann, die Situation zu begreifen. Der Pankraz von Prag war eine gute Schule. Ich beschloß, den Bart stehen zu lassen und mich nicht mehr zu waschen, um mich der Umgebung anzupassen. Vor allem galt es, den Mund zu halten, so schwer das einem in der Beklemmung der Haft auch fällt.

Der an diesem Tag erwartete Verhöroffizier war doch nicht gekommen. Wir bestiegen also einen Lastwagen der Roten Armee unter den prüfenden Blicken eines sympathischen russischen Leutnants der Panzerwache. Wir fuhren durch die Stadt Bautzen in die Kaserne der ehemaligen sächsischen Husaren, die einst »Mäusehusaren« hießen, weil ihre Uniform schon im Frieden feldgrau war und nicht bunt. Jetzt lag dort ein russisches Panzerbataillon. Die nächsten drei Tage verbrachten wir damit, am Bahnhof Kohlen auf- und in der Kaserne abzuladen. Die russische Garnisonstruppe – durchweg große, freundlich wirkende Menschen – machte einen disziplinierten Eindruck. Wir ergänzten unseren kärglichen Gefängnisfraß mit den Resten ihrer Mahlzeiten, die allerdings auch nicht üppig waren.

Nach drei Tagen habe ich mich dann doch rasiert und gewaschen, und schon war der NKWD-Offizier zum Verhör da. Durch die Baracke ging ein Raunen: »Das ist ein schlechter Tag. Heute ist der jüdische Hauptmann dran, und bei dem ist wenig Gnade zu erwarten.« Ich wurde in einen Raum nebenan geführt. Ein stiernackiger Riese mit Borstenhaar saß an einem Küchentisch. Unter dem grauen Zivilmantel trug er Hauptmannsuniform. Ich war gleich als erster an der Reihe und wurde von einem kleinen Dolmetscher zum Sitzen aufgefordert. Der Hauptmann war aufgestanden und ging mit knarrenden Schritten im Raum auf und ab. Er wollte meinen Lebenslauf in allen Einzelheiten wissen, verlangte immer neue Details. Dann unterbrach er mich und ließ mich noch einmal von vorne beginnen.

Das dauerte eine Stunde. Durch das Fenster blickte ich auf den Stacheldraht. Falls die Vernehmung negativ enden und ich nicht gleich in eine andere Haftanstalt verlegt würde, mußte ich in dieser Nacht versuchen – koste es, was es wolle –, über den Drahtzaun zu kommen und mich nach Berlin durchzuschlagen. Der Hauptmann war stehengeblieben, sah mich an und fragte plötzlich: »Wie heißt der englische Offizier, der dir diesen Auftrag gab? Wie lautet deine Weisung? – Du bist uns schon lange gemeldet.«

Ich stutzte eine Sekunde – und war mir mit einem Schlag der ganzen Gefahr bewußt. Jedes Wort, das ich zuviel sagte, konnte mir zum Verhängnis werden. Nach der zweiten Stunde wurde die Lage hoffnungslos. Der Russe schaute jetzt gelangweilt zum Fenster hinaus. »Gib dir doch keine Mühe. Du verwickelst dich dauernd in Widersprüche. Du bist geliefert.« Ich protestierte nach Kräften. Aber selbst in den eigenen Ohren klang meine Verteidigung nicht mehr überzeugend. Gleich würden sie mich ins GPU-Gefängnis abführen wie die Polen des General Anders. Törichterweise trug ich, um mich gegen den Matsch der Schneeschmelze zu schützen, meine Sprungstiefel aus Indochina. Jetzt versuchte ich, so gut es ging, diese verräterischen Indizien unter meinem Mantel zu verbergen.

Der Hauptmann war an den Tisch zurückgetreten, schaute verächtlich in meine Papiere, knallte sie auf den Boden. Dann brüllte er den unflätigen Fluch, der mir aus der Lektüre von Edwin Dwingers »Zwischen Weiß und Rot« im Gedächtnis geblieben war: »Job twoju matj – Fick deine Mutter!« Und dann sagte er plötzlich auf Deutsch: »Geh weg!« Ich war frei. Während ich zur Tür hinaushastete, zitterten mir die Beine. Von dem deutschen Wachhabenden wurden mir ein Propusk und die Entlassungspapiere ausgehändigt. Das Gefühl einer Auferstehung überkam mich.

In Westberlin angekommen, ließ ich mir von einer französischen Militärbehörde ein »Laissez-passer« ausstellen und fuhr im Alliiertenzug in Richtung Helmstedt. Wegen der üblichen Formalitäten kam es dort zu einem kurzen Aufenthalt. Erst jetzt wurde mir voll bewußt, wie nahe ich mich aus einer waghalsigen Laune heraus am Rand des Abgrunds bewegt hatte. Hätte der sowjetische Überwachungsapparat wahrgenommen, daß ich in einem sehr speziellen Auftrag in die SBZ eingereist war, hätte es keine Rettung gegeben. Ich hätte lange Jahre in eisigen Straflagern von Workuta oder an anderen Verbannungsorten in der Tundra verbringen müssen. Ich wäre dort zugrunde gegangen oder – bestenfalls – als gebrochener Mann zurückgekehrt.

*

Ich muß es dem Capitaine Mérignac hoch anrechnen, daß er mich nach ausführlichem Bericht über meine Verhaftung von weiteren Abenteuern dieser Art freistellte. Ich spürte auch nicht die geringste Lust, als »honorable correspondent« der französischen Spionage tätig zu werden, zumal dieser Geheimdienst zu jener Zeit von kommunistischen Maulwürfen unterwandert war. Der Capitaine verwies mich darauf, daß die Militärregierung an der Saar einer ganzen Reihe von jungen Studenten die Möglichkeit bot, an französischen Universitäten zu studieren.

So entschied ich mich, meine Immatrikulation an der Faculté des lettres vorzunehmen, die damals noch im altehrwürdigen Gebäude der Pariser Sorbonne untergebracht war. Trotz der Vorbehalte des zuständigen Beamten des »Gouvernement militaire«, der mich auf die hohen Anforderungen dieser »Grande École« verwies, habe ich mich auch in der Rue Saint-Guillaume der Aufnahmeprüfung des Institut d'études politiques, im Jargon des Quartier Latin »Sciences Po« genannt, gestellt und bestand mit Bravour.

*

Warum ich in dieser Autobiographie das Wagnis in der sowjetischen Besatzungszone erwähne, das mein Sohn – als ich ihm sehr viel später davon erzählte – ziemlich treffend mit dem Roman John le Carrés »The Looking Glass War« verglich, hat seinen besonderen Grund. Im nachhinein sollten sich diese ostdeutschen Eskapaden als Ausgangspunkt meines professionellen Lebens erweisen. Ich hatte zwar Unterkunft in einer großbürgerlichen Wohnung des 16. Arrondissements von Paris gefunden, die den stets abwesenden Eltern einer französischen Freundin gehörte. Sonia, die bei dem bekannten Pianisten Walter Gieseking in Saarbrücken Klavierunterricht nahm, hatte mir provisorisch ausgeholfen, aber ansonsten war ich knapp bei Kasse. So kam mir – obwohl ich damals gar nicht daran dachte, Journalist zu werden – der Gedanke, über meine Beobachtungen in der sowjetisch besetzten Zone Deutschlands ein paar Zeitungsartikel zu schreiben und sie diversen Pariser Gazetten anzubieten. Die SBZ war in jenen Tagen »Terra incognita«, und in Westeuropa herrschte eine heute kaum noch vorstellbare Angst vor den Expansionsgelüsten Josef Stalins.

Mit der Niederschrift meiner Reiseeindrücke bin ich damals von einer Pariser Redaktion zur anderen gewandert. Zunächst ohne Erfolg. Bei dem Sensationsblatt »Tel Quel«, das inzwischen längst eingegangen ist, erhielt ich den Bescheid: »Ce n'est pas assez sanglant – Das ist nicht blutig genug.« Schließlich raffte ich meinen ganzen Mut zusammen und ging zu der Zeitung, die bis auf den heutigen Tag als das renommierteste Blatt Frankreichs gilt, zu »Le Monde«.

Dort nahm der zuständige Sachbearbeiter für Deutschland, Pierre Laurent, mein Elaborat zur Hand, las es durch und bemerkte trocken: »Mais, c'est très intéressant.« Das Honorar, das mir ausgezahlt wurde, war nicht überwältigend, aber ich hatte die tiefe Genugtuung, daß der erste Zeitungsartikel, den ich je verfaßte, in großer Aufmachung auf der ersten Seite von »Le Monde« gedruckt wurde. Damit hatte sich meine berufliche Ausrichtung auf Lebenszeit entschieden.

## Blau-weiß-rot an der Saar

Mit der Artikelserie aus »Le Monde« als Nachweis meiner journalistischen Qualifizierung in der Hand fiel es mir nicht schwer, bei der »Saarbrücker Zeitung«, die damals noch der französischen Zensur unterlag, eine Anstellung als Volontär zu finden. Da das Blatt nur dreimal in der Woche erschien, war es mir möglich, parallel zu dieser beruflichen Tätigkeit, die ich bald als außenpolitischer Redakteur ausübte, mein Pariser Studium bis zum Ende des Jahres 1953 zum Abschluß zu bringen. In dieser unmittelbaren Nachkriegszeit waren fast alle älteren Kollegen, die während des Dritten Reiches zur Feder gegriffen hatten, in die Mangel der Entnazifizierung geraten. Deshalb setzte die Redaktion sich fast ausschließlich aus Novizen der schreibenden Zunft zusammen, aus frischgebackenen Abiturienten und Studenten. Am dritten Tag als Volontär schrieb ich bereits meinen ersten Leitartikel über irgendeine Krise in Indonesien. Als Chefredakteur fungierte in jenen Tagen Albrecht Graf Montgelas, eine urwüchsige bayerische Gestalt mit grauem Schnauzbart, die am liebsten im Lodenmantel auftrat.

Der trutzige Graf, der einer konservativ-katholischen Gesinnung anhing, geriet sehr bald in Konflikt mit der Bevormundung durch die französische Militärregierung. Er hatte nur ein kurzes Gastspiel an der Saar gegeben, aber ihm verdanke ich meine dauerhafte Bindung an das dortige Regionalblatt. Sein Nachfolger, ein Luxemburger, der sich in der französischen Résistance betätigt hatte, sah in mir – trotz meiner Jugend – wohl einen eventuellen Rivalen. Diesem Mißtrauen verdankte ich in dem folgenden Jahrzehnt, daß ich fast ununterbrochen zu weltweiten Auslandsreportagen aufbrechen konnte – von Mexiko bis Usbekistan.

Der Justitiar Mussfeld verfügte aus seiner früheren Tätigkeit beim Ullstein Verlag über zahlreiche Verbindungen in die Chefredaktionen diverser Zeitungen der sich formierenden Bundesrepublik – unter denen der Berliner »Tagesspiegel« und die »Stuttgarter Zeitung« zu erwähnen wären. Dieser »Bauchladen«, wie man damals sagte, half mir spärlich, aber ausreichend meine unermüdlichen Expeditionen zu finanzieren. Daß ich dabei auf klapprige Eingeborenenbusse und schmutzstarrende Karawansereien angewiesen war, verschaffte mir einen unmittelbaren Zugang zu den exotischen und stets freundlichen Reisegefährten und den fremden Kulturen.

In Paris hatte ich mich inzwischen in einem dürftigen Hotel der Rue Cujas unweit der Sorbonne einquartiert. Mit der offiziellen Saarpolitik Frankreichs war ich auf überraschende Weise in Berührung gekommen. In der Métro von Paris las ich an einem Frühlingstag 1948 die »Weltwoche«, die einzig verfügbare Zeitschrift deutscher Sprache, als ich von einem hochaufgeschossenen jungen Mann recht burschikos auf deutsch angesprochen wurde. Es handelte sich um Frederic Vester, der damals sein Chemiestudium an der Seine aufgenommen hatte und später als Professor für Biochemie als wissenschaftlicher Autor bekannt wurde. Nach ein paar Einleitungsworten machte er mich auf eine wöchentliche Einladung aufmerksam, die die in Paris studierenden Saarländer samstags bei Wein und Gebäck versammelte. Gastgeber dieser bescheidenen Veranstaltung in einem Versicherungsgebäude der Rue Taitbout war die Association française de la Sarre. In jenen Tagen abscheulichen Mensa-Fraßes sei eine solche Aufbesserung des Wochenendmenüs keineswegs zu verachten, ermunterte mich Fred Vester, und wir trafen uns dann auch am nächsten Samstag mit einem Dutzend Kommilitonen aus dem Saarland in der Rue Taitbout.

Die Association – patroniert von dem hochbetagten französi-

schen General Andlauer, der bereits am Boxerkrieg in China teilgenommen hatte – war eine einflußarme, harmlose Gesellschaft.
Aber es konnte nicht ausbleiben, daß die Militärregierung in Saarbrücken, später in Hochkommissariat umbenannt, engen Kontakt
zu mir aufnahm. In der Person Gilbert Grandvals hatte der konservative Politiker Georges Bidault, der zeitweilig als Ministerpräsident, dann als Außenminister vieler kurzlebiger Regierungen fungierte, einen recht eigenwilligen Interpreten seiner Grenzpolitik
gefunden.

Grandval besaß das Zeug zum Prokonsul. Er war ein Statthal-
ter von eigenen Gnaden. Er residierte selbstherrlich auf Schloß
Halberg, das schon im deutschen Kaiserreich dem Industriebaron
von Stumm als Stammsitz gedient hatte. Die Stumms hatten, dem
Volksmund zufolge, wie Feudalfürsten über »Saarabien« geherrscht.
Der französische Hochkommissar umgab sich mit einer verschwo-
renen Clique von Mitarbeitern, die ihm einst im Ostlothringer
Maquis zur Seite gestanden hatten. Etwas Konspiratives haftete
dieser Gruppe stets an. Grandval hatte begriffen, daß sein Projekt
eines mit Frankreich eng verflochtenen Saarstaates lediglich eine
Chance hätte, wenn er die Bevölkerung für sich gewänne. Tatsächlich genoß er Achtung, zeitweilig sogar Popularität beim einfachen
Volk der Zechen und Hochöfen. Die Pariser Zeitschrift »L'Express«
schilderte ihn als einen Mann, der es verstand, »die Eroberungen zu
behaupten – de conserver les conquêtes«.

In jenen Tagen wurde in den Volksschulen zwischen Homburg
und Dillingen das Lied vom Tannenbaum in französischer Übersetzung – »Mon beau sapin, roi des forêts« – von den Kindern ge-
kräht. Die Marseillaise gehörte natürlich auch zum Gesangsunter-
richt. Der Mutterwitz der Grenzbevölkerung hatte sich gegen diese
forcierte und kurzfristige Französisierung mit Erfolg zur Wehr gesetzt. Den pathetischen Appell der französischen Nationalhymne,
»aux armes, citoyens!«, hatten die Saarländer, wenn sie unter sich
waren, durch die Blödelei ersetzt: »Ojeh, mir sinn franzesch…«
De Gaulle hatte ohnehin als Chef der provisorischen Befreiungsre-

gierung vor seiner ersten Abdankung im Januar 1946 zu verstehen gegeben, daß er das Saarland nicht als integrierenden Bestandteil Frankreichs sehe, sondern als ein Glied der damals von ihm projizierten westdeutschen Konföderation.

Aber der Wind in Paris drehte sich. Die Zeit einseitiger nationaler Gebietsakquisitionen war vorbei. Es keimte die Idee des vereinten Europas. Der Mann der Stunde hieß Robert Schuman, ein Deutsch-Lothringer aus dem Metzer Raum, in Luxemburg geboren, zutiefst verhaftet im abendländischen Katholizismus, der ungeachtet seines unbestreitbaren französischen Patriotismus wohl insgeheim träumte von der verlorengegangenen karolingischen Einheit. Dieser diskrete, einsilbige Junggeselle gehöre einem katholischen Laienorden an, mutmaßten die Pariser Beobachter. Sein Landhaus von Scy-Chazelles, unweit von Metz, war tatsächlich klösterlich. Hinter der unscheinbaren Schüchternheit Robert Schumans verbargen sich große Visionen und ein hohes Maß an Kühnheit. In seiner Eigenschaft als Außenminister, dann sogar als Ministerpräsident der Vierten Republik mußte er sich im Palais Bourbon den Sarkasmen und den Haßausbrüchen seiner Gegner stellen. »Sortez le boche!« brüllten die Kommunisten, aber Schuman ertrug alle Anfeindungen mit der Abgeklärtheit christlicher Demut.

Im Mai 1950 kündigte er gemeinsam mit Konrad Adenauer und dem gleichgestimmten Trentiner Alcide De Gasperi die Gründung der Europäischen Gemeinschaft für Kohle und Stahl an. Durch die Zusammenlegung, die Koordinierung dieses entscheidenden Rüstungspotentials sollte jeder Krieg zwischen Deutschland und Frankreich für alle Zeit gebannt werden. Natürlich war dieser »Pool« für Kohle und Stahl nur als Vorstufe gedacht, als Anfangsphase für den wirtschaftlichen und politischen Zusammenschluß des Abendlandes.

Meine Kontakte zur französischen Protektoratsbehörde konzentrierten sich im wesentlichen auf die Beamten des Quai d'Orsay, die das Außenministerium an die Saar delegiert hatte. Diese Diplomaten beurteilten in zunehmendem Maße die Eigenwilligkeit

Grandvals mit Skepsis und empfanden sie als Störfaktor für die angestrebte deutsch-französische Annäherung.

Nach der Ablehnung des Vertrags über die Europäische Verteidigungsgemeinschaft durch die Assemblée Nationale Ende August 1954 hatte der damalige Ministerpräsident Pierre Mendès France in aller Eile die Ersatzlösung der »Westeuropäischen Union« mit Hilfe der Briten zurechtgezimmert. Die WEU blieb eine Fehlgeburt, bestenfalls ein Torso bis auf den heutigen Tag. Aber im gleichen Ansatz brachte Pierre Mendès France, dessen Regierungstage gezählt waren, noch ein deutsch-französisches Saarabkommen unter Dach und Fach. Konrad Adenauer hat sich damals ohne Begeisterung diesem Lösungsversuch angeschlossen. Er brachte Mendès France keine sonderliche Sympathie entgegen, und den Vertrag beurteilte er mit großen Vorbehalten.

Die Saar sollte nicht länger Zankapfel, sondern die Brücke zur deutsch-französischen Zusammenarbeit sein, so hieß es in den offiziellen Verlautbarungen. Die Autonomie dieses Grenzlandes wurde bestätigt wie auch die enge Wirtschaftsverflechtung mit Frankreich. Saarbrücken würde jedoch vor allem – als eine Art »District of Columbia« – die meisten europäischen Verwaltungen und Instanzen beherbergen, ein sehr verlockendes Angebot an die Bevölkerung des Saarlandes. Es war stipuliert, daß im Herbst 1955 über Annahme oder Verweigerung dieses europäischen Saarstatuts in freier, international überwachter Volksabstimmung mit Ja oder Nein entschieden würde. Drei Monate vor diesem Referendum müßten die »deutschen Parteien«, die politischen Formationen des »Heimatbundes«, die für eine Angliederung des Saarlandes an die Bundesrepublik plädierten und die bislang verboten waren, voll zugelassen werden und freie propagandistische Entfaltungsmöglichkeiten erhalten.

Gilbert Grandval, dem die neue europäische Richtung ohnehin nicht paßte und der meine Skepsis gegenüber der restriktiven Presse- und Parteipolitik der Saarregierung mit einigem Unmut verfolgt hatte, schenkte den letzten Verhandlungen zwischen Paris und Saarbrücken, die den französischen Einfluß in Kohlegruben und Stahlwerken für alle Zeiten festschreiben sollten, nur noch begrenzte Aufmerksamkeit. Im Frühsommer 1955 wurde er mit neuen Aufgaben als Generalresident in Marokko betraut. Der Algerienkrieg war bereits im Gange, und unter den ständig wechselnden Regierungschefs der parlamentarisch gelähmten Vierten Republik hatte Ministerpräsident Edgar Faure sein Auge auf diesen Außenseiter geworfen, um im Scherifischen Reich in letzter Stunde das Steuer herumzureißen und den Ausbruch bewaffneten Aufruhrs zu verhindern.

Ab 1. Januar 1954 hatte ich – im Rahmen des Amtes für Europäische Angelegenheiten des Saarlandes – die Stelle eines Regierungssprechers übernommen. Mir oblag es, für die europäische Saarlösung zu werben, wobei meine Kompetenz sich nicht auf die saarländische Presse erstreckte – die deutschen Heimatblätter waren weiterhin verboten –, sondern ich befaßte mich mit der Betreuung der »ausländischen« Journalisten, die nach Saarbrücken kamen, und das waren im wesentlichen die Kollegen aus der Bundesrepublik. Aus dieser kurzen Amtszeit, die zwei Jahre dauerte, stammen meine freundschaftlichen Beziehungen zu einer Vielzahl deutscher Korrespondenten, von Adelbert Weinstein bis Klaus Bölling, von Hans Ulrich Kempski bis Günter Müggenburg. Auch Erich Kuby gehörte zu meinen häufigen Kontakten. Einen besonderen Platz in den entscheidenden Monaten vor der Abstimmung nahm der Berichterstatter der »Frankfurter Allgemeinen Zeitung«, Joachim Schwelin, ein. Zwischen uns entspann sich sofort ein persönliches Vertrauensverhältnis.

In den Augen des saarländischen Landesfürsten Johannes Hoffmann, eines soliden, immer noch im katholischen Zentrum verwurzelten Bergmannssohns, blieb ich bis zuletzt ein liberaler und unberechenbarer Außenseiter. Nach der Unterzeichnung des »Statut européen«, das dem Grenzland immense Vorteile und eine kontinentale Präferenzstellung zusicherte, fühlte sich Hoffmann seiner Sache absolut sicher. Bei den Vorbereitungen zur Abstimmungskampagne, die am 23. Juli begann, wurde ich überhaupt nicht hinzugezogen.

Mein Rat war nicht gefragt, und so begab ich mich ein paar Tage vor Wahlkampfbeginn, vor der offiziellen Zulassung der Heimatbund-Parteien und deren Zeitungen, auf eine Reise nach Marokko. Ich traf dort eine Anzahl der mir aus Saarbrücken vertrauten Beamten der einstigen Militärregierung wieder und erlebte als Augenzeuge das tragische Scheitern der Mission des General-Residenten Grandval. Die berittenen Berberkrieger, die über die Grubenstädtchen Oued Zem und Kourigba im August 1955 herfielen und einen Teil der europäischen Bevölkerung massakrierten, hatten den behutsamen Emanzipationsabsichten Grandvals, die zwangsläufig auf eine Reinthronisierung des gestürzten und verbannten Sultans Mohammed V. hinausliefen, den Todesstoß versetzt.

Ich befand mich in Marrakesch, als mich ein Telegramm aus der Villa Rexroth, dem Sitz des Ministerpräsidenten – im Volksmund das »Weiße Haus« genannt –, nach Saarbrücken zurückbeorderte. Mit Beginn der Abstimmungskampagne war die Stimmung im Saarland plötzlich und radikal umgeschlagen. Über Nacht beherrschte die Heimatbund-Partei mit ihren Versammlungen, ihren Plakaten, ihrer Meinungsbeeinflussung die bislang so lethargische politische Bühne. Die Anhänger des europäischen Statuts, die Christliche Volkspartei Johannes Hoffmanns und die Sozialdemokratische Partei des Saarlandes unter Vorsitz von Richard Kirn, wurden von einem Tag zum anderen in die Defensive gedrängt. Die alles beherrschende Parole lautete: »Der Dicke muß weg!« Gemeint war der wohlbeleibte Johannes Hoffmann, dessen runder Seehundschädel mit dem Schnurrbart und der dicken Hornbrille für jeden Karikaturisten ein gefundenes Fressen war.

Als ich nach strapaziöser Autofahrt durch Marokko, Spanien und Frankreich in Saarbrücken eintraf, war kein Zweifel mehr möglich: Die Schlacht um das europäische Saarstatut war verloren. Ich blieb natürlich auf meinem Posten. Die letzten Wochen vor der Volksabstimmung benutzte ich zur Pflege offizieller und inoffizieller Kontakte. Es war eine Zeit intensiver Spannung. Inzwischen war die französische Vertretung umbesetzt worden. An die Stelle Gilbert Grandvals war der aristokratische Berufsdiplomat Eric de Carbonnel getreten, ein feinsinniger, kluger Mann, der jedoch durch den angefachten Tumult überfordert war. Es ging hoch her in jenen Schicksalstagen an der Saar.

In diesen hektischen Stunden lernte ich einen Grundzug saarländischen Wesens schätzen, den Ludwig Harig später mit viel Heimatliebe und schriftstellerischem Talent als »Die saarländische Freude« beschreiben sollte. Viele meiner früheren Redaktionskollegen oder Kommilitonen standen auf seiten der militanten Nein-Sager, aber die menschlichen Beziehungen brachen nie ab. Das ging so weit, daß Hans Stiff, der spätere Verlagsdirektor der »Saarbrücker Zeitung«, ein dezidierter Anhänger der »deutschen« CDU, mich beim nächtlichen Glas Wein halb im Scherz fragte, ob ich ihm nicht ein paar Maschinenpistolen beschaffen könne, denn er beabsichtige einen »deutschen Maquis« ins Leben zu rufen.

Am 23. Oktober 1955 war das Debakel da. Zwei Drittel der saarländischen Wähler hatten das Statut verworfen. Zu nächtlicher Stunde wurden die Resultate im Landtag verkündet. Ab zehn Uhr abends drängten sich die Journalisten an meinen Tisch, um eine Reaktion der Regierung Hoffmann zu erfahren. »Joho«, so nannte man den Regierungschef, ließ lediglich ein kurzes Kommuniqué veröffentlichen. Er unterwarf sich dem Volksentscheid und trat zurück. Ansonsten waren alle Beamten und Politiker des verflossenen Regimes wie vom Erdboden verschluckt und für niemanden erreichbar. So harrte ich als einziger im Landtag aus, leerte ein letztes Glas Champagner mit Joachim Schwelin und ging etwas niedergeschlagen nach Hause.

Am frühen Morgen nach dem Referendum klingelte in meiner Wohnung das Telefon. Gotthard Lorscheider, der frühere Leiter des Amtes für Europäische Angelegenheiten, den Joachim Schwelin noch wenige Tage vor der Abstimmung dazu bewegen konnte, eine Erklärung zugunsten des Heimatbundes abzugeben, bat mich, zu ihm nach Quierschied zu kommen. Als vorläufiger Regierungschef habe der Präsident des örtlichen Roten Kreuzes, Heinrich Welsch, die Amtsgeschäfte übernommen, und ich solle ihm helfen, eine versöhnliche, auch für Frankreich akzeptable Erklärung zu formulieren. Mein Vorschlag fand schnell die Zustimmung des Übergangsministerpräsidenten Welsch, und ich fuhr mit dem Papier zu Botschafter de Carbonnel, der sich mit winzigen Abänderungen zufriedengab.

In der Stadt Saarbrücken waren am Tag nach dem Entscheid für die Rückkehr ins »Reich« kein Jubelsturm und schon gar keine Provokationswelle ausgebrochen. Zweierpatrouillen der französischen Gendarmerie zeigten sich auf der Bahnhofstraße, aber diese präventive Präsenz war überflüssig. Der Übergang sollte sich in den folgenden Wochen in aller Ruhe, fast harmonisch vollziehen. Johannes Hoffmann beschloß, sich für einige Zeit nach Südfrankreich abzusetzen. Später kehrte er ins heimische Düppenweiler, im Scherz auch »Casseroleville« genannt, heim, wo er ohne jede Anfechtung sein Leben beschloß. Er hinterließ ein Buch: »Das Ziel war Europa«.

In den Kleinstädten und Dörfern war das Engagement der Ja- und der Nein-Sager oft leidenschaftlich und heftig gewesen. Das Drittel Anhänger des Europastatuts verharrte noch längere Zeit in trotziger Abseitsstellung. In meinem Saarbrücker Bekannten- und Freundeskreis ging es hingegen völlig gelassen zu. Ein paar Jahre zuvor hatten wir einen Club für junge Akademiker – AGA genannt – gegründet, wo wir stark alkoholisierte, teils ausschweifende Feste feierten. Von Politik war dort nie die Rede gewesen, und das blieb jetzt auch so. In der AGA versammelten sich Ja- und Nein-Sager des Referendums weiterhin in unbeschwerter Eintracht. Es sollte mir bis ins hohe Alter passieren, daß ich ehemalige Mitglieder oder Gäste der AGA antraf. Der spätere Lord Dahrendorf gehörte ebenso dazu wie – als ältestes Semester – der Freiherr von der Heydte, der 1940 mit seinen Fallschirmjägern das Fort Eben-Emael erobert hatte. Stets wurde der damaligen Ausgelassenheit in fröhlichem Rückblick gedacht.

Am 1. Januar 1956 übergab der provisorische Ministerpräsident Welsch die Regierung des Saarlandes an den Vorsitzenden der CDU, Hubert Ney, einen Anwalt aus Saarlouis, der angeblich ein entfernter Verwandter des napoleonischen Marschalls war. Ich selbst demissionierte zu diesem Zeitpunkt, ohne von der neuen Regierung dazu aufgefordert worden zu sein, und nahm meine journalistische Tätigkeit wieder auf.

# Halbmast in Fernost

## »La sale guerre«

Vier Jahre waren vergangen, seit ich mit dem Commando Ponchardier Vietnam verlassen hatte. Nun saß ich Anfang 1951 – erwartungsvoll gestimmt – in dem engen Sitz einer DC-4-Maschine der Air France, die mich von Paris nach Saigon transportierte. Die Maschine brauchte damals drei Tage und zwei Übernachtungen in Kairo und Karatschi oder Kalkutta, um am Ziel zu sein. Die meisten Passagiere waren kräftige Männer im wehrfähigen Alter. Sie trugen militärischen Borstenhaarschnitt, waren aber alle in Zivil gekleidet, denn die indischen Behörden, die widerwillig genug die Zwischenlandung dieser Air-France-Maschine in Kalkutta duldeten, wollten keine französischen Uniformen sehen.

Die Pariser Presse hatte die Hiobsbotschaften aus Fernost in großen Schlagzeilen gebracht. Zuerst waren die Verteidigungspläne für das Delta des Roten Flusses durch Verrat in die Hände des Gegners gefallen. Dann hatte der damalige französische Generalstabschef, der den ominösen Namen »Revers«, das heißt »Rückschlag« oder »Niederlage«, trug, die verspätete Räumung jener Grenzgarnisonen beschlossen, die Tonking gegen die chinesischen Nachbarprovinzen abschirmen sollten.

Diese Außenposten befanden sich in tödlicher Gefahr, seit die siegreichen Armeen Mao Zedongs bis in die Südregion von Kwangsi und Yunan vorgedrungen waren. Die Volksrepublik China hatte offen für Ho Chi Minh Partei ergriffen, lieferte Material an die roten Verbündeten und bildete in Nanning die vietnamesische Revolutionsarmee nach den bewährten Methoden des Volksbefreiungskrieges aus.

Auf dem Rückzug aus dem Grenzstädtchen Cao Bang war eine französische Kolonne von dreitausend Mann auf den Haarnadelkurven der gebirgigen Dschungelpiste in einen Hinterhalt geraten und praktisch aufgerieben worden. Die Garnison von Lang Son rettete sich nur durch überstürzte Flucht unter Zurücklassung des gesamten Materials. Mit dem Sieg der maoistischen Revolution waren die französischen Sperriegel in Nordindochina unhaltbar geworden.

Die Pariser Gazetten bereiteten die Öffentlichkeit, die sich ohnehin vom Fernostfeldzug distanzierte, wenn sie ihn nicht wütend bekämpfte, auf die entscheidende Niederlage des Expeditionskorps im Dreieck des Roten Flusses vor. Der schmutzige Krieg – »la sale guerre« – hieß der Indochinakrieg in den Pamphleten der KPF, und in Marseille, wo die Docker häufig die nach Saigon auslaufenden Schiffe bestreikten, gingen die Verstärkungen im Schutz der Dunkelheit an Bord. Sogar die Särge der Gefallenen wurden heimlich ausgeladen.

Ich war dieses Mal als Kriegskorrespondent nach Saigon gekommen. Ich brauchte nicht lange zu suchen, um meinen ehemaligen Kommandeur Pierre Ponchardier zu finden. Er saß schwitzend in einem Appartement der Rue Catinat und bastelte so liebevoll an einem komplizierten Sendegerät, als wäre es eine Höllenmaschine. Es war ihm nicht anzumerken, daß er inzwischen die ersten zwei Admiralssterne erhalten hatte. Der Pascha war dabei, ein neues Commando aus Marinefüsilieren aufzustellen. »Bleiben Sie nicht in Cochinchina«, riet er mir. »Hier gibt es nur noch Routine und Schlamperei. Gehen Sie in den Norden, dort spielen wir im Moment unsere letzten Karten aus.«

Zwei Tage zuvor war ein Großangriff des Vietminh, der in dichten Sturmwellen von vierzig Bataillonen gegen die Festung Vinh Yen vorgetragen wurde, im französischen Feuer zusammengebrochen. Die Revolutionsarmee, die bei Vinh Yen die Hälfte ihrer Streitkraft eingesetzt hatte und die nach der Überrennung des Stützpunktes Vietri schon den Sieg zu halten glaubte, hatte in fünftägiger Schlacht achttausend Mann verloren. Der vietnamesische Stabschef Giap, der ein umsichtiger Partisanenführer war, hatte sich gegen dieses Wagnis der offenen Feldschlacht gesträubt, doch er war im Politbüro der »Lao-Dong«-Partei, der kommunistischen »Partei der Arbeit«, die den harten Kern des Vietminh bildete, überstimmt worden.

Die roten Vietnamesen hatten Pech gehabt. Sie sahen sich unvermittelt einem neuen französischen Oberbefehlshaber, dem General de Lattre de Tassigny, gegenüber, der selbst in die vorderste Linie ging, um den Soldaten Mut zu spenden, und der die verfügbaren französischen Divisionen in beweglichen »combat teams« neu gegliedert hatte. Entscheidend war vor allem die Intervention der Luftwaffe, die durch amerikanische Lieferungen in aller Hast verstärkt worden war. Auf den Abwurf von Napalm waren die Strategen des Vietminh nicht vorbereitet gewesen. Die Freischärler verfügten seit dem endgültigen Sieg Mao Zedongs über ein gewaltiges, unverletzbares Hinterland. Aber die Franzosen, deren verspätetes Kolonialabenteuer der Diplomatie Washingtons noch unlängst ein Dorn im Auge gewesen war, konnten nunmehr auf amerikanische Hilfe und Solidarität zählen, seit die USA bis über die Schultern in den Koreakonflikt verwickelt waren.

Das Stadtbild von Saigon hatte sich in den vergangenen Jahren gründlich gewandelt. Die letzten Spuren der Verwahrlosung und Verschmutzung, Folgen der kurzen Machtergreifung der vietnamesischen Revolutionäre im Jahr 1945, waren längst aufgeräumt. Saigon glich jetzt mehr denn je einer schläfrigen französischen Préfecture unter den Tropen. In den Boutiquen der Rue Catinat war das Angebot luxuriös. Die korsische Mafia und andere Spekulanten bereicherten sich am »trafic de la Piastre«. Die Währung Indochinas, der Piaster, wurde von den Schiebern zu lächerlichen Schwarzmarktpreisen aufgekauft und um ein Mehrfaches zum offiziellen Kurs ins Mutterland überwiesen.

Unterdessen verbluteten im Reisfeld die jungen Offiziersjahrgänge der Kriegsschule von Saint-Cyr. Die ausgemergelten, malariagezeichneten Urlauber ärgerten sich am meisten über jene dickleibigen Stabsoffiziere der Etappe, die mit gerötetem Kopf ihre Nachmittage auf der Terrasse des Hotels Continental verbrachten, dem Cognac-Soda zusprachen und am Abend die hübschesten vietnamesischen »Congai« abschleppten.

Die kämpfende Truppe mußte sich inzwischen mit dem »Parc aux buffles« zufriedengeben, der am Eingang des Boulevard Gallieni ein riesiges Areal bedeckte. Der Büffelpark war das große Armeebordell, wo Hunderte annamitische und kambodschanische Prostituierte lärmend und kichernd ihrem Gewerbe nachgingen. Sie waren grell geschminkt, kaum bekleidet und in der Mehrzahl erstaunlich hübsch. Den Soldaten, die an den Eingangsposten vorbei in den Innenhof des Büffelparks traten und ihren Augen kaum trauten, wurden buchstäblich die Hosen von den Beinen gerissen.

Ganz hatte der Krieg die zugleich spießige und schamlose Stadt Saigon dennoch nicht verschont. Jede Bar, jedes Restaurant war auch tagsüber durch engmaschige Gitter geschützt, seit die Attentäter des Vietminh immer wieder Handgranaten auf die Uniformierten schleuderten. Bei Nacht flackerten die Leuchtraketen über den Rung-Sat-Sümpfen jenseits des Saigon-Flusses. Dann war es nicht ungefährlich, mit der Fahrradrikscha in die Chinesenstadt Cholon zu fahren, wo eine geschlossene chinesische Gemeinschaft von einer Million Menschen, die mehr am Krieg verdiente als alle Franzosen zusammen, sich so gebärdete, als ginge sie das Schießen und Morden gar nichts an.

In den Spielhöllen des »Grand Monde« waren die geflochtenen Mahjong-Körbe nur noch für die armen Schlucker da, während die wohlhabenden »Söhne des Himmels« an hochmodernen elektrischen Glücksspieleinrichtungen aus den USA mit steinernem Gesicht Riesensummen einsetzten. In unmittelbarer Nachbarschaft des Grand Monde und seiner Laster duckten sich armselige Bretterbuden am stinkenden Flußufer, das von Ratten wimmelte. Hunderte von Dschunken waren hier ineinander verschachtelt, und die Kommissare des Vietminh bewegten sich in diesem Elendsviertel wie der vielzitierte Fisch im Wasser.

Am frühen Morgen verließ ich Saigon in südlicher Richtung. Auch in Cochinchina hatte sich der Krieg ein neues Gesicht zugelegt. Die Asphaltstraße nach My Tho und Can Tho war von hölzernen Wachtürmen gesäumt, ein Anblick, der an römische Heerlager erinnerte. Diese Türme, die sich in Sichtweite ablösten, um miteinander signalisieren zu können, gingen angeblich auf eine Erfindung des Generals Gallieni zurück, der im neunzehnten Jahrhundert mit seiner »Ölfleck«-Strategie die Insel Madagaskar befriedet hatte. Die Stellungen rings um diese unzeitgemäßen Befestigungen waren durch messerscharfe Bambusverhaue abgeschirmt.

Da diese Art von Sicherung zu viele Truppen immobilisierte, war das französische Oberkommando dazu übergegangen, die eigenen Soldaten durch vietnamesische »Hilfswillige«, durch antikommunistische Milizen, zu ersetzen. Sehr vertrauenerweckend wirkten diese neuen Verbündeten Frankreichs nicht. Sie trugen die schwarze Tracht der Reisbauern. Bei Nacht vor allem wurden die Nerven der französischen Gefreiten und Unteroffiziere, die diese Beutepartisanen befehligten, auf eine harte Probe gestellt. Dann begann es nämlich in den Reisfeldern zu rascheln, zu kriechen und zu ballern. Lautsprecher brüllten plötzlich kommunistische und nationalistische Kampflieder oder Parolen aus der Finsternis und brachten die Ochsenfrösche zum Schweigen.

Cochinchina war relativ fest in französischer Hand. Die kämpferischen Sekten, Cao Dai und Hoa Hao, hatten ihren Frieden mit Paris gemacht. In ihren Territorien sorgten sie dafür, daß die Infiltranten des Vietminh erbarmungslos gejagt wurden. Sie waren ähnlich motiviert wie die Kommunisten und bewährten sich im Partisanenkampf. Vor allem die Hoa Hao schreckten vor keiner Grausamkeit zurück. Im Umkreis von Saigon/Cholon hatten die Franzosen ein zutiefst unmoralisches Bündnis mit einer Bande von Flußpiraten, den Binh Xuyen, geschlossen. Diesen Halsabschneidern wurde nicht nur die Polizeigewalt über Saigon übertragen, sondern auch die Verfügung über die kolossalen Profite der Spielhöllen des Grand Monde von Cholon.

Die Binh Xuyen waren bei der Bevölkerung gefürchtet und verhaßt. Sie waren von abscheulicher Effizienz, und über ihre Verhörmethoden gingen grauenhafte Gerüchte um. »Wir sind tief gefallen«, meinte der Pascha, als ich ihn am Flugplatz Tan-Son-Nhut traf, um mit seiner Sondermaschine nach Hanoi zu fliegen. »Wer hätte seinerzeit in Tay Ninh geglaubt, daß diese Narren des Cao Dai einmal unsere unentbehrlichen Waffenbrüder würden?« Zum ersten Mal sah ich ihn in seiner dunkelblauen Admiralsuniform.


## Das Pressecamp von Hanoi

Die Rollbahn des Flugplatzes Gia Lam im Osten Hanois glänzte im kalten Sprühregen. Die neuen Jagdbomber, die die Amerikaner eben geliefert hatten, waren am Rande aufgereiht. Für Material- und Truppentransporte bedienten sich die Franzosen immer noch einer Flotte alter Ju-52. Hanoi lag jenseits des Roten Flusses, der seinen Namen zu Recht trug. Über die geschwollenen Fluten spannten sich die Eisenbogen und -streben der Paul-Doumer-Brücke, die unter der Dritten Republik einmal als Wunderwerk der Technik gepriesen worden war. Für den militärischen Nachschub war diese Brücke völlig unzureichend. Sie war durch überladene Rikschas oder Büffelgespanne der Einheimischen verstopft. Zusätzlich verkehrten hier die Eisenbahnzüge von und nach Haiphong.

Dieser einzige Verbindungsweg über den Roten Fluß wurde durch ein starkes Aufgebot von schwarzen Kolonialsoldaten abgesichert, die man pauschal als »Senegalesen« bezeichnete, obwohl die meisten von ihnen aus Obervolta stammten. Die Afrikaner fröstelten in der Feuchtigkeit. Mit traurigen Augen, die in den kohlschwarzen Gesichtern tellergroß wirkten, blickten sie auf die rastlosen Ameisenkolonnen winziger Vietnamesen, die den baumlangen

Afrikanern nicht bis zur Schulter reichten. Die »Senegalesen«, so hatte sich bald herausgestellt, waren für die asiatische Partisanenbekämpfung völlig untauglich. Sie empfanden Furcht und Heimweh in dieser feindseligen Fremde.

Natürlich hatten auch sie ihre vietnamesischen Kebsweiber, die allerdings bei der einheimischen Bevölkerung totaler Verachtung anheimfielen, denn die Asiaten sind äußerst sippenbewußt. Aus den schwarzen Einheiten wurden häufig Messerstechereien gemeldet, und immer ging es um Eifersucht und Frauen. Die französischen Offiziere hätten die Schwarzen am liebsten nach Afrika zurückgeschickt. Sie waren allenfalls als Bewachungstruppe zu gebrauchen, und das auch nur bei Tage.

Mit Saigon verglichen, war Hanoi eine stille und herbe Stadt. Das Leben pulsierte langsamer. Im Wasser des Kleinen Sees zwischen Geschäftszentrum und Chinesenviertel bildeten die bunten Mauern eines kleinen, buddhistischen Tempels den einzigen Farbklecks in der Trostlosigkeit dieses Regentages. Sogar die armselige Kirmes, die ein paar barfüßige Kinder anzog, vermochte keine Heiterkeit zu verbreiten. Der Jeep, der mich am Flugplatz abgeholt hatte, fuhr durch baumbestandene, breite Straßen. Die französischen Städteplaner hatten ihrem Ruf Ehre gemacht, als sie das Verwaltungsviertel mit den ockergelben Palästen entwarfen, in denen der Generalgouverneur für Französisch-Indochina einst amtiert hatte.

Wir passierten die Festung, die im Stil einer düsteren Vauban-Kasematte gebaut war und die während des Vietminh-Aufstandes im Dezember 1946 den europäischen Zivilisten als Fluchtburg gedient hatte. Dann bogen wir in einen ansehnlichen Häuserkomplex ein, gelbgetünchte, zweistöckige Villen, vor denen ein lässiger Posten stand. Ich war im Pressecamp angekommen, wurde von einem Unteroffizier in ein geräumiges Zimmer mit riesigem Bett und Moskitonetz geführt und stellte mich beim diensthabenden Major vor, der für diese Einrichtung zuständig war. Major Roëllec war ein feister, lebensfroher Bretone. Trotz der Tropensonne war er bleich geblieben, seine Glatze ließ ihn älter erscheinen, als er war. Er war im Reisfeld durch einen Splitter im Hinterteil verletzt worden, was unter der Meute der überwiegend französischen Journalisten stets mit den gleichen billigen Witzen kommentiert wurde.

In der Bar des Pressecamps waren große Karten angeschlagen. Es fand gerade ein Briefing statt. Der Korrespondent der französische Nachrichtenagentur AFP, Julien, den ich aus Paris kannte, erklärte mir flüsternd, daß diese Bar nicht speziell für die Journalisten eingerichtet worden sei. Vor dem Krieg sei unser Compound ein Luxusbordell gewesen, und aus dieser Zeit stammten gewisse Kommoditäten. Der französische Hauptmann an der Landkarte war ein unverbindlicher, etwas arroganter Typ. Vielleicht war er auch nur so abweisend, weil er meist nur Hiobsbotschaften verkünden mußte und weil er gegenüber der kleinen Truppe angelsächsischer Kriegskorrespondenten, die nach der Schlacht von Vinh Yen in Hanoi eingetroffen waren, eine unüberwindliche, sehr französische Abneigung empfand.

Die Amerikaner und auch die Briten beobachteten die verzweifelten Bemühungen der französischen Armee in Tonking wie strenge Zensoren. Sie waren davon überzeugt, daß sie diesen Krieg viel effizienter führen, ja, daß sie ihn binnen kurzer Frist gewinnen könnten. Die Amerikaner wären vollends unerträglich gewesen, wenn sie der Verlauf des Koreafeldzuges, der im vergangenen Sommer begonnen hatte, nicht verunsichert hätte. Die englischen Korrespondenten waren meist alte Schlachtrösser aus dem Burma- und Pazifikkrieg. Der eine oder andere hatte als Offizier gedient und betrachtete kopfschüttelnd diese gallischen Hähne, die so gar nicht nach Kiplings Geschmack waren.

Das militärische Briefing war relativ kurz und mager gewesen. Der Capitaine kündigte an, daß am folgenden Abend der Oberkommandierende des französischen Expeditionskorps in Fernost und Hochkommissar für Indochina, Armeegeneral Jean de Lattre de Tassigny, sie mit einem Besuch beehren und mit ihnen dinieren werde. Diese Ankündigung ließ die Angelsachsen kalt, löste jedoch unter den französischen Presseleuten aufgeregte Diskussionen aus.

De Lattre war kein alltäglicher General. Als junger Offizier war er bereits von der deutschen Abteilung »Fremde Heere West« bemerkt und notiert worden. Nach dem französischen Zusammenbruch im Sommer 1940 hatte sich dieser Junker aus der stockkatholischen Vendée dem »État Français« des Marschall Pétain zur Verfügung gestellt, und seine Unterschrift – horresco referens – stand sogar unter dem Dokument eines Militärgerichts von Vichy, das den Colonel de Gaulle zum Tode verurteilte.

De Lattre rehabilitierte sich, als er 1942 nach einem vergeblichen Widerstandsversuch gegen die nach Südfrankreich vorrückenden Deutschen unter abenteuerlichen Umständen nach Nordafrika flüchtete. Dort stellte er in rastloser Arbeit jene 1. französische Armee auf, die im Sommer 1944 in der Provence landete, über Burgund ins Elsaß vorstieß und dort in verlustreichen Kämpfen etwas von jener »gloire« zurückgewinnen konnte, deren das traumatisierte Frankreich so bitter bedurfte.

Die letzten Kriegswochen führten die 1. französische Armee quer durch den Schwarzwald bis zum Bodensee und nach Vorarlberg. Inzwischen hatte sie sich die pompöse Devise »Rhein und Donau« zugelegt. De Lattre war bei seinen Offizieren mindestens ebenso gefürchtet wie beim Feind. Er hatte sich in der Besatzungszone Deutschlands die Allüren eines Sonnenkönigs zugelegt und wurde allgemein »le Roi Jean« genannt.

In Sigmaringen hatte er angeblich den Hohenzollern-Kronprinzen, dessen Haltung in der Stunde des deutschen Untergangs ihm nicht würdig genug erschien, mit verletzenden Worten aus dem Schloß gejagt und ihm zum Weggang nur ein Fahrrad gelassen. Die Franzosen waren für de Lattre nicht blond, blauäugig und zackig genug. Die Schlamperei, die den französischen Muskoten so schwer auszutreiben war, brachte König Jean zur Raserei. Seine unvermutete Ankunft in den Stäben und Kasernen des Schwabenlandes hatte stets Panik ausgelöst. Die Autorität dieses hochmütigen

Mannes mit der energischen Aristokratennase war ein verblüffendes Phänomen.

So war es auch in Indochina, wo de Lattre in der Stunde höchster Not eine aussichtslose Situation übernahm. Ihm war von Anfang an klar, daß er in Tonking keine Lorbeeren und schon gar keinen Sieg ernten würde. Es war ein Opfergang, den dieser eitle und ungestüme Mann antrat. Nur er selbst und sein Arzt wußten zu jener Stunde, daß er bereits von einer tödlichen Krankheit gezeichnet war. De Lattre hatte bei seiner Ankunft in Saigon das gesamte Offizierskorps in Tan-Son-Nhut antreten lassen. Weiße Tropenuniform, hieß die Kleidervorschrift. In diesem schneeweißen Carré entdeckte der General mit scharfem Auge einen unglücklichen, dicklichen Oberstleutnant, der aus irgendwelchen Gründen in Khaki erschienen war. »Sie werden mit dem nächsten Flugzeug nach Frankreich zurücktransportiert«, fauchte de Lattre, und dann zu den Anwesenden: »Ich sehe hier zu viele Oberste und zu wenig Leutnants.« Wie recht er hatte.

Die Schlacht von Vinh Yen hatte der westfranzösische Edelmann mit seinen Männern in der ersten Linie verbracht. Seitdem war seine Popularität bei der Truppe gestiegen. Auch in Hanoi sah man Stabsoffiziere über den Kasernenhof eilen, um letzte Papierfetzen und Abfall zu entfernen, wenn seine Inspektion bevorstand. Den einfachen Soldaten konnte das nur gefallen. Am liebsten hätte Major Roëllec sogar die Journalisten des Pressecamps zum Fegen und Putzen eingesetzt, bevor der Roi Jean sie besuchen kam. Stattdessen jagte er die Truppe der Küchenboys wie Kaninchen treppauf und treppab und spornte die Putzfrauen an. Der Senior der französischen Korrespondenten, Max Olivier vom »Figaro«, prüfte immerhin nach, ob die Fingernägel seiner Kollegen sauber seien. Ohne Proteste ging das nicht ab.

De Lattre kam in Zivil und überraschte alle. Er befleißigte sich gegenüber dem Pressehaufen einer ausgesuchten Höflichkeit, als befände er sich unter Gleichgestellten. Sein Interesse galt in erster Linie den amerikanischen Journalisten. Sein Englisch war erbärm-

lich und erinnerte karikatural an den Akzent von Maurice Chevalier. Dennoch wirkte de Lattre in keiner Weise lächerlich. Den Yankees, die er überraschend schnell für sich gewonnen hatte, fiel auf,
daß dieser französische Oberbefehlshaber seinem Kollegen MacArthur in Korea auf erstaunliche Weise physisch und psychologisch
glich.

De Lattre, daraus machte er kein Hehl, war völlig illusionslos.
Die Selbstbehauptung der französischen Armee in Ostasien war
nur vorstellbar, wenn sie Teil einer großen Machtentfaltung der
»Freien Welt«, wie man damals sagte, sein würde. Er spielte die
Karte der französisch-amerikanischen Solidarität im Angesicht der
marxistischen Revolution auf dem chinesischen Festland, aber er
wußte auch, daß ein solches Unternehmen zum Scheitern verurteilt war. »Wenn die Chinesen kommen …«, sagte er und zuckte
die Schultern in einer Geste der Ohnmacht. Der General trug sich
mit dem Plan, in Kürze nach Washington zu fliegen, um in der
Öffentlichkeit für den französischen Einsatz in Indochina zu werben und, was er als recht demütigend empfinden mußte, um den
Kongreß zu bewegen, zusätzliche Finanzhilfe und Waffenlieferun-
gen für sein Expeditionskorps zu bewilligen.

Die vietnamesischen Putzfrauen kamen herein, um die Tische
abzuräumen. Sie trugen weite, schwarze Hosen, ein formloses, weißes Mieder, und selbst im Zimmer behielten sie den flachen Stroh-
hut auf. Major Roëllec hatte für die Bedienung der Journalisten
offensichtlich die häßlichsten Weiber Tonkings aufgetrieben. In
den ersten Wochen des Pressecamps war diese Aufgabe von jungen
Boys wahrgenommen worden, bis zu dem Tage, an dem sich ein
einsamer amerikanischer Kriegskorrespondent an einem zierlichen
Knaben verging.

Ihre Gefährtinnen der Nacht suchten Journalisten wie Offiziere im Tanzlokal Paramount in der Nähe des Kleinen Sees. Dort
strahlte die rote Leuchtreklame im ersten Stock der vereinsamten
Straße, wo nur die Schritte der Patrouillen hallten, und zog die
Fahrradrikschas wie Moskitos an. Im Paramount wurde zu den

Klängen einer schmalzigen Kapelle »chinesischer Tango« getanzt. Die Taxi-Girls forderten für jeden Schwof eine Plastikmünze, die wie ein Spieljeton an der Kasse gekauft werden mußte. Sie waren in die sittsame Landestracht Ao dai gekleidet. Die starke Schminke verwandelte die schönen Gesichter in frivole Masken und verriet, daß es sich nicht um wohlerzogene Pensionatstöchter handelte.

Die Atmosphäre im trüben Neonlicht des Paramount, wo sich nur drei oder vier Paare drehten, war von tödlicher Langeweile. Die Feuchtigkeit sickerte aus sämtlichen Fensterritzen herein. Die Mädchen saßen mit hochmütigen, abweisenden Mienen auf einer Stuhlreihe nebeneinander wie Hühner auf einer Stange. Sie erwachten erst zu einem strahlenden Lächeln, wenn sie aufgefordert wurden und ihre Jetons kassierten. Mit Huren wollten diese Taxi-Girls um keinen Preis verwechselt werden. Sie schliefen nur mit den Gästen, die ihnen zusagten und die mindestens drei Abende lang um sie geworben hatten. Sonst verloren sie das Gesicht.

*

Die Erkundungsfahrten im Delta des Roten Flusses waren mühselig. Die Straßen waren durch die berüchtigten »Klaviertasten« fast unbefahrbar gemacht. Die Löcher mußten jeden Morgen durch Bulldozer zugeschaufelt werden. Unter den Sitzen unserer Jeeps lagen Sandsäcke, denn der Vietminh hatte mit der systematischen Verminung aller Verbindungswege begonnen. Ein wirksamer Schutz war das natürlich nicht. Rund um das Delta und an sämtlichen Kontrollpunkten wurde eifrig gebaut und Beton gemischt. General de Lattre hatte die Errichtung einer permanenten Verteidigungslinie angeordnet, um den Überfällen des roten Gegners einen Riegel vorzuschieben. Diese Befestigungen waren getreulich im Stil der Maginot-Linie ausgeführt, was ironische Kommentare auslöste.

Die Soldaten empörten sich vor allem über die skandalösen Profite, die gewisse französische Unternehmer bei diesem Geschäft erzielten. Die grauen Bunker in den Reisfeldern wirkten von Anfang an wie Signale des Untergangs. Sie waren durch Stacheldrahtverhaue abgeschirmt. Die Verteidigung der Kasematten wurde meist den schwarzen Kolonialeinheiten übertragen. Da der Verdacht bestand, daß die »Senegalesen« aus Furcht vor der Dunkelheit und den Partisanen bei Nacht die Flucht ergriffen, wurden sie abends in ihren Bunkern eingeschlossen. Erst beim Morgengrauen ließ man sie wieder heraus.

In der Nachbarschaft von Hadong begegneten wir einem Bataillon der neu gegründeten vietnamesischen Nationalarmee. Die Franzosen hielten nicht viel von dieser Truppe und ließen das die gelben Verbündeten spüren. Das hatte wiederum zur Folge, daß die asiatischen Soldaten an sich selbst zweifeln mußten und wenig Kampfeseifer an den Tag legten. »Schauen Sie sich das an«, tadelte der Capitaine, der mich begleitete, »statt das Reisfeld zu durchkämmen, sich leichtfüßig im Schlamm zu bewegen wie ihre Landsleute vom Vietminh, gehen diese Nationalsoldaten stets auf den Straßen spazieren und packen sich mit Material und Waffen so voll, daß sie völlig unbeweglich werden. Barfuß sollten sie gehen, statt unsere Marschstiefel anzuziehen.«

Zum Abendessen war ich bei de Lattre de Tassigny eingeladen. Seine Frau war nach Hanoi gekommen, was als Symptom für das Fortschreiten seiner Krankheit gewertet wurde. Sein Sohn Bernard, ein blutjunger Leutnant, war ebenfalls zu Gast. Er sollte wenige Tage darauf in der felsigen Zuckerhutlandschaft von Hoa Binh fallen. Es war auch ein amerikanischer Oberst zugegen, der polternden Optimismus verbreitete und Madame de Lattre plumpe Komplimente machte, was dem General sichtlich auf die Nerven ging.

Zwei Tage zuvor war de Lattre mit Staatschef Bao Dai auf dessen Yacht im Golf von Tonking zusammengetroffen. Es war dabei sehr heftig zugegangen. Der dickliche Ex-Kaiser galt als hochintelligent und total charakterlos. Er war ein Nachkomme jenes großen Gia Long, der die ersten Franzosen nach Hue geholt hatte, um seine Abhängigkeit vom Reich der Mitte zu verringern. De Lattre hatte von Bao Dai vergeblich gefordert, daß er sich mit vollem persönlichem Einsatz um das Wohl seines Vaterlandes bemühe. Doch er war auf einen phlegmatischen Playboy gestoßen, der auf alle Vorschläge wie eine beleidigte Diva reagierte. Am Ende hatte er, einem französischen Augenzeugen zufolge, ein Gesicht aufgesetzt wie ein Rikschakuli, der mit einer zu hohen Banknote bezahlt wurde und sich dann weigert, das Kleingeld herauszurücken.

Der General hatte die Speisen nicht angerührt und nur ein Glas Wasser getrunken. »Neulich«, so begann er, »habe ich die Studenten von Saigon um mich versammelt. Ich habe ihnen gesagt, daß wir den Vietnamesen die volle Verfügung über ihre Heimat überlassen wollen, aber daß ich von der Jugend dieses Landes, vor allem von der intellektuellen Elite Vietnams, ein patriotisches Engagement erwarte. Die privilegierten Sprößlinge der hiesigen Bourgeoisie können doch nicht ewig darauf zählen, daß unsere französischen Bauern- und Arbeitersöhne ihre Haut zu Markte tragen, um den Sieg des asiatischen Kommunismus zu verhindern. Ich habe ihnen zugerufen: ›Messieurs, ich verachte Sie, wenn Sie weiterhin Ihrer Muße und Ihren Vergnügungen nachgehen, während Ihr Volk leidet und stirbt. Da hätte ich wesentlich mehr Respekt vor Ihnen, wenn Sie auf die andere Seite gingen und mit dem Vietminh gegen uns kämpften.‹«

*

Eine letzte Vision des Krieges in jenen Tagen: Auf Anraten de Lattres war ich in die Küstenprovinz Thai Binh gefahren. Dort war das »Unternehmen Quecksilber« im Gange. Zwei Regimenter der 320. Division des Vietminh seien eingekreist worden, so hieß es in den Stäben von Hanoi.

Die Wolken hingen schwer vom bleigrauen Himmel. Von Norden ging ein beißend kalter Wind. Die kleinen Jungen, die wie Mowgli rücklings auf den Wasserbüffeln saßen, hatten blaugefrorene Beine. Die Armee der »Französischen Union« war ein bunter Haufen. Die Marokkaner trugen braun gestreifte Dschellabas aus dicker Schafswolle. Die Algerier waren an ihren Turbanen zu erkennen.

Wer ahnte damals schon, daß in diesen Reisfeldern der Keim auch zur algerischen Revolution gelegt wurde? In Indochina holten sich die Maghrebiner den Virus des Nationalismus. Wenn ein Lastwagen mit dem rot-grünen Wappen der Fremdenlegion markiert war, wehten deutsche Wortfetzen zu uns herüber. Gewisse Einheiten der französischen Kolonialinfanterie setzten sich bereits zu einem Drittel aus Vietnamesen zusammen. Das nannte man »le jaunissement – die Gelbfärbung« des Expeditionskorps. Die Mutterland-Franzosen waren in diesem Sammelsurium eine Minderheit. Zwanzig Jahre später, 1972, als nach dem Abzug der US-Bodentruppen nur noch fünfzigtausend GIs in Südvietnam verblieben, sprach man zynisch von der »Vietnamisierung der Särge«.

Am vorderen Befehlsstand der zehnten »Groupe Mobile« hörte die Straße endgültig auf. Nebenan feuerte eine Batterie in unregelmäßigen Abständen. Der »Poste de Commandement« befand sich in einem Ahnentempel. Trotz des dichten Zigarettenqualms hing immer noch Weihrauchgeruch in der Luft. Draußen rückten zwei Züge Fallschirmjäger auf die letzte Dorflinie vor dem Meer zu. In weitem Abstand wateten sie durch das Wasser und versanken oft knietief zwischen den hellgrünen Reishalmen. Vom Dorfrand schlug ihnen nur schwaches Feuer entgegen, das gänzlich verstummte, als sie die ersten Lehmhütten erreichten.

Die Paras zeigten uns die Löcher eines unterirdischen Fuchsbaus, in dem sich der Vietminh eingegraben hatte und in den sich bestenfalls ein dreizehnjähriger Europäer hineinzwängen konnte. »Wenn wir die Dörfer durchkämmen, ziehen sie sich Grasschollen oder Gestrüpp über den Kopf, und wir können stundenlang an ihnen vorbeilaufen«, meinten die Soldaten.

Auf dem schmalen, glitschigen Lehmwall kamen uns ein paar Leichtverletzte entgegen. Sie waren über und über mit Schlamm beschmiert. An einer Wegkreuzung kontrollierten Paras mit vorgehaltener Maschinenpistole eine lange Kolonne von Flüchtlingen, die so plötzlich aufgetaucht war, als wäre sie aus dem Lehm gestampft worden. Aus allen Himmelsrichtungen strömte jetzt die

Zivilbevölkerung heran. Der Vietminh hatte sie in einem letzten Quadrat des Kessels längs des Strandes zusammengetrieben, um notfalls in ihrer Masse verschwinden, sich durch die französischen Linien schmuggeln zu können. Die Partisanen der 320. Vietminh-Division hatten ohnehin die schwarze Tracht der Bauern angelegt, ehe sie ins Delta einsickerten.

Die Franzosen siebten die jungen Männer aus. Bald fanden sie die ersten Dokumente: Militärausweise, Regimentsbefehle, ideologische Kampflieder, Flugblätter, Ho-Chi-Minh-Fotos, sogar ein Bild von Marschall Stalin. Die Waffen lagen jedoch irgendwo im Reisfeld begraben. Durch puren Zufall war ein politischer Regimentskommissar aufgespürt worden. Er wurde in seinem Erdloch entdeckt, weil das Minensuchgerät auf seine Armbanduhr reagierte. Der Mann sah düster vor sich hin und verweigerte jede Aussage.

Nieselregen fiel auf die endlose Reihe der Flüchtlinge. Es bot sich ein Bild des Elends. Am meisten litten die Frauen mit ihren Kindern, die seit Tagen nichts gegessen hatten. Zwischen den gebückten Bäuerinnen in braunen Kitteln gingen feierliche Dorfmandarine mit schütterem Ziegenbart und dem schwarzen Turban ihres Standes, kahlgeschorene buddhistische Mönche und von Zeit zu Zeit auch ein katholischer Priester mit Tropenhelm und Soutane, der seine Pfarrgemeinde wie eine disziplinierte Kompanie anführte. Daneben stampften die mächtigen Büffel.

Gegen Abend durchbrach die Sonne die Wolken und spiegelte sich in den Reisfeldern. Zwischen der leuchtenden Wasserfläche und der nassen Luft, die nur ein Element zu bilden schien, sah es von Ferne aus, als hinge die schwarze Kette der Flüchtlinge, die sich vor einer Eselsbrücke staute, wie ein düsterer Flug von Zugvögeln in einer unwirklichen chinesischen Malerei. Auf der Mauer einer zerschossenen Kirche hatte ich eine Inschrift in deutscher Sprache entdeckt: »Legionäre, gebt diesen sinnlosen und verbrecherischen Kampf auf; kommt auf unsere Seite, auf die Seite des vietnamesischen Volkes, und wir garantieren Euch, daß Ihr nach Hause zu Euren Familien zurückkehren dürft.« Tatsächlich sollen ein paar

Überläufer der Legion über Peking und Moskau in die DDR heimgeführt worden sein.

## Mao an der Schwelle von Shangri-La

Der Pilot der Ju-52 war ein kaffeebrauner Antillen-Franzose aus Martinique. Er strömte Heiterkeit und Selbstbewußtsein aus. Die Maschine, die einmal in Görings Luftwaffe Dienst getan hatte, tastete sich behutsam durch tiefhängende Wolkenfetzen. Zwischen den grauen Schleiern waren die Felsschluchten und Dschungelufer des Schwarzen Flusses zu erkennen. Wir flogen über Vietminh-Gebiet in Richtung Lai Chau, einem Gebirgsnest in jenem Hochland von Westtonking, das an die chinesische Provinz Yunan und das Königreich Laos grenzt.

Lai Chau war zur Hauptstadt einer »Thai-Föderation« deklariert worden. Der Gebirgsstamm der Thai hatte sich seit Jahrhunderten gegen die aus der Ebene vordringenden Vietnamesen zur Wehr gesetzt. In diesem abgelegenen Gebirgsland, das mit Hanoi lediglich durch eine Luftbrücke verbunden war, hatten die Franzosen bei den rassischen Minderheiten spontane Alliierte gefunden. An der Hintertür der Ju-52 hielt sich ein deutscher Fremdenlegionär auf und schnürte Ballen mit Proviant und Munition zusammen. Die versprengten französischen Stützpunkte in der Thai-Region wurden durch Fallschirmabwürfe versorgt.

Auf einer großen Wiese war das Flugzeug zum Stehen gekommen. Ein paar Thai-Soldaten, mit Filzhüten und blauen Pyjamas angetan, standen wie Statisten in einem asiatischen Räuberfilm am Rande des Rollfeldes. Sie hielten lässig eine neugierige Menge Einheimischer zurück, die sich durch die bunte Vielfalt ihrer Trachten und ganz schmale Sehschlitze auszeichneten. In Lai Chau begann ein Bilderbuch-Asien von aufregender Fremdheit.

Colonel Coste, ein blonder, ruhiger Nordfranzose, plante eine Inspektionsreise von etwa vierzehn Tagen, die ihn zu den französischen Garnisonen längs der chinesischen Grenze führen sollte. Die Thai-Föderation war das letzte Territorium Indochinas, wo die französische Armee im Jahr 1951 noch unmittelbaren Kontakt mit dem Reich der Mitte hatte, wenn man von dem Städtchen Mong Cai am Golf von Tonking absah, dessen Nung-Bevölkerung bereits Kantonesisch sprach. Mong Cai hatte ich ein paar Tage zuvor besucht und über einen schmalen Grenzfluß auf die erste chinesische Ortschaft im Norden geblickt. Jenseits der gesperrten Brücke war mir vor allem eine riesige Propagandamalerei auf einer Pagodenmauer aufgefallen. Siegreiche Soldaten der Volksbefreiungsarmee, die roten Fahnen wie Stafetten haltend, schienen auf dem Plakat einen Wettlauf gegen eine Mannschaft blaugekleideter Arbeiter auszutragen. Als Ziel winkten ihnen die verklärten Symbole der kommunistischen Revolution, und ein väterlicher Mao spielte Schiedsrichter.

Der französische Administrator von Lai Chau, der den Thai-Fürsten Deo Van Long zu beraten hatte, empfing uns in seiner Residenz, die im Stil einer weißen Spielzeugburg angelegt war. Er lebte mit einer sehr eigenwilligen Chinesin zusammen. Während Coste und ich uns zur Siesta niederlegten, wurden wir durch die dünnen Wände unfreiwillige Zeugen einer Eheszene. Die Chinesin hatte eine französische Militärmaschine benutzen wollen, um in Hanoi Proviant und neue Kleider einzukaufen. Sie war abgewiesen worden und tobte nun in schrillen Tönen gegen diese Mißachtung ihrer Person. Der Administrator versuchte vergeblich, sie zu beschwichtigen. »Was bildet ihr euch eigentlich ein?«, schrie die energische Dame, deren Ausdrucksweise vom Soldatenjargon geprägt war. »Ihr nennt uns gelbe Affen und betrachtet euch als Weiße. In Wirklichkeit seid ihr rothäutige Barbaren. Häßliche, rote Krebse seid ihr, und ich werde wie Vieh behandelt.«

Am Abend empfing sie uns elegant und gesittet zu einem vorzüglichen chinesischen Menü. Das teure Abendkleid war hoch geschlossen. Durch die Seidenschlitze, die fast zur Hüfte reichten, waren schlanke, lange Beine zu erkennen. Sie hatte einen edlen, elfenbeinfarbenen Teint, neben dem das sonnenverbrannte Gesicht des Administrators tatsächlich wie eine rote Rübe wirkte. Halb als Bedienung, halb als Gesellschafterin war auch ein bildschönes Yao-Mädchen in der Tracht ihres Volkes erschienen. Der riesige, schwarze Turban, die Silberketten und die schweren Silbergehänge an den Füßen, der kurze, schwarze Faltenrock, der den Ansatz der kräftigen Schenkel freigab, und sogar die schwarzen Wickelgamaschen hätten einen jener Pariser Modeschöpfer inspirieren können, die stets auf der Suche nach exotischen Einfällen sind. Das Yao-Mädchen war sich seiner Schönheit bewußt, posierte mit Mannequin-Routine für ein obligates Foto und war kein bißchen prüde.

Als die Frauen sich zurückgezogen hatten, legte der Administrator mit vieldeutigem Schmunzeln seine Schallplatten auf. Es war eine einzige Sammlung von zotigen Trinkliedern. Aus dem Bücherregal holte er, wie erlesene Kostbarkeiten, eine pornographische Kollektion heraus, wie sie in jenen Zeiten noch recht ungewöhnlich war. Vielleicht tröstete er sich so über die frigide Mißachtung durch seine chinesische Bettgefährtin hinweg, meinte Oberst Coste später. In diesem verlorenen Außenposten wunderte man sich nicht über Sonderlinge jeder Veranlagung.

*

Unser kleiner Trupp bewegte sich schon seit acht Stunden über die Gebirgspisten, die nach Norden führten. Stellenweise war der Pfad wie eine Treppe ins Gestein gehauen. Dann knieten die kleinen, robusten Gebirgspferde mit den Vorderbeinen auf die erhöhte Stufe, federten mit der Kruppe nach oben und überwanden das Hindernis. Ein hagerer französischer Hauptmann aus der Gascogne war hinzugekommen. Er sprach mit einem rauhen Pyrenäen-Akzent und war stets zum Scherzen aufgelegt. Seine riesige Nase, die die Asiaten mit einem Gemisch aus Entsetzen und Spott musterten, hatte ihm den Spitznamen »Cyrano« eingebracht.

Als Begleitschutz waren uns drei Thai-Partisanen mitgegeben, eigenwillige und verschlossene Männer, die früher vielleicht einmal Wegelagerer gewesen waren. Dann gab es noch Monsieur Ko, einen stillen, lächelnden Chinesen in Zivil. Monsieur Ko war Agent des Zweiten Büros. Er hatte im Verhör wohl schon so viele Vietminh-Gefangene gefoltert, daß wir uns auf seine Loyalität verlassen konnten. Er besaß jedenfalls eine phänomenale Kenntnis der Landschaft und ihrer Stämme.

Vor dem endgültigen Verlassen der Senke von Lai Chau hatte Coste mich auf einen Pfad verwiesen, der in südwestlicher Richtung verlief. »Dies ist unsere einzige Landverbindung mit der Außenwelt, die nicht von den Viets beherrscht ist«, sagte er. »Die Piste führt nach Laos und ist nur in der Trockenzeit benutzbar. Ungefähr auf halber Strecke bis zur Königsstadt Luang Prabang am Mekong liegt in einer fruchtbaren Talmulde ein Thai-Dorf namens Dien Bien Phu, wo wir eine kleine Garnison unterhalten.«

Gegen Abend hatte sich der Himmel geklärt. Wir ritten auf ein Pfahldorf im Tal zu. Die Hütten standen sauber und gastlich im Fluß. Mit hochgezogenen Beinen trieben wir die Pferde in die tiefe und reißende Furt, schaukelten wie Affen auf den Sätteln und waren froh, als wir das andere Ufer erreichten. Die Dorfältesten erwarteten uns. Das Dorf hatte ein festliches Empfangskomitee gebildet. Während die Partisanen die Pferde versorgten und die Zaumtiere entluden, die zwei leichte Maschinengewehre, einen Granatwerfer und Munition transportierten, wurden wir bereits zum Essen geführt.

Wir hockten auf den Holzdielen des Gemeinschaftshauses, aßen klebrigen Reis, wie er im Hochland wächst, und gehacktes Büffelfleisch. Dazu wurde unentwegt ein abscheulicher und hochalkoholischer Zuckerrohrschnaps, »Schum« genannt, serviert. Ein Thai-Mädchen hatte sich hinter jeden Europäer gekniet. Sobald wir die Eßstäbchen sinken ließen, setzten sie mit erstaunlich kräftigem Arm die Schale mit Schum an unsere Lippen und zwangen uns, die trübe Flüssigkeit in einem Zug zu leeren. »Kampei«, schrie dazu die ganze Tafelrunde.

Der Vollmond war aufgegangen, und wir merkten, daß unsere

Ankunft mit einer religiösen Feier zusammenfiel. Einer der alten, runzligen Männer forderte die Mädchen auf, an den Fluß zu gehen. Es war wohl der Schamane des Dorfes. Die Gebirgs-Thai haben den gleichen rassischen Ursprung wie die Thai-Bevölkerung von Siam. Sie sprechen auch eine eng verwandte Sprache, die man in Bangkok sehr wohl verstehen würde.

Aus Yunan und den Gebirgen Südchinas waren die Thai erst im späten Mittelalter unter dem Druck des Mongolen-Kaisers Kublai Khan in einer großen, erobernden Völkerwanderung bis zur Menam-Ebene im heutigen Thailand vorgedrungen. Sie hatten sich dort mit den dunkelhäutigen Mon-Khmer-Ethnien vermischt und waren zum Buddhismus übergetreten. Die Gebirgs-Thai in der Haute-Région von Indochina hingegen waren meist Animisten geblieben und hatten sich allenfalls ein paar elementare Sittenregeln des Konfuzianismus angeeignet.

Die Mädchen hatten dem Vollmond gegenüber einen Halbkreis gebildet. Sie trugen das weiße, enge Mieder, das sie als »weiße« Thai auswies; es gibt auch rote und schwarze Thai. Der schwarze Rock fiel lang und eng bis auf die bloßen Füße. Um die Hüfte hatten sie eine grüne Schärpe, und ihre Haarpracht war zu schweren Knoten geflochten. Aus dem Gemeinschaftshaus dröhnte ein Gong, und die anmutigen Jungfrauen begannen sich tänzerisch zu bewegen. Sie führten eine Art Sambarhythmus im Zeitlupentempo aus. Dabei waren sie stets der makellosen Scheibe des Mondes zugewandt, dem offenbar die einladenden Bewegungen ihres Schoßes galten. »Das ist ein Fruchtbarkeitstanz«, flüsterte Cyrano.

Zwei Tage später machten wir bei den Yao Rast. Ihr Dorf klebte an einem steilen Hang. Im wesentlichen lebten die Bewohner von Trockenreis und Tauschhandel. Die Yao-Frauen hier oben waren nicht so elegant und schon gar nicht so kokett wie ihre frivolen Stammesschwestern von Lai Chau. Aber auch sie trugen kunstvolle Stickereien, und über die Schultern hatten sie zwei reich verzierte Riemen geworfen, die angeblich Hundepfoten darstellten.

Die Yao, auch Man genannt, betrachten sich als Nachkommen

eines legendären Hundes, der sich eines Tages am Hofe des Kaisers von China einstellte, um dessen Tochter zu freien. Das Reich der Mitte war damals von einem schrecklichen Ungeheuer heimgesucht. Keiner der Recken, die der Herrscher ausgeschickt hatte, war diesem Monstrum gewachsen. Schließlich hatte der Kaiser seine Tochter und die Hälfte des Reiches demjenigen versprochen, wer immer er auch sei, der China von dieser Plage befreien würde.

Der sagenhafte Hund, der Urvater der Yao, vollbrachte die Tat und tötete das Ungeheuer. Der Kaiser überließ ihm, getreu der Absprache, seine eigene Tochter, aber als es zur Teilung des Reiches kam, da wußte er listige Ausflucht. Gewiß, die Hälfte Chinas werde der Hund erhalten, aber niemand habe gesagt, ob die Teilung senkrecht oder waagerecht stattfinden sollte. Somit erhielten der Hund und seine Nachfahren die obere, gebirgige Hälfte Chinas zugesprochen, während die fruchtbaren Täler und Reisebenen den eigentlichen Söhnen des Himmels vom Volke der Han vorbehalten blieben.

Durch dichten Dschungel ging es nach Phong To, dem Sitz eines hochgeachteten Thai-Fürsten. Im feuchten Dickicht wurden wir von Blutegeln geplagt, die sich auf uns fallen ließen. Man mußte der ersten Ekelreaktion widerstehen und diese fetten Schmarotzer um keinen Preis abreißen, weil sonst eitrige Wunden entstanden. Wenn man ihnen jedoch mit einer brennenden Zigarette zusetzte, fielen sie von selbst ab. In Phong To blieben wir drei Tage.

Es war eine Folge von Festen, von Tänzen und Spielen. Die Thai-Mädchen waren hier noch lieblicher und heiterer. Der greise Fürst, den der Oberst mit »Exzellenz« anredete, besaß die Weisheit und die Allüren einer asiatischen Märchenfigur. Abends wurde Opium geraucht, ehe die Ehrenjungfrauen ihren Reigen vorführten. Ganze Berge von Blumen waren um unsere Ruhematten geschichtet, wenn wir vom Bad unter dem Wasserfall zurückkamen. Uns war, als hätten wir endlich das Traumland Shangri-La entdeckt.

Doch der Krieg war nicht fern. Cyrano saß lange Stunden am Morsegerät und verständigte sich mit den paar französischen Offizieren und Unteroffizieren, die – ganz auf sich gestellt – mit ihren Partisanen das Hochland durchstreiften. Auch der Vietminh hatte seine Kommissare auf die Thai-Föderation angesetzt und bei einzelnen Stämmen gewisse Erfolge erzielt. Je höher wir jetzt stiegen, desto kahler und unwirtlicher wurde die Landschaft. Das Gras wurde um diese Jahreszeit im Zuge der sogenannten »Rai«-Methode angezündet. Durch diese Rodung entstanden riesige Steppenbrände, denen wir nur im Galopp entkamen. Dabei verließen wir uns ganz auf den Instinkt unserer Pferde, die sich wie Gebirgsziegen am Rande der Abgründe bewegten. Bei Nacht wickelten wir uns in die Fallschirme, mit denen die vorgeschobenen Posten versorgt worden waren, und schnatterten trotzdem vor Kälte.

In dieser Höhe lebt ein wilder und harter Menschenschlag, die Meo. Damals waren die Meo, in China auch Miao genannt, ein nur den Ethnologen bekanntes Volk. Seit dem amerikanischen CIA-Krieg in Laos werden sie auch als Hmong bezeichnet. Die Meo von Nordtonking siedelten auf jenen trostlosen Gipfeln, die die längste Zeit des Jahres in Nebel und Sprühregen verschwinden. Die Tracht der Frauen war ähnlich wie die der Yao, aber sehr viel bunter und schmutziger.

Wir begegneten immer häufiger den kräftigen Meo-Weibern mit den schweren Kiepen auf dem Rücken und der Tonpfeife im betelgeröteten Mund. Sie hatten mächtige Waden, denn sie liefen trotz ihrer Last die steilsten Hänge im Laufschritt hinauf. Ihre roten Schürzen, ihre Silberschnallen waren völkerkundliche Kostbarkeiten. Die Männer trugen durchweg schwarze Pyjamas und eine schwarze Kalotte auf dem Kopf. Sie hantierten mit vorsintflutlichen Vorderladern oder Steinschloßgewehren. Mit diesen abenteuerlichen Kriegern war nicht gut Kirschen essen, denn in jenen Tagen pflegten sie noch die Leber ihrer erschlagenen Feinde zu verzehren.

Die Meo, die, wie ihr Name besagte, die Katze als eine Art Totem betrachten, seien tibetischen Ursprungs, so hatte der Hauptmann aus der Gascogne gemeint. Aber er irrte wohl. Die Legenden dieses

Volkes wissen von einer endlosen Wanderung und von einem Ursprungsland zu berichten, wo die Nacht ein halbes Jahr dauert und das Wasser zu Stein erstarrt. Die Meo mußten aus Sibirien nach Südostasien gekommen sein.

Bei den Meo ging es nicht so heiter und gesittet zu wie bei den Thai. Vor dem Dorf Yao San erwarteten uns drei vor Schmutz starrende Krieger und führten uns zum Gemeinschaftshaus. Hinter einer Wegbiegung bot sich uns ein herrlicher Anblick. Im Dunst des Abends leuchtete in allen Farben des Regenbogens ein riesiges Feld von Mohnblumen. Die Meo waren damals die großen Opiumproduzenten Südostasiens. Ihre Frauen standen mitten im Mohn. Sie schnitten mit einem winzigen Messer die dickbäuchigen Blütenansätze an, aus denen zähflüssiger weißer Saft träufelte.

Die Meo hatten sich in ihrer Mehrzahl auf die Seite der Franzosen geschlagen. Colonel Coste holte dicke Bündel Piasterscheine aus seiner Satteltasche und verteilte den Sold an diese letzte Partisanentruppe vor den Toren Chinas. Das Essen der Meo rührten wir vorsichtshalber nicht an, aber ihr Opium durften wir nicht abweisen. In der Hütte verbreitete die Ölfunzel ein rötliches Halbdunkel. Ein alter Mann, der Schamane von Yao San, nahm eine Art Dudelsack hoch. Er spielte eine wahre Katzenmusik. Der Schamane begann sich zu drehen, der Rhythmus des Dudelsacks beschleunigte sich. Nach und nach geriet der Mann in Trance, setzte das Instrument jäh ab, stammelte ein paar Worte und brach vor dem Hausaltar zusammen. Die übrigen Meo sahen gebannt und mit glasigen Augen zu. Auch wir fühlten uns eigenartig entrückt, denn wir hatten einige Pfeifen zu viel geraucht.

*

Endlich erreichten wir die Grenze. Das Opium des Vorabends machte uns während der letzten Etappe schwer zu schaffen, zumal wir die Hänge zu Fuß erklimmen mußten. Das Grenzfort Ban Nam Kum lag tief im Tal und wäre im Ernstfall überhaupt nicht zu verteidigen. Ein einsamer, malariagelber französischer Unteroffizier lebte hier mit einem Dutzend Thai-Partisanen. Der Mann war in dieser trostlosen, feindseligen Umgebung verschroben geworden. Sein einziges Interesse galt seiner Erbsenplantage. Er war schlecht rasiert, und die Disziplin in seinem Haufen ließ zu wünschen übrig. Von der Gegenseite, aus der chinesischen Provinz Yunan, waren schwerbewaffnete Besucher gekommen.

Den Befehl über die buntgescheckte Truppe, die alles andere als vertrauenerweckend wirkte, führte ein chinesischer Feudalherr der Nachbarschaft, der seine Pächter bewaffnet hatte, um den Vorhuten Mao Zedongs, die aus der Distrikthauptstadt Mong-Tzeu heranrückten, Widerstand zu leisten. Das Aufgebot dieses feisten Mannes, der ohne ersichtlichen Grund ständig kicherte, war durch ein paar professionelle Wegelagerer verstärkt worden. Ihre politische Motivierung als angebliche Parteigänger des Kuomintang klang nicht überzeugend.

Der reiche Chinese führte ein vertrauliches Gespräch mit Coste. Die Zaumtiere wurden entladen. Den letzten national-chinesischen Grenzkriegern von Yunan wurden die beiden Maschinengewehre und der Mörser ausgehändigt. »Wir haben euch Milchkonserven mitgebracht«, hieß das Codewort, und der Colonel mußte wohl selbst über seinen Optimismus lächeln, wenn er den versprengten chinesischen Haufen von Ban Nam Kum als eine Art Luftmatratze im strategischen Vorfeld von Französisch-Indochina bezeichnete.

Ob ich nicht dem Hauptquartier der Truppen Tschiang Kaischeks im südlichen Yunan einen Besuch abstatten möchte, fragte mich der chinesische Bandenführer, während wir zum Frühstück eine Nudelsuppe schlürften. Der Ort Muong La sei nur zwanzig Kilometer jenseits des Kum-Flusses entfernt. Er werde mir einen Vertrauensmann zuteilen. Coste, dem ich den Vorschlag unterbreitete, stimmte zu, gab mir aber den dringenden Rat, noch vor Einbruch der Dunkelheit zurück zu sein. Er würde mir einen Thai-Partisanen als Dolmetscher mitgeben.

Wir trieben unsere Pferde durch die Nam Kum, deren dunkelgrüne Wasser weiße Schaumkronen trugen. Die Grenze zwischen

Tonking und China war rein theoretisch. Drüben in Yunan waren die Berge ebenso kahl, die Reisfelder ebenso trocken um diese Jahreszeit. Auch die Bambushäuschen waren die gleichen wie auf indochinesischer Seite. Wir galoppierten über einen engen Dschungelpfad, dessen Schlingpflanzen den blau-grauen Himmel nur selten freigaben. Im Dickicht leuchteten faustgroß weiße Blumen. In den Reisfeldern arbeiteten Bauern unter topfähnlichen Strohhüten. Sie erstarrten vor Staunen, als sie einen Weißen sahen.

Ich prägte mir den Weg ein. Man wußte nie, unter welchen Umständen wir zurückmußten, und die Vorhuten der Volksbefreiungsarmee Mao Zedongs sollten nur vierzig Kilometer entfernt sein. Plötzlich wurden wir an einer Wegbiegung durch zwei waffenstarrende Gestalten aufgehalten. Sie waren in dunkelblaues Tuch gehüllt, Patronengurte kreuzweise über der Brust. Trotz der Beteuerungen unseres Begleiters geleiteten sie uns mit argwöhnischen Blicken bis zu den Hütten von Muong La.

Rund um das Hauptquartier, das in einem etwas stattlicheren Lehmhaus untergebracht war, lagerte verwildertes Kriegsvolk. Auch sie trugen die landesübliche dunkelblaue Tracht, dazu Filzhüte, Turbane oder schwarze Kalotten. Als Soldaten waren sie lediglich an einer Art Erkennungsmarke auf der Brust auszumachen, die die Bezeichnung ihrer Einheit und den Namen ihres Kommandeurs, eines gewissen Oberst Liung, trug. Die pockennarbigen Gesichter wirkten mürrisch und beinahe feindselig. Aus den Hütten strömten auch Frauen und Kinder. Nur die Opiumraucher waren auf ihren Matten liegengeblieben. Es war ein wenig wie bei Ali Baba und den vierzig Räubern.

Endlich kam ein ausgemergelter Mann mit feinen Gesichtszügen auf uns zu. Er legte die Hand zum Gruß an den Schlapphut und stellte sich in gebrochenem Englisch als Major der Nationalarmee vor. Er entschuldigte sich, uns nicht gastlicher empfangen zu können. Er berichtete von den Kommunisten, die aus Mong-Tzeu immer näher rückten und das Dorf Muong La schon einmal mit Granatwerfern beschossen hätten. Der Major suchte sich offensichtlich von seinen unheimlichen Gefährten zu distanzieren. Sein Vorgesetzter, Oberst Liung, sei leider zu einem anderen Stützpunkt geritten.

Er ließ seine Truppe recht und schlecht antreten und führte mir die Bewaffnung dieser knapp hundert Mann starken Kompanie vor. Als Gewehre hatten sie meist amerikanische Winchester 1917, aber auch ein paar Mauser-Karabiner, die sich wohl noch zur Zeit der deutschen Militärmission bei Tschiang Kai-schek verirrt hatten. Voller Stolz zeigten die Männer auch zwei Granatwerfer, von denen aber nur einer einsatzfähig war. Der Major schien der einzige Berufssoldat zu sein. Die anderen waren Banditen, wie sie in Yunan stets heimisch und recht angesehen waren. Dazu kamen die privaten Milizen einiger Feudalherren, die sich gegen die von Peking verordnete Kollektivierung der Landwirtschaft zur Wehr setzten. Der Spuk konnte nicht mehr lange dauern.

Der Major wirkte inmitten dieser Versammlung von Räubern und Knechten doppelt sympathisch und einsam. Er bat mich, ein paar ermutigende Worte an seine Soldaten zu richten. Ich konnte nicht umhin, drei törichte Sätze über das gemeinsame Schicksal der freien Welt und vom weltweiten Feldzug gegen den Kommunismus zu sagen, die mein Thai-Dolmetscher übersetzte. Dabei kam ich mir grotesk vor. Wir tranken in Eile eine Tasse Tee. Die Dämmerung fiel bereits. Wir stiegen auf unsere Pferde und stellten mit Erleichterung fest, daß niemand uns gewaltsam zurückhielt. Die Posten winkten uns sogar nach. Wir trieben unsere Tiere in schnellem Trab zurück.

Bevor wir den Grenzfluß erreichten, stießen wir auf eine Gruppe von Thai-Mädchen, die im Wald Blumen pflückten und in großen Körben sammelten. Als sie uns kommen sahen, verstellten sie uns lachend den Weg. Ich blieb ruhig auf dem Pferd sitzen, während zwei von ihnen mich vom Gürtel bis zur Schulter mit weißen Blüten schmückten und mir einen Strauß für den Weiterritt reichten. Sogar dem Gaul steckten sie ein paar Blumen zwischen die Ohren. Für die Rückkehr nach Lai Chau wählten wir die Flußverbindung.

Die schmalen Einbäume mußten immer wieder über die Stromschnellen getragen werden. Zum Abschied von unserem Shangri-La in Phong To bespritzten uns die fröhlichen Thai-Mädchen mit Kübeln von Wasser.

Zwei Wochen später in Hanoi vernahm ich das Ende der Geschichte. Genau drei Tage nachdem wir den Grenzstreifen verlassen hatten, drang ein rotchinesisches Bataillon in Muong La ein und zersprengte die Nationalpartisanen. Die Soldaten Mao Zedongs überschritten nun ihrerseits die Grenze, überrannten das Fort Ban Nam Kum, ohne einen Schuß abzufeuern, und verschleppten den einsamen französischen Unteroffizier nach China. Sogar bis Phong To stießen sie vor und kassierten im Umkreis der Meo-Dörfer die Opiumernte des Jahres. Dann zogen sie sich sang- und klanglos nach Yunan zurück.

Die marokkanischen Tabors, die ihnen in aller Eile entgegengeschickt wurden, kamen nicht einmal mehr zur Feindberührung. Über diesen Vorstoß der Volksbefreiungsarmee nach Tonking ist später viel gerätselt worden. Ich habe mich nie des Verdachts erwehren können, daß hier eine gewisse Vergeltung geübt wurde für meinen Ritt nach Muong La, von dem die Chinesen bestimmt erfahren hatten und dem sie sicherlich ganz andere Motive unterstellten als die Neugier eines Journalisten.

## Nach der Niederlage von Dien Bien Phu

Die Festung Dien Bien Phu war im Mai 1954 gefallen. Die französische Niederlage in Indochina war besiegelt. Oberbefehlshaber Navarre hatte gespielt und verloren. Sechzigtausend Soldaten seiner Armee hatte er in diesem gottverlassenen Talkessel im Siedlungsgebiet der schwarzen Thai zusammengezogen. Das Dorf Dien Bien Phu, bis dahin nur als kümmerliche Durchgangsstation zwischen dem Hochland von Tonking und der laotischen Mekong-Ebene bekannt, war nun weltweit berühmt. Die Franzosen hatten sich dort mit der Absicht eingeigelt, den frontalen Angriff der Vietminh-Armee auf sich zu ziehen. Jahrelang hatten die Stäbe in Hanoi davon geträumt, dem Feind endlich in offener Feldschlacht zu begegnen und ihn zu vernichten. Das Expeditionskorps war den zermürbenden Partisanenkrieg so leid, daß es das immense Risiko der Isolierung in dieser entlegenen Talmulde auf sich nahm.

General Navarre hatte den kleinen Geschichtslehrer Vo Nguyen Giap, der das Heer des Vietminh befehligte, und den Ameisenfleiß seiner Gegner sträflich unterschätzt. Alle Experten hätten geschworen, daß es unmöglich wäre, Artillerie auf dem Landweg durch den Gebirgsdschungel nach Dien Bien Phu zu transportieren. Der Vietminh hatte es unter unvorstellbaren Strapazen geschafft, und schon unter den ersten Salven der Belagerer brachen die Verteidigungsanlagen der Franzosen, die allenfalls auf Granatwerfer eingerichtet waren, zusammen.

2004, fünfzig Jahre nach der französischen Niederlage, bin ich mit einer Maschine der Vietnam Airlines von Hanoi aus nach Dien Bien Phu geflogen. Die zerklüftete Gebirgslandschaft war durch Wolken verhüllt. Über eine Länge von neunzehn Kilometern und eine Breite von zehn Kilometern dehnte sich die Mulde des Nam-Yom-Flusses in Richtung Laos. Auf den ersten Blick erkannte man nicht, daß diese von dichtem Dschungel überwucherten Felsen dem Belagerer perfekte Tarnungsmöglichkeiten verschafften, während sie den Verteidigern eine undurchdringliche Mauer entgegensetzten.

Den Piloten der französischen Luftwaffe, die im April und Mai 1954 bei nächtlichem Himmel über Dien Bien Phu kreisten, hatte sich ein ganz anderes Schauspiel geboten. Ihnen mußte mulmig zumute gewesen sein, wenn sie Munition, Verpflegung und ganze Bataillone von Fallschirmjägern in die grauenvolle, vom Monsunregen durchpeitschte Dunkelheit auskippten. Am Boden zuckten damals die Mündungsfeuer der Vietminh-Artillerie wie die Grablichter eines riesigen Friedhofs.

Bei der Fahrt durch die Ortschaft Dien Bien Phu stellte sich Ernüchterung ein. Vor fünfzig Jahren hatten hier nur ein paar Dutzend Strohhütten gestanden. An ihre Stelle hatten die Vietnamesen moderne und häßliche Zweckbauten gesetzt. Eine junge Frau hatte unsere Führung übernommen. Mich überraschte, daß der Sieg über die Franzosen nicht durch ein monumentales Denkmal glorifiziert wurde. Nirgendwo fand ich Spuren eines fremdenfeindlichen Triumphalismus.

Im Hinblick auf das nahe Jubiläum wurden ein paar Rekonstruktionen vorgenommen. So kletterten wir in den Befehlsbunker des Generals de Castries, dessen Gefangennahme durch eine schlichte Bronzeplatte dargestellt wurde. Unsere Guide hat uns zur Position »Eliane« geführt, wo die Franzosen es bis zuletzt ausgehalten hatten. Es waren Arbeiten im Gange, um zu Erinnerungszwecken diesen Piton genau so wiederherzustellen, wie er vor dem vernichtenden Beschuß des Vietminh und der unterirdischen Sprengung ausgesehen hatte. Sehr eindrucksvoll waren die Schanzarbeiten der Kolonialarmee offenbar nicht gewesen. Ein altertümlicher Sherman-Panzer, der in Einzelteilen eingeflogen und in Dien Bien Phu wieder montiert wurde, stand ziemlich sinnlos am Rande des Hügels. Stacheldraht und Minen bildeten den wirksamsten Schutz der Verteidiger.

Schließlich entdeckte ich einen kleinen Friedhof, wo eine Reihe von Gräbern sauber gepflegt, aber ohne Namensangabe den Gefallenen der Fremdenlegion gewidmet war. Ein ehemaliger deutscher Unteroffizier dieser Truppe, die sich in Dien Bien Phu durch besondere Tapferkeit bewährte, hatte nach seiner Rückkehr in Deutschland das Geld aufgebracht, um diese steinernen Kreuze und eine Gedenktafel zu stiften.

Bei der Besichtigung des Schlachfeldes geriet ich in eine düstere Stimmung, ein Gemisch aus Bitterkeit und Wut. Wenn diese Männer doch nicht so sinnlos gestorben wären! In meinem Berufsleben bin ich von Krieg zu Krieg gereist, von Niederlage zu Niederlage, wurde zum Gefährten des Rückzugs. Ich habe stets versucht, in aller Ehrlichkeit darüber zu berichten. Der Zorn, der mich dabei immer wieder überkam, richtete sich nicht gegen die Tücke, die listigen Winkelzüge des meist unfaßbaren Gegners, sondern gegen die grenzenlose Torheit der Regierenden und ihre Flucht aus der Verantwortung, ob sie nun in Paris, in Washington, in Moskau, London oder Berlin saßen.

Die bürgerliche Regierungskoalition in Paris trug 1954 schwere Verantwortung. Die christlichen Volksrepublikaner, die früher einmal den fortschrittlichen Kräften Frankreichs zugerechnet worden waren, klammerten sich in seltsamer Verblendung an die Chimäre des kolonialen Erbes. In letzter Minute hatte Außenminister Georges Bidault sogar versucht, die Amerikaner zum Abwurf von taktischen Atombomben über den kommunistischen Stellungen rund um Dien Bien Phu zu bewegen. Doch Washington hatte erst ein Jahr zuvor, 1954, schweren Herzens dem Waffenstillstand in Korea zugestimmt. Zum ersten Mal hatten die Vereinigten Staaten einen Krieg nicht gewonnen, sondern mit Unentschieden auf der Basis des Status quo ante beendet. Selbst von John Foster Dulles war kein nukleares Eingreifen in Indochina mehr zu erwarten.

Vor allem die französischen Paras und die deutschen Fremdenlegionäre hatten bis zuletzt verzweifelten Widerstand geleistet. Als die rote Fahne mit dem gelben Stern schließlich auf dem letzten französischen Bunker gehißt wurde, reagierte die westliche Presse, sogar die französische Öffentlichkeit mit einem schnöden Gefühl der Erleichterung. Die tödliche Eskalation des »schmutzigen Krieges« war verhindert worden. Noch hielt die französische Armee das Delta des Roten Flusses, aber auch hier war ihre vollständige Niederlage nur eine Frage von Wochen. General Giap massierte seine Truppen zur Generaloffensive auf Hanoi.

Journalisten aus aller Welt waren in Hanoi zusammengeströmt. Der Indochinakrieg war – im Gegensatz zum Koreafeldzug – von der internationalen Publizistik bisher recht stiefmütterlich behandelt worden. Sogar ein Teil der Pariser Presse schämte sich dieses verspäteten Kolonialunternehmens. Aber jetzt nahte die letzte Stunde, und die Geier sammelten sich. Die Hitze war unerträglich in diesen Sommerwochen. Die Reisfelder in der Ebene des Roten Flusses standen unter Wasser. Die Verdunstung dieses uferlosen Sees verwandelte Tonking in eine Waschküche.

Die Laune im Pressecamp war gereizt. Der rundliche Major Roëllec war von einem drahtigen Kommandanten mit schwarzem Borstenhaarschnitt namens Gardes abgelöst worden, der sich allgemeiner Hochachtung erfreute. Niemals hätte man damals vermutet, daß dieser Offizier sieben Jahre später in Algerien zu den führenden Verschwörern der OAS, der »Organisation de l'Armée Secrète«, zählen, gegen de Gaulle putschen und dem General sogar nach dem Leben trachten würde.

Der Lagebericht, das tägliche Briefing, verlief stürmisch. Die amerikanischen Korrespondenten hatten die Räumung des südlichen Deltas mit der Stadt Nam Dinh noch nicht verwunden. »Nach einer Frontbegradigung bei Phuly haben unsere Truppen neue Stellungen bei Hadong bezogen«, sagte der Sprecher. »Wie?« fragte ein dicker Amerikaner. »Sie haben auch Hadong preisgegeben?« Die französischen Militärs protestierten: »Von einem Rückzug aus Hadong kann nicht die Rede sein.« – »So wird es übermorgen geräumt«, sagte der dicke Amerikaner unbeirrt und bissig.

Die meisten Fragen kreisten um das Schicksal der französischen Gefangenen von Dien Bien Phu, die in mörderischen Marschetappen durch Dschungel und Gebirge über Hunderte von Kilometern in die Internierungslager des Vietminh eskortiert wurden. Die US-Journalisten hatten in ihren Meldungen von einem »death march«, einem Todesmarsch, berichtet, was von der Militärzensur in »exhausting march«, in einen erschöpfenden Marsch, umgewandelt worden war. Die Franzosen wollten den Feind zum kritischen Zeitpunkt der Genfer Verhandlungen nicht verärgern. Die Amerikaner tobten über diese Verniedlichung ihrer Berichterstattung. »Was heißt das schon ›exhausting march‹? Für einen Amerikaner ist ein Spaziergang um drei Häuserblocks ein erschöpfender Marsch.« Ich sollte mich an diese Szene erinnern, als die U.S.-Army mit zehnjähriger Verspätung die Nachfolge der Franzosen in Indochina antrat.

## Ein asiatischer Napoleon

Fünfzig Jahre nach der französischen Niederlage in Dien Bien Phu traf ich Vo Nguyen Giap in Hanoi. Er war inzwischen zweiund-neunzig Jahre alt. Aus den Führungsgremien von Armee, Regie-rung und Partei war er ausgeschieden. Aber von seinen Landsleu-ten und den Veteranen wurde er weiterhin als eine Art nationaler Kriegsgott verehrt. Wir waren an diesem warmen Februartag in seine ockerfarbene Villa der Hoang-Dieu-Straße bestellt worden. Das Haus war einst für hohe französische Kolonialbeamte gebaut worden. Seit deren Auszug hat sich wenig verändert. Die Anlage erinnerte mich an jenen Gebäudekomplex, der – nur ein paar hun-dert Meter entfernt – während des französischen Indochinakrieges das Pressecamp beherbergte.

Der Anwesenden bemächtigte sich feierliche Erwartung, als Vo Nguyen Giap den Raum betrat. Der kleingewachsene Mann, den Alter und Entbehrungen ausgezehrt hatten, beeindruckte mich auf den ersten Blick. Er hatte seine Uniform mit den breiten goldenen Epauletten angelegt, die in Schnitt und Farbe dem sowjetischen Modell entsprach. Ich begrüßte Giap mit einer Anrede, deren ich mich in meinem Leben nur einmal zuvor bedient hatte, als ich Charles de Gaulle vorgestellt wurde: »Je vous présente mes respects, mon Général«, und diese Höflichkeit schien Giap zu gefallen.

Der General formulierte seine Sätze in vorzüglichem Franzö-sisch. Giaps Augen hatten jene amüsierte Lebhaftigkeit bewahrt, die schon in früheren Jahren den jovialen Oberkommandierenden von den puritanischen, bärbeißigen Mitgliedern des vietnamesi-schen Politbüros vorteilhaft unterschied.

Das Gespräch wendete sich schnell den militärischen Dingen zu. Mir ging es vor allem darum, seine Meinung zur amerikani-schen Verstrickung in den Irakkonflikt zu vernehmen, der so oft und oberflächlich mit dem unglückseligen US-Engagement in Vietnam verglichen wird. Die Antwort kam zögerlich und karg. In

Mesopotamien finde ein ungerechter Aggressionskrieg statt, und er enthalte sich überflüssiger Kommentare. Viel bereitwilliger als mit dieser problematischen Gegenwart beschäftigte sich Giap mit der glorreichen Vergangenheit. Die Feiern zum 50. Jahrestag der Schlacht von Dien Bien Phu standen unmittelbar bevor. Im kolonialen Theatergebäude der Hauptstadt, das die Franzosen als Kopie der Garnier-Oper von Paris hinterlassen hatten, war ein paar Tage zuvor ein bescheidenes Ballett zu diesem Thema aufgeführt worden.

»Rückblickend muß ich immer wieder betonen«, so begann Giap, »daß allein unser Volk mit seinem unbändigen Freiheitswillen und seiner grenzenlosen Opferbereitschaft uns zum Triumph über die französische Kolonialmacht und über die Amerikaner verholfen hat.« Um die weit vorgeschobene französische Festung niederzuringen, hatte Giap dem Vietminh unvorstellbare Strapazen zugemutet. Fünfzehn Jahre später, im Kampf gegen die übermächtigen Streitkräfte der USA, sollte er unter den unaufhörlichen Flächenbombardements der Air Force seinen Soldaten ähnliche Strapazen auf den endlosen Pisten des Ho-Chi-Minh-Pfades auferlegen.

»Ich habe nie eine Offiziersschule oder gar eine Militärakademie besucht«, berichtete mir Giap mit amüsiertem Lächeln. »Vielleicht bestand darin meine Überlegenheit gegenüber den Absolventen der École Militaire, die nicht fähig waren, sich aus den Routinevorstellungen ihrer strategischen Ausbildung zu lösen.« Der Geschichtslehrer präsentierte sich stolz als militärischer Autodidakt. Ho Chi Minh hatte Giap die goldenen Epauletten des Oberbefehlshabers verliehen. Aber seinen militärischen Ruhm hatte er als Meister der »revolutionären Kriegführung« erworben, und darin lag seine immer noch beispielhafte Aktualität.

Das Studium der Geschichte hatte ihn inspiriert. Napoleon Bonaparte war, wie gesagt, sein oberstes Vorbild. Nicht etwa der Kaiser, der die strahlenden Siege von Wagram und Austerlitz errang, sondern der unbekannte Truppenführer Bonaparte, der ursprünglich den Jakobinern nahestand. Der frühe Italienfeldzug war richtungsweisend, als der noch junge Korse seinen Soldaten die Bewältigung der steilen Gebirgspässe befahl: »Wo eine Ziege ihren Weg findet, kann auch ein Mensch durchkommen. Dort, wo nur ein einzelner Soldat seinen Weg findet, passiert auch ein Bataillon.« Eine seltsame Faszination hat der Empereur des Français auf den jungen vietnamesischen Intellektuellen ausgeübt, der ansonsten viele Gründe hatte, die gallische Kolonialmacht zu verabscheuen, war doch seine erste Frau, eine glühende Patriotin, in deren Kerkern umgekommen.

Von Clausewitz ließ Giap sich angeblich in dem Maße leiten, wie dieser preußische Lehrmeister das Erreichen politischer Zwecke als Meßlatte für den militärischen Erfolg definierte. Giap griff auch auf die Anweisungen des chinesischen Philosophen Sun Tzu zurück, der schon im vierten Jahrhundert vor unserer Zeitrechnung eine Partisanentaktik beschrieb, an der Mao Zedong sich orientieren sollte: »Der Feind rückt vor«, so heißt es bei Sun Tzu, »dann weichen wir zurück. Der Feind schlägt ein Lager auf, da setzen wir ihm zu. Der Feind ermattet, dann greifen wir an. Zieht der Feind sich zurück, verfolgen wir ihn.« Aber Sun Tzu fand keine Zustimmung bei seinem vietnamesischen Schüler, als er den Rat erteilte, bei zehnfacher Überlegenheit des Feindes den Kampf zu vermeiden. »Wenn wir uns daran gehalten hätten«, spottete Giap, »dann säßen wir heute noch in unseren Dschungellöchern versteckt.«

Die Tür des Nebenzimmers öffnete sich, und Dang Bich Ha, die zweite Frau General Giaps, gesellte sich zu uns. Sie erzählte in perfektem Französisch, daß sie zur Kolonialzeit in Hanoi zur Studienrätin ausgebildet worden war. Ihr Institut sei zwar nicht mit der elitären Pariser École normale supérieure zu vergleichen gewesen, habe jedoch im damaligen Vietnam hohes Prestige genossen. Die alte Dame reichte Gebäck. Trotz all ihrer patriotischen und marxistischen Überzeugungen schien sie mir außerordentlich stark durch die französische Erziehung geprägt. Vo Nguyen Giap hatte sich während der Konversation zusehends entspannt. Eine gewisse

Herzlichkeit kam zwischen uns auf, obwohl er wissen mußte, daß ich in der ersten Phase des französischen Indochinakrieges auf der anderen Seite gekämpft hatte. Immer wieder klopfte er mir wohlwollend auf die Schulter und schüttelte mir freundschaftlich die Hand.

Die Höflichkeit gebot, daß wir die Gastlichkeit des alten Feldherrn nicht überstrapazierten. Doch bevor wir uns erhoben, vertraute er mir eine bislang unbekannte Anekdote an. »Nach unserem Sieg von Dien Bien Phu«, so erzählte er, »hat Ho Chi Minh mich in die Arme geschlossen und beglückwünscht. Dann hat er mir befohlen: ›Von nun an mußt du dich auf unseren nächsten Feldzug vorbereiten – gegen die Amerikaner.‹« Ganz anders hätten sich hingegen die großen kommunistischen Verbündeten zu jener Zeit verhalten. Sowohl der chinesische Außenminister Zhou Enlai als auch der sowjetische Regierungschef Kossygin hätten ihn eindringlich davor gewarnt, sich jemals mit den Amerikanern anzulegen und sich von diesem übermächtigen Gegner in einen Krieg verwickeln zu lassen.

Wie bei so manchen Soldaten, die unendliches Blutvergießen und fürchterliche Zerstörungen in Kauf nahmen, gab sich auch General Vo Nguyen Giap beim Abschied einer Wunschvorstellung hin. »Wir sollten mit dem Kriegführen ein für allemal Schluß machen. Ce qui compte pour l'humanité, c'est la paix – Worauf es für die Menschheit wirklich ankommt, das ist der Frieden – la paix, la paix«, wiederholte er eindringlich.

## Die letzten Außenposten

Hanoi war 1954 zum befestigten Heerlager geworden. Die offiziellen Gebäude hatten sich in den Stacheldrahtverhau wie in einen Kokon eingesponnen. Über den breiten, baumbestandenen Alleen und den gepflegten Villen lag Abschiedsstimmung. Die französischen Zivilisten packten ihre Koffer. Sie diskutierten die letzten

Meldungen aus Genf. Dort saß der neue französische Ministerpräsident Pierre Mendès France am Verhandlungstisch mit dem Chinesen Zhou Enlai und dem Vietminh-Bevollmächtigten Pham Van Dong, dem späteren Regierungschef des wiedervereinigten Vietnam. Die konservative französische Rechte hatte dem linksliberаlen, progressistischen Mendès France den Weg freigegeben, als es galt, den bitteren Kelch der Niederlage zu leeren. PMF, wie er in der Abkürzung genannt wurde, war alles andere als ein Kapitulant. Er stritt mit Zähnen und Klauen um jede Klausel des Waffenstillstandsabkommens, um jeden Fußbreit indochinesischen Bodens. Er hatte sogar ein Ultimatum für den Termin der Feuereinstellung gestellt, sonst – so drohte er – werde er das Expeditionskorps massiv durch Wehrpflichtige verstärken. Selbst den alten Kolonialisten von Hanoi nötigte Mendès France Respekt ab, denn sie wußten, wie verzweifelt er pokerte. Die französische Tonking-Armee stand vor dem Zusammenbruch.

Nachts röhrten die Artilleriesalven am Rande der Stadt. Von der Terrasse aus konnte man die Mündungsfeuer am Horizont flackern sehen. Aus den Bars von nebenan, aus dem Régina oder dem Phénix, klangen die zerhackten Noten eines chinesischen Tangos. Zum Lärm von Tanzmusik und Kanonen bereitete sich das französische Hanoi auf den Untergang vor.

*

Seit zehn Tagen war Son Tay eine tote Stadt. Von dem Augenblick an, als die europäischen Truppen die äußerste Ortschaft im westlichen Verteidigungssystem von Tonking der national-vietnamesischen Armee überließen, wußte die einheimische Bevölkerung, was die Glocke geschlagen hatte. »Heute die National-Vietnamesen, morgen der Vietminh«, sagten die chinesischen Händler, packten ihre Waren auf vorsintflutliche Lastwagen und verschwanden in Richtung Hanoi.

An geschlossenen Läden vorbei verließen wir Son Tay in Richtung der Linien des Vietminh. Schon nach ein paar Kilometern hatten wir die Reisebene des Deltas gegen ein welliges Grasgelände vertauscht, an dessen Ende die grün überwucherten, phantastischen Felskegel des tonkinesischen Hochlandes drohten. Das Terrain war geradezu ideal für Überfälle und Handstreiche, die Straße von zahlreichen Minenexplosionen aufgerissen. Hier standen die letzten französischen Außenposten, und hier sickerte jede Nacht der Vietminh oft in Bataillonsstärke ein.

Der äußerste Stützpunkt von Hoa Lao lag auf einem flachen Kegel. Die Unterstände gingen tief in die gelbe Erde, waren aber nach oben ungenügend abgedeckt. Hier hauste ganz allein ein französischer Sergeant mit fünfzig einheimischen Milizsoldaten. Vor fünf Tagen hatte er noch hundert Mann unter seinem Befehl. Die anderen fünfzig waren inzwischen zum Feind übergewechselt. »Manchmal verschwinden sie bei Nacht«, brummte der Unteroffizier. »Neuerdings kommen sie ganz offen zu mir und verlangen, daß ich sie entlasse. Ich halte sie dann auch nicht zurück, sie würden mir höchstens im Schlaf den Hals abschneiden. Im übrigen kann ich ihnen ihre Desertion gar nicht verübeln. Sie denken eben an die Zukunft, und wir sind höchstens noch ein paar Tage hier. Dann sind wir entweder abgezogen oder ausgeräuchert.«

Der Sergeant zeigte keine Spur von Nervosität. Nervös war man vielleicht in den Stäben der Zitadelle von Hanoi. Aber hier hatte die Natur eine wüstenähnliche Strenge, und die Gefahr, die Unsicherheit war so greifbar, daß man ihr durch die Maske des Schreckens hindurch ins völlig gleichgültige Antlitz blickte.

Eine Woche später befand ich mich in dem Stützpunkt Hung Yen bei einem der einst hochdekorierten Regimenter der französischen Kolonialinfanterie. Gegen Mitternacht hatte jemand »alerte – Alarm!« geschrien. Die Panzerspähwagen und Halftracks, die zu einer Wagenburg um unsere Stellung formiert waren, feuerten, was die Rohre hielten. Leuchtraketen erhellten die Nacht. Ein Dutzend Granaten des Vietminh schlugen in der Nähe des französischen Gefechtsstandes ein. Verwundete riefen nach dem Sanitäter.

Ich duckte mich in das rechteckige Erdloch, in dessen Schutz mein Feldbett unter dem Moskitonetz wie ein Katafalk aufgestellt war. Die Schießerei endete abrupt. Die Soldaten längs der Straße von Hung Yen hatten das letzte Gefecht des französischen Indochinakrieges erlebt. Zur gleichen Stunde waren in Genf die Unterschriften unter das Waffenstillstandsabkommen gesetzt worden.

Als die Sonne aufging und die toten Vietminh-Soldaten vom Regiment 42 im Stacheldraht gezählt waren, versammelten sich die Offiziere um den Radioapparat. Ein dicker Oberst mit rollendem südfranzösischem Akzent saß mit nacktem Oberkörper wie ein bissiger Tempelhund vor dem Zelt. Eine gepflegte Frauenstimme von Radio Hanoi verlas ohne spürbare Anteilnahme die Bedingungen der französischen Kapitulation in Tonking. Der 17. Breitengrad würde zur neuen Demarkationslinie zwischen dem roten Vietnam im Norden und der nationalistischen Gegenrepublik im Süden. Der französische Rückzug aus Tonking würde in Etappen erfolgen, die sich über mehrere Monate erstreckten. Damit wäre den antikommunistischen Bevölkerungselementen des Nordens, vor allem den Katholiken, die Möglichkeit geboten, sich nach Saigon abzusetzen.

Es fiel kein einziges Wort beim Anhören der Nachrichten. Die Gesichter waren regungslos. Frankreich hatte mit der Fixierung der Demarkationslinie am 17. Breitengrad, womit die alte Kaiserstadt Hue dem kommunistischen Zugriff entzogen war, über Erwarten gut abgeschnitten. Das war auf die Hartnäckigkeit von Mendès France, aber auch auf das Einwirken des chinesischen Chefdelegierten Zhou Enlai zurückzuführen. Zhou hatte auf die Vietminh-Delegation Druck ausgeübt und sie zur Konzilianz angehalten. Wollte er damit die Amerikaner von Indochina fernhalten oder schon damals dem Aufkommen eines allzu selbstbewußten vietnamesischen Nachbarstaates vorbeugen?

Die französischen Offiziere an der Straße von Hung Yen wußten nichts von diesen Kulissenkämpfen der Genfer Konferenz. Dem antikommunistischen Teilstaat von Saigon gaben sie keine dauerhafte Chance. Die Truppe hatte die Nachricht von der Feuereinstellung ohne Begeisterung, aber auch ohne Protest aufgenommen.

Resignation war das vorherrschende Gefühl. Die Kolonialinfanteristen ahnten, daß sie ein Stück ihrer selbst in diesem exotischen und feindlichen Land lassen würden, an dem sie insgeheim mit einer unerwiderten Liebe hingen. Sie blickten über die flache Reislandschaft, wo schon wieder die Bauern hinter den Büffeln im fruchtbaren Schlamm ihre Furchen zogen, als wäre das Ahnengrab nebenan nicht ein paar Stunden zuvor durch Artilleriefeuer verwüstet worden. Am Rande des braunen Tümpels, wo schöne Kinder lachten und badeten, blühte ein hellblauer Busch. Es war, als wollten die Soldaten diese Bilder tief in sich aufnehmen, ehe sie in die neblige Eintönigkeit der heimischen Industrievororte zurückkehrten.

Uns bangte vor der Fahrt nach Hanoi. Die zahllosen Minen auf den Straßen waren noch nicht weggeräumt. In regelmäßigen Abständen stiegen Rauchsäulen auf, wenn ein Fahrzeug explodierte. Seit Eintreten der Waffenruhe war die stoische Gelassenheit, die bisher zur Schau gestellt worden war, zu Ende. »Nur nicht der letzte Tote dieses verlorenen Krieges sein«, hieß es jetzt.

Der dicke Oberst war wie aus einem schweren Traum erwacht. Er hatte kein Wort gesagt, nicht einmal geflucht. Er gab mir zum Abschied die Hand und fand die Sprache wieder: »Ich sage Ihnen nicht adieu. Ich sage ›Auf Wiedersehen‹, denn es geht ja weiter. In Bälde werden wir uns wohl in Nordafrika wiedertreffen.« Wie recht er behalten sollte. Im Pressecamp von Hanoi fand ich ein Telegramm aus Saarbrücken vor, in dem meine damalige Frau, Redakteurin bei der »Saarbrücker Zeitung«, mir mitteilte, daß ich Vater meines Sohnes Roman geworden war.

## Die ersten Amerikaner in Saigon

Die französische Trikolore war über dem Rathaus von Saigon eingeholt worden. Hingegen war das weiße Stuckgebäude mit einer Vielzahl national-vietnamesischer Fahnen – gelber Grund, drei rote Streifen – geschmückt. Das riesige Porträt des Kaisers Bao Dai war vom Giebel verschwunden. Noch hatte der Monarch und Staatschef nicht abgedankt. Aber seine Tage waren gezählt. Dieser fette, alternde Playboy, der an der Côte d'Azur Wassersport trieb und im Elsaß jagte, während sein Land verblutete, wurde von allen verachtet und abgelehnt.

Ein neuer Mann hatte das Schicksal National-Vietnams, bald würde man Südvietnam sagen, in die Hände genommen, der Mandarin Ngo Dinh Diem aus Hue, den man bereits »den Unbestechlichen« nannte. Ngo Dinh Diem stellte an diesem Morgen seine neue Regierung der Saigoner Bevölkerung vor. Zwei Kompanien der Nationalarmee waren in blütenweißer Galauniform angetreten. Doch das Volk war nicht gekommen. Unter den zweihundert Zuschauern dürften die Geheimpolizisten in der Mehrheit gewesen sein.

Ngo Dinh Diem war ein kompromißloser Patriot und deklarierter Feind der französischen Präsenz in Indochina. Er stammte aus einer der angesehensten Familien von Annam. 1933 war er vorübergehend Minister am Hof von Hue. Dann ließ ihn sein Nationalismus in ständiger Opposition verharren, Opposition gegen die Franzosen, gegen die Japaner, gegen Ho Chi Minh, gegen Bao Dai. Selbst für die Amerikaner – so munkelte man schon – werde er kein bequemer Verbündeter sein. Der neue Regierungschef trug einen weißen Anzug mit schwarzer Krawatte. Das Haar lag glatt und gescheitelt über dem vollen Gesicht. Er war ein korpulenter Mann. Am improvisierten Ehrenmal legte er einen Kranz nieder und kam mit dem watschelnden Gang der hohen Mandarine auf die Tribüne zurück.

Diem war zutiefst von der konfuzianischen Tradition des Hofes von Annam geprägt, und dennoch war er Katholik, fanatischer Katholik, wie sich sehr bald herausstellen sollte. Sein Bruder war Erzbischof von Hue. Die meisten Minister des neuen Kabinetts stammten aus dem Norden. Das war ein deutliches Indiz für die Entschlossenheit Ngo Dinh Diems, die Teilung seines Vaterlandes nicht zu akzeptieren. Für den Katholiken Diem war es eine persönliche Tragödie, daß mehr als eine Million seiner Glaubensbrüder Gefahr liefen, unter kommunistischen Ländern der Dritten Welt ein akzeptabler Partner sein. Die Franzosen klammerten sich an das altvertraute Cochinchina, wiegelten ihre örtlichen Verbündeten gegen diesen steifen Mandarin aus Hue und seine US-Berater auf, ja, sie spielten sogar die Karte des Neutralismus.

Der Krieg in Indochina war alles andere als ruhmreich gewesen, aber jetzt achtete das französische Oberkommando darauf, daß der Abgang sich in trotziger Würde vollzog. Die Armee wußte, daß sie in Fernost ausgespielt hatte. Den forschen Amerikanern, die sich überall in den vietnamesischen Ministerien und Stäben einnisteten, begegneten die Franzosen wie betrogene Liebhaber. In den folgenden Monaten sollte in Saigon und am Rande der großen Schilfebene ein absoluter und blutiger Machtkampf zwischen französischen und amerikanischen Geheimdiensten ausgetragen werden. Charles de Gaulle soll auf den sich schon damals abzeichnenden Einflußverlust Frankreichs mit dem ihm eigenen Sarkasmus reagiert haben: »À ceux qui dans nos anciennes possessions veulent prendre notre place, je leur souhaite bien du plaisir – Denjenigen, die in unseren ehemaligen Besitzungen unseren Platz einnehmen wollen, denen wünsche ich viel Vergnügen.«

Präsident Eisenhower hatte seinen bewährtesten Intelligence-Offizier, Oberst Lansdale, nach Saigon beordert. Lansdale war es gelungen, auf den Philippinen den kommunistischen Aufstand des Hukbalahap niederzuschlagen, und genoß höchstes Ansehen im Weißen Haus. Erst später sollte ich erfahren, daß das verzweifelte Aufbäumen der Sekten und Flußpiraten gegen die Nationalarmee Ngo Dinh Diems in aller Heimlichkeit von dem Para-Offizier Roger Trinquier koordiniert wurde, der einst mein unmittelbarer Vorgesetzter im Commando Ponchardier gewesen war.

Ich war längst wieder in Europa, als Hanoi im Frühjahr 1955 endgültig geräumt wurde. Die Pariser Zeitungen brachten auf der ersten Seite eines der eindrucksvollsten Bilder dieses Krieges: Das letzte französische Détachement zog sich über die Paul-Doumer-

Brücke zum Flugplatz Gia Lam zurück. Unmittelbar dahinter marschierte in massierter Formation ein Eliteregiment des Vietminh, dessen Soldaten die Gewehre mit den aufgepflanzten Bajonetten nach russischem Vorbild wie zum Angriff gewinkelt trugen. Zwischen den beiden feindlichen Einheiten ging ein einsamer französischer Hauptmann. Auf seinen Armen hielt er die gefaltete Trikolore, als trüge er ein heiliges Sakrament.

# Von Sartre bis Ibn-Khaldun

## Existentialismus in Paris

Die Koordination meiner Studien und einer intensiven journalistischen Reisetätigkeit von Korea bis Bolivien haben mich damals erhebliche Anstrengungen und Konzentration gekostet. Aber im Sommer 1950 erwarb ich eine »Licence-ès-Lettres« inklusive eines »Certificat de Littérature Américaine«. Ein Jahr später bestand ich die Prüfungen für das »Diplôme des Sciences Politiques«. Anfang 1954 fand schließlich meine »soutenance de thèse de Doctorat« in der Sorbonne statt.

Die Fondation Nationale des Sciences Politiques war damals noch eine großbürgerliche, teilweise aristokratische Institution, und auch wenn deren Studenten nicht mehr gestreifte Hosen trugen, gab man sich elegant und elitär. Manche »jeunes filles de bonne famille«, die den Vorlesungen folgten, hielten dort Ausschau nach dem Kandidaten für eine standesgemäße Heirat.

Trotz meiner Konfektionsanzüge fügte ich mich in diesen Kreis problemlos ein und trank nach dem Nachmittagsseminar die übliche Tasse Tee im kleinen und feinen Café Basile, das dem Institut gegenüberlag. Als ich dort mit einer eigenwilligen und sympathischen Kommilitonin häufig gesehen wurde, kam bereits die Vermutung auf, ich beabsichtige mich mit Michèle Ferrieu zu verehelichen. Nicht nur der spätere Präsident der Republik, Jacques Chirac, sollte die Wahl seiner Gattin – aus solidem Adel stammend – auf den Bänken von Sciences Po treffen.

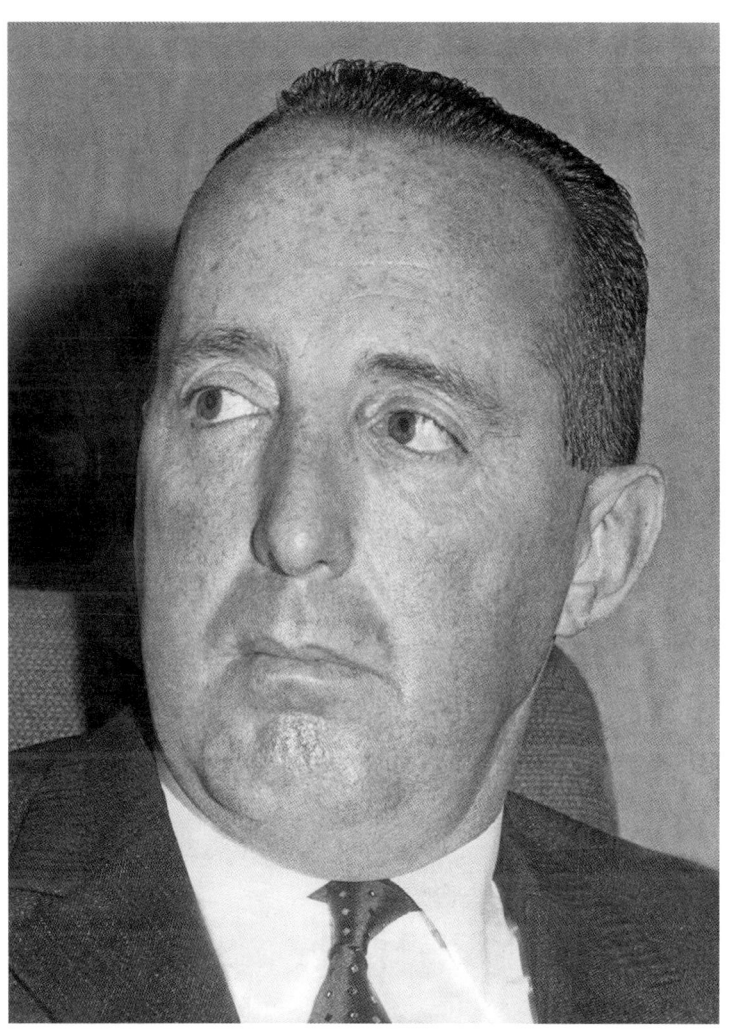

1 Peter Scholl-Latour, 1969.

2  Selbst ehemaliger Soldat in Indochina, berichtet Peter Scholl-Latour später über den französischen, danach den amerikanischen Vietnamkrieg.

3  1973 gerät sein ZDF-Team in die Gefangenschaft des Vietcong.

4 Peter Scholl-Latour wird nach acht Tagen zusammen mit Kameramann Josef Kaufmann, Assistent Klaus Pattberg und Toningenieur Dieter Hofrath wieder freigelassen.

5 Hanoi 2004: Gespräch mit General Vo Nguyen Giap, dem Sieger von Dien Bien Phu.

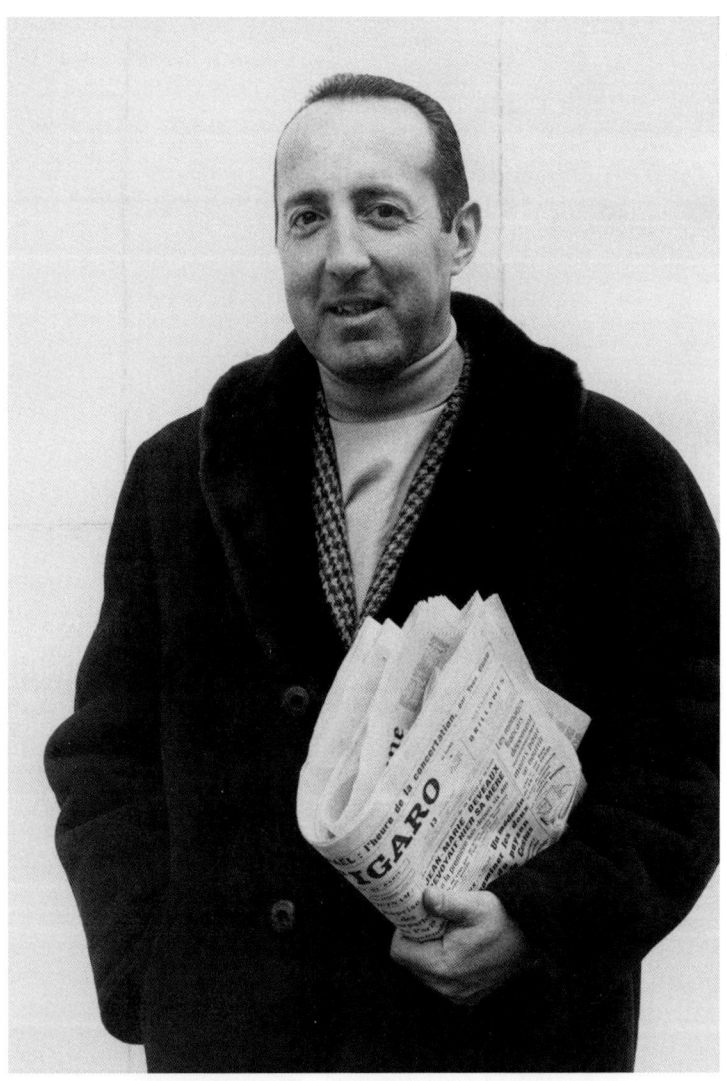

6 »Ich habe den Mai 68 als eine hinreißend romantische Darstellung genossen.«

7 Arbeit an der Schnittfassung für eine Fernsehdokumentation.

8 Peter Scholl-Latour ist in den sechziger Jahren für den Hörfunk tätig und berichtet vor allem aus Afrika.

9 1979 begleitet Peter Scholl-Latour Ayatollah Ruhollah Khomeini auf dem Flug von Paris nach Teheran. Wenig später interviewt er ihn in der heiligen Stadt Qom.

10 Bei Dreharbeiten für eine Afrika-Dokumentation im Südsudan trifft Peter Scholl-Latour 2001 den Oberbefehlshaber und den Gouverneur von Bahr-el-Ghazal.

11 Im Gespräch mit Nabil Scheikh Qaouq, dem militärischen Befehlshaber der schiitischen Hizbullah im Südlibanon.

12 Begegnung mit Großayatollah Mohammed Yaqubi in der irakischen Stadt Najaf im Jahr 2004.

13 Vor dem Kriegerdenkmal in Lugansk in der Ostukraine bei Dreharbeiten für die Fernsehdokumentation »Russland im Zangengriff«, 2006.

14 Peter Scholl-Latour und sein Team 2002 im Wardak-Tal in Afghanistan.

15 Im Zug zwischen Dalian und Port Arthur im Sommer 2006.

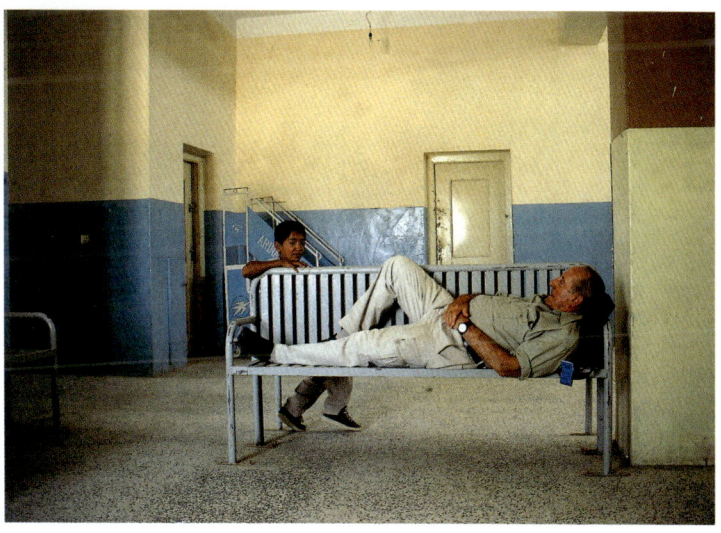

16 Flughafen Mazar-e-Sharif, Afghanistan: Warten auf ein Flugzeug nach Kabul, Herbst 2002.

17 Mit aufständischen Tschetschenen in der Nähe von Grosny.

18 Unterwegs mit den Mujahedin während der sowjetischen Besatzung von Afghanistan 1980.

19 Patrouille der britischen Armee in Basra, Südirak 2004.

20 In der Pilgerstadt Balkh in Nordafghanistan im Herbst 2004.

21 An der Grenze zwischen Tadschikistan und Afghanistan bei Dreharbeiten für die Fernseh-Dokumentation »Kampf dem Terror, Kampf dem Islam?«, 2002.

22 Kundus 2011: Peter Scholl-Latour mit Kameramann Holger Schüppel und Cornelia Laqua.

Das Quartier Latin im Umkreis von Saint-Germain-des-Prés wurde in jenen Jahren von einer ganz anderen Geistesrichtung aufgewühlt, und die vornehmen Jünglinge aus der nahen Rue Saint-Guillaume nahmen sich am Rande der turbulenten Strömungen des Existentialismus als versnobte Außenseiter aus. Es war die große Stunde Jean-Paul Sartres. Man disputierte im Café de Flore oder den Deux Magots über die philosophische These, ob die Existenz dem Wesen vorausgehe, »si l'existence précède l'essence«.

Gleichzeitig begeisterte man sich für wilden Jazz und tanzte Boogie-Woogie im Vieux Colombier. Im Kellerlokal Le Tabou trat Juliette Gréco mit ihren tristen Liedern als Muse einer intellektuellen Auflehnung auf, die den Materialismus der USA zwar verwünschte, aber der Musik und der Literatur der Neuen Welt verfallen war. Es war die Zeit der großen Chansonniers, und noch heute berührt es mich, wenn irgendwo die ironischen und zarten Verse Jacques Préverts in der Vertonung von Joseph Kosma ertönen. Wer begeisterte sich in jenen Nachkriegsjahren nicht für die Romane Faulkners, Hemingways oder Dos Passos'? Wer vibrierte nicht zum Klang des Saxophons von Sidney Bechet?

Für jemanden, der wie ich die Haftzellen der Gestapo und die Reisfelder Indochinas hinter sich hatte, bestand nur eine begrenzte Affinität zum exklusiven Hedonismus von Saint-Germain-des-Prés, der in den Filmen Jean Cocteaus auf magische Weise verzaubert wurde. Der sartrische Heroismus der »Chemins de la liberté« klang in meinen Ohren falsch und verlogen. Die Prosa Boris Vians war zur Kurzlebigkeit verurteilt. Zur gleichen Zeit – während die Bühnenstücke »Morts sans sépulture« oder »La Putain respectueuse« auf internationalen Applaus stießen, tauchte aus den Tiefen Frankreichs eine ganz andere, eine geradezu asketische Geistesrichtung auf.

Die Autoren François Mauriac und Georges Bernanos, um nur sie zu nennen, entwarfen Gesellschaftsbilder einer vom gallikanischen Katholizismus und vom Jansenismus gezeichneten Nation. Sie verbreiteten eine weihevolle Düsternis, in der die Heiligkeit der wenigen Erwählten – ähnlich wie der Pfarrer von Ars – vom Wüten Satans verfolgt und schier erdrückt wurden. Meine persönliche Vorliebe galt dem pathetischen, oft mythomanen Werk André Malraux', seinem grandiosen fernöstlichen Entwurf der »Condition humaine« und mehr noch der sparsamen Prosa der »Voie Royale«, in der ich mich selbst ein wenig wiederfand.

Im Rückblick erscheint es mir fast, als wäre diese bacchanalische Episode des studentischen Existentialismus des Quartier Latin, die sich auf den Spuren des genialen mittelalterlichen Bänkelsängers Villon bewegte, mit dem Erscheinen des kleinen Bandes einer völlig unbekannten »Bourgeoise« namens Françoise Sagan abgeklungen und verblaßt, der unter dem Titel »Bonjour Tristesse« einen Publikumstriumph feierte.

Viele Jahre später, als wir eine Fernsehdokumentation über die Stimmung der französischen Jugend am Vorabend der Mai-Revolution von 1968 produzierten, hatte ich – gewissermaßen als Leitmotiv – den elegischen Abschiedsgesang der gealterten und durch Schönheitsoperationen gezeichneten Juliette Gréco gewählt. »Il n'y a plus d'après à Saint-Germain-des-Prés«, lautete die Klage, in unzulänglicher Übersetzung: »Es kommt nichts mehr nach in Saint-Germain-des-Prés.«

## Eine erste Arabellion

Die Erkundung des Schwarzen Kontinents, die ich unmittelbar nach dem Ausscheiden aus meinem saarländischen Regierungsamt unternahm, hat beinahe sechs Monate gedauert. Die Endstation dieser kontinentalen Tournee war Ägypten, wo sich phänomenale Ereignisse im Niltal, in Kairo und Alexandria abspielten. Heute würde man sie als »Arabellion« bezeichnen. Für mich persönlich fand dort eine neue Weichenstellung statt.

*

Die Hauptstadt am Nil schwirrte im Sommer 1956 vor Gerüchten. Selbst die bleierne Hitze lähmte nicht die Nervosität, die sich der einheimischen Masse und der fremden Botschaften schleichend bemächtigt hatte. Der Rais, wie man Präsident Gamal Abdel Nasser zu nennen pflegte, hatte auf einer gewaltigen Kundgebung in Alexandria die Nationalisierung des Suezkanals verfügt. Er hatte damit die Entente-Mächte Großbritannien und Frankreich, die die effektive Kontrolle und die Aktienmehrheit dieses Wasserweges zwischen Afrika und Asien besaßen, in unerträglicher Weise herausgefordert. Der Bikbaschi, der Oberst, so hieß Nasser damals noch in den hämischen Kommentaren an Themse und Seine, hatte seine ägyptischen Zuhörer in einen Rausch der Begeisterung versetzt. Er hatte seine Rede mit ein paar hocharabischen Sätzen begonnen, war dann aber – wie üblich – in den Dialekt des Niltals verfallen und von seinem rednerischen Talent mitgerissen worden.

Dieser Nationalist, der als Kind schon den englischen Flugzeugen, wenn sie über seinem Dorf in Oberägypten dahinzogen, die geballte Faust gezeigt hatte, war sich seines Wagnisses voll bewußt. Er habe seine Rede immer wieder durch hysterisches Gelächter unterbrochen, hieß es in einem Bericht der Französischen Botschaft. In jenen Tagen überschätzten die »Freien Offiziere«, die 1952 den fetten König Faruk verjagt hatten – ihr Aufstand hatte sich an der arabischen Niederlage in Palästina entzündet –, wohl noch die Macht des britischen Löwen. Sie standen unter dem Eindruck eines halben Jahrhunderts semikolonialer, hochmütiger Präsenz Albions.

Der Tribun Nasser, der im Dienste des arabischen Nationalismus eine solche Energie und Dynamik entfaltete, könne doch kein authentischer Ägypter sein, hatten die britischen Intelligence-Experten ursprünglich gemutmaßt und nachgeforscht, ob nicht türkisches, albanisches, kaukasisches Blut in Nassers Adern floß. Aber sie hatten sich überzeugen müssen, daß es sich um einen echten Sohn des Niltals, Sprößling einer einfachen Fellachenfamilie handelte. Der Vater hatte es immerhin zum Postbeamten gebracht.

Jedenfalls war man in London und Paris fest entschlossen, dem Bikbaschi eine Lektion zu erteilen. Für die Engländer ging es um die Wahrung ihrer gesamtarabischen Position zwischen Libyen und dem Persischen Golf, um die Orientierung der Arabischen Liga, deren diskrete Förderer sie mit ihren panarabischen Utopien von Anfang an gewesen waren. Für die Franzosen ging es um den Maghreb. »Eine französische Division im Niltal ist zehn Divisionen in Algerien wert«, hatte Generalgouverneur Lacoste schwadroniert.

Ich war von Süden nach Kairo gekommen. Vor dem Abflug aus Khartum hatte ich das Schlachtfeld von Omdurman besucht, wo Lord Kitchener 1898 dem islamischen Aufstand des Mahdi ein blutiges Ende gesetzt hatte. Ab Luxor, wo die Tempel von Karnak vom Touristenbetrieb noch weitgehend verschont waren, war ich mit der Bahn nilabwärts in die Hauptstadt weitergereist. Kairo war damals eine kosmopolitische Stadt, aber man spürte bereits die spröde Hand der Revolution. Gamal Abdel Nasser hatte Nationalismus und Sozialismus auf seine Fahnen geschrieben. Die Ambitionen dieses hoch- und breitgewachsenen Offiziers waren immens – panarabisch, panafrikanisch, sogar panislamisch –, wenn er auch die konspirativen Zellen der Muslimbrüder unerbittlich zerschlug und deren Anführer, darunter den radikalen Prediger Sayyid Qutb, hängen ließ.

Erst sehr viel später sollte man erkennen, daß dieser arabische Revolutionär – bei aller krampfhaften Verweigerung westlicher Vorherrschaft – widerwillig im Einflußbereich abendländischer Ideenanleihen verharrte. Sein ägyptischer und panarabischer Nationalismus war ohne die europäischen Denkschulen nicht zu erklären. Sein Sozialismus war – nolens volens – vom Vulgärmarxismus geprägt. Am Ende sollte ein fortschrittlich schillerndes Militärregime stehen, dessen privilegierte Offiziere meist aus dem Kleinbürgertum stammten und deshalb die feudalistische Schicht der Paschas und Effendis, vor allem aber auch die bislang allgegenwärtige nationalliberale WafD-Partei aufs Äußerste bekämpften. Es wurde ein arabischer Sozialismus proklamiert, der sich die stürmische Industrialisierung des Niltals – durch die Schlagworte »Assuan« und »Heluan« beflügelt – zum Ziel gesetzt hatte.

Es wurde damit nicht viel bewegt, ebenso wie bei der Bemühung, der Wüste jenseits der Überschwemmungszone des Nils fruchtbares Land abzuringen. Die Schulen wurden nationalisiert und militarisiert. Die Frauen sollten im patriotischen Sinne emanzipiert werden. Daß die kleinbürgerliche Mediokrität, daß der levantinische Schlendrian schließlich über diese lyrischen und sehr ehrbaren Ambitionen siegen würden, war damals noch nicht abzusehen und kann auch nicht dem Rais allein angelastet werden. Der Schlamm des Niltals ist zäh und klebrig. Das vieltausendjährige Land der Pharaonen zu revolutionieren und zu dynamisieren sollte sich als übermenschliche Aufgabe erweisen.

Die rassischen und religiösen Minderheiten von Kairo und Alexandria, die bisher über Einfluß und Macht verfügt hatten, spürten seit dem Umsturz von 1952, daß ihre Zeit zu Ende ging. Es war irgendwie symbolhaft, daß Gamal Abdel Nasser seine Brandrede zur Nationalisierung des Suezkanals in Alexandria gehalten hatte, in jener alten hellenistischen Gründung, in der das Roman-Quartett des Briten Lawrence Durrell mythologisiert und künstlerisch verdichtet wurde. Die Griechen, Juden, Armenier, Libanesen, Italiener, aber auch die ägyptischen Kopten im Niltal witterten mit dem Instinkt ewig bedrohter Minoritäten die eingetretene Wandlung.

Hinter den Parolen des arabischen Nationalismus – »Araber« war bisher fast ein Schimpfwort gewesen – verbargen sich die islamische Rückbesinnung und islamische Intoleranz. Es war kein Platz für Justine, Balthasar und Nessim mehr. Beinahe zwangsläufig endet bei Durrell der Lebensweg der schönen und extravaganten Jüdin Justine, der Gattin des reichen Kopten Nessim aus Alexandria, in einem klösterlich kargen Kibbutz des Staates Israel.

An einem Zeitungsstand von Qasr el-Nil beim Verlassen der Konditorei Groppi war mir in einer lokalen griechischen Zeitung der Titel aufgefallen: »Hoi Galloi stin Kypron – Die Franzosen auf Zypern«. Nicht nur die Engländer konzentrierten Truppen auf der

Insel Aphrodites. Auch die Franzosen waren mit Vorausabteilungen einer Fallschirmdivision dort eingetroffen. Der sozialistische Ministerpräsident Guy Mollet, der sich in Paris in Abstimmung mit Anthony Eden anschickte, den Suezfeldzug der Entente-Mächte einzuleiten, ahnte nicht, daß er mit diesem aussichtslosen und törichten Unternehmen den Schlußstrich unter hundertfünfzig Jahre französischen Einflusses im Niltal zog.

Das Erwachen der arabischen Nation, die Modernisierung des Orients, die Einbeziehung des Islam in westliche Staats- und Gesellschaftsnormen hatten mit der Landung Napoleon Bonapartes, des Ersten Konsuls, in Ägypten begonnen. Die großen Dinge vollzögen sich im Orient, hatte der Korse sinniert. Er war von diesem historisch-strategischen Abenteuer – die Abschnürung der Verbindungswege zwischen England und Indien war wohl nur ein Vorwand – zutiefst besessen gewesen. Bevor er die Mameluken – Nachkommen von Sklaven, Leibwächtern und Palastwächtern aus dem Kaukasus, die seit Jahrhunderten mit Billigung der Hohen Pforte eine turbulente Willkürherrschaft im Niltal ausübten – vor den Toren Kairos besiegte, hatte Napoleon seinen Soldaten zugerufen: »Von der Höhe dieser Pyramiden blicken vierzig Jahrhunderte auf euch herab.«

Sein Ägyptenfeldzug endete im Fiasko. Aber es blieb die kulturelle und zivilisatorische Befruchtung. Jene französischen Orientalisten und Gelehrten, die den Ersten Konsul nach Ägypten begleiteten, diese »Esel – les ânes«, wie die Soldaten sie nannten, hinterließen mit ihren Studien und Schriften bleibende und richtungweisende Spuren. Die arabische »Nahda« hatte ihnen immens viel zu verdanken. Der Korse führte zwar damals noch »Die Leiden des jungen Werthers« als Lieblingslektüre bei sich und verzehrte sich in seinen Briefen an die unbeständige Joséphine. Aber gleichzeitig imponierten ihm die Größe und die Strenge des Islam. Seine Proklamationen an die Ägypter begann er mit den Worten: »Bismillahi rahmani rahim – Im Namen Allahs, des Barmherzigen, des Gnädigen«. Er diskutierte mit den Ulama, den Korangelehrten von

El Azhar, und hätte sie gern als politisches Balanceelement gegen die Mameluken eingesetzt. Der spätere Kaiser der Franzosen spielte sogar mit dem Gedanken, zum Islam überzutreten.

Die radikale Umwandlung Ägyptens zu einem militärischen und ökonomischen Machtfaktor, die sich im Zeichen des westlichen Modernismus zwanzig Jahre später unter dem genialen Wali Mehmet Ali vollzog, ist ohne diese napoleonische Expedition gar nicht zu erklären. Mehmet Ali, dieser ehemalige albanische Tabakhändler, war es auch, der die Herrschaft der Mameluken durch ein wohlgeplantes Gemetzel in der Zitadelle von Kairo beendete.

Im Sommer 1956 stand Kairo schon im Zeichen des Abschieds vom Okzident. Luxus und Dekadenz der Minderheiten waren zwar noch überall sichtbar. Aber die blühenden ausländischen Kulturinstitute bangten um ihre Zukunft. Die christlichen Schulen sahen sich in ihrer Existenz bedroht, sobald es zur unausweichlichen Kraftprobe käme. Sogar das verruchte Kairoer Nachtleben wurde vom islamisch-kleinbürgerlichen Puritanismus aufs äußerste eingeengt. Mit Nostalgie erzählten alternde »Jouisseurs« von orgiastischen Festen, die einst auf den bewohnten Booten am Nil veranstaltet wurden.

In jenen Tagen traf ich Jean Lacouture, der als Korrespondent einer Pariser Abendzeitung in der ägyptischen Hauptstadt akkreditiert war. Als eingefleischter Linksliberaler, der paradoxerweise ein Aficionado des Stierkampfes war, empörte sich der Franzose über die Kriegsvorbereitungen der eigenen Regierung. Er war soeben von einem Abstecher aus dem Libanon zurückgekommen. Als er hörte, daß ich mich anschickte, nach Beirut zu fliegen, gab er mir den Rat, einen guten Bekannten, den Professor Jacques Berque, im Gebirgsdorf Bikfaya aufzusuchen. Dieser Orientalist, der dort ein Sprachzentrum leitete, könne mir stichhaltige Auskünfte über die Zukunft der panarabischen Revolution geben.

# Orientalische Initiation

Die Sammeltaxis, die nach Damaskus, nach Saida oder in die Gebirgsdörfer des Mont Liban fuhren, warteten in langer Reihe an der Place des Canons, am Bordj, wie man damals sagte, die einen am Rande des ausgedehnten Bordellviertels und seiner stinkenden Lasterhöhlen, die anderen am Ausgang des Suq, der levantinischen Händlergassen, die zu den Großbanken der Rue Allenby – an der Freitagsmoschee vorbei – und zu den mondänen Treffpunkten der libanesischen Hauptstadt überleiteten. »As Scham«, brüllten die Chauffeure, die Kunden nach Syrien suchten. Ich ging zu der Gruppe, die »Bikfaya-Baskinta« schrie.

Der Bordj sollte später in »Platz der Märtyrer« umbenannt und mit einem häßlichen Denkmal zu Ehren jener arabischen Nationalisten – meist Christen – ausgestattet werden, die im Ersten Weltkrieg hier von den Türken gehängt worden waren. Niemand hätte sich vorstellen können, daß dieser brodelnde Treffpunkt orientalischen Lebens im Sommer 1975 zur Frontlinie zwischen christlichen Phalangisten und sogenannten Palästina-Progressisten werden, daß hier eine Wüste aus Trümmern und Schutt entstehen würde.

Ich zwängte mich in das Taxi, in dem bereits vier Libanesen saßen. Mit Kreuzen und Marienmedaillons um den Hals wies der Chauffeur sich als Christ aus. An der Windschutzscheibe klebten Madonnen- und Herz-Jesu-Bilder. Vom Spiegel hing ein Rosenkranz. Auch der heilige Georg mit dem Drachen war vertreten. Vor der Fahrt bekreuzigten sich die Passagiere. Die Straßen ins Gebirge waren gewunden, und die libanesischen Chauffeure rasten wie Selbstmörder.

An der Kurve von Antelias, beim Sitz des armenischen Katholikos, bogen wir ins Gebirge ab. In steilen Kurven erkletterten wir die Metn-Provinz. Der Ausblick von der Höhe war herrlich. Beirut schob sich mit seiner weißen Häusermasse wie eine gigantische phönizische Hafenzitadelle ins tiefblaue Mittelmeer. Die Dörfer des Metn waren von Obstgärten eingerahmt, die Steinhäuser sauber und stattlich. An den Felsvorsprüngen klebten Klöster des streitbaren Ordens der Maroniten-Mönche und erinnerten an die gar nicht ferne Zeit, da die orientalische Christenheit nur im Schutz der Berge ein Minimum an kollektiver Eigenständigkeit gegenüber dem alles beherrschenden Islam behaupten konnte.

Nach einer knappen Stunde erreichten wir Bikfaya. Das Dorf gefiel mir auf den ersten Blick, mit seiner bukolischen Ruhe, dem strahlenden Meerespanorama und der sanften Masse des Sanin im Osten, dessen Gipfel trotz der sommerlichen Jahreszeit noch von ein paar Schneefetzen gekrönt war. Das Taxi hielt auf meine Weisung vor einer Villa in grauem Naturstein, wo das »Zentrum zur Erlernung der modernen arabischen Sprache – Centre d'Études Pratiques d'Arabe Moderne«, abgekürzt CEPAM, untergebracht war.

Dem Institutsleiter Jacques Berque war meine Ankunft avisiert worden. Es war gerade Pause, und er empfing mich inmitten der Lehrgangteilnehmer in einem weiten Salon, dessen Terrasse sich auf das Mittelmeer und die grünen Hänge öffnete. Professor Berque hatte sich schon damals in seltsamer Mimikry die gesetzten Bewegungen und die höflich distante Art eines muslimischen 'Alim angeeignet. Sein kurzes Borstenhaar und der Schnurrbart waren leicht ergraut. Er stellte mir verschiedene seiner Zöglinge vor – Diplomaten, Offiziere, ehemalige Zivilkontrolleure aus Marokko und Kolonialadministratoren, eine Gruppe junger Universitätsdozenten –, etwa zwei Dutzend insgesamt. Die Kursteilnehmer tranken Tee oder schenkten sich zu dieser frühen Stunde bereits Whisky ein. Aus dem Plattenspieler tönte zuerst ein Vivaldi-Konzert, dann eine Balladenfolge von Georges Brassens. Die Runde wirkte elegant und heiter.

Plötzlich kam mir der Gedanke, mich für den nächsten Lehrgang, der im Herbst beginnen würde, zu bewerben. Ich befand mich ohnehin in einer Phase beruflicher Umorientierung, und eine Spezialisierung in arabischen Fragen erschien mir zukunftsträchtig. Den Zeitungen und Rundfunkstationen, für die ich berichtete, könnte ich angesichts der wachsenden Krisenstimmung einen solchen Aufenthalt als Korrespondent in der Levante plausibel motivieren. Die Genehmigung des Quai d'Orsay, mich beim CEPAM einzuschreiben, dürfte keine Schwierigkeiten bereiten. Jacques Berque nahm meinen Antrag mit wohlwollendem Lächeln und einladender Handbewegung entgegen. »Ahlan wa sahlan«, sagte er. Ich verstand damals noch nicht, daß dieser Willkommensgruß in wörtlicher Übersetzung den Wunsch nach »Familienglück und Leichtigkeit im Leben« ausdrückt.

*

Bevor ich mich in die Klausur von Bikfaya begab, wo ich versuchte, mich der Schicksalsfrage einer arabischen Wiedergeburt zu widmen, wurde mir zu Beginn des Jahres 1956 eine religiöse Initiation gewährt. Am späten Abend hatte ich nach Überwindung einer beschwerlichen Sandpiste die Oase Tamanrasset im Süden der algerischen Sahara erreicht. Der Ort bestand aus roten Lehmhütten, auf deren Wänden die Maurer – vielleicht aus irgendeinem Aberglauben – langgezogene Fingerspuren hinterlassen hatten. Ähnlich gezeichnet durch die äolische Erosion – als sei der Finger Gottes am Werk gewesen – waren die roten Basaltfelsen, die den Horizont rundum versperrten.

Der französische »Offizier für Eingeborenenfragen« empfing mich in weiten Pluderhosen und einem prächtig bestickten maurischen Umhang. Er lebte in seinem Bordj mit einer kleinen Garde von Tuareg. Tamanrasset liegt 1400 Meter hoch, und die Nacht war kalt. Im Gästehaus wurde uns Kamelfleisch serviert. Auf dem Weg zu meiner bescheidenen Bleibe begegnete mir eine Gruppe bewaffneter Tuareg. Sie stolzierten wie Statisten zwischen den mageren Ethelbäumen, die wie verkrüppelte Trauerweiden aussahen.

Am Morgen nach meiner Ankunft fuhr mich Capitaine Laurent zu einem kleinen Fort am Rande der Ortschaft. Die Lehmfestung kam mir seltsam bekannt vor, als hätte ich sie schon einmal im Traum gesehen. Plötzlich kam die Erleuchtung. Ich fühlte mich um zwanzig Jahre zurückversetzt. Damals war ich im westschweizerischen Fribourg mitsamt den anderen Internatsschülern in einen erbaulichen Film über den Wüsteneremiten Charles de Foucauld geführt worden. Um die Jahrhundertwende der Belle Époque hatte er ein Leben in Saus und Braus geführt. Aber dann kam der Wandel. Er wurde – als jüdischer Rabbi verkleidet – nach Marokko eingeschleust, um die französische Eroberung dieses Sultanats vorzubereiten. In den Gassen der maghrebinischen Medinas, im Kontakt mit der intensiven Frömmigkeit des Islam, überkam ihn die göttliche Gnade. Er trat in den Trappistenorden ein und zog sich später in das Herz der Sahara, nach Tamanrasset zurück, um dort als Einsiedler und Büßer zu leben.

Dieser fränkische »Marabu« hatte bei den ortsansässigen Stämmen offenbar hohe Achtung genossen, auch wenn natürlich kein Muslim daran dachte, der Lehre Mohammeds seinetwegen den Rücken zu kehren. Während des Ersten Weltkrieges, als Afrika von französischen Truppen entblößt wurde, drangen die fanatischen Senussi, deren religiöser Orden ursprünglich in der Cyrenaika beheimatet war, auch in das Hoggar-Gebirge ein und gewannen die Tuareg-Stämme für ihre kämpferische Gemeinschaft. Nun schlug die Stunde des Martyriums für den Einsiedler Charles de Foucauld. Ein Trupp verschleierter Wüstenkrieger brach in sein unverteidigtes Wüstenfort ein und erschoß ihn.

»Sie sollten den Assekrem-Paß besuchen«, hatte mir der Capitaine geraten, als wir den Bordj verließen. »Ganz ohne Nachfolger ist dieser Einsiedler nämlich nicht geblieben.« Die Sand- und Steinpiste stieg in steilen Windungen. Zu Füßen des Assekrem-Felsens mußte ich aussteigen. Der Pfad war unbefahrbar. Der Paß lag bei 2700 Metern Höhe. Die Kälte war beißend, obwohl der Abend noch nicht fortgeschritten war. Keuchend kam ich auf der Höhe an. Zwei blaugekleidete Männer mit Turban, Gesichtsschleier und Sandalen an den bloßen Füßen erwarteten mich. Auf der Brust trugen sie ein schmuckloses Kreuz aus Holz.

Als ich zu ihnen trat, senkten sie den Schleier wie ein Visier. Europäische Gesichter kamen zum Vorschein, von üppigen, blonden Bärten eingerahmt. »Soyez le bienvenu – Herzlich willkommen«, sagte der Ältere, der sich als Frère Vincent vorstellte. Sein Gefährte hieß Louis. Sie gehörten der Gemeinschaft der »Kleinen Brüder vom Heiligen Herzen Jesu« an, die das Beispiel Charles de Foucaulds nachleben wollten. Sie hatten die islamische Umwelt erwählt, nicht in der Absicht zu missionieren, wie sie erklärten, denn spätestens seit der Gründung des Ordens der »Weißen Väter« durch die Kreuzrittergestalt des Kardinals Lavigerie hatten die Franzosen erkannt, daß man einen Muselmanen nicht zum Glauben von Nazareth bekehren kann. Sie wollten lediglich, in aller Demut und Armut, die Nachfolge Christi vorleben, und das war – bei Gott – kein bescheidenes Unterfangen in dieser Landschaft am Ende der Welt.

Das Spiel der Wintersonne tauchte die gigantische Mondlandschaft, diese zu Stein erstarrte Springflut, in eine ständig wechselnde Symphonie von Farben. Ein zartes Rosarot gab den Grundton, verdunkelte sich aber jäh zu Violett, ging dann über in Gelb und Pastellblau. Als der Wind aus dem Fezzan im Licht des erlöschenden Tages über die monumentale Basaltorgel strich, schien es, als müsste jeden Moment aus der menschenleeren, schweigenden Wildnis eine überirdische Sphärenmusik erklingen. »Die Sonne tönt, nach alter Weise, / In Brudersphären Wettgesang, / Und ihre vorgeschriebene Reise / Vollendet sie mit Donnergang«, zitierte Bruder Vincent, der einmal Germanistik studiert hatte, bevor er dem Ruf der Wüste gefolgt war, den Erzengel Gabriel im Prolog zu Goethes »Faust«.

Er bat mich in seine Höhle. Ein Eisenbett, über das ein paar Kamelhaardecken gebreitet waren, bildete das einzige Zugeständnis an westlichen Komfort. Ein vergilbtes Bild stellte den Père de Foucauld dar, einen ausgezehrten, hageren Mann, auf dessen weißem Burnus ein Kreuz und das Herz Jesu aufgenäht waren. Aus dem Blick des Eremiten sprach eine Mischung von Verzückung und Re-

signation. Er mußte den Tod durch die Senussi als Erlösung empfunden haben.

Louis, der jüngere der beiden Brüder vom Heiligen Herzen Jesu,
hatte Tee gekocht. Sie luden mich ein, zum Abendessen zu bleiben.
Es würde nur gehacktes Kamelfleisch und Brotfladen geben. »Man
braucht seine Zeit, bis man sich an die Existenz des Anachoreten
gewöhnt«, meinte Vincent. »Das blaue Indigogewand macht noch
keinen Targi aus.« Er deutete auf die Schlucht, derer sich bereits
die Schatten bemächtigten. Mit groben Felsbrocken war dort ein
Rechteck abgegrenzt worden mit einer halbkreisförmigen Ausbuch-
tung nach Osten. »Sehen Sie diese Behelfsmoschee, ›la mosquée des
nomades‹, wie wir sie nennen«, erklärte Vincent. »Der Halbkreis
weist nach Mekka, gibt die Qibla, die Gebetsrichtung, an.«

Tatsächlich erkannte ich einen alten Mann, der sich zum Gebet verneigte und mit der Stirn den sandigen Boden berührte. »Sie
sind fromme Muslime, diese Tuareg«, sagte Louis, »ohne profunde
Kenntnis ihrer Religion, aber der einfältige Glaube ersetzt vorteilhaft die Gelehrsamkeit. Auf dem Höhepunkt der Senussi-Revolte
waren sie mit Begeisterung in den Sog der mystischen Sufi-Be-
wegung geraten. Heute sind ihre kollektiven Ritualübungen des
Dhikr seltener geworden. Aber der Marabutismus beherrscht weiterhin diese Außenseiter der islamischen Umma.«

Wir diskutierten über die Verwandtschaft dieser Bruderschaften
des Maghreb und des Sahel mit den Derwischen des arabischen
Orients. Louis, der über eine solide orientalische Ausbildung verfügte, verglich die Senussi mit den Wahhabiten Saudi-Arabiens, bei
denen ebenfalls der eifernde Puritanismus und die Suche nach der
ursprünglichen Reinheit der koranischen Lehre zu einer brisanten
politisch-religiösen Expansion geführt hat, mit dem Unterschied
allerdings, daß die saudischen Beduinen des Nedjd jede Form mys-
tischer Abschweifung, jeden Sufismus kategorisch ablehnten und
sich den asketischen, trockenen Vorschriften der hanbalitischen
Rechtsschule verpflichteten.

Die Dunkelheit erreichte nun auch den Assekrem-Paß, und die

beiden Fratres knieten nieder zum Completorium. Die Sprache der ersten Petrus-Epistel war der unerbittlichen Umgebung des Hoggar besser angepaßt als die süßlich-sulpizianische Frömmigkeit des Herz-Jesu-Kultes. »Fratres, sobrii estote et vigilate«, betete Vincent vor. »Brüder, seid nüchtern und wachsam. Denn euer Feind, der Teufel, geht um wie ein brüllender Löwe und sucht, wen er verschlingen kann. Widersteht ihm stark im Glauben!«

Die Kälte wurde unerträglich. Die beiden Eremiten gingen an simple Geräte, um ihre täglichen hydrographischen und meteorologischen Messungen vorzunehmen. »Wir sind trotz allem Abendländer geblieben; ein wenig wissenschaftliche Nebenbeschäftigung ist für uns unentbehrlich«, entschuldigte sich Vincent. Er zündete mit Kameldung ein Feuer an, denn die Temperatur, die am Assekrem bis auf siebzehn Grad minus herabsinken kann, hatte den Nullpunkt bereits unterschritten. Ich schnatterte unter der Kameldecke. »Qui resistere fortes in fide«, nahm Vincent wieder auf. »Mit dem Glauben haben wir Probleme. Da liegt die Versuchung. Unsere Halluzinationen sind nicht die des Säulenheiligen Antonius aus der Thebaischen Wüste. Uns erscheinen keine nackten Frauen und apokalyptischen Ungeheuer. Aber die Einzigkeit Gottes macht uns zu schaffen, wie der Islam sie so triumphierend, absolut und abstrakt verkündet.«

»Der heilige Augustinus war nicht von ungefähr Nordafrikaner, Berber und Bischof von Hippo Regius im heutigen Algerien. Nicht nur, daß seine Civitas Dei die Identität von Politik und Religion vorschreibt, die Unterordnung der Polis unter die göttliche Fügung, wie sie heute im militanten Islam wieder gepredigt wird. Augustinus quälte sich auch mit dem unergründlichen Geheimnis der Dreifaltigkeit. Für Mohammed gab es nur einen einzigen Gott, und der darf nicht dargestellt werden, denn er ist nicht anthropomorph. Da ist kein Vater mit dem Rauschebart, kein Sohn, der am Kreuze stirbt, keine Taube, die über den Wassern schwebt. Es gibt keinen Gott außer Gott. Und dieser einzige Gott zeugt nicht und wurde nicht gezeugt, ›lam yalid wa lam yulad‹.

Der Prophet von Mekka mag das Christentum nur bruchstück-artig verstanden haben. Vermutlich sah er in der Dreifaltigkeit die Gemeinschaft von Gottvater, Gottsohn und der Jungfrau Maria. Diese Assoziation war in seinen Augen eine Form von Vielgötte-rei, von Schirk, Spaltung der Einzigkeit Allahs. Die Christen ge-hören zwar zur Familie des Buches, weil sie an der abrahamitischen Offenbarung teilhatten, aber sie bleiben Muschrikin, Spalter und verkappte Polytheisten.

Sie kennen doch die Legende des Augustinus, als er am Strand von Hippo auf und ab ging, rastlos nach der Erklärung des Myste-riums der Trinität suchte, und wie er einen Knaben entdeckte, der mit einem Löffel Meerwasser in eine Sandkuhle schüttete. ›Was machst du da?‹ hatte der kabylische Bischof gefragt. ›Ich bin dabei, das Meer in diese Sandkuhle zu leeren‹, antwortete das Kind, das in Wirklichkeit ein Engel war. ›Das ist doch völlig unmöglich‹, er-widerte der heilige Augustinus. Doch der Cherub lächelte wissend: ›Ich werde eher die Fluten des Meeres in diese Sandgrube löffeln, als daß du das Mysterium der Dreifaltigkeit ergründest.‹

In der Wüste und im Islam ist alles so einfach«, seufzte Frère Vin-cent, »und die Anfechtungen des Glaubens können zur Zwangsvor-stellung werden. Wissen Sie, daß es Tage gibt, wo es mir schwerfällt, mich zu bekreuzigen? ›Im Namen des Vaters, des Sohnes und des Heiligen Geistes‹, wo ich sagen möchte: ›Bismillahi rahmani rahim – Im Namen Allahs, des Gnädigen, des Barmherzigen.‹ Dann greife ich wie ein mittelalterlicher Narr einen Stein auf und schleudere ihn gegen den nächsten Basaltfelsen, als könnte ich den gesteinigten Sa-tan, wie die Muslime ihn nennen, ›es scheitanu er radjim‹, verjagen.«

Tiefe Nacht umgab uns. Wir traten aus der Einsiedlerhöhle. Die Felsen zeichneten schwarze Scherenschnitte in einen Sternenhim-mel von unvorstellbarer Herrlichkeit. »Man gewinnt hier Distanz zu den nuancierten und komplizierten Geistern des Abendlan-des«, murmelte Vincent, der die seltene Gelegenheit zu einem Mo-nolog vor einem Zuhörer voll auskostete. »Von Pascal, der gern das Firmament betrachtete, stammt doch das Wort: ›Das ewige

Schweigen dieser unendlichen Räume macht mich schaudern.‹ Aber spüren Sie nicht die Geborgenheit und die Musikalität, die hier von der Unendlichkeit der Galaxien ausgehen? Er war wohl ein kleinmütiger Christ, der Philosoph Pascal. Man denke nur an seine berühmte Wette, sein krämerisches Versteckspiel mit Gott. Dieser verkappte Jansenist erklärte, daß es sich in jenem Falle lohne, an Gott zu glauben und seinen Geboten zu folgen. Wenn Gott existiere, zahle sich die Frömmigkeit am Tage des Gerichtes aus; wenn es Gott nicht gebe, sei aber auch nichts verloren. Erklären Sie einmal diese Wette, die so zahlreiche französische Gymnasiallehrer – ich gehörte ja einmal dazu – beeindruckt, einem frommen Muslim. Er wird dieses Kalkül zu Recht als Gotteslästerung empfinden, wo ihm die totale Ergebenheit, die völlige Unterwerfung unter den Willen Allahs, Erfüllung und Frieden bescheren.«

Louis beendete das allzu theologische Gespräch, indem er die verschiedenen Sternbilder erklärte. Die Venus leuchtete besonders hell. Einer Legende der Tuareg zufolge habe eine Fürstentochter vor grauen Zeiten auf Anraten eines bösen Magiers ihren Vater als Sklaven verkauft, um vollkommene Schönheit zu erlangen. Zur Strafe sei sie als Gestirn, als Venus, in die eiskalte Flimmerferne des Weltalls verbannt worden.

Warum ich diese geistliche Episode hier einfüge? Weil heute wieder, im Jahre 2014, der militante Islam entgegen allen Prognosen von Libyen und der Cyrenaika der Senussi aus im Begriff steht, sich der breiten Sahelzone und der unendlichen Weite der Sahara zu bemächtigen.

## Die Sprache des Propheten

Die Rückkehr nach Bikfaya im Spätherbst 1956 war enttäuschend. Berge und Meer waren von Nebel verhangen. Durch die Gassen fegte ein schneidender, feuchter Wind. Die wenigen Menschen hatten sich mit Pullovern, Schals und Wollmützen vermummt. In den zugigen Häusern hockten sie fröstelnd rund um die Kohlenbecken. In Abständen prasselten Regengüsse gegen die Fenster. Auch im CEPAM war die Stimmung gedrückt. Wenigstens bullerten hier die Petroleumöfen.

Bei den Kursteilnehmern drehten sich alle Gespräche um ein einziges Thema. Das Fiasko der franko-britischen Suezexpedition. Besonders die Militärs und Nordafrika-Spezialisten waren deprimiert. Es herrschte Katzenjammer bei den wenigen Hurra-Patrioten, während eine liberale Gruppe sich über den Dilettantismus der sozialistischen Regierung Mollet erregte und ein paar marxistisch orientierte Dozenten sich sogar schadenfroh die Hände rieben. Gegenseitige Abneigung und Gereiztheit kamen unter den verschiedenen Grüppchen dieser im Gebirge isolierten Mannschaft auf. Der nationale Zwist um die französische Nordafrika-Politik spiegelte sich im Mikrokosmos dieses erzwungenen »Huis clos«, dieser »Geschlossenen Gesellschaft«.

In Bikfaya war von der panarabischen Erregung der muslimischen Küstenbevölkerung wenig zu spüren. Der Quai d'Orsay hatte gewußt, warum er sich dieses wehrhafte christliche Dorf für die Gründung eines französischen Sprachzentrums ausgesucht hatte. In Bikfaya existierte seit langem eine Niederlassung der Jesuiten. Vor allem aber galt der Ort als Hochburg einer nationallibanesischen Partei – »Phalanges« oder auf arabisch »Kataeb« genannt –, die den Eid geleistet hatte, die stets gefährdete Gleichberechtigung der maronitischen Christenheit sowie auch deren seit dem Mandat gewonnenen Privilegien mit allen Mitteln zu verteidigen. Die Kataeb verfügten damals schon über eine bewaffnete Miliz.

Ihr Vorsitzender, Pierre Gemayel, war ein straffer, autoritärer Mann mit eindrucksvollem Adlerkopf. Er war Apotheker von Beruf. 1936 hatte er Berlin während der Olympischen Spiele besucht und soll gewisse Sympathien für die Achsenmächte empfunden haben. Aber damit stand er keineswegs allein im Orient. In seiner Parteizentrale am Hafen von Beirut war er in weißer Sportkluft dargestellt, die Hand zum olympischen Gruß erhoben. Seine Gefolgschaft rekrutierte sich aus den kleinen Leuten, bestenfalls aus dem Mittelstand der maronitischen Gemeinschaft. Die Christen des Gebirges hatten schon im neunzehnten Jahrhundert ihre gesellschaftliche Emanzipation vollzogen und ihre Feudalherren, die mehrheitlich der drusischen Geheimreligion angehörten, verjagt oder entmachtet.

Ohne daß wir es merkten, boten die Kataeb einen wirksamen Schutz gegen nasseristische Anschläge. Die Engländer unterhielten nämlich in der südlichen Gebirgsprovinz des Schuf, im Dorf Schemlan, ein vergleichbares Institut für Arabische Studien und hatten diese Einrichtung – ihrer Orienterfahrung gemäß – dem Schutz durch die dort ansässigen Drusen anvertraut. Aber die schießfreudigen Gefolgsleute des Drusenführers Kamal Jumblatt hatten es nicht verhindern können, daß das britische Zentrum durch einen Bombenanschlag beschädigt wurde.

Es war bezeichnend für die unterschwellig immer noch glimmende Rivalität zwischen Franzosen und Engländern im Orient, daß uns Professor Berque schlicht untersagte, mit den Kollegen von Schemlan irgendeinen Kontakt aufzunehmen. Erst später erfuhren wir, daß sich unter den Internen dieses britischen Instituts der ominöse Sowjetagent Kim Philby befand, der seinen Aufenthalt am Libanon als Ausweichstation vor seinem endgültigen Absprung nach Moskau benutzte.

Im Hotel Dagher war ich in diesem Spätherbst der einzige Gast. Die meisten anderen Lehrgangsteilnehmer hatten mit ihren Familien Häuser in Bikfaya gemietet. Ich wurde meinerseits in die Sippe Dagher einbezogen und kostete fast zwei Jahre lang das libanesische Nationalgericht Kebbeh in allen nur denkbaren Variationen. Die Großfamilie Dagher – dazu gehörten Großmutter, Tanten, Onkel, Neffen, Cousinen und Enkel – versammelte sich während des ganzen Winters frierend im großen Salon des Untergeschosses.

Als Oberhaupt dieses Clans fungierte der etwa fünfzigjährige Émile, der nur einmal im Monat, wenn er geschäftlich nach Beirut mußte, den braunen Schlafrock und die Filzpantoffeln auszog.

Es waren freundliche und gastliche Leute. Da sie der besitzenden Schicht angehörten und sich etwas darauf einbildeten, sprachen sie auch untereinander ein Gemisch aus Arabisch und Französisch. An ihrer maronitischen Frömmigkeit war nicht zu rütteln.

Émile hatte einen fast gleichaltrigen Bruder, Georges, der sich zur Zeit meines Aufenthalts in Westafrika befand. Dort verkauften die Daghers wie so viele Libanesen an eine anspruchslose schwarze Kundschaft alle nur erdenklichen Billigwaren für den täglichen Gebrauch, machten gute Profite und überwiesen den Gewinn in ihre Heimat. Drei Jahre später sollte ich das Etablissement der Brüder Dagher zufällig in der Mali-Hauptstadt Bamako entdecken. Wie phönizische Abenteurer, von denen die libanesischen Maroniten so gern ihre Abkunft ableiten möchten, wirkten diese bescheidenen und genügsamen Händler mit ihrem Ramschladen keineswegs. Aber emsig waren sie, auf das Wohl ihrer Sippe bedacht und stets auf der Hut vor fremdenfeindlichen Aufwallungen der schwarzen Massen, denen sie seit Aufkommen der afrikanischen Unabhängigkeit ausgeliefert waren. Émile und Georges lösten sich im Dreijahresturnus ab.

Unter meinen Kollegen des CEPAM freundete ich mich mit zwei sehr unterschiedlichen Typen an. Hauptmann Garnet hatte zwei Jahre lang als Kamelreiter in der Sahara gedient und mit seinen Meharisten zwischen Hoggar und Nigerschleife nomadisiert. Für das »Schiff der Wüste« empfand er seitdem einen an Haß grenzenden Abscheu. Kamele seien bösartige, höchst empfindliche und störrische Tiere, meinte Garnet, der seine spätere Versetzung in die höllische Hitze von Djibouti am Roten Meer als Erlösung empfunden hatte.

Der Capitaine war ein Mann von Ordnung und Disziplin. Er hatte in Indochina gedient, und obwohl auch er die Notwendigkeit einer neuen, liberalen Araber-Politik Frankreichs bejahte, entrüstete er sich über die Linksintellektuellen des CEPAM, deren Stellungnahmen zugunsten der rebellischen Fellaghas in seinen Augen an Landesverrat grenzte. Besonderen Anstoß nahm er an Major

Courtin, der sich – trotz seiner Zugehörigkeit zur »Großen Schweigenden«, wie man die Armee in Frankreich nennt – zu antimilitaristischen Tiraden verstieg.

Der andere Freund, Francis Noguère, war von einem ganz anderen Schlag. Er kam aus dem Unterrichtsministerium, hatte jahrelang in Oberägypten Französisch unterrichtet und dabei eine erstaunliche Kenntnis des Arabischen erworben, das er mit einem starken Nil-Akzent sprach. Von Haus aus war der Südfranzose Noguère Antikolonialist und Sozialist im Sinne von Jean Jaurès. Trotzdem verstand er sich gut mit Hauptmann Garnet.

Sein heiteres Naturell machte ihn auch den Libanesen sympathisch. Wenn der Tankwart Joseph, ein bärenstarker Maronit und begeisterter Phalangist, in seinen Mußestunden Noguère von weitem erblickte, formulierte er blumige Begrüßungsformeln auf Arabisch, ja, eines Tages ging die Poesie mit ihm durch: »Du erscheinst wie die Sonne hinter dem Sanin.« Tatsächlich war es ein erhebender Anblick, wenn das Tagesgestirn die verschneite, flache Bergkuppe am Rande der Bekaa von Osten anstrahlte.

Mit Garnet und Noguère unterhielten wir uns häufig über libanesische Politik, während die Frau des Capitaine, die aus Mauritius stammte, uns eine vorzügliche französische Cuisine bereitete, willkommene Abwechslung nach dem orientalischen Einerlei des Hotels Dagher. Der schlanke, blonde Capitaine und der kleine, dunkelhaarige Studienrat mit den dicken Brillengläsern amüsierten sich gemeinsam über das martialische Auftreten der Kataeb des Pierre Gemayel. Der Apotheker hat uns einmal – bei den wenigen Kontakten, die sich mit seiner Miliz ergaben – sein Programm zu erklären versucht. Im Gegensatz zur Mehrzahl seiner Landsleute war er ein schlechter Redner. »Der Libanon ist ein arabisches Land, aber seine Zivilisation ist westlich ausgerichtet«, meinte er. Doch diese Formulierung befriedigte ihn nicht. »Der Libanon ist zwar ein Land arabischer Sprache, aber Araber sind hier nicht«, verbesserte er sich.

»Wir sollten uns vor der wahllosen Übertragung unserer westlichen Begriffswelt auf den Orient hüten«, meinte Noguère schon damals und schmunzelte. »Was heißt hier Faschismus? Es hat zwar bloß in den dreißiger Jahren eine gezielte Bemühung der Achsenmächte um Einfluß in der Levante gegeben. Aber Mussolini, das hat man heute völlig vergessen, war hier besonders ambitiös, und seine Agenten haben mindestens drei Organisationen im Kampf gegen die Mandatsmächte systematisch begünstigt: die Muslimbrüder des Predigers Hassan el-Banna in Ägypten, die Kataeb im Libanon und eine radikalzionistische Bewegung in Palästina, die sich später als ›Irgun Zvai Leumi‹ zu erkennen gab. Wer hätte geglaubt, daß die Saat der italienischen Geheimdienste jemals so prächtig aufgehen würde? Im Orient geht eben nichts verloren. Jede politische Phantasmagorie, jede abstruse Sektenbildung wirkt fort, überdauert die Jahrhunderte, die Millennien. Der ganze Mittlere Osten ist mit solchen Splittern übersät, ein bunt gefülltes Museum der Völkerkunde und der Metaphysik.«

Hauptmann Garnet fand die politischen Assoziationen Noguères reichlich überzogen. Sehr bald verhaspelten sich die beiden in einem konfessionellen Disput. Der Capitaine war – wie sich das für seinen Stand gehörte – praktizierender Katholik. Noguère hingegen war viel zu aufgeklärt, um – wie manche seiner Kollegen aus dem Erziehungsministerium, die sich in Bikfaya mit der Sprache des Propheten mühten – dem Marxismus anzuhängen. Der Marxismus sei eben doch nur eine neue Form der Religiosität, argumentierte er. Das Judentum habe in Karl Marx seinen vorläufig letzten und – seit Jesus – erfolgreichsten Propheten hervorgebracht. Noguère trug das mit einem Lachen vor, denn er nahm sich selbst nie ganz ernst.

*

Im Sprachzentrum von Bikfaya wurde in den Jahren von 1956 bis 1958 fürchterlich gebüffelt. Wir sprachen von der »méthode obsessionnelle«. Wir wetteiferten im Erlernen arabischer Wortwurzeln, gingen relativ schnell an die Lektüre von Tageszeitungen heran und ließen uns von den Nachrichtensendungen des libanesischen Rundfunks berieseln. Am Diktaphon verzweifelten wir an der Unzulänglichkeit der eigenen Aussprache. Die Kurse und Seminare dauerten von neun Uhr morgens bis spät in die Nacht. Professor Berque hatte ein klug gefächertes Lehrpersonal angeworben, ein Spektrum der religiös-philosophischen Gegensätze dieser kleinen Gebirgsrepublik. In der Mehrzahl kamen die Dozenten von der Libanesischen Universität Beirut.

Es waren sehr unterschiedliche Persönlichkeiten darunter, aber wir schätzten jede von ihnen auf ihre Weise. Suhail Idris, der gedrungene Beiruter mit dem dicken Schnurrbart und der frühen Glatze, war sunnitischer Muslim und gemäßigter Nasserist. Er sah nun einmal im ägyptischen Rais den Heilsverkünder der arabischen Nation, und der Erfolg von Suez schien ihm recht zu geben. Bei Suhail Idris gehörte die nationalistische Zeitschrift »Ros-el-Yussef« aus Kairo sehr bald zur bevorzugten Lektüre. Die antiimperialistischen Karikaturen waren bissig und aggressiv.

In jenen Monaten schlug die Stimmung im Orient zugunsten der Russen um. Der unerwartete Satellitenvorsprung Moskaus bereitete den Amerikanern damals erhebliche Sorge. Als der erste Sputnik die Erde umkreiste, zeigte uns Suhail eine aufschlußreiche Zeichnung. Der künstliche Trabant der Sowjets umkreiste unseren Planeten, der von einer jubelnden orientalischen Masse angefüllt war. »Kulluna nuhibbu el qamar – Wir alle lieben den Mond«, übersetzten wir mühsam. Zur Verherrlichung des roten Sputnik hatte der Karikaturist der »Ros-el-Yussef« auf den Vers eines beliebten arabischen Schlagers zurückgegriffen.

Suhail legte Wert darauf, seine kulturelle Emanzipation unter Beweis zu stellen. Er hatte Veröffentlichungen Jean-Paul Sartres und Simone de Beauvoirs übersetzt. Dabei war ihm der peinliche Lapsus passiert, den Titel »Le Deuxième Sexe – Das andere Geschlecht«, mit »El jins el jamil – Das schöne Geschlecht« zu übersetzen. Er erfuhr am eigenen Leibe die schmerzlichen Vorurteile der orientalischen Männergesellschaft. Seine junge Frau, die er innig liebte, erwartete ein Kind. Die ganze Großfamilie war im Warteraum der Klinik versammelt. Wäre ein Knabe geboren worden, hätte es einen Sturm der Begeisterung, Gratulationen ohne Ende und Freudentänze gegeben. Aber es kam ein Mädchen zur Welt, und ohne ein Wort, ohne einen Gruß wandte die ganze Sippe dem konsternierten Vater den Rücken, ließ ihn allein. Wir trösteten Suhail, so gut wir konnten.

Der sunnitische Professor war ein guter Analytiker der verworrenen Ereignisse im großsyrischen Raum. Er versuchte uns die Vielfalt der politischen Stränge in Damaskus zu erklären. Die Reden des Präsidenten Schukri-el-Kuwatli pries er als Glanzstücke hocharabischer Rhetorik, auch wenn er vom Opportunismus dieses Repräsentanten der syrischen Großbourgeoisie wenig hielt. In jenen Tagen profilierte sich am Barada bereits jene verschwörerische Offiziersgruppe unter Oberst Abdul Hamid Serraj, der den kurzlebigen Anschluß Syriens an Ägypten vorbereitete. Den Triumphalismus der Nasseristen bekamen wir auf unseren Ausflügen ins muslimische Küstengebiet zu spüren, wenn wir – als verdächtige Westler erkannt – in der Altstadt von Saida von Kindern mit Steinen beworfen wurden und an allen Ecken der Schrei gellte: »Yahia Gamal Abdel Nasser – Es lebe Gamal Abdel Nasser!« In solchen Fällen entschärfte Noguère die Situation, indem er – in bestem ägyptischem Tonfall – den Segen Allahs auf den Führer des Niltals herabrief.

Ganz anders als der Sunnit Suhail Idris war der Schiite Fuad Bubu geartet. Er war ein Mann profunder Wissenschaft und großer Bescheidenheit. Der korpulente Südlibanese stammte aus Saida. Er äußerte sich selten über Politik, sondern hielt sich – gemäß den Vorschriften seiner Konfession – an das Verschwiegenheitsgebot der »Taqiya«. Die Schiiten des Libanon hatten mehr noch als die Christen unter den Jahrhunderten des Osmanischen Kalifats gelitten. Den Schiiten hatte jedoch die Befreiung vom türkischen Joch wenig gebracht. Bei unseren Reisen in den Südlibanon verwiesen zwar unsere marxistischen Lehrgangsteilnehmer stets auf die schamlose Ausbeutung der dortigen Pächter und Tabakpflanzer durch ihre Feudalherren. Daß die gesellschaftliche Diskriminierung dieser Bevölkerungsgruppe weitgehend durch ihre Zugehörigkeit zur Schia bedingt war, daß auch die »Partei Alis« ähnlich wie die orientalische Christenheit in der unwirtlichen Gebirgswelt Flucht vor der sunnitischen Unterdrückung gesucht hatte, erwähnten sie ungern, weil solche Thesen schlecht in ihr klassenkämpferisches Konzept paßten.

Das politische Erwachen dieser geknechteten Gemeinschaft kam Jahre später aus dem Iran in Gestalt des schiitischen Predigers Musa Sadr, des Lieblingsschülers eines gewissen Ayatollah Khomeini, aus der heiligen Stadt Qom. Mit magischem Charme verwandelte Musa Sadr in den siebziger Jahren diesen verzagten Haufen in eine streitbare Masse. Er gründete die Organisation »El Amal«, und auf einmal verfügte die Partei Alis im Libanon über ein wirksames Instrument.

Sogar die ersten Ansätze der Islamischen Revolution des Iran wurden vom Libanon aus gesteuert. In Saida hatte der Perser Mustafa Tschamran die Leitung eines schiitischen Bildungszentrums übernommen. Er baute diese Schule systematisch zur Ausbildungsstätte für Partisanen und Propagandisten der islamischen Erhebung in seiner iranischen Heimat aus. Ein paar Jahre später sollte er das Korps der Revolutionswächter, der Pasdaran, ins Leben rufen.

Seit dieser Zeit existiert eine enge, geradezu mystische Verbundenheit zwischen den streitbaren Mullahs des Libanon und der harten politischen Fraktion, die sich in Teheran unter Leitung des Ayatollah Khomeini der Aufweichung des dortigen theokratischen Regimes entgegenstellte.

Auch in der Hochebene der Bekaa – von Baalbek an nordwärts – waren die Schiiten stark vertreten. Durch besonderen Eifer taten sich die Bewohner von Hermel hervor, wo die Frauen – in einen gelben Tschador gehüllt – uns wie Gespenster im Nebel begegneten. Baalbek mit seinen himmelragenden hellenistischen Säulen gab damals noch nicht Anlaß zu religiös-soziologischen Betrachtungen und Konflikten, sondern wir nahmen dort unter den von

Scheinwerfern glorifizierten Ruinen des Imperium Romanum Platz, lauschten den feierlichen Alexandrinern der Comédie Française. Deren Akteure waren speziell aus Paris angereist, um »Britannicus« zu spielen.

Manche Historiker vermuten in der Bekaa-Ebene jenes »gelobte Land« der Bibel, wo »Milch und Honig fließen«. Seit meinem Aufenthalt 1956 haben dort abscheuliche Veränderungen stattgefunden. Die Zersiedlung durch eine Vielzahl stilloser Villen und Zweckbauten verstellte, so registrierte ich fünfundreißig Jahre später, jede Aussicht.

Die schnurgerade Straße wurde rechts und links von Plakaten der rivalisierenden Gruppen der Partei Alis gesäumt. Die grünen Poster von Amal, der prosyrischen Fraktion, schmückten sich mit dem Antlitz des ermordeten Musa Sadr.

Mehrfach entdeckte ich Feldstellungen und ziemlich verwahrloste syrische Soldaten. Am Horizont tauchten plötzlich zwei israelische Kampfflugzeuge auf. Das Städtchen Baalbek hat zur Normalität zurückgefunden. Viele Frauen, meist Christinnen, bewegten sich ohne jede Verschleierung und sehr westlich gekleidet in den geschäftigen Gassen. Andenkenhändler lockten Touristen mit gefälschten Antiquitäten. Milizionäre waren nicht in Sicht.

Im Frühjahr 1983 hatte ich noch eine ganz andere, beklemmende Atmosphäre erlebt. In jenen Tagen hätte hier keine Frau gewagt, ihr Haar offen zu tragen. Die überwiegend schiitische Stadt war in jenen Tagen in den Taumel der Khomeini-Revolution geraten. Der greise Ayatollah blickte mit strengem Blick von sämtlichen Mauern. Andere Häuserwände waren mit bluttriefenden Märtyrerszenen und dem Todesreigen schwarz vermummter Frauen bemalt. Für einen Ausländer war dies ein höchst gefährlicher Platz. Schiitische Freischärler – mit Schnellfeuergewehren, Handgranaten und Panzerfäusten behängt – vermuteten in jedem Fremden einen CIA-Spion. Irgendwo hatte sich ein Trupp von etwa einhundert iranischen Revolutionswächtern einquartiert. Diese Pasdaran verbreiteten ein dumpfes Gefühl der Angst.

Zurück nach Bikfaya. Die maronitische Glaubensrichtung war durch Antoine Charabié und Émile Boustany vertreten. Beide erinnerten mich – obwohl sie Laien und brave Familienväter waren – an jene Abbés, die mich im Collège Saint-Michel unterrichtet hatten. Charabié war ein bäuerlicher Sohn Bikfayas geblieben, ein schüchterner, etwas unbeholfener Mann des Gebirges. Boustany gehörte einer der großen maronitischen Familien Beiruts an. Aber auch sein Name verriet den bescheidenen Ursprung der christlichen Prominenz von heute. Ob sie nun Boustany (zu deutsch »Gärtner«) oder Khoury (zu deutsch »Priester«) hießen, ob sie sich inzwischen als schwerreiche Finanziers oder als okzidentalisierte Intellektuelle etabliert hatten, sie alle blickten auf Ahnen zurück, die in den Schluchten des Libanon noch mühsam ihre steilen Terrassen bebaut und dabei gehungert hatten. Bestenfalls hatten die Vorväter als verheiratete geistliche Hirten mit der Flinte in der Hand zur steten Abwehr einer islamischen Unterdrückung und von Strafexpeditionen der Drusen bereitgestanden. So sehr wir mit Suhail und Fuad sympathisierten und so sehr uns Antoine und Émile gelegentlich auf die Nerven gehen mochten, insgeheim gehörten die beiden Christen zu uns, waren von unserem Schlag, während die beiden Muslime durch eine seltsame Scheidewand getrennt blieben.

Da war auch Pater d'Alverny aus Savoyen, ein temperamentvoller, bärtiger Jesuit, dessen Ankunft im CEPAM stets durch das Knattern seines Motorrads angekündigt wurde. Der Père d'Alverny hatte sich so gründlich an seine libanesische Umwelt angepaßt, daß er uns sogar die Suren des Propheten Mohammed im meckernden, singenden Akzent dieses Gebirgsvolkes vortrug. Dem Jesuiten war sinnvollerweise unsere Unterrichtung in islamischer Theologie übertragen worden. Bei diesen Übungen waren stets ein paar jüngere europäische Ordensbrüder des benachbarten katholischen Sprachinstituts zugegen. Achthundert Jahre früher hätte d'Alverny vermutlich den kriegerischen Templern angehört. Jetzt mußte er sich damit begnügen, eine Gruppe von dilettantischen Orientalisten in die mühsame Exegese des Koran und in die blumige Überlieferung aus dem Prophetenleben, den Hadith, einzuführen. Er tat es mit großem Respekt vor der islamischen Offenbarung. Nur selten ging der Schalk mit ihm durch, zumal wenn er in die Fußstapfen seines belgischen Ordensbruders Lammens S.J. trat und sich mit dem Liebesleben des Gottgesandten befaßte.

So berichtete er uns die Anekdote von der blutjungen Lieblingsfrau des Propheten, Aischa, die sich eines Tages von der Karawane Mohammeds abgesondert hatte und erst nach längerem Irren in der Wüste am folgenden Morgen in Begleitung eines stattlichen Beduinen wieder auftauchte. Mohammed hatte sich damals zornig in sein Zelt zurückgezogen. Die bösen Zungen kolportierten Gerüchte, und Aischa weinte Tag und Nacht, bis dem Propheten die göttliche Versicherung zukam, seine Frau sei unschuldig, und die Verleumder machten sich strafbar.

Ali Ibn Abi Talib, der nicht nur als Vetter und späterer Schwiegersohn des Propheten, sondern auch als Gründer des schiitischen Glaubenszweiges verehrt wird, hatte damals offenbar an der Tugend Aischas gezweifelt und wegwerfend gesagt: »Allah hat die Zahl der Frauen nicht begrenzt; ihrer sind viele.« Mit dieser Bemerkung hatte er vielleicht, ohne es zu ahnen, den verhängnisvollen Kampf um die Erbfolge des Propheten ausgelöst, denn Aischa, seine Todfeindin, hatte in der »Schlacht des Kamels« von der Höhe dieses Lasttieres aus die Gegner Alis angefeuert und alles darangesetzt, um dessen Erbansprüche auszuschalten.

Die Weiblichkeit war in Bikfaya schwach vertreten. Um so mehr beeindruckte uns Siham Beschir, die Sekretärin des CEPAM, eine blutjunge, hübsche Libanesin, die im Nachbardorf Mheite zu Hause war. Mheite grenzte unmittelbar an Bikfaya, war lediglich durch die griechisch-orthodoxe Konfession seiner Einwohner von den dem Katholizismus zugehörigen Maroniten getrennt. Das drückte sich auch in der politischen Orientierung aus. Neben Bikfaya, der Hochburg der Kataeb, galt Mheite als Hort der syrischen »Volkspartei« PPS. Diese »Parti Populaire Social« stand mit den Phalangisten Gemayels auf Kriegsfuß. Die Griechisch-Orthodoxen hatten einst im russischen Zaren ihren Protektor gegen die Hohe Pforte gesucht, nach der Oktoberrevolution jedoch mit den Briten konspiriert. Die Maroniten von Bikfaya unterstellten den feindlichen Brüdern in Christo, daß ihre Jugendlichen dem Marxismus zuneigten und verkappte Kommunisten seien.

Siham war eine orientalische Schönheit mit rabenschwarzem, langem Haar, mandelförmigen Augen und einem makellosen Teint. In der kalten Männerwelt des CEPAM ließ sie ihre Reize spielen. Dem Flirt mit Siham waren strenge Grenzen gesetzt, wie ich zum eigenen Leidwesen erfahren mußte, als sie endlich meine Einladung zum Abendessen nach Beirut akzeptierte, sich dabei jedoch von ihrem jüngeren Bruder begleiten ließ. Für den Spott meiner Kollegen und Rivalen brauchte ich nicht zu sorgen.

Die junge Libanesin bekannte sich ganz offen zur PPS und versuchte sogar, für deren krauses Gedankengut zu werben, während sie beim Zeitungslesen unsere Aussprache des Arabischen, das sie besonders klangvoll akzentuierte, mit Engelsgeduld verbesserte. Um militante Marxistin zu werden, war sie zu attraktiv und zu eitel. Wie ich viel später erfuhr, hat sie einen reichen Libanesen geheiratet, der in Brasilien seinen Geschäften nachging.

Lediglich ein Druse fehlte in unserem Lehrkörper. Diese esoterische Taifa spielte auch zu jener Zeit eine entscheidende Rolle im libanesischen Puzzle. Sie verdankte das im wesentlichen ihrem höchsten Stammes- und Feudalherrn, Kamal Jumblatt, der durch seine profunde Intellektualität und die Extravaganz seiner politischen Meinung alle ausländischen Besucher faszinierte. In seinen diversen Palästen herrschte Kamal Jumblatt wie ein Fürst über seine Drusen, was ihn nicht hinderte – ihn machte kein Widerspruch verlegen –, progressistische Ideen zu verkünden und nach außen einen extrem egalitären Sozialismus zu predigen. Die kriegerischen Drusen – meist in den Tälern des Schuf beheimatet, an den schwarzen Pluderhosen und weißen Kopfbedeckungen zu erkennen – beugten sich der weihevollen Autorität dieser verwirrenden Persönlichkeit. Kamal Jumblatt wurde von seinen Gegnern als

Scharlatan bezeichnet, während die Spötter auf seine Ähnlichkeit mit Salvador Dalí verwiesen.

Die Geheimsekte der Drusen, so lernten wir bei Pater d'Alverny, war im elften Jahrhundert zur Zeit der schiitischen Fatimiden-Herrschaft im Niltal entstanden. Als ihre geistigen Väter galten die Mystiker Hamza und Darisi – Letzter gab der Gemeinschaft seinen Namen –, die in dem geistesgestörten Fatimiden-Kalifen Hakim bi-Amrillah eine gottähnliche Inkarnation verehrten. Die Gefolgschaft des Darisi wurde später in Eingeweihte oder »'Uqqul« und Unwissende oder »Juhhul« unterteilt. An der Spitze huldigte man wohl einem obskuren, gnostisch angehauchten Pantheismus. Nach der Ermordung des Kalifen Hakim, der Juden und Christen grausam drangsaliert hatte und ein Opfer seines eigenen Verfolgungswahns wurde, weigerten sich die Drusen, seinen Tod zur Kenntnis zu nehmen. Die alte schiitische Vorstellung vom »verborgenen Imam« wurde jetzt auf diesen tyrannischen Paranoiker übertragen.

Der unerbittlichen Repression durch die rechtgläubigen Sunniten entkamen die Drusen, indem sie in die Gebirge der Levante flüchteten, in den Libanon natürlich, in den syrischen Djebel Drus und auf den Karmel oberhalb von Haifa. Ob die Drusen überhaupt noch als Muslime zu gelten hatten, blieb umstritten. Kamal Jumblatt hatte sich in hinduistische Meditationen versenkt, was den Verdacht nährte, die 'Uqqul wüßten um die Mysterien der Seelenwanderung. In mancher Hinsicht war der Drusenführer das paradoxe Spiegelbild seiner libanesischen Heimat. Keiner war bewanderter als er in allen Facetten westlichen Geisteslebens. Keiner verstand es wie er, den Tiger des arabischen Nationalismus zu reiten. Im Grunde sei Jumblatt ein Neurotiker, von den Familientragödien seiner Kindheit in unheilvoller Weise gezeichnet, ein orientalischer Atride, so meinte der Jesuit d'Alverny. Es sollte niemanden wundern, als er einige Jahre später vom syrischen Geheimdienst des Präsidenten Hafez el-Assad ermordet wurde.

*

Der Libanon sei die »Schweiz des Orients«, so las man damals in den Reiseprospekten, eine Insel des Friedens und der Demokratie. Der ernsthaften Betrachtung hielt diese idyllische Behauptung nicht stand. Die politischen Verhältnisse bewegten sich stets am Rande des Bürgerkrieges, und die verschiedenen Konfessionen standen sich in tief eingefleischtem Mißtrauen gegenüber. Die französische Mandatsmacht hatte vor ihrem Abschied aus der Levante den christlichen Maroniten die tatsächliche Vorherrschaft in die Hand gespielt dank eines »Nationalpaktes« der vielfältigen Bekenntnisse, der angeblich auf dem Proporz der jeweiligen Religionsgemeinschaften beruhte, einer tatsächlichen Bevölkerungszählung jedoch nicht standgehalten hätte. Die Wahlen in den jeweiligen Bezirken wurden, wenn es glattging, mit Geldscheinen, wenn es kritisch wurde, mit der Flinte ausgetragen. In den muslimischen Stadtvierteln von Beirut, Tripolis und Saida stand die Gendarmerie oder die Armee unter christlichem Kommando stets bereit, eine prekäre Ordnung zu wahren.

Selbst unter den diversen christlichen Konfessionen ging es keineswegs glimpflich zu. Sogar die maronitische Taifa war in verschiedene Clans gespalten. Im eigentlichen Mont Liban – in Metn und Kesruan – hatten sich die Kataeb von Pierre Gemayel durchgesetzt. Im südlichen Schuf gab der ehrgeizige Abgeordnete Camille Chamoun den Ton an, der – als er ein zweites Mandat als Staatschef erzwingen wollte – am Ausbruch des ersten Bürgerkrieges im Libanon und der damit verbundenen US-Intervention ein gerüttelt Maß Schuld trug.

Ganz im Norden, wo die Westhänge des Libanon zum muslimischen Hafen Tripolis abfallen, erreichte bereits 1957 die Sippenfehde ihren absurden und makabren Höhepunkt. Als wir die Ortschaft Zghorta durchquerten, lag an allen Straßenecken die libanesische Gendarmerie mit Maschinengewehren im Anschlag, um den Zusammenprall zwischen den maronitischen Sippen Frangié und Douheihy zu verhindern. Beide Gruppen hatten sich bereits schwere Verluste zugefügt und Dutzende von Toten auf dem

Gewissen. Während der Messe, die ein Priester des Douheihy-Clans zelebrierte, waren dem Geistlichen, als er die Hostie zur Wandlung hob, mit lautem Klirren zwei Pistolen aus dem Gürtel gerutscht, und jeder fromme Kirchgänger hatte instinktiv das eigene Schießeisen gezogen. Die Vendetta der Frangié und Douheihy respektierte nicht einmal den Frieden der gemeinsamen Gotteshäuser.

Die große und endlose Debatte in unserer Klausur von Bikfaya kreiste immer wieder um das Thema der Erneuerung, Einigung und Modernisierung der arabischen Nation. Jacques Berque war als Soziologe geradezu besessen von dieser Notwendigkeit. Er beklagte die Unfähigkeit der arabischen Umma, ihre verstaubten, teilweise noch mittelalterlichen Strukturen durch eine radikale Hinwendung zum Sozialismus abzuschütteln. Suhail Idris hielt – getreu dem geläufigen Jargon der Nasseristen – eine Vielzahl von apologetischen Erklärungen für die Zersplitterung und die wirtschaftliche Rückständigkeit der »'Uruba« bereit.

Am Anfang standen die Mongolen des Dschingis-Khan-Enkels Hülagü, die das Abassidenreich von Bagdad und den ganzen Orient verwüstet hatten. Dann kamen das Jahrhunderte während türkische Joch und die systematische Vasallisierung der Araber durch die Pforte. Dem schloß sich nahtlos der Kolonialismus der Entente-Mächte an, der wiederum vom US-Imperialismus abgelöst wurde. Am Ende stand der Zionismus, dessen Staatswerdung im Heiligen Land doch in Wirklichkeit auf die arabischen Erneuerungs- und Modernisierungsbestrebungen wie ein heilsamer Peitschenhieb hätte wirken müssen.

Die Diskussion über die arabische Wiedergeburt ist seitdem nicht verstummt und dreht sich im Kreise. Im CEPAM von Bikfaya setzten die einen auf Gamal Abdel Nasser und seinen arabischen Sozialismus, erwarteten vom Rais, daß er die große Wende vollziehe. Aber für die Experten des Niltals wirkte diese Hoffnung damals schon fadenscheinig. So bauten die Liberalen und Marxisten unter unseren Lehrgangsteilnehmern zunehmend auf die algerischen Revolutionäre, die in engem Kontakt mit den französischen

Verhältnissen und der europäischen Aufklärung für eine geistige Führungsrolle weit über den Maghreb hinaus prädestiniert schienen.

Ein Beamter des Quai d'Orsay, der später Botschafter in Libyen werden sollte, tippte seinerseits auf die palästinensischen Flüchtlinge, die Opfer der jüdischen Landnahme zwischen Nazareth und Eilat. Die Palästinenser, so argumentierte er, würden durch das israelische Beispiel zwangsläufig in eine intellektuelle und technische Führungsrolle befördert, sie würden auf Grund ihrer Prüfungen zur Vorhut und Elite der arabischen Revolution. Keine dieser Hoffnungen hat sich später bewahrheitet.

Sollte am Ende Ibn Khaldun, dieser maghrebinische Chronist aus dem vierzehnten Jahrhundert, dieser erstaunliche Vorläufer der Soziologie, recht behalten, wenn er die Entwicklung der Araber für alle Zeiten als einen ruhelosen Kreislauf beschrieb, der weder gesellschaftlichen noch wirtschaftlichen Gesetzen, sondern zutiefst religiösen Impulsen und den Sippenverflechtungen der »Asassiya« gehorchte? Die Zivilisation der Städte, je höher und üppiger sie sich entwickle, je mehr sie dem Luxus und – aus strenger islamischer Sicht – dem Laster verfalle, entfache unweigerlich das Machtstreben, den religiösen Reinheitswillen der Wüstenvölker. Es komme dann zur rasanten historischen Beschleunigung. Am Ende stehe jedesmal die Machtergreifung dieser nomadischen Frömmler – heute würde diese Rolle wohl dem islamisch fanatisierten Unterproletariat, den Mustazafin, wie Khomeini sagte, zufallen –, bis die neuen Herren sich der Verweichlichung, der Ausschweifung und der Sünde ergäben und ihrerseits Opfer einer neuen koranischen Säuberungswelle würden.

Die Thesen des Ibn Khaldun, dessen gelehrte Ausdrucksweise unseren Übersetzungsbemühungen erfolgreich widerstand, wurden in frappierender Weise durch einen Vortrag Arnold Toynbees ergänzt und aktualisiert, dem wir in der Amerikanischen Universität von Beirut lauschten. Der britische Geschichtsphilosoph, der bereits durch das hohe Alter gezeichnet war, wiederholte seine längst bekannten Betrachtungen über die kulturelle und kommerzielle Vermittlungsrolle Syriens, über die »Häfen des Meeres« und die »Häfen der Wüste«. Aber plötzlich belebte und verjüngte er sich, als er das Thema der »Herodianer« und der »Zeloten«, dieser widerstreitenden Parteien des hebräischen Volkes zur Zeit des Imperium Romanum aufgriff. Die Herodianer waren die Anpasser und Opportunisten, die sich mit der Fremdherrschaft und Hellenisierung – unter Wahrung des Scheins der eigenen staatlichen und religiösen Autonomie – abgefunden hatten, während die Zeloten sich in wildem Eifer gegen die römischen Okkupanten und deren Götzenkult auflehnten, ehe sie nach einer Reihe von blutigen Revolten auf dem Felsen von Masada den eigenen Untergang inszenierten. Diese beiden Richtungen – so führte Toynbee aus – seien nicht nur für die Juden, sondern auch für ihre semitischen Vettern, die Araber, charakteristisch. Ins Zeitgenössische übertragen: Die konservativen arabischen Kollaborateure des Westens sahen sich der Sturmflut nationaler und vor allem islamischer Unduldsamkeit hilflos ausgesetzt; das ewige Pendelspiel gehe weiter.

Die industrielle Revolution, da stimmten fast alle Professoren und Lehrgangsteilnehmer in Bikfaya überein, sei die unabdingbare Voraussetzung für die gesamtarabische Anpassung an das zwanzigste Jahrhundert und für die Abkehr von den erstarrten Postulaten der islamischen Theokratie. Nur Francis Noguère behielt ein skeptisches Lächeln. »Die Araber sind ja nicht einmal mit der Landwirtschaft zurechtgekommen, die der Prophet geringachtete«, wandte er ein. »Wie sollen sie da bei der Industrialisierung reüssieren? Es ist doch eine sehr abendländische Vorstellung, daß der technische Fortschritt eine historische Zwangsläufigkeit sei und universale Geltung besitze.« Sogar der Père d'Alverny, der dem katholischen Integrismus nicht ganz fernstand, plädierte im Sinne einer wachsenden Säkularisierung der arabischen Gesellschaft.

Als wir zu Beginn des Jahres 1958 unseren Sprachkursus in Bikfaya beendeten, hatten wir dank der Intensität unserer Bemühungen beachtliche Fortschritte gemacht. Aber wir standen den

Kontakten des täglichen Lebens mit unseren hocharabischen Ausdrucksformen ziemlich hilflos gegenüber, fühlten uns etwas lächerlich, wenn wir mit Taxifahrern oder Straßenhändlern von Beirut in unserer geschwollenen Literatursprache zurechtkommen wollten, so als ob man die heutigen Römer auf Lateinisch ansprechen würde. Wenn sich meine Kenntnisse auf Grund mangelnder Praxis in den folgenden Jahrzehnten auch verflüchtigten, es bleibt mir ein Diplom – von der Libanesischen Universität Beirut und der Universität Paris gemeinsam ausgestellt –, worin mir bescheinigt wird, daß ich mich um die Erlernung der »lughat el arabiya el haditha«, der modernen arabischen Hochsprache, redlich bemüht habe.

# Krieg in Algerien

## Aufruhr am Atlas

Meine Rückkehr nach Saarbrücken war ernüchternd und versöhnlich zugleich. Als Folge der Rückgliederung des Saarlandes in das »Reich« gehörte der neue Chefredakteur der »Saarbrücker Zeitung«, Wilhelm Gries, der CDU an. Er war ein durch und durch rechtschaffener Mann und mir von Anfang an gewogen. Gries war Mitglied der katholischen Zentrumspartei und hatte sich von den Nazis ferngehalten. Während des Dritten Reiches hatte er in Berlin gelebt, wo er Jakob Kaiser nahestand, aber der gebürtige Koblenzer betonte stets bei allem deutschen Patriotismus seine rheinische Eigenart.

Er ermutigte mich, mit meinen Reisereportagen fortzufahren. Als er mich beauftragte, eine Artikelserie über Polen und die Tschechoslowakei an Ort und Stelle zu recherchieren, gab er mir zu verstehen, daß er keineswegs von mir erwartete, daß ich die Oder-Neiße-Grenze oder den Zustand des Sudentenlandes in Frage stellte. Ich hatte dazu auch nicht die geringste Absicht.

Der Schwerpunkt meiner Berichterstattung – zunehmend auch für diverse Radiosender der ARD – verlagerte sich nach Nordafrika, wohin der sozialistische Regierungschef Guy Mollet – den Drohungen und Anpöbeleien der dort lebenden Algier-Franzosen, der sogenannten Pieds-noirs, nachgebend – die wehrpflichtigen Jahrgänge entsandte, so daß das französische Oberkommando am Ende mit einer halben Million Soldaten gegen den Aufstand der Nationalen Befreiungsfront, gegen die mit dem Schimpfwort »Fellaghas« bezeichneten algerischen Partisanen vorgehen konnte.

Meine Berichterstattung über die bewaffnete Auseinandersetzung, die am Allerheiligentag 1954 begann und acht Jahre dauern sollte, unterteilt sich in zwei sehr unterschiedliche Phasen. Vor meinem Studium im Libanon waren es überwiegend sozialistische Regierungen der Vierten Republik, die sich die utopische Zwangsassimilation der arabischen und kabylischen Algerier zum Ziel gesetzt hatten. Sie solidarisierten sich hemmungslos mit der beachtlichen europäischen Bevölkerungsgruppe von mehr als einer Million, die sich zu einem wesentlichen Teil aus Sizilianern, Andalusiern, Maltesern und sephardischen Juden zusammensetzte. Gegen diese privilegierte Minderheit von Kolonisten – Großgrundbesitzern, aber auch Handwerkern und einfachen Arbeitern – standen acht Millionen Muslime, die – wie an dieser Stelle betont werden sollte – inzwischen die Zahl von dreißig Millionen überschritten haben.

Die zweite Phase meiner maghrebinischen Kriegsreportagen fand nach Abschluß meines Lehrgangs in Bikfaya statt. Sie wurde durch die überragende Figur des Generals de Gaulle überschattet, der im Mai 1958 – von den aufbegehrenden französischen Generalen als vermeintlicher Retter der Algérie française – an die Spitze der Republik getragen wurde. Ich beschränke mich in der Folge auf ein paar Skizzen dieser Tragödie, die bis zum heutigen Tag auf beiden Ufern des Mittelmeers schmerzhafte Spuren und Narben hinterlassen hat.

*

In den ersten Monaten der algerischen Rebellion hatte man in Paris noch gehofft, dieser sporadischen Überfälle relativ bald Herr zu werden. Aber im August 1955 geschah das Unwiderrufliche. Die algerischen Partisanen der Nationalen Befreiungsfront ermordeten in der Gegend von Philippeville hundertdreiundzwanzig französische Siedler auf ihren isolierten Höfen. Darauf antworteten die bewaffneten Milizen der Pieds-noirs wie Berserker mit einem wahllosen Massaker unter den Muslimen.

Im Januar 1956 war ich mit dem Zug von Algier nach Constantine gereist, der Hauptstadt des östlichen algerischen Départements, das an Tunesien grenzt. Der Zug war zu drei Vierteln mit Soldaten besetzt: Fallschirmtruppen in Tarnjacken und roten Bérets, Fremdenlegionäre mit weißen Képi, algerische Tirailleurs und schwarze Senegalschützen. Viele von ihnen trugen das blaue Indochina-Bändchen über der Brusttasche. An der Bar des Speisewagens zeigte ein Sergeant das Bild einer hübschen »Congai« aus Haiphong. Ob sie jetzt bei Ho Chi Minh in der Fabrik arbeiten müßte? Sie redeten alle von den mörderischen Reisfeldern Indochinas mit einer Art Heimweh – und hatten die Flüche längst vergessen, mit denen sie unter den Moskitonetzen jeden neuen Morgen begrüßten.

Noch etwas hatten die meisten aus Indochina mitgebracht: die Erbitterung über die Politik, die in Paris gemacht oder vielmehr nicht gemacht wurde, die Wut auf eine Volksvertretung, die tatenlos zusah, wie Frankreich von einem Kolonialkrieg in den anderen und von einem Rückzug zum anderen taumelte. »Das kommt davon, wenn man von sechshundert Abgeordneten regiert wird«, erhitzte sich ein eleganter Kavallerie-Offizier, »und das wird so weitergehen, bis wir für einige Zeit die Demokratie abgestellt haben.« Die algerischen Partisanen wurden von den französischen Indochina-Veteranen in jenem Winter 1956 als »Viets« bezeichnet, als würden sie noch im Reisfeld statt im Djebl kämpfen. Auch die nordafrikanische Aufstandsbewegung war offenbar vom indochinesischen Präzedenzfall gezeichnet. Bei den ersten Überfällen auf einsame französische Posten schrien die Angreifer: »Dien Bien Phu, Dien Bien Phu«, um sich selber Mut und den Franzosen durch die Erinnerung an diesen Schauplatz ihrer Niederlage in Fernost angst zu machen.

In der anderen Ecke meines Abteils saß ungerührt ein alter Kabyle. Wie die meisten Algerier trug er ein stilloses Gemisch aus westlicher und orientalischer Kleidung. Über einem Anzug von fast europäischem Schnitt hing der hellbraune Burnus, auf dem Kopf war ein weißer Turban um den Fez gewickelt. Hinter der nickelgefaßten Brille lasen die müden Augen in irgendeinem heiligen Buch, und die Lippen bewegten sich dazu. Daß er in der ersten Klasse fuhr, hinderte ihn nicht daran, zwei gekochte Kartoffeln als einzige mitgebrachte Nahrung zu schälen.

Vor dem Fenster zog die einförmige algerische Landschaft vorbei. Die Gärten der Küstenebene lagen hinter uns, und der Zug durchquerte eine dunkelbraune Hochebene, wo schon das Wintergetreide grünte. Gegen den blassen Himmel zeichneten sich die schneebedeckten Felsen der Kabylei ab. Zwischen kleinen Gruppen von Eukalyptusbäumen duckten sich die festgemauerten Höfe der französischen Colons, die ebenso gut in der Provence hätten stehen können. Vor den Lehmhütten der Einheimischen spielten ganze Schwärme bunt gekleideter Kinder. Sie winkten den französischen Soldaten im Zug mit obszönen Gesten nach.

Je näher wir Constantine kamen, desto häufiger wurden die Militärkonvois auf den Straßen. Die Soldaten trugen Helme und hielten die Gewehre schußbereit. Das erschien wie harmloses Kriegsspiel, denn vom Aufstand war keine Spur zu entdecken. Die Telegraphenmäste waren unbeschädigt, ganz zu schweigen von den Brücken und Bahndämmen, über die der Zug mit ungehemmter Geschwindigkeit fuhr. Die winzigen Bahnhöfe, die auch in die Auvergne gepaßt hätten, wäre nicht die ablehnende Landschaft im Hintergrund gewesen, hüllten sich jedoch in dichte Drahtverhaue.

Im Speisewagen waren heftige Diskussionen entbrannt. »Was sollen wir denn machen?« fragte ein Para-Offizier einen französischen Siedler. »Wir dürfen nicht einmal das Feuer eröffnen, wenn wir die Rebellen vor uns sehen. Wir müssen warten, bis sie zuerst auf uns schießen. Wenn wir Gefangene machen, müssen wir sie bei der Gendarmerie abliefern. Vorige Woche haben wir hundertfünfzig Verdächtige gestellt, und nur zwei davon sind festgehalten worden. Sobald wir im Gebirge eine Meschta erreichen, ist sie von der

Bevölkerung verlassen. Aber kaum haben wir den Rücken gekehrt, da kommen sie aus ihren Schlupfwinkeln zurück.« Der Colon las sorgenvoll im »L'Écho d'Alger«, wo wieder eine ganze Seite mit dem Bericht über die letzten Überfälle der Aufständischen gefüllt war. »Der Krieg hier kostet zu viel Geld«, mischte sich ein Fremdenlegionär ein, »und eine Kolonie, die sich nicht mehr rentiert, wird vom Mutterland abgestoßen.« Kriegerischer Eifer oder gar spätkoloniale Entschlossenheit kamen nicht auf in diesem Zug, der ins Aufstandsgebiet fuhr.

Trüge in Constantine nicht jeder dritte Mann eine Uniform, es würde keinem Besucher einfallen, an die Existenz einer weitverzweigten Revolte in diesem Département zu glauben. Ich besuchte die Stadt zum zweiten Mal, sah sie plötzlich mit anderen Augen. Die einsame Höhenlage, der drückend graue Himmel erinnerten an südamerikanische Landschaften hoch in den Anden. Während im Département Alger auf einen Europäer neun Araber kamen und im Département Oran nur vier, war das Verhältnis im Département Constantine eins zu achtzehn. Aber hunderttausend Soldaten und Gendarmen waren in dieses Gebiet verlegt worden, so daß praktisch jeder zehnte Mann ein Wächter der Ordnung war.

Die Mauern der Europäerstadt waren wie von Lepra zerfressen. Rings um den Hauptplatz hatte sich beim frühen Einbruch der Dunkelheit ein hektischer Verkehr entwickelt. Schulkinder – Araber und Franzosen – kamen in hellen Scharen aus den gewundenen Gassen. Zwischen zwei Kaffeehäusern, wo die Gäste hinter schmutzigen Scheiben wie traurige Fische in einem Aquarium saßen, hatte sich eine Art Promenade gebildet. Dort traf sich die Jugend von Constantine. Beim Anblick dieser schlampigen jungen Europäer stellte sich die Frage, ob die von Frankreich in Algerien betriebene Assimilation sich nicht zugunsten der Araber auswirkte, ob es nicht die Weißen waren, die unmerklich afrikanisiert wurden.

Zwischendurch tauchten in schmierigen Gewändern heruntergekommene Patriarchen auf, dicht gefolgt von ihren Frauen, in schwarze Schleier gehüllt. Die Soldaten nannten diese Vermum-

mung »Kohlensäcke«. Nur die Kabylenfrauen mit den roten Kopf-
tüchern und den geblümten Röcken gingen unverschleiert. Die
meisten von ihnen waren häßlich. Noch war es ungefährlich, bis in
das Herz der Kasbah vorzudringen. So schlenderten kleine Gruppen unbewaffneter Soldaten durch die schlüpfrigen, stinkenden
Gassen, wo aus fast jeder Höhle der eintönige Rhythmus arabischer Radiomusik tönte.

Ab neun Uhr abends war über Constantine Ausgangsverbot ver-
hängt. Dann standen nur noch die schußbereiten Patrouillen an
den hellerleuchteten Straßenecken. Die Lampen eines kümmerlichen Lustgartens, wo die Liebespaare sich in friedlichen Zeiten
zwischen römischen Ausgrabungen trafen, warfen ein zitterndes
Licht auf das silbern schimmernde Laub der Eukalyptusbäume.
Der gallische Hahn aus Bronze, der auf einer korinthischen Säule
hoch über der Place de Nemours thronte, ging unter im Schatten
der algerischen Nacht.

*

Der Sous-Préfet im Verwaltungsgebäude von Constantine, dem ich
am Schreibtisch gegenübersaß, telefonierte mit dem Administrateur von Batna, der Hauptstadt des Aurès-Gebietes. »Herzlichen
Glückswunsch zu eurem gestrigen Erfolg. Achtundsechzig Rebellen kann man nicht alle Tage unschädlich machen.« Der Beamte
gehörte zu dem dynamischen Typ junger Leute, die seit Kriegsende
oft die höchsten Posten der französischen Ministerien erklommen
hatten. »Ich bin hier in meinem Element«, sagte der Sous-Préfet
und blinzelte mir zu. »Vor zwölf Jahren war ich selber noch bei den
›Terroristen‹, wie die Deutschen uns damals nannten. Ich war im
französischen Widerstand.«

Im Département Constantine gab es nach offiziellen und wohl
auch ungeschminkten Angaben rund fünftausend Aufständische,
die sich als Angehörige der Nationalen Befreiungsarmee bezeichneten. Dazu kamen auf jeden Bewaffneten drei Vertrauensleute,
die Träger- und Botendienste leisteten. Die Rebellen hatten es ver-

standen, die Mehrheit der Landbevölkerung zu passiven Komplizen ihrer Bewegung zu machen. Sie appellierten dabei an die tief eingefleischte Abneigung der Muslime gegen die Fremden und Ungläubigen. Wo dieser Instinkt nicht ausreichte, halfen sie mit Gewalt und Morddrohungen nach.

Die Bilanz des Aufstandes, in Zahlen gemessen, war keineswegs sensationell. Auf den Tabellen, die der Sous-Prefét zeigte, waren für die Zeit vom 1. November 1954 bis zum 1. November 1955 auf Seiten der Fellaghas zweitausendzweihundertfünfundsechzig Tote und zweihunderteinundvierzig Verwundete aufgeführt, auf seiten der französischen Truppen dreihundertfünfundvierzig Tote, sechshundertneunundvierzig Verletzte und einundvierzig Vermißte. »Fellagha« bedeutete in Nordafrika so viel wie »Wegelagerer« oder »Bandit«. Unter der Zivilbevölkerung fielen bisher ja jene hundertdreiundzwanzig Europäer tödlichen Anschlägen zum Opfer, und achtundachtzig wurden verwundet. Hingegen brachte die Befreiungsarmee vierhunderteinundvierzig Muslime um und verwundete dreihundertundeinen, meist weil sie im Verdacht standen, mit den Franzosen zusammenzuarbeiten. Seit Anfang Dezember waren diese Zahlen entgegen den beruhigenden Versicherungen der Behörden von Algier kräftig gestiegen.

Täglich wurde die Ausdehnung des Aufstandsgebietes auf neue Landstriche gemeldet. Es fing meist damit an, daß auf ein einsam fahrendes Auto Schüsse aus dem Hinterhalt abgegeben wurden. Zwei Tage später wurden die ersten Attentate auf muslimische Hilfspolizisten oder Tabakhändler verübt, bis jeder Verkehr bei Nacht stillstand, die isolierten Kolonistenhöfe mit Sandsäcken und Schutzmauern befestigt wurden und die kleinen Kampftrupps der Nationalen Befreiungsarmee aus ihren abgelegenen Verstecken den Aufruhr in jede Meschta, in jedes Dorf trugen.

Die algerische Revolution hatte den Schwerpunkt ihrer Aktionen auf das offene Land verlagert. Dort bot das Bauernproletariat fruchtbaren Nährboden für jede Rebellion. Neben der militärischen Tätigkeit setzte der politische Druck der Nationalen

Befreiungsfront ein. Der Streik gegen die Steuereintreibung der französischen Verwaltung war in der Regel das untrügliche Symptom dafür, daß die Aufständischen sich durchzusetzen begannen. Diese Weigerungen gingen nämlich parallel zu drastischen Erhebungen an Geld und Nahrungsmitteln, die der »Front de Libération Nationale« (FLN) bei seinen Glaubensgenossen vornahm. Es bestätigte sich, daß in mehr als einem Drittel Algeriens kein Straßentransport von Gütern und Personen mehr stattfand, dessen Sicherheit nicht mit klingender Münze von den Fellaghas erkauft wurde.

Auf diesem Weg der Erpressung drang der Aufstand allmählich bis in die Städte vor. Wenn in Constantine oder Algier ein mozabitischer Händler umgebracht wurde, wenn in einem Arabercafé von Blida oder Batna eine Granate explodierte, dann war der Grund dafür oft genug in der Verweigerung einer Abgabe an die Rebellen zu suchen. Das unsichtbare Netz des FLN hatte sich engmaschig über einen großen Teil des Landes gelegt. Im Schatten der desorganisierten Lokalverwaltung von Bône und Constantine konstituierten sich die geheimen »Jemaas« der nationalen Revolution.

»Warum setzen sich denn die betroffenen Muslime nicht zur Wehr?«, fragte ich den Beamten der Präfektur. »Das ist eine Frage des größeren Risikos«, wurde mir geantwortet. »Wenn wir einen Algerier der passiven Beihilfe zum Aufstand überführen, stecken wir ihn zwei Wochen ins Gefängnis. Die Fellaghas hingegen schneiden ihm im Weigerungsfall die Gurgel von einem Ohr zum anderen auf, damit er besser atmen kann.«

Das Unheimliche an dieser Revolte war ihre Anonymität. Der französische Nachrichtendienst hatte die Namen der höchsten Verantwortlichen herausfinden können, soweit sie im Ausland, in Ägypten und Libyen an obskuren Drähten zogen. Die Führer der Nationalen Befreiungsfront im Innern waren meist unbekannt. Das Programm beschränkte sich auf die kompromißlose Unabhängigkeitsforderung für Algerien; staatsrechtliche, wirtschaftliche oder gar soziale Fragen würden in keinem der geheimen Dokumente berührt, die den Franzosen in die Hände gefallen seien, so sagte man in der Präfektur. Das Haupt der OS, der »Organisation Secrète«, sei weit vom Schuß in Kairo installiert; es handle sich um ein Triumvirat von Revolutionären ohne große politische Vergangenheit: Ben Bella, Boudiaf, Khider lauteten die Namen.

Die Rundschreiben der Anführer an ihre Gefolgsleute, an ihre »Ikhwan« oder »Brüder«, waren in einem kuriosen Stil abgefaßt, einem Gemisch von Gebetsformeln des Islam und marxistischer Terminologie. Alle traditionellen Vorkämpfer der algerischen Autonomie, selbst der Nationalist Messali Hadj, der in Frankreich interniert war, wurden als Gegenrevolutionäre bezeichnet und in Abwesenheit zum Tode verurteilt. »Die Revolution steht über den Parteien und den Personen«, hieß es in den Losungen, aus denen hervorging, daß die Nationale Befreiungsfront auch unter den dreihunderttausend in Frankreich arbeitenden Algeriern festen Fuß gefaßt hatte. Immer wieder tauchte in dieser Geheimkorrespondenz die Erwähnung des »Großen Bruders« auf, der höchster Gönner und letzte Zuflucht des algerischen Aufstandes zu sein schien. Das französische Deuxième Bureau hat nicht lange gebraucht, um das Inkognito des »Grand Frère« zu lüften, hinter dem sich kein Geringerer als der Führer des neuen Ägypten, Oberst Gamal Abdel Nasser, verbarg.


## Gefahr in Batna

In der vorletzten Nacht war der Flugplatz von Batna durch eine Gruppe Partisanen beschossen worden. Obwohl das Lazarett, wo man mir in Ermangelung eines Hotelzimmers ein Bett angewiesen hatte, nur sechshundert Meter entfernt war, hatte ich nichts gehört. Ebensowenig hatte ich bemerkt, daß ein unbekannter Berber am frühen Morgen eine lodernde Petroleumflasche in einen Tabakladen geworfen hatte. Zur gleichen Stunde wurde ein jüdischer Händler unweit der Hauptstraße von einem Attentäter mit dem Rasiermesser angegriffen und erlitt tiefe Schnittwunden im Gesicht. Nach der Beschreibung des Angreifers befragt, schwieg der Jude sich aus. Es war gefährlich geworden, die Rache der Nationalisten herauszufordern. Auf dem Postamt wurde mir mitgeteilt, daß die Hochspannungsleitung zwischen Batna und Constantine gesprengt worden sei.

All das geschah sozusagen am hellichten Tage, obwohl die Sous-Préfecture Batna am Fuße des Aurès-Gebirges einem Heerlager glich. Ununterbrochen malmten die Panzerspähwagen und Armeelaster ihre Räder und Ketten durch die schlammigen Straßen. Bewaffnete Posten regelten den Verkehr an den Kreuzungen. Vor jedem Truppenkommando waren Barrikaden aufgetürmt. Hier war die Unsicherheit, von der man noch in Constantine mit einiger Skepsis sprach, mit Händen greifbar.

Batna war ein armseliger Ort. Das benachbarte Gebirge verschwand unter grau-schwarzen Wolken. Ohne Unterlaß rieselte eiskalter Sprühregen auf die rechtwinklig angelegten Straßen. Vor drei Tagen hatte noch eine dünne Schneedecke gelegen. Die verwahrlosten Einheimischen erschienen in diesem harten Klima mit ihren orientalischen Gewändern völlig fehl am Platz. Aber auch die ortsansässigen Europäer hinterließen keinen sehr rühmlichen Eindruck.

Wenn schon die Unsicherheit in Batna an den Wilden Westen unserer Kinophantasie erinnerte, so waren die Siedler hier oben alles andere als rauhbeinige Pioniere. Unter den Kolonisten herrschte der südfranzösische, oft korsische Typus vor. Die Rolle des kleinen Postbeamten oder Barbesitzers lag diesen »petits blancs« weit mehr als die des Farmers oder des Rauhreiters. Von den Ortsansässigen stachen die jungen Offiziersfrauen vorteilhaft ab. Sie brachten selbst in diese kärgliche Militärsiedlung einen Hauch schlichter Eleganz. Einmal in der Woche bestiegen sie mit unbekümmerter Miene den mit Panzerblechen bestückten Triebwagen nach Constantine, um frisches Gemüse und einen Strauß Blumen heimzubringen.

Vor dem Büro des Straßenbauamtes unter den zerrupften Eukalyptusbäumen der Hauptstraße hatte sich eine lange Schlange von Arbeitslosen gebildet. Die französische Verwaltung bekämpfte in der Arbeitslosigkeit, die zu einem chronischen Übel Algeriens geworden war, einen der gefährlichsten Herde der Rebellion. Sie beschäftigte eine wachsende Zahl von Müßiggängern mit Straßenerweiterungen und der Wiederherstellung jener abseitigen Verkehrswege, die von den Fellaghas immer wieder aufgerissen wurden. Nur wenige Schritte weiter klang amerikanischer Jazz aus einer muffigen Kneipe, in der die arabischen Stammgäste neben Spielautomaten letzten Modells auch Schießbuden fanden, wo sie Hand und Auge an einem possierlich grunzenden Bären üben konnten. Es stand dann dem frisch ausgebildeten Scharfschützen frei, seine Kunst an lebenden Soldaten der »Französischen Union« im Djebl zu erproben.

In Batna hörten die Straßen auf. Gewiß rollte auf einem peinlich bewachten Schienenstrang der Zug nach Biskra täglich bis an die Tore der Sahara. Vorsorglich wurde er aber hoch in der Luft von einem Hubschrauber begleitet, der beim ersten Gefahrenzeichen per Funkspruch zum Anhalten aufforderte. Östlich dieser Bahnlinie, im unermeßlichen Rechteck der Aurès- und Nementscha-Berge, herrschten die Rebellen. Ihre Überfälle dehnten sich häufig auf jenen Gürtel von Kolonistendörfern im Norden aus, die nach den Pariser Métro-Stationen Edgar Quinet, McMahon, Châteaudun und Pasteur benannt worden waren.

In das eigentliche Aurès-Gebirge, wo der algerische Aufstand im November 1954 seinen Ausgang genommen hatte, drangen nur einmal in der Woche schwer gesicherte Militärtransporte vor. Für die entlegensten Verwaltungsposten der eigens aus Marokko herbeigeholten Spezialisten für Berberfragen war der Hubschrauber die einzige Verbindung zur Außenwelt. Seit Jahresbeginn verging im Aurès-Gebirge kein Tag, an dem nicht blutige Zusammenstöße mit bewaffneten Banden in Stärke von bis zu hundertfünfzig Mann gemeldet wurden. In dieser urweltlichen Wildnis, deren Cañons sich tief in die giftgrünen und rosahellen Felsen einfraßen, verfügten die aufständischen Schawiya-Berber über ein so unübersichtliches System von Höhlen und Labyrinthen, daß den verzweifelten Infanteristen auch mit den Raketengeschossen der Luftwaffe wenig geholfen war.

Die Bevölkerung dieses Massivs zählte zu den rückständigsten Bewohnern ganz Nordafrikas. Seit zweitausend Jahren lebten die Schawiya unberührt von der römischen wie von der arabischen Eroberung in selbstbewußter Isolation und Anarchie. Die Aufstände des Aurès gegen die jeweiligen Fremdherrscher entsprachen einem uralten Zyklus. Wenn jedoch die letzte Revolte im Herbst 1954 jäh an Bedeutung gewann und sich blitzschnell und weit über die Grenzen des Berberlandes ausdehnen konnte, so, weil sie sich auf die längst schwärende Aufsässigkeit des algerischen Nationalismus gegen die französische Kolonisierung stützen konnte, und nicht zuletzt, weil die Waffenkarawanen aus Tripolitanien in den unwegsamen Nementscha unkontrollierbare Durchgangspfade fanden.

Die Nationale Befreiungsfront war sich der Unberechenbarkeit der wilden Berberstämme, deren Islam noch in uralte heidnische Bräuche verstrickt war, voll bewußt. »Nehmt euch vor den Aurès-Bewohnern in acht«, hieß es in dem Rundschreiben der Geheimorganisation OS aus Kairo, »sie sind Wilde.« Langsam, mühselig waren die Nationalisten dabei, alle abenteuernden Wegelagerer, die unter dem Vorwand des Heiligen Krieges Ruhm und Gewinn ernten wollten, unter ein einheitliches Kommando zu pressen. Dort, wo die Fellaghas sich den Weisungen der Nationalen Befreiungsarmee nicht beugen wollten, wurden sie oft genug ausgemerzt, ja den Franzosen an die Klinge geliefert. Dieser unerbittliche Zentralisierungsvorgang unter den Aufständischen erfüllte das französische Kommando mit wachsender Sorge.

Oberstleutnant Gauthier, der mir vor der Landkarte ein privates Briefing erteilte, leitete den Operationsstab des General Vanuxem. Das hatte er schon in Indochina getan. Auch Gauthier entrüstete sich über die Kurzlebigkeit der Zufallsregierungen in Paris und über deren Zickzackkurs in der Nordafrikakrise. Bis spät in die Nacht arbeiteten die Stäbe in Batna. In den Schreibstuben hingen niedliche Plakate, auf denen ein französischer Soldat ein junges Mädchen auf den Mund küßt. »Von Mund zu Mund – Ja. Von Mund zu Ohr – Nein.« Sie mahnten zur Schweigepflicht.

Vor dem Rundfunkgerät in der Ecke lauschten zwei Subalternoffiziere mit gerunzelter Stirn einer Sendung aus Paris. Der Professor für Verfassungsrecht, Maurice Duverger, und der Politiker der katholischen Republikanischen Volksbewegung (MRP), Maurice Schumann, führten eine heftige Debatte darüber, ob es wohl zweckmäßiger sei, in Paris eine Regierung der »Nationalen Union« oder der »Republikanischen Front« zu bilden. Ähnliche Entrüstung mußten wohl einst die oströmischen Centurionen in der benachbarten Festung Tebessa empfunden haben, wenn die Senatoren von Byzanz sich über theologische Spitzfindigkeiten stritten, während vor ihren prächtigen Kastellen im rauhen Atlas die Barbaren sich zum mörderischen Sturm vorbereiteten.

## Wirrwarr in Algier

Am Abend meiner Rückkehr aus dem Aurès-Gebirge nach Algier war ich zu einem Cocktail in die Assemblée Algérienne eingeladen. Abderrahman Farès, der muslimische Vorsitzende der Assemblée, dem ich vor drei Jahren begegnet war, hatte sein Amt turnusmäßig an einen Algier-Franzosen abgegeben. Die europäischen Delegierten besprachen mit hitzigen Mienen den letzten Plan des Generalgouverneurs Jacques Soustelle, der die Einverleibung Algeriens in die französische Republik durch die völlige Gleichstellung der einheimischen Bevölkerung verankern wollte. Jacques Soustelle war ausgerechnet von dem liberalen Regierungschef Pierre Mendès France nach Nordafrika entsandt worden in der Hoffnung, daß dieser ehemalige Chef des gaullistischen Geheimdienstes im Londoner Exil eine flexiblere Politik durchsetzen würde als sein sozialistischer Vorgänger Roger Léonard.

Aber PMF, der Mann, der den Indochinakrieg mit dem Mut der Verzweiflung beendet hatte und für Tunesien den Weg zur Unabhängigkeit freimachte, merkte zu spät, daß er sich in der Person des neuen Generalgouverneurs gründlich geirrt hatte. Kaum in Algerien eingetroffen, entpuppte sich Soustelle als ein sentimentaler Eiferer der Algérie Française, der aus den widerstrebenden Muslimen vollwertige Franzosen machen wollte. »Mit den meisten Vorschlägen Soustelles sind wir ja einverstanden«, sagte ein hünenhafter europäischer Siedler aus der Gegend von Bône, »aber das gleiche Wahlrecht können wir diesen Leuten doch auf keinen Fall einräumen. Wir würden ja in der Masse untergehen.« – »In wenigen Jahren sind die Araber so oder so an der Macht«, wandte ein alter Herr mit der Rosette der Ehrenlegion ein und schilderte einen Überfall, der noch vor zwei Tagen seinen Nachbarn das Leben gekostet hatte.

Die Franzosen Algeriens hatten sich hinter die sogenannte Gruppe der zweiundachtzig Bürgermeister gestellt, die in Paris und beim Generalgouverneur darauf pochten, daß für sie weder die völlige Gleichberechtigung der Araber noch eine föderative Lösung in Frage komme, von der Unabhängigkeit Algeriens ganz zu schweigen. Gegenüber diesen Kräften des Kolonialismus hatte sich eine Anzahl muslimischer Parlamentarier und Kommunalräte, die »Einundsechzig«, wie sie sich nannten, zusammengetan, um jede Lösung zu verwerfen, die dem neuen und revolutionären Konzept der »Algerischen Nation« nicht gerecht werde.

Es war ein kurioses Schauspiel, wie die meist auf Betreiben der französischen Verwaltung aufgestellten muslimischen Volksvertreter selbst in den friedlichsten Villenvierteln von Algier der tödlichen Erpressung der Nationalen Befreiungsfront erlagen. Unter dem Schock eines einzigen anonymen Briefes entdeckten diese bis dahin unterwürfigen Ja-Sager, diese »Béni Oui-Oui«, auf einmal ihr nationales Herz und verdammten in allen Tönen jene Assimilation an Frankreich, die bislang ihr oberstes Programm war. Die Rücktritte algerischer Delegierter und Stadträte waren so zahlreich geworden, daß der Generalgouverneur kurzerhand beschloß, sie pauschal zu ignorieren. »Diese Demissionen«, flüsterte mir ein in Algier ansässiger Journalist ins Ohr, »sind aufschlußreicher als die zahlreichen Gewalttaten der Fellaghas. Kennen Sie das türkische Sprichwort: ›Der Sultan fürchtete sich mehr vor den Komplotten seiner Eunuchen als vor dem Aufstand seiner Janitscharen‹?«

*

Das historische, das islamische Herz der Stadt Algier war die Kasbah geblieben, wo sich seit der Belagerung durch Kaiser Karl V. nicht viel geändert hatte. Hier war ein Europäer nach Einbruch der Dunkelheit seines Lebens nicht mehr sicher. Man munkelte, daß sich in den winzigen Innenhöfen der Medressen, der Koranschulen, die Sendboten der Nationalen Befreiungsarmee trafen, und schon befürchteten aufmerksame Beobachter des Aufstandes, daß sich eine Welle des Terrors schlagartig aus diesem altertümlichen Gassengewirr auf die ganze Hauptstadt ausdehnen könnte.

Vorerst hatten die Rebellen sich darauf beschränkt, Granaten in arabische Kinos zu werfen, deren Besitzer versäumt hatten, die vorgeschriebenen Abgaben an die Befreiungsfront zu entrichten. Gruppen von jungen Leuten forderten die muslimische Bevölkerung der Kasbah zum Tabakstreik als Zeichen der nationalen Solidarität auf. Die Sicherheitsbeamten des Generalgouvernements beobachteten ein Phänomen, das ihnen aus der Zeit der eigenen Résistance in Frankreich gegen die deutsche Besatzung vertraut war. Ein Teil der Unterwelt der Kasbah von Algier – schwere Jungs, Messerstecher und Zuhälter – kooperierte als Spitzel und Denunzianten mit den französischen Ordnungswächtern.

Aber andere Gesetzesbrecher hatten ihr patriotisches Herz entdeckt und im nationalen Widerstand eine neue Heimat, ja eine Verklärung ihrer Illegalität gefunden. Der Name eines vielgesuchten »Terroristen«, Ali La Pointe, tauchte immer wieder als Anstifter von Gewalttaten auf. Soweit die Polizisten der französischen Sûreté gebildet waren, hätten sie wohl an Bertolt Brecht denken müssen: Mackie Messer als vaterländischer Held.

Es war nicht leicht gewesen, das Büro der »Union Démocratique Manifeste Algérien« (UDMA) in einem unansehnlichen Seitenhaus des Hafenviertels zu finden. Die Zeitung dieser bislang gemäßigten Nationalistengruppe erschien unter dem programmatischen Titel »Die Algerische Republik«. Von der Wand der Redaktionsstube blickten die Porträts der Vorkämpfer der asiatisch-afrikanischen Volkserhebungen: Gandhi, der Apostel des gewaltlosen Widerstandes in Indien; Ho Chi Minh, der Vater des roten Vietnam; Mohammed Ali Jinnah, der Gründer Pakistans; Habib Bourguiba, das Haupt des Neo-Destur in Tunesien; General Nagib, der die Monarchie in Ägypten stürzte; Mohammed ben Youssef, Sultan von Marokko; aber auch Kemal Atatürk, der Erneuerer der Türkei; und Franklin D. Roosevelt als konsequenter Förderer des farbigen Nationalismus.

Ahmed Francis, der Chefredakteur, war ein schmächtiger Intellektueller. In normalen Zeiten hatte er als Arzt praktiziert. Aus seiner europäischen Erziehung machte er kein Hehl. Die ganze Tragik der algerisch-französischen Symbiose wurde am Beispiel dieser mittelständischen UDMA-Partei bloßgelegt. Ihr geistiger Vater, der Apotheker Ferhat Abbas, hatte ursprünglich für die vollen französischen Bürgerrechte aller algerischen Muslime gestritten. In einem frühen Pamphlet hatte er sogar resignierend festgestellt, er habe die »algerische Nation« in der Geschichte gesucht und nicht gefunden, was ihn viele Jahre später nicht hindern sollte, als erster provisorischer Regierungschef des unabhängigen Algerien im Exil von Tunis aufzutreten.

Noch formulierte bei meinem Besuch die UDMA in ihren offiziellen Verlautbarungen Vorstellungen von einem franko-algerischen Commonwealth. In Wirklichkeit arbeitete auch sie auf die totale Indépendance hin. Die bürgerlichen Gefolgsleute des Ferhat Abbas hatten sich noch nicht in den Strudel der blutigen Gewaltaktionen hineinreißen lassen, aber dafür mußten sie mit Bitterkeit feststellen, daß die sich aufbäumenden arabischen Massen nur noch auf die Untergrundführer der Nationalen Befreiungsfront hörten.

Ahmed Francis schob mit einer Handbewegung alle Argumente der französischen Verwaltung beiseite. »Unsere islamische Tradition wurde vom Pariser Staat nicht angetastet«, führte er aus, »aber die Administration hat darüber gewacht, daß die religiöse Erneuerung, die aus der El-Azhar-Universität von Kairo zu uns herüberklang, daß die Bewegung der Ulama kein Echo bei der Bevölkerung fand. Hingegen wurden das Sektierertum der Zawiya, der Aberglaube, der finstere Marabutismus begünstigt. Man hat uns um die Grundsätze der Französischen Revolution, die wir auf der Schule pauken mußten, in der Realität des Alltags betrogen.« Ahmed Francis blickte zu den Porträts der Staatsmänner an der Wand seines Redaktionsbüros auf. »Sie haben im vergangenen Sommer erlebt, was sich in Marokko abgespielt hat«, fügte er hinzu. »Am Ende ist der Wille des Volkes ausschlaggebend. Hier ist ein unwiderstehlicher Mythos im Entstehen – der Mythos der algerischen Nation.«

Wir sprachen über die Bemühungen der französischen Regierung, in ihren nordafrikanischen Départements neue und unbelastete Gesprächspartner zu finden, die auch beim Volk auf breite Zustimmung stoßen könnten. Immer mehr war in Paris die Rede von den sogenannten »interlocuteurs valables«, aber sie blieben unauffindbar. Im Zeichen des Soustelle-Plans, des Vorschlags der totalen Integration, war kein Kompromiß möglich.

Ausgerechnet der damalige Innenminister François Mitterrand, der im Jahr 1981 zum Präsidenten der Fünften Republik aufsteigen sollte, hatte den algerischen Aufständischen entgegengerufen: »La négociation c'est la guerre – Verhandlung bedeutet Krieg.« Der sozialistische Ministerpräsident Guy Mollet hatte den Algier-Franzosen mit Argumenten der Vernunft beikommen wollen, aber sie hatten ihn mit Tomaten bombardiert und umgestimmt. Bei den Muslimen stieß inzwischen das Angebot auf Durchführung wirklich repräsentativer Wahlen auf totale Ungläubigkeit und Wut. Die Nationale Befreiungsfront sorgte ihrerseits dafür, daß sich kein repräsentativer algerischer Gesprächspartner zu erkennen gab. »Alle Personen sind zu liquidieren, die den ›interlocuteur valable‹ spielen wollen«, hieß es in einer Weisung der Revolutionskomitees.

## Disteln in der Mitidja

Einige Stunden nach dem Gespräch in der Redaktion der »Algerischen Republik« fuhr ich mit einem alteingesessenen französischen Siedler durch die weitere Umgebung von Algier, in die Mitidja. Es war ein warmer Vorfrühlingstag, und die Obstbäume trugen bereits Blüten. Wir hatten die zartblaue See, über die der Schirokko strich, hinter uns gelassen und wandten uns den ersten bewaldeten Anhöhen des Atlas zu. Der Winterregen hatte die Plantagen, die Weinberge und die Getreidefelder der Mitidja in ein sattes Grün getaucht. »Als wir uns vor hundert Jahren hier niederließen, war diese herrliche Gegend nur eine trostlose Steppe oder ein stinkender Sumpf«, knirschte der Colon. »Jetzt sollen wir dieses herrliche Land, dessen Reichtum wir erst geschaffen haben, den arabischen Nomaden und ihren Schafhirten überlassen.«

Viele Jahre später, während des algerischen Bürgerkrieges 1992, bin ich wieder durch die Mitidja gefahren. Die Fahrt stimmte mich melancholisch. Die einst üppigen Gärten und Felder waren vernachlässigt, oft zu öden Distelfeldern verkommen. Das erste Städtchen auf meiner Route war mir unter dem Namen Marengo in Erinnerung. Jetzt hieß es Hadjout. Die Kollektivierung hatte sich verheerend ausgewirkt. Die einstigen Herrenhäuser der französischen Großgrundbesitzer, aber auch ihre landwirtschaftlichen Speicher und Kelteranlagen waren verfallen. An einem Giebel las ich noch die Inschrift »Clos Saint-Jean 1921«.

In den kleinen Ortschaften waren die europäischen Pieds-noirs von Arabern abgelöst worden, was nur natürlich war. Aber Müßiggang schien die frühere mediterrane Geschäftigkeit ersetzt zu haben. Die Gefallenendenkmäler der Franzosen, die der Toten des Ersten Weltkrieges gedachten, waren durch weißgetünchte kegel-

förmige Monumente ersetzt worden, die die Trauer um die gefallenen Mudjahidin des Befreiungskampfes wachhielten. Die katholischen Kirchen von einst waren verrammelt und verlassen.

Auf den ersten Blick wirkte die Mitidja in der heißen Mittags-
glut träge und friedlich. Von Zeit zu Zeit mußte ich Armeesperren
passieren. Die Posten hatten mobile Nagelsperren über den Asphalt
gelegt, die jederzeit zugezogen werden konnten. Auf gleiche Weise
hatten einst die französischen Militärs die Landstraßen Algeriens
kontrolliert.

# Afrika

## »Im Herzen der Finsternis«

In der vorzüglichen Chronik »1913« von Florian Illies habe ich mit einigem Amüsement gelesen, daß Ernst Jünger – bevor er bei der Fremdenlegion anheuerte – sich auf die angeblich unerträgliche Hitze des Schwarzen Kontinents vorbereitete, indem er im Gewächshaus seines Vaters die Temperatur auf 42 Grad steigerte. Damals hätte ein deutscher Pennäler eigentlich wissen können, daß die Légion Étrangère ihr Ausbildungszentrum Sidi Bel Abbès im heutigen Algerien eingerichtet hatte und daß das Klima dort durchaus mediterran ist. Gewiß klettert im sommerlichen Maghreb das Thermometer gelegentlich auf 42 Grad, aber insgesamt gilt für diese Region die französische Feststellung: »L'Afrique du Nord est un pays froid avec un soleil chaud – Nordafrika ist ein kaltes Land mit einer heißen Sonne.«

Schon als Zehnjähriger hatte ich die Niederschriften des Reporters und Entdeckers Henry Morton Stanley verschlungen, der gegen Ende des neunzehnten Jahrhunderts in einem gewaltigen Kraftakt das bisher völlig unerschlossene Kongobecken durchquert hatte. Ich ahnte damals nicht, daß ich – alle Aufenthalte zusammengerechnet – sechs Jahre meines Lebens in Afrika verbringen würde und über jedes der dortigen Territorien – von Cap Verde bis zum Kap der Guten Hoffnung –, vom Bahr-el-Ghazal bis zum Caprivizipfel – in Zeitungsartikeln und Radiosendungen berichten würde. Der Satz des französischen Dichters Victor

Hugo wäre mir deshalb nicht in den Sinn gekommen: »Dans la région de l'inconnu, l'Afrique est l'absolu – im Bereich des Unbekannten stellt Afrika ein Absolutum dar.« Aber ich konnte auch nicht mit dem großen Stanley von mir behaupten: »Africa is in me.«

Die Berichterstattung aus dem Schwarzen Erdteil hat mir beruflich zum Durchbruch verholfen. Meine heutigen Kollegen dürften mit einer an Mitleid grenzenden Verwunderung zur Kenntnis nehmen, auf welche Mittel der Transmission ich dabei angewiesen war. Für die Belieferung des »Bauchladens« diverser Gazetten, denen meine Texte über die Heimatredaktion der »Saarbrücker Zeitung« zugestellt wurden, hatte ich eine Reiseschreibmaschine zur Verfügung. Den getippten Text brachte ich zum Postamt des exotischen Ortes, an dem ich mich gerade befand, ob es sich um Bamako in Mali oder Salisbury im heutigen Simbabwe handelte. Der Versand erfolgte per Einschreiben, und – so unglaublich es klingt – keiner dieser zahllosen Beiträge ging verloren. Der Umstand, daß meine Artikel in der Regel mit einwöchiger Verspätung in Saarbrücken eintrafen, zwang mich dazu, sie so abzufassen, daß sie bei der Veröffentlichung ihre Gültigkeit bewahrt hatten.

Je mehr ich zur Hörfunktätigkeit überging – Fernsehkorrespondenz gab es ja noch nicht –, mußte ich mich anderen Methoden anpassen. Eine Art Koffer, »Maihak« genannt, schwer wie ein Eimer Wasser, wurde mir zum Aufnehmen meiner Stimme mitgegeben. Dazu gehörte eine Kurbel, mit der das Gerät aufgeladen wurde. Nach und nach bot sich die Möglichkeit, über die in britischen und französischen Territorien verstreuten Radiostationen eine direkte Leitung zu den deutschen Sendern herzustellen. Dabei bin ich stets auf freundliche Hilfsbereitschaft der europäischen und afrikanischen Kollegen vor Ort gestoßen.

Besondere Bedeutung gewann spätestens auf dem Höhepunkt der Kongokrise die Transmission per Telex. Die konkurrierenden News-Agenturen – stets um einen Scoop bemüht – überboten sich mit Bestechungsgeldern an die schwarzen Bediener der Fernschreiber, die von den Belgiern perfekt ausgebildet worden waren, um sich die Priorität der Meldung zu sichern.

Wie erklärt es sich, daß diese »afrikanischen Spiele«, die von Anfang an von den grausamen und absurden Wirren im ehemals belgischen Kongo überschattet waren, bei mir in so positiver Erinnerung geblieben sind, daß ich sogar mit einer Spur von Nostalgie an jene Tage zurückdenke, als Mord und Totschlag über Zentralafrika hereinbrachen und die dortige Menschheit in eine düstere Barbarei zurückzufallen drohte? Es lag wohl an dem Freundeskreis, in dem sich die Pressevertreter unterschiedlichster Nationalität zusammenfanden, eine kleine Gruppe, die angesichts des Aufbegehrens einer furchterregenden Umgebung auf kameradschaftlichen Zusammenhalt und heitere Unverdrossenheit angewiesen war.

Ich habe in Léopoldville, dem heutigen Kinshasa, Freundschaften geschlossen, die bis zum Tod angedauert haben. Da fraternisierte ein Russe mit einem Amerikaner. Franzosen, Deutsche und Briten rückten eng zusammen. Ich sollte den meisten später wiederbegegnen in Moskau und in New York, im kriegsverwüsteten Vietnam, in Afghanistan und im libanesischen Bürgerkrieg. Am Abend trafen wir uns in der Bar der Belgierin Colette, einer kolonialen Mutter Courage, und legten gelegentlich die Schallplatte mit dem Lied von Georges Brassens auf: »Si tous les gars du monde voulaient se donner la main – Wenn alle Burschen der Welt sich die Hand reichen wollten.«

Es berührt mich eigenartig, wenn ich an diese internationale Verbrüderung, diese journalistische Artusrunde zurückdenke, deren einziger Überlebender ich bin. Vielleicht tue ich den Nachgeborenen unseres Berufs Unrecht, wenn ich ihnen nicht zutraue, daß sie in einer ähnlich surrealistischen Situation die gleiche Freude am Abenteuer, die gleiche robuste Kumpanei aufbrächten, die uns Kongo-Veteranen zusammenschweißte.

Ich will mich nicht in Sentimentalität verlieren, aber ich verspürte doch einen Anflug von Ergriffenheit im Juni 2000, als ich mich mit dem Abstand von fast einem halben Jahrhundert seit

meinem ersten Aufenthalt an jener »Biegung des Flusses« wiederfand, die auch der Inder Naipaul beschrieb. Millionen Leichen mo-
derten und verfaulten in den Dschungeln und Sümpfen dieses afrikanischen Schlachthofes. Aber was wiegen sie schon gegenüber
den circa dreitausend Weißen – überwiegend Nordamerikaner –,
die beim Terroranschlag auf das World Trade Center in Manhattan
ums Leben gekommen sind? Das Interesse der Weltöffentlichkeit –
von der endlosen Wiederholung der Massaker im Herzen Afrikas
angewidert – hatte sich längst anderen Krisenherden zugewandt.
Ein Grund mehr, den dortigen Horror ins Gedächtnis zu rufen.

*

Die Fluten des Kongo wälzten sich mit bräunlichem Schaum zwischen den Felsplatten der Stromschnellen. Der Himmel hing wie
Blei über dem Urwald, der gleich hinter der Lichtung begann und
im fahlen Licht als feindliche schwarze Masse erschien. Die Luft
klebte am Körper. Da stand ich also im Juni 2000 wieder im geo-
graphischen Zentrum Afrikas, auf halber Strecke zwischen Indischem und Atlantischem Ozean im »Herzen der Finsternis«, so
hatte der Schriftsteller Joseph Conrad vor etwa hundert Jahren
diese Gegend genannt, und der Ausdruck hat heute eine beklemmende Aktualität zurückgewonnen.

Kisangani, zu jener Zeit Stanleyville, hatte ich von meiner ersten
Kongoreise im Jahr 1956 – ich war von Léopoldville aus fünf Tage
lang mit dem Schaufelraddampfer den Strom hinaufgekeucht – als
saubere, fast elegante Kolonialstadt in Erinnerung. Der Kongo war
damals noch belgische Kolonie. In den exklusivsten Europäerclubs
vermischte sich weiße Arroganz mit flämischer Spießigkeit. Im
Sommer 2000 sind die gepflegten Straßen von Kisangani zur Müll-
halde verkommen. Die Mauern der Villen sind vermodert. Durch
das einstige Geschäftsviertel bewegten sich die wenigen Afrikaner
wie verängstigte Schatten. Stanleyville ist zur Kulisse eines Alp-
traums geworden.

Vor der grauen, kastenförmigen Kathedrale habe ich haltgemacht. Das Dach über dem Altar war durch eine Granate aufgerissen. Der schwarze Christus am Kreuz blieb unversehrt, und auch die Schrift in Suaheli: »Himi ndimi ufofoa na uzima – Ich bin die Quelle des ewigen Lebens.« Aber der Heiland hat diesem verfluchten Ort keinen Segen bringen können.

Hier ging wieder jenes Gespenst um, das Joseph Conrad beschrieben hatte: der Abenteurer und Elfenbeinhändler Kurtz, der den Dämonen des Dschungels verfiel, seine Hütte mit menschlichen Schädeln umzäunte, der über seine versklavten Eingeborenen wie ein fürchterlicher Fetisch, wie ein grausamer Götze herrschte. Die letzten Worte des sterbenden Kurtz sind in die Weltliteratur eingegangen: »The horror, the horror.«

Es waren an diesem Tag keine Leichen mehr in den aufgerissenen Straßen von Kisangani verstreut. Die Truppen aus Ruanda und Uganda, frühere Verbündete, die sich eben noch eine Schlacht lieferten, sind auf Distanz gegangen. Nur verlotterte Soldaten irgendeiner kongolesischen Bürgerkriegsfraktion lungerten herum. Die sechstausend Granaten, die binnen fünf Tagen einschlugen, die Geschosse der 120-mm-Kanonen, die Katjuscha-Raketen, die Panik stifteten, haben im Stadtkern geringen Schaden angerichtet.

Mit Boniface, dem pechschwarzen Besitzer eines ächzenden Peugeot, bin ich zur Tshopo-Brücke gefahren, um die so heftig gekämpft wurde. Leere Artillerie- und MG-Hülsen lagen dort zuhauf. Die Ugander sind von den hochgewachsenen Ruanda-Kriegern, Angehörigen der stolzen Hirtenrasse der Tutsi, zurückgeworfen worden, obwohl sie mit schweren Panzern von Norden vorrückten. Ein Tank vom sowjetischen Typ T-54 oder T-55 kostete in Ostafrika 75 000 US-Dollar, weit weniger als eine Luxuslimousine.

Vor allem unter der einheimischen Zivilbevölkerung hat es Verluste gegeben. Etwa fünfhundert Tote wurden zwischen den zerstörten Lehm- und Strohhütten am Tshopo aufgelesen und wegen Seuchengefahr in Massengräbern verscharrt. Die hundertfünfzig Soldaten, die hier umkamen, waren meist kampfuntaugliche Kongolesen. Das waren Zahlen, die in dieser Region niemanden aufregen können. Beim Genozid, der 1994 die Republik Ruanda heimsuchte, wurden von entfesselten Hutu-Milizen, die angesichts der drohenden Rückkehr ihrer ehemaligen Tutsi-Herren in kollektiven Blutrausch verfielen, schätzungsweise achthunderttausend Menschen erschossen, erschlagen, zerstückelt. Später sollen bei den Vergeltungsaktionen der Tutsi-Armee, die den Hutu-Mördern bis in den Kongo nachstellte, etwa zweihunderttausendfünfhundert Menschen ausgelöscht worden sein.

Worum ging es bei dieser scheinbar sinnlosen Schlacht am Tshopo-Fluß? Ein großes Plakat, das von den Geschossen verschont blieb, gab Auskunft: »Die Firma ›California‹ ist bereit, Diamanten in jeglicher Menge zu günstigsten Preisen zu erwerben.« Das Angebot wurde auch für den Dümmsten durch eine primitive Malerei verdeutlicht: Zwei Afrikaner rannten mit Kiepen auf dem Rücken, schleppten riesige, bereits geschliffene Diamanten heran. Nicht nur in Sierra Leone, auch in der zerrissenen Kongo-Republik offenbarte sich das Diamantengeschäft auf abscheuliche Weise als Nerv des Krieges, als Trophäe einer widerlichen Gewinnsucht.

In Kisangani waren alle Geschäfte geschlossen oder geplündert. Auf den Märkten lagen nur Maniokwurzeln und Bananen aus. Jede Form von Produktion oder Handwerk war erloschen. Hingegen waren die Ankaufläden für Diamanten überall aktiv. Die wahren Nutznießer und Drahtzieher dieser Transaktionen waren nicht zu entdecken. Nur ein paar Schwarze saßen träge an den Pforten der Wucherhöhlen, die sich mit dem Namen »Jehova«, »Jihad«, »Walid«, »Eben Ezer« oder »Südafrika« schmückten. Die Libanesen seien hier stark im Geschäft, erklärte mir Boniface, neben ein paar Indern tauche auch ein weißer Südafrikaner auf. Über die wirklichen Organisatoren dieses bluttriefenden Handels konnten nur Vermutungen angestellt werden.

*

Ich hatte mir die Reise nach Kisangani komplizierter vorgestellt. Mein Tutsi-Fahrer Paul aus der ruandischen Hauptstadt Kigali hatte den Land Rover fast ohne Papierkram durch die Grenzkontrolle am grünlich schimmernden Kivu-See gelotst. Da befanden wir uns auch schon in Goma, dem Sitz einer der diversen Phantom-Regierungen des Kongo, die vom Ausland – in diesem Fall Ruanda und den USA – ausgehalten und patroniert wurden. Aus optischen Gründen haben die ruandischen Eroberer die Sicherung von Goma der kongolesischen Soldateska überlassen. Wer nicht militärisch geschützt war, mußte bei Nacht auf die Plünderung durch diese betrunkenen Rotten gefaßt sein, die die Vergewaltigung wehrloser schwarzer Frauen als Zeitvertreib betrachteten.

Was mir in dieser chaotischen Ortschaft Goma auffiel, war das reiche Angebot modernster Technologie. Auf unzähligen Plakaten wurden neueste Handymodelle angepriesen. Sogar die Vorzüge von E-Mail, Internet und Online wurden ausführlich erklärt. Die Einwohner von Goma waren des Segens der Globalisierung weltweit vermittelten Wissens und kommerziellen Austausches – wenn man dieser aufdringlichen Werbung Glauben schenkte – teilhaftig geworden. Die Wirklichkeit sah jedoch ganz anders aus, und die oberflächlichen Reporter, die aus der Omnipräsenz von Facebook und Cellphone den Schluß zogen, der Durchbruch Afrikas zur Moderne sei damit vollzogen, sollten etwas zurückhaltender formulieren.

Nicht einmal die Bewaffneten trauten sich, zehn Kilometer jenseits der Stadtgrenze in den Urwald einzutauchen, wo versprengte Hutu-Banden der Interahamwe neben anderen verwilderten Horden ihr Unwesen trieben. In den Sümpfen des Maniema übten die »Leoparden-Menschen« ihren Schrecken aus. Zwecks Gewinnung von »force vitale«, von Lebenskraft, als Zauberritual, aber auch aus nacktem Hunger, lebte am Kivu-See der Kannibalismus wieder auf. Die ortsansässigen Bauern versteckten sich bei Einbruch der Dunkelheit im Dschungel, um diesem Spuk zu entrinnen.

Minister Mulumba, zuständig für Kultur und Information, hatte mich in seinem Büro von Goma mit überströmender Herzlichkeit empfangen. Wie es sich für einen hohen kongolesischen Amtsträger gehörte, war er hochelegant gekleidet und mit viel Gold geschmückt. Ich solle mich beeilen, riet er mir. Eine Maschine nach Kisangani stehe auf dem Airport zum Abflug bereit. Tatsächlich bestieg ich eine Antonow 26 mit freundlicher ukrainischer Besatzung, die wohl selbst nicht wußte, welche Fracht sie beförderte. Ich war der einzige Passagier, und beim Blick durch die Luke war bis zum Horizont nichts anderes zu erkennen als die erstickende Äquatorvegetation.

Nach neunzig Minuten stand ich ziemlich hilflos und allein auf der weitgedehnten Rollbahn von Kisangani neben dem Wrack einer riesigen zerschellten Boeing. Zum Glück diente sich mir für eine stattliche Dollarsumme der Fahrer Boniface als Betreuer an. Sehr vertrauenerweckend sah er nicht aus in seinem knallroten T-Shirt mit Totenkopf. Nach einer Leibesvisitation durch undefinierbare Amtspersonen, die übrigens höflich verlief, fuhren wir am Kongo-Ufer entlang auf das ehemalige Stanleyville zu.

Ich entdeckte verlassene Lehmkaten, den verwüsteten Palast des Präsidenten Mobutu, eine große, grün und weiß bemalte Moschee – bis hierhin waren einst die islamischen Glaubenskrieger des Mahdi vorgestoßen –, und hielt schließlich am Eingang des Hôtel des Chutes. Das Gebäude, das 1956 als Luxusherberge galt, war jetzt verwaist und verkommen. Als einziger Gast wäre ich dem Zufall, der Willkür eines Kalaschnikow-Trägers oder dem Buschmesser eines Wilden ausgeliefert gewesen. In solchen Situationen ist der Überlebensinstinkt der beste Ratgeber.

Nach langem Irren hat mich Boniface vor der Delegation des Internationalen Komitees vom Roten Kreuz abgesetzt, die mir wie ein Hafen der Sicherheit und als einsames Bollwerk der Humanität vorkam. Die junge IKRK-Mannschaft – meist Welschschweizer – betrachtete es als Selbstverständlichkeit, mir Asyl anzubieten. Sie hatten nach Abflauen der Kämpfe an der Tshopo-Brücke die Leichen geborgen, die Verwundeten in ihr Hospital transportiert, die gefangenen Ugander nach endlosem Palaver aus den Händen der siegreichen Ruander befreit.

Dagegen machten die diversen Institutionen der Vereinten Nationen, inklusive UNICEF und UNHCR, einen dilettantischen, ja kläglichen Eindruck. Ein paar Dutzend Blauhelme der sogenannten UNMOC sollten als Militärbeobachter eingeflogen werden. Sie stammten teilweise aus den rückständigsten Ländern der Dritten Welt und waren mehr auf die eigene Sicherheit bedacht als auf die ohnehin aussichtslose Beilegung urzeitlicher Stammesfehden.

Mit einiger Erheiterung diskutierte ich mit den Schweizern beim Abendessen den Plan Kofi Annans, eine UN-Truppe von fünftausend Mann am oberen Kongo zu stationieren. Aus meiner persönlichen Erfahrung konnte ich von jener dreißigtausend Mann starken Streitmacht der Vereinten Nationen berichten, die 1960 unter dem Befehl des damaligen UN-Generalsekretärs Dag Hammarskjöld angetreten war, um das Chaos in der eben proklamierten Kongo-Republik zu verhindern und einen regelrechten Krieg gegen die separatistische Katanga-Provinz Moïse Tshombés zu führen. Die Weltorganisation hatte auf der ganzen Linie versagt und durch innere Rivalitäten zusätzliches Unheil gestiftet.

Alexandre, der Chef der IKRK-Mission, fuhr mich nach dem Kaffee durch dunkle, leere Straßen zum letzten Tempel halbwegs gesitteter Geselligkeit in Kisangani, zum Club Hellénique. Dort traf ich ein paar griechische Kaufleute, die vierzig Jahre Kongo-Wirren überlebt und standhaft ausgehalten hatten, zur späten Whiskyrunde. Es stießen auch ein Inder dazu und eine Gruppe offenbar wohlsituierter Kongolesen, die sich im Gegensatz zu den reichlich verwahrlosten Hellenen durch extrem gepflegte Kleidung hervortaten. Zum lebenden Mobiliar gehörten auch ein paar afrikanische Freudenmädchen, farbenfroh herausgeputzt, recht niedlich anzusehen und offenbar zu jedem Spaß bereit. Beim Roten Kreuz erfuhr ich, daß die Aids-Verseuchung in Kisangani auf dreißig Prozent geschätzt wurde.

Demetrios, ein vorzeitig gealterter, vom Tropenfieber gezeichneter Grieche, bot mir sein Haus als Unterkunft an, denn beim IKRK fehlte es an Schlafstätten. Die kleine Kolonialvilla muß einmal ganz wohnlich gewesen sein. Ein schwarzer Boy schlug das halbwegs saubere Bett auf, aber ein Moskitonetz war nicht vorhanden. In der Ferne ratterten Feuerstöße, und mein Gastgeber zeigte mir drei Mörsereinschläge im Vorgarten. Auch Demetrios hätte eine glaubwürdige Romanfigur abgegeben und in der Kongo-Novelle Graham Greenes, »Ein ausgebrannter Fall«, seinen Platz gefunden. Im nächtlichen Gespräch erwies er sich als erfahrener Landeskenner und illusionsloser Beobachter. Es kam zu einem späten, konfusen Gedankenaustausch.

Wir ließen die Phasen jenes Verwirrspiels Revue passieren, das US-Außenministerin Madeleine Albright als »Afrikanischen Weltkrieg« bezeichnete. In einer Folge politisch-strategischer Fehleinschätzungen war der kongolesische Exilpolitiker Laurent Kabila vom Günstling zum Gegner Amerikas geworden und behauptete sich nun mit Hilfe von zehntausend Soldaten aus Simbabwe – wer hat sie wohl in den Kongo eingeflogen? – gegen die Armeen Ugandas und Ruandas, die ihrerseits willfährige Satrapen in den von ihnen beherrschten Kongo-Provinzen einsetzten. Zudem genoß Kabila die Hilfe des Nachbarn Angola und bediente sich neuerdings nordkoreanischer Instrukteure zur Ertüchtigung seiner Armee.

Das umfassende »grand design« Washingtons, die Schaffung einer exklusiven Einflußzone zwischen Äthiopien und Angola, ist seitdem zur Schimäre geworden. Aber in den jeweiligen Interessengebieten wurden angeblich »afrikanische« Grubengesellschaften gegründet, um Diamanten und Gold, Kupfer, Uranium, Kobalt und Coltan gewinnbringend abzubauen. Zu solchen Operationen, die hohes technisches und kommerzielles Know-how voraussetzen, seien die afrikanischen Politiker oder Geschäftemacher doch bis auf weiteres gar nicht geeignet, bestätigte mir Demetrios. So zögen hinter dem Simbabwe-Konsortium Osleg, das die reichen Diamantengruben von Mbuji-Mayi in Kasai ausbeutete, überwiegend südafrikanische und somit in letzter Instanz nordamerikanische Interessenten die Fäden.

Noch drastischer offenbarte sich die Realität in den Einflußzonen der Ruander und Ugander am Kivu-See, wo die Gesellschaft Sonex ein Exklusivrecht für den Export von Mineralien und Tropenholz besaß und unter kanadischer Beteiligung der Firma Barrick Gold, in Wirklichkeit wohl im Auftrag des militärisch-industriellen Komplexes der USA operierte.

Hier ging es, wie die in Afrika sich tummelnden Geheimdienste vermuteten, im Umkreis der Gruben von Kilimoto im Wesentlichen um die Förderung des extrem seltenen Minerals Coltan, einem Konglomerat aus Columbit und Tantalit, das zur Härtung von Weltraumkapseln, Interkontinentalraketen sowie zur Fabrikation von Mikroprozessoren unentbehrlich geworden war.

Wie weit diese Einflußnahme reichte, war einem Vorfall zu entnehmen, für den sich in Kigali zuverlässige Quellen verbürgt hatten: Im Juni 2000 sei die Unterstaatssekretärin Susan Rice, die offizielle Afrika-Beauftragte Madeleine Albrights, bei den Regierungen von Ruanda und Uganda in dringlicher Form vorstellig geworden. Die Lieferung von Coltan, die offenbar unter dem Zerwürfnis der beiden Länder gelitten hatte, sei schleunigst wieder auf die vereinbarte Leistung zu bringen, sonst müsse Washington seine Militär- und Wirtschaftshilfe reduzieren.

Schon der schwarze Fahrer Boniface hatte mir versichert, daß die einst verhaßten belgischen Kolonisatoren, die von den Schwarzen als »sales Flamands«, als »dreckige Flamen« beschimpft wurden und gegen die der kongolesische Nationalheld Lumumba hier in Stanleyville eine Hochburg seines Aufruhrs errichtet hatte, im Rückblick heute von den Kongolesen als das geringere Übel betrachtet werden.

Es hatte ja zwei durchaus unterschiedliche Phasen der weißen Fremdherrschaft im Kongobecken gegeben. Auf der Berliner Afrika-Konferenz von 1884/85 hatte es der belgische König Leopold II. durch geschickte Schachzüge erwirkt, daß ihm das riesige Kongogebiet als höchstpersönlicher Besitz, als privates Eigentum ausgehändigt wurde, für das er niemandem Rechenschaft schuldete.

Danach setzte die bluttriefende Epoche der sogenannten Kongo-Greuel ein, die Joseph Conrad geschildert hat.

Mit eisiger Skrupellosigkeit und Raffgier hatte der Monarch den Abschaum europäischer Freibeuter angeworben, um maximale Profite zu erzielen. Damals wurden die »Neger«, die man zur Sammlung von Kautschuk in den Urwald schickte, bei unzureichender Arbeitsleistung durch Abhacken ihrer Hände gestraft, die in Körben zur Abschreckung gesammelt wurden. Wer dächte da nicht an die Verstümmelungen, die in Sierra Leone durch irregeleitete »Kindersoldaten« ausgeführt wurden.

Diese himmelschreienden Zustände hatten schließlich in Europa eine Welle der Entrüstung ausgelöst. 1908 übernahm die Brüsseler Regierung die Verantwortung für den Kongo, setzte eine reguläre Verwaltung ein, beendete die sadistischen Exzesse und etablierte eine immer noch autoritäre, aber halbwegs erträgliche »Pax Belgica«. Es entstand ein effizientes Wirtschafts-, Verkehrs- und Gesundheitssystem, das bei aller fortdauernden Ausbeutung auch den Ureinwohnern zugute kam, aber seit der Unabhängigkeit nach 1960 total zusammengebrochen ist. Die Betreuung der schwarzen Schützlinge wurde in weiten Landesteilen den katholischen Missionaren überlassen, die ihre Klöster im Dschungel wie Trutzburgen erscheinen ließen und die ihnen anvertrauten Pfarrkinder in frommer Gottergebenheit erzogen.

»Und was ist heute aus Afrika geworden?« hatte mich in Goma einer jener »Weißen Väter« gefragt, die eigentlich an diesem Kontinent verzweifeln müßten. Im Zeichen der vielgepriesenen Globalisierung und einer hemmungslosen Marktwirtschaft, so klagte er, sei eine zynische Form der Plutokratie an die Stelle einer altmodisch protektionistischen Kolonialmethode getreten, die immerhin – die »Bürde des weißen Mannes« beschwörend – auch eine zivilisatorische, ja humanitäre Leistung zugunsten der Eingeborenen vollbrachte. Die geheimen Machtzentren von heute hingegen operierten nicht mehr mit eigenen Soldaten, um ihre wirtschaftlichen Interessen und Gegensätze in Afrika auszutragen, sondern sie scheuten nicht davor zurück, uralte Stammesfeindschaften in sogenannten Stellvertreterkriegen anzuheizen. Das böse Gespenst König Leopolds gehe wieder um.

Jedenfalls war Kisangani in sein ursprüngliches Lebenselement, »the darkness«, zurückgefallen. In der Villa des Griechen und in der ganzen Stadt war plötzlich die Elektrizität ausgegangen, wie das häufig passierte. Demetrios zündete Kerzen an, in deren Flackern die Bafwasende-Masken an der Wand unheimliche Schatten warfen.

## Auf den Spuren Stanleys

Im Mai 1956 war ich zweiunddreißig Jahre alt. Die Sahara und die Sahelzone zwischen der algerischen Oase Ghardaia und der nordnigerianischen Metropole Kano hatte ich per Autostop an Bord mächtiger Lastwagen, in Gesellschaft leutseliger arabischer und afrikanischer Chauffeure durchquert. Nach der Erkundung des westafrikanischen Territoriums, über dem noch der Union Jack oder die Trikolore wehte, war ich an Bord eines französischen Dampfers bis Pointe-Noire gelangt, war hinter einer schnaufenden Lokomotive durch den Mayombe-Urwald bis Brazzaville gerüttelt worden. Von dort ging es mit der Kongofähre nach Léopoldville, wie Kinshasa bei den Belgiern hieß.

*

Wir fuhren schon den dritten Tag auf dem Kongo. Die Schiffe, die zwischen Léopoldville und Stanleyville den Strom hinaufkeuchten – sie brauchten eine ganze Woche dazu –, waren nach dem Vorbild der Mississippi-Dampfer gebaut. Der Kiel war so flach, wie es nur irgend ging, um die zahllosen Sandbänke und Klippen zu vermeiden. Der quadratische Aufbau türmte sich hingegen in drei Etagen. Die meisten Boote, denen wir begegneten, waren noch mit hohen Schaufelrädern versehen. Längs der Ufer waren in Abständen von zwanzig Kilometern riesige Holzstapel für die Feuerung angelegt.

Am ersten Tag, als die Wolkenkratzer von Léopoldville kaum aus dem Blickfeld verschwunden waren, breitete sich der Kongo zu einer vierzig Kilometer breiten Geschwulst, dem sogenannten »Pool«, aus. Dann verlief er zwischen welligen Hügeln ohne jede Bewaldung. Je weiter wir in das Innere Afrikas vordrangen, desto flacher wurden die unendlichen Sümpfe, desto finsterer und undurchdringlicher wurde das Dickicht.

Auf dem Schiff waren die flämischen, eben erst eingetroffenen Kolonialbeamten in der Überzahl. Sie machten angesichts dieser urzeitlichen Landschaft einen etwas hilflosen Eindruck. Am Abend saß ich mit einem höheren belgischen Administrateur auf dem unteren Deck. Er war ein mächtiger, blonder Mann aus Antwerpen. Wie seine meisten Landsleute am Kongo war er fähig, an einem Abend zwölf große Flaschen Bier herunterzuspülen. Der Schweiß stand ihm ständig in hellen Streifen auf der Stirn. Er lebte schon fünfzehn Jahre am Kongo und hatte lange Zeit in den Sümpfen des Kwango verbracht. Für seine »Eingeborenen« war er ein beinahe absoluter Herrscher gewesen: Verwalter, Richter, Sozialbetreuer, Steuereinnehmer und Arzt, ein weißer Oberhäuptling.

»Bis zu einem gewissen Grad werden Sie mit dem Neger vertraut«, sagte er, »und dann ist plötzlich eine Schranke da. Ein Boy, auf den Sie jahrelang bauen konnten, wird auf einmal völlig verquer. Bei Gericht ist es am schlimmsten. Wenn innerhalb eines Stammes eine Straftat begangen wird, bestimmt oft der Häuptling, wer als Schuldiger büßen soll. Alle Zeugen werden einen Unschuldigen belasten, und der Angeklagte wird sich der Sippendisziplin fügen und eine fremde Schuld auf sich nehmen.« Sobald seine junge flämische Frau, die eben aus Europa gekommen war, sich in der Kabine zur Ruhe gelegt hatte, sprach der Beamte auch von den eingeborenen Frauen, ihrer animalischen Unbekümmertheit und ihren häuslichen Listen. »Heute gibt es kaum noch Junggesellen in der Kolonie«, seufzte er, »seitdem leben wir wie in einem Salon.«

Wenn bei Nacht die Lehm- und Strohhütten eines Dorfes in schwachen Umrissen auftauchten, gellte das Geschrei der Schwarzen durch die Finsternis, und die Tamtam begannen ihre dumpfen Wirbel. Die ersten der Sumpfbäume schimmerten silberweiß im Mondlicht. Die schmalen Silhouetten der Pirogen glitten wie schwarze Sicheln über die glitzernde Wasserfläche. Aus dem Urwald drangen das Plärren der Affen, das Summen der Insekten und das lange Dröhnen der Ochsenfrösche.

Am folgenden Tag machten wir in Coquilhatville (heute Mbandaka) halt, einer der ältesten belgischen Kongo-Niederlassungen direkt am Äquator. Die Stadt gefiel uns, weil sie noch viele rotgetünchte Kolonialbauten aufwies. Die Europäerviertel waren von herrlichen Palmenalleen durchzogen. Die Belgier lebten hier oft in bescheidenen Berufen als Handwerker und Büroangestellte. Dank der scharfen Absonderung des Eingeborenenviertels war aber der soziale Abstand zu den Schwarzen strikt gewahrt. Im Kino von Coquilhatville sah ich mir einen schlechten Wildwestfilm an. Das Publikum setzte sich ausschließlich aus Weißen zusammen. In der »Wochenschau« wurde eine Sitzung des belgischen Kolonialrates in Brüssel gezeigt, und die Kamera verweilte einige Sekunden auf einem Schwarzen in elegantem Anzug, irgendeinem Stammeshäuptling vom Kongo, der – wohlweislich nur als Zuhörer – an dieser Beratung teilnahm. Als das Bild des Kongolesen die Leinwand füllte, erhob sich unter den weißen Zuschauern ein Sturm des Protestes. Sogar die kleinen Jungen in Badehosen pfiffen auf den Fingern.

Auf dem Rückweg zum Schiff fand ich den Administrateur in einer Bar im Hafen und erzählte ihm von dem Vorfall. Er schüttelte mißmutig den Kopf. »Ja, ja«, sagte er, »es fängt schon an. Die ›petits blancs‹, wie wir sie nennen, die Vorarbeiter und unteren Kommis, fühlen als erste, daß sich etwas geändert hat in unserer Kolonialpolitik. Jedes Zugeständnis an die Schwarzen empfinden sie als eine Zurücksetzung. Sie können sich nicht vorstellen, auf welche Schwierigkeiten wir Beamten oft stoßen, wenn wir die klei-

nen Kolonisten zwingen müssen, unsere Sozialgesetzgebung gegenüber ihren Arbeitern einzuhalten. Heute ist die Prügelstrafe abgeschafft, und wer einen Schwarzen schlägt, muß tausend Belgische
Francs zahlen. Neuerdings haben die Kongolesen sogar das Recht,
in die Weißen-Gaststätten zu gehen, wenn sie das auch kaum aus-
nutzen. Der Alkoholausschank im Eingeborenenviertel ist ebenfalls freigegeben, und wenn sie in den Verkehrsmitteln noch immer
eine säuberliche Trennung zwischen Schwarz und Weiß finden, so
ist doch die Colour-Bar im Abbröckeln. Schauen Sie nur in diese
Kneipe.«

An der Theke hatten zwei schwarze Chauffeure Platz genommen und tranken eine Flasche Bier nach der anderen. Etwas weiter saßen zwei stark geschminkte Afrikanerinnen mit bunten Kopf-
tüchern, die die ankommenden Gäste allzu freimütig musterten.
»Wenn das die ersten Resultate der schwarzen Emanzipation sind«,
sagte der Administrateur, »dann müssen Sie verstehen, daß die
meisten Europäer darauf verzichten möchten.« Eines der Mädchen
nahm auch mich ins Visier. Dabei bohrte sie mit dem Zeigefin-
ger in der Nase. Sehr appetitlich schien mir das nicht, aber mein
Begleiter belehrte mich eines Besseren: »Die Dame macht Ihnen
ein sehr konkretes erotisches Angebot, und drastischer als mit ihrer
Gestik läßt sich das doch kaum darstellen.«

Die nächste Station am Fluß war ein großer Umschlagplatz namens Bumba. Eine muntere und schon am hellen Nachmittag an-
geheiterte weiße Gesellschaft kam an Bord, die bis zur Abfahrt
des Schiffes eine unglaubliche Anzahl von Bierflaschen leerte. Vor
allem die Frauen taten sich dabei hervor und bestätigten den frivolen Ruf, den Bumba am ganzen Kongo, ja sogar im belgischen
Mutterland genoß. Auf einer Modenschau in Brüssel soll ein besonders tief ausgeschnittenes, gewagtes Cocktailkleid den Namen
»Zwischenlandung in Bumba« getragen haben.

Weiter stromaufwärts lag Isangi zwischen rot, gelb und lila blühenden Bäumen. Sträflinge in blau-gelb gestreiften Trikots trugen
Baumwollballen auf dem Kopf. Sie wurden von barfüßigen Askari

in blauer Tuchuniform bewacht. Am Hafen selbst lungerten die Wachposten der großen Transportgesellschaften herum. Als Bewaffnung führten sie immer noch den Speer ihrer Vorfahren, der kriegerischen Bangala.

Der Administrateur nahm mich beiseite. »Bis hierher sind Ende des vergangenen Jahrhunderts die fanatisierten Horden des Mahdi vorgedrungen. Zwei belgische Offiziere wurden von ihnen enthauptet. Wer erinnert sich heute noch an diese Gefechte zwischen einer Handvoll belgischer Adeliger, die König Leopold II. an den oberen Kongo ausgeschickt hatte, und den aus dem Sudan vorstoßenden Derwischen des Islam?«

*

Stanleyville hatte seinen Charme bewahrt. Unweit der neuen Geschäftsstraßen, die in ihrer flachen Architektur an »Main Street USA« erinnerten, hatte sich an den Stromschnellen des Kongo das Fischerdorf Wagenia erhalten, wo die Eingeborenen mit dem tätowierten Hahnenkamm auf der Stirn kunstvolle Bambusgerüste mitten in den Strom bauten und in halsbrecherischer Arbeit ihre Netze spannten.

In »Stan« schwang ein Hauch des großen Entdeckungszeitalters nach, trotz der asphaltierten Palmenalleen, die zu der exakt angelegten, blitzneuen Arbeitersiedlung der Schwarzen führten. Einmal in der Woche kamen die weißen Pflanzer aus den umliegenden Baumwoll- und Kaffeeplantagen nach Stanleyville, und für einige Stunden hallten die Bars von rauhen Flüchen und anzüglichen Refrains wider, wie sie in Europa vor zwanzig Jahren einmal gesungen worden waren. Weißhaarige Alte erzählten von den Zeiten, als der Giftpfeil der Afrikaner noch kein Museumsrequisit war. In den Empfangsräumen der großen Hotels hatte sich bereits eine neue, dünnblütige Generation niedergelassen und blickte mit bürgerlichem Dégoût auf diese Fossilien der Pionierzeit herab, von denen einige – man denke nur – mit schwarzen Frauen zusammenlebten.

In den jüngeren Kreisen der belgischen Kolonie – bei Beamten, Ingenieuren, Kaufleuten – bemühte man sich um einen betont europäischen Lebensstil. Dazu gehörte keine Anstrengung mehr, allenfalls Geld. In Léopoldville ging das so weit, daß man die Blumen per Flugzeug aus Brüssel kommen ließ und die herrlichen Orchideen von Kivu verschmähte. Während Europa zum Rhythmus der »Negerkapellen« tanzte, gehörte es im Herzen des Kongo zum guten Ton, nur weiße Tango-Orchester zu engagieren. Den Schwarzen gegenüber wahrte man eine prüde Zurückhaltung und räumte ihnen mit Naserümpfen die neuen sozialen Vorzüge ein, so daß dem Besucher die hartgesottene Gesellschaft der alten Kolonialisten beinahe sympathisch erschien.

Wie kam es nur, daß gerade in diesem Land, wo der Europäer sich noch vollauf behauptete und von seiner Überlegenheit durchdrungen war, kein Kiplingscher Geist zu finden war? Man würde am Kongo vergeblich nach jenen einsamen Herrengestalten suchen, wie man sie unter den abtretenden britischen District Officers an der Goldküste traf, oder nach jenen verlorenen Wüstenkommandanten im französischen Sudan, die die Ergebnisse ihrer eigenen Zivilisationsarbeit schon mit kritischem Abstand prüften. In ihrer Hochstimmung des wirtschaftlichen Erfolges, in diesem Klima optimistischer Gründerjahre fehlte den flämischen Kolonisatoren das Gespür für die zwielichtige Tragik, die den Schwarzen Erdteil umgibt. Entfaltete sich die Würde des Europäers nur in der Vorahnung seines Untergangs?

Vor der Post von »Stan« traf ich den aufgeschlossenen belgischen Administrateur vom Flußdampfer im Gespräch mit einem untersetzten Schwarzen wieder. Wir unterhielten uns lange über die neuen Aussichten für die Eingeborenen am Kongo. Bisher war die Schulerziehung zwar weit verbreitet, aber auf den Elementarunterricht beschränkt. Selbst in Léopoldville stammten die meisten Sekretäre und Buchhalter aus Französisch-Afrika oder der britischen Goldküste. Die Missionen, die das Lehrmonopol besaßen, unterrichteten in den Eingeborenensprachen, was die Schwarzen zwar befähigte, den Katechismus zu lernen, aber für jede Verwaltungsarbeit untauglich war. Einigen wenigen gelang es, sich eine höhere Bildung anzueignen. Sie konnten sich dann um den Status des Immatriculé bewerben. Theoretisch waren sie damit den Europäern gleichgestellt. In der Praxis verloren sie jeden sozialen Zusammenhalt und begaben sich vor allem außerhalb der schützenden Bestimmungen des sogenannten »Eingeborenenrechts«. Die Zahl der Immatriculés blieb deshalb sehr gering.

*

Gegen Abend sahen wir Flußpferde. Nur die Nüstern und Ohren zeichneten sich über dem gelben Wasser ab. Gelegentlich bliesen sie wie zum Spiel eine Wasserfontäne hoch. Als es Nacht wurde, leuchteten die Augen der Krokodile rötlich aus dem Schilf des nahen Ufers. Die Reptilien erreichten eine Länge von sechs Metern. Der Oberlauf des Kongo – von den Eingeborenen »Lualaba« genannt – gehörte zu den am wenigsten erschlossenen Gebieten der belgischen Kolonie. Als Stanley den Fluß zum ersten Mal erforschte, glaubte er noch, auf seiner Fahrt nach Norden den obersten Arm des Nils entdeckt zu haben.

Stanleyville lag rund einhundert Kilometer hinter uns im Norden. Bis Ponthierville, das heute Ubundu heißt, hatten wir einen keuchenden Bummelzug benutzt. Von hier ab war der Strom wieder schiffbar. Wir waren auf einen altmodischen Raddampfer umgestiegen. Der Bauch des Schiffes war mit Brennholz gefüllt. In der Dunkelheit zog der Schornstein einen prächtigen Funkenschweif hinter sich her. Der Kapitän und die Reisenden zwischen Ponthierville und Kindu waren Wallonen.

Es herrschte eine aufsässige Stimmung an Bord. Meist waren es kleine Kolonisten aus dem abgelegenen Maniema-Gebiet, wo die Eingeborenen mit den gefeilten Eckzähnen noch vor wenigen Jahren als Leoparden-Menschen blutige Menschenopfer brachten. Sie spürten die ersten Anzeichen der politischen Unrast. »Neulich ist doch ein Schwarzer auf mich zugekommen«, erzählte eine stämmige Wallonin, die seit dem Tod ihres Mannes ganz allein die

Pflanzung weiterführte, »und hat zu mir gesagt: ›Du bist weiß, Madame, deshalb bist du schlecht.‹«

»Das alles hat uns König Baudouin eingebrockt«, schimpften die Wallonen. »Als Baudouin den Kongo besuchte, hat er mehr mit den Schwarzen sympathisiert als mit seinen belgischen Landsleuten.« Sie wussten eine Menge Anekdoten zu erzählen, so die Geschichte jenes alten schwarzen Vorarbeiters von Katanga, dem der König die Hand gereicht hatte. Der Alte wurde von seinen Kollegen umringt, die wenigstens indirekt an dieser Auszeichnung teilhaben wollten. Jeder suchte die Finger des Geehrten zu berühren. Der Alte ließ sich für jeden Händedruck, den er weiterreichte, fünf Belgische Francs zahlen.

Alle sechs Stunden legte der Dampfer an. Es wurde Feuerung an Bord geschleppt. Die Schwarzen begleiteten das Laden des Holzes mit langgezogenen Gesängen. Man tat gut daran, nicht nach dem Text dieser Lieder zu fragen. Sie waren von ernüchternder Alltäglichkeit: »Die Frauen haben das Geld ausgegeben.« Oder: »Wenn die Frau aus dem Hause ist, wird kein Essen gekocht.« Nur die nackten Pirogenschiffer wussten noch um die schwermütige Einfalt des Volksliedes: »Der Fluß ist hart – der weiße Mann ist gut oder böse –, aber der Fluß, unser Vater, ist hart.«

## Im Schatten Lumumbas

Das Hospital von Kisangani war im Sommer 2000 nach kolonialer Art in weiträumige Pavillons unterteilt, wo die Familien sich um die Krankenbetten scharten. Ich traf fast nur Leichtverletzte an. Wer bei den Kämpfen der vergangenen Wochen eine schwere Verwundung erlitt, blieb tagelang liegen, verblutete oder verfaulte an Ort und Stelle. Der Chefarzt des Lazaretts, Docteur Joseph, hatte mich zum Gespräch und zu einer Tasse Tee in sein ärmliches Arbeitszimmer gebeten. Die Wand war durch Granatsplitter aufgerissen. Joseph stammte aus Léopoldville und hatte sogar ein paar Semester in Brüssel studiert. Ich kam mit dem Kongolesen auf Politik zu sprechen.

Der Präsident und Marschall Mobutu war vor drei Jahren an einem Prostatakrebs im spanischen Exil gestorben, aber seine fast vierzigjährige Machtausübung in der Republik Kongo-Zaire wirkte auf unheimliche Weise fort, so erfuhr ich im Hospital. Die Statue des Diktators und Kleptokraten, der angeblich ein persönliches Vermögen von vier Milliarden US-Dollar angehäuft hatte, wurde zertrümmert, sein Palast dem Verfall und der Tropenfäulnis ausgeliefert. Aber insgeheim erzählte man sich in Kisangani Spukgeschichten von diesem vertriebenen Despoten, dessen Nachfolger Kabila bereits eine weit schlimmere Aura des Schreckens verbreitete. Der verlassenen Residenz Mobutus näherten sich die Einwohner von Kisangani mit Angst und Scheu. Sie war zu einem Spukschloß geworden.

Für einen Kongo-Veteranen wie mich kamen da seltsame Erinnerungen hoch, etwa an jenen Abend vor vierzig Jahren in Léopoldville, als Oberst Joseph-Désiré Mobutu, der eben vom Rang eines Sergeanten der belgisch befehligten »Force Publique« zum Generalstabschef der »Armée Nationale Congolaise« befördert worden war, sich mir als freundlicher, bescheidener junger Mann vorgestellt hatte. Auch in Afrika gilt die Feststellung, daß »totale Macht total korrumpiert«.

Docteur Joseph berichtete, wie unerträglich es für die Angehörigen der in Massengräbern verscharrten Kriegsopfer sei, daß sie den überlieferten afrikanischen Totenritualen nicht nachkommen können. Mir fiel in diesem Zusammenhang ein Ausflug ein, den ich vor fünfzehn Jahren in der ehemals französischen Kongo-Republik von Brazzaville am Nordufer des großen Stroms zu einer afrikanischen Begräbnisstätte in der Nähe von Oyo unternommen hatte. Der Totenacker glich einer weitverstreuten Abfallhalde. Die Gräber reihten sich zwar in geometrisch exakter Ausrichtung, doch überall waren die seltsamsten Gegenstände zu kleinen Müllhaufen über den Ruhestätten gestapelt. Am Kopfende stand meist ein schiefes Kreuz aus Holz oder Eisen. Fotos stellten die Verstorbenen dar. Die Lebensdaten waren vermerkt. Die Kindersterblichkeit war hoch.

Eindrucksvoll und befremdend waren die Gaben, welche den Toten in wirrer Unordnung mit auf den Weg gegeben wurden. Ihr gesamter Besitz, Schuhe, Schulhefte, Kochgeräte, Bücher, Kleidung, sehr viel Medizin, denn die Afrikaner sind große Konsumenten von Arzneien, Flaschen mit undefinierbarem Inhalt, waren in den Boden gepreßt. Immer wieder stießen wir auf Wasserbehälter. Auch hier wurde diesem Element magische Wirkung zugeschrieben. Dazwischen »gris-gris« (»ju-ju« sagt man im englischen Sprachbereich), jene Wunderessenzen aus Pflanzen und Tierresten, die den Europäer durch ihre scheußliche Unansehnlichkeit überraschten.

»Am Kongo sind die Toten mächtiger als die Lebenden«, hatte Docteur Joseph bemerkt. »Hier gibt es keine natürlichen Todesursachen, es sei denn bei hochbetagten Greisen. Jeder andere Tod wird auf bösartige Einflüsse, auf Verhexung, Verwünschung, Zauber und Gift zurückgeführt. In jedem Dorf, in jedem Stadtviertel sucht der ›féticheur‹, der ›Nganga‹, pausenlos nach einem Schuldigen, nach den unheimlichen Tätern. Die Bevölkerung lebt in Verehrung und Angst vor den Toten. Die Furcht geht um, sie könnten zurückkommen, ihre Verwandten heimsuchen, Spuk und Unheil stiften. Deshalb werden ihnen so viele Abschiedsgeschenke auf das Grab gelegt, vor allem die Schuhe, damit sie nicht in die alte Hütte kommen, um deren Einwohner für ihre Wanderungen im düsteren Land der Toten heimzuholen.« Jeder Tod, so bestätigen die Völkerkundler, weitet sich für den Afrikaner zum Psychodrama aus.

*

Den zweiten Abend verbrachte ich wieder im Club Hellénique. Aus dem Lautsprecher klangen die Sirtaki-Weisen verfremdet in dieser Runde. Auch die weiß-blaue Fahne Griechenlands, so entdeckte ich, hing schlapp hinter der Bar. Die Anwesenden, dieselben Stammgäste wie am Vortag, widmeten sich dem in England besonders beliebten Dartspiel, dem Werfen von Pfeilen auf eine runde Zielscheibe. Dabei schnitten die Afrikaner besser ab als die Europäer. Ich versuchte vergeblich, das Gespräch auf den Diamantenhandel zu bringen. Aber das Thema war wohl zu gefährlich, fast tabu.

»Das ›Bermuda-Dreieck‹ dieses Edelsteinhandels und seiner höchst lukrativen Ausbeutung befindet sich irgendwo zwischen Antwerpen, Tel-Aviv und New York«, brummte ein leicht angetrunkener Hellene. »Die Schwarzen hier werden doch nur mit Almosen abgespeist, wenn sie den Libanesen ihre Funde abliefern. Der wirkliche Profit – tausendfach gesteigert – wird an ganz anderen Plätzen kassiert.« Deshalb sei auch die neue Kampagne gegen die sogenannten »Blutdiamanten« aus Sierra Leone, Angola und dem Kongo, die von den assoziierten Monopolgesellschaften Anglo American und De Beers propagandistisch hochgespielt werde, nur ein großangelegtes Täuschungsmanöver. »Der geschliffene Diamant ist am Ende anonym, und nichts ist leichter als die Fälschung eines Herkunftszertifikats.«

Es war spät geworden, als Demetrios mich einlud, die Heimfahrt zu seiner Villa anzutreten. Im Wohnzimmer mit den Masken stellte er eine Cognacflasche auf den Tisch. Zwischen uns kam ein einsilbiges Altmännergespräch in Gang. Erinnerungen wurden ausgetauscht. Durch die Stimmen angelockt, hatte sich ein europäischer Nachbar zu uns gesellt. Der schwergewichtige, bärtige Belgier – etwa siebzig Jahre alt – betonte gleich bei der Vorstellung, daß er kein Flame sei, sondern Wallone aus Namur. Er goß sich ein Wasserglas mit Cognac voll und kippte es mit einem Zug.

»Sie sehen hier ein Wrack der Kolonialzeit vor sich«, begrüßte mich unser später Besucher, den Demetrios mit »Anatole« anredete. »Bei meinem jetzigen Zustand werden Sie kaum glauben, daß ich hier in Stanleyville um 1960 als Richter tätig war. Ich bin im Schwarzen Erdteil hängengeblieben, der eine morbide Faszination ausüben kann. Der belgische Staat zahlt mir weiterhin eine magere Pension aus, die auf Umwegen sogar bis Kisangani gelangt. Ich habe mir eine junge schwarze Konkubine zugelegt. Früher sagte man ›ménagère‹ dazu. Mit der Zeit lernt man die heitere Trägheit der Negerinnen sogar zu schätzen. Ob sie mich manchmal betrügt, ist mir ziemlich egal, und ich unterziehe mich erst gar nicht dem HIV-Test. Irgendwie kann das Ende ja nicht mehr fern sein.«

*

Mit Boniface habe ich mich auf die Suche nach dem Lumumba-Denkmal von Kisangani gemacht. In dem verbeulten Auto hatte bereits ein breitschultriger, düster blickender Afrikaner Platz genommen, der sich als Schwager des Fahrers vorstellte und zunächst einmal den Mietpreis des Wagens, der ohnehin eine stattliche Dollarsumme betrug, zu verdoppeln suchte. »Sie müssen Verständnis für unsere Nöte haben«, sagte Chrysostome, so hieß der Unbekannte, »ich war früher Polizeiinspektor, bin seit Jahren ohne Gehalt und muß eine Familie von fünf Kindern ernähren.« Der ehemalige Polizist erwies sich als brauchbare Informationsquelle.

Nach der Lumumba-Statue, die einmal in den siebziger Jahren errichtet wurde, haben wir vergeblich ausgespäht. Hingegen verwies mich Boniface auf den Sockel einer Gedenkstätte, wo unlängst noch eine martialische Darstellung des Marschall Mobutu geragt hatte. Diese Verherrlichung des Diktators ist spätestens beim Einmarsch der Ruander zertrümmert worden. Ich fragte den Polizisten nach seinen Erinnerungen an die endlose Despotie Mobutus, den selbst der Schriftsteller V. S. Naipaul als »big man« verewigt hat. »C'était un tyran«, lautete die Antwort, »er war ein Tyrann, aber meinen Sie denn, wir würden jemals von einem liberalen Demokraten regiert werden? Wir trauern Mobutu nicht nach – mais au moins, c'était quelqu'un de chez nous – zumindest war er einer der Unseren.«

Jedenfalls sei der »Große Leopard«, wie Mobutu sich auch nennen ließ, mit mehr Pomp und Würde aufgetreten als sein feister Nachfolger Kabila, der vor drei Jahren im Troß der Tutsi in Kisangani eingerückt war und durch einen schwarzen Stetson zu beeindrucken suchte. In ihrer Ratlosigkeit und Panik hatten die Einwohner von Kisangani auch diesem neuen Herrn hemmungslos zugejubelt. Bald wurde er jedoch vom Volk, das auch in Afrika hellhörig ist, als eine Art Al Capone entlarvt.

Meine beiden Gefährten besaßen nur eine sehr vage Vorstellung von dem kongolesischen Unabhängigkeitshelden Patrice Lumumba, nach dem in Moskau immerhin eine Universität für Studenten der Dritten Welt benannt und der in einem sowjetischen Film – gar nicht zu Unrecht übrigens – als der »wahre Sohn Afrikas« glorifiziert wurde. »Wir waren doch noch gar nicht geboren, als Lumumba 1961 ermordet wurde«, meinte der Fahrer.

Für mich bleibt Patrice Lumumba eine der eindrucksvollsten Begegnungen meines Journalistenlebens. Ich muß an die brodelnde Unruhe in Léopoldville denken, als die Kongo-Krise die Welt erregte. Im Rückblick erscheint es kaum vorstellbar, daß die diversen Radiostationen der ARD – das Fernsehen steckte damals noch in seinen Kinderschuhen – jeden Tag einen Bericht über diese befremdlichen Vorgänge anforderten, die das breite deutsche Publikum wie ein Politthriller in Atem hielten.

War es die rousseauistische Illusion der Europäer, die dekadente Gesellschaft des Westens könne durch das Hochkommen der »jungen Völker« Afrikas neue Impulse finden, irgendwie regeneriert werden? Die Vorstellung vom »guten Wilden« spielte dabei im kollektiven Unterbewußtsein wohl eine Rolle und die Faszination einer abenteuerlichen Exotik, die durch das Aufkommen des Massentourismus noch nicht entzaubert war. Erst ganz allmählich sollte sich die Erkenntnis durchsetzen, daß es sich bei diesen angeblich »jungen Völkern« des Schwarzen Erdteils um die älteste Spezies unserer Gattung handelt, daß die Geburtsstätte der Menschheit sich in Afrika befindet und die dort verbliebenen Völker wie die frühen Gebirgsmassen unseres Erdballs einen endlosen Prozeß der Abschleifung und Erosion durchlaufen hatten.

Von Joseph-Désiré Mobutu war in jenem fernen Sommer 1960

noch recht wenig die Rede gewesen. Zu diesem jungen, höflichen Mann, der sich später als »Gründungspräsident« feiern ließ, hatte ich zu Beginn der Kongokrise enge, fast herzliche Beziehungen unterhalten. »Wir sind doch Kollegen«, hatte Mobutu seinerzeit beteuert. Er hatte nämlich als Hilfsredakteur beim Mitteilungsblatt der belgischen Kolonialtruppe mitgearbeitet. »C'est notre intellectuel – das ist unser Intellektueller«, versicherte sein Koloß von Leibwächter. Niemand hätte sich in jenen Tagen vorstellen können, daß der nette Offizier – zum »big man« angeschwollen – seinen christlichen Namen ablegen und durch folgende Bantu-Beschreibung ersetzen würde: »Mobutu Sese Seko Kuku Ngbendu wa za Bangu – Mobutu auf alle Zeit, der mächtige Hahn, der keine Henne unbestiegen läßt.« Ich habe nachgeprüft, daß es sich dabei nicht um einen blöden Journalistenscherz handelte.

Ich erzählte von meinen frühen Kongo-Erlebnissen. Vor etwa vierzig Jahren bewegte sich nach Einbruch der Dunkelheit das riesige Afrikanerviertel von Léopoldville – aus der Kolonialzeit kurioserweise »Le Belge« genannt – zu den Klängen des Cha-Cha-Cha. Jung und Alt gerieten dabei in fröhliche Trance. Obwohl auch zu jener Zeit überall die Schrecken des Bürgerkrieges lauerten, gewährte der Cha-Cha-Cha tröstliche Zuflucht in schier unverwüstliche Heiterkeit. Die Texte waren auf naive Weise politisiert. Da gab es den »Indépendance-Cha-Cha-Cha« und jenes Chanson, das die feindliche Rivalität zwischen den beiden Protagonisten der ersten Unabhängigkeitsmonate spielerisch verharmloste: »Kasavubu et Lumumba, Kasavubu et Lumumba dansent Cha-Cha-Cha.«

Später sollte diese einfältige Melomanie noch bizarrere Formen annehmen. Als 1964 General Mobutu mit Hilfe israelischer Instrukteure sein erstes kongolesisches Fallschirmbataillon aufstellte, suchte sich die brutale Schlägertruppe den Cha-Cha-Cha als Regimentsmarsch aus, und dazu sangen sie den surrealistischen Text: »Je déteste la barbarie – Ich verabscheue die Barbarei.« Wen kann es da wundern, daß mein zu früh verstorbener Freund Dietrich Mummendey, ein unerschrockener und unermüdlicher Reporter in allen Unruheregionen der Welt, seine Kongo-Erfahrungen unter dem Buchtitel zusammenfaßte: »Beyond the Reach of Reason – Jenseits aller Vernunft?«

## Che Guevara und die Steinzeit

Im Frühjahr 1964 war im Ostkongo die große Revolte der »Lumumbisten« ausgebrochen und weitete sich wie ein Savannenfeuer aus. Angebliche Marxisten und Maoisten im Verbund mit wirren Predigern einer radikalen Rückkehr zu alten afrikanischen Zauberritualen bildeten eine bedrohliche Allianz, der der damalige Regierungschef von Léopoldville, Cyrille Adoula, von den Amerikanern nominiert, in keiner Weise gewachsen war. Staatspräsident Kasavubu erwachte plötzlich aus seiner sprichwörtlichen Lethargie, entließ Adoula und berief völlig überraschend ausgerechnet den Katanga-Sezessionisten, den Erzfeind der nationalen Kongo-Einheit, Moïse Tshombé, zum Premierminister seiner Zentralregierung.

Im Frühjahr 1963 hatte ich meine Reportertätigkeit im Schwarzen Erdteil abgebrochen und war mit der Gründung des Pariser Studios der ARD beauftragt worden. Aber in diesen Stunden afrikanischen Tumults besann sich der WDR auf meine langjährige Erfahrung. Mit einem kleinen, wackeren Kamerateam brach ich über Léopoldville in das Land der Großen Seen, in die Provinz Kivu, auf.

Im Hotel am Kivu-See herrschte Grabesstille. Das graue Wetter drückte aufs Gemüt. Ein paar amerikanische Offiziere mit den grünen Barretts der Special Forces saßen an der Bar, tranken Whisky und hatten ihre Waffen in Reichweite. Sie begaben sich zu zweit oder zu dritt mit dem Jeep oder zu Fuß auf Pirsch und Erkundung.

Der US-Militärattaché in Léopoldville koordinierte auch die Aktionen exilkubanischer Piloten, die für klingenden Lohn Bordwaffenangriffe gegen die aufständischen Lumumbisten flogen. Auf der anderen Seite gebe es ebenfalls Kubaner, die für Fidel Castro und die rote Weltrevolution im Einsatz stünden, behaupteten die »green berets«. Von Che Guevara war zu jenem Zeitpunkt noch nicht die Rede. Die breitschultrigen, gelassenen Amerikaner zeigten uns auf der Karte, wie nahe die Simba, von Süden vorrückend, an Bukavu herangekommen waren. Der letzte Posten der Nationalarmee war knappe zwölf Kilometer entfernt.

An einem dieser Tage sind wir über eine rote Lateritstraße zu einer vorgeschobenen Stellung der Regierungstruppen gefahren. Die Soldaten Mobutus hatten ein paar Sandsäcke aufgeschichtet und die Piste mit einer hölzernen Schranke versperrt. Sie mochten dreißig Mann sein und waren heilfroh über unseren unerwarteten Besuch. Die Präsenz von Weißen gab ihnen wohl ein minimales Gefühl von Sicherheit. Sie rollten jetzt wild mit den Augen, ließen sich in kriegerischer Pose filmen und zeigten lachend auf den Kochtopf, in dem irgendein Getier brutzelte. »Wir haben den Rebellenführer Mulele geschlachtet«, prahlten sie, »hier in diesem Kessel schmort er, und gleich essen wir ihn auf.« Der »Kommunist« Pierre Mulele war in der Kasai-Provinz zu einer geradezu mythischen Figur des afrikanischen Aufbäumens gegen den Westen geworden.

In Wirklichkeit schlotterten die Mobutu-Soldaten vor Angst. Wir standen einer Gespensterarmee gegenüber, einer Truppe von Gegnern, die sich auf die alten Dämonen Afrikas berief. Diese Kräfte, so hörten wir, seien den technischen Mitteln der Europäer weit überlegen. Beim Nahen der Simba- und Leopardenmänner, die sich mit »Maji«, magischem Wasser, und Zaubersprüchen unverwundbar machten, verbögen sich die Schnellfeuergewehre, und die Kugeln träfen nicht mehr ins Ziel. Kein Wunder, daß die Regierungsarmee, die in Kivu ohne Kommando und festen Auftrag diesen Urgewalten hilflos ausgeliefert war, sich die Uniformen vom Leibe riß und das Weite suchte, wenn auch nur ein Gerücht den Anmarsch der Gegner meldete. Die Soldaten fürchteten diese unheimliche Provinz, wo die wilden Barega angeblich ihre Feinde auffraßen und die Opfer des Krieges zu Tausenden die Krokodile des Ruzizi-Flusses mästeten.

Da die direkte Reiseroute von Bukavu nach Bujumbura, der Hauptstadt von Burundi, durch Banden von Simba unterbrochen war, mußten wir den Umweg über Ruanda antreten. Am Ende unserer Fahrt erreichten wir das Hotel Paguidas im Zentrum von Bujumbura. Die Herberge war in einem traurigen Zustand. Von den im Park verstreuten Pavillons am Ufer des Tanganjika-Sees bröckelten der Stuck und die gelbe Farbe ab.

Vor meinem Hotelzimmer im Paguidas hörte ich am späten Abend den Lärm von Schüssen und Sprengungen. Aber es waren weder ein Putsch noch eine Straßenschlacht in Gange. Die Geräusche kamen aus einem Bungalow, den die Volksrepublik China als Kanzlei gemietet hatte. Die Jünger Mao Zedongs führten hier den afrikanischen Rebellenführern aus dem benachbarten Kongo Lehrfilme über Partisanenkrieg und Sabotagetechnik vor.

Am nächsten Tag stattete ich den Chinesen einen Besuch ab. Ich wurde mit eisiger Höflichkeit empfangen. Peking predigte damals den kompromißlosen Aufstand aller farbigen Völker gegen die weißen Imperialisten. Den Russen warfen die Chinesen vor, sie hätten das Erbe Lenins verraten und verbrüderten sich bereits mit der internationalen Bourgeoisie. »Wünschen Sie Tee oder Coca-Cola?« hatte der Botschaftssekretär im Mao-Look mit einem Unterton gefragt, als käme die Wahl des Getränks einer ideologischen Entscheidung gleich.

Die »maoistischen« Rebellen des Kongo befanden sich zu jener Zeit auf dem Höhepunkt ihrer militärischen Erfolge. Sie hatten die Hafenstadt Albertville, heute Kalemie, am Westufer des Tanganjika-Sees erobert. Der neue Regierungschef von Léopoldville, Moïse Tshombé, versuchte verzweifelt, mit Hilfe seiner »Gendarmerie Katangaise« und ein paar hundert weißer Söldner die revolutionäre Expansion einzudämmen. Als erfolgreicher Aufstandskommandeur hatte sich an der Südfront ein ehemaliger Handlungsgehilfe, Gaston Soumialot, hervorgetan, der nach der Einnahme von Albertville durch seine Simba oder »Mayi-Mayi«-Krieger in der katholischen Kathedrale ein feierliches Te Deum anstimmen ließ. Zu diesem Mann wollte ich mich mit meinem Kamerateam auf den Weg machen, um den »réalités congolaises« ins unheimliche Antlitz zu blicken.

Immerhin hatten die Chinesen uns mitgeteilt, daß eine Delegation kongolesischer Lumumbisten in einem nahen Pavillon des Paguidas untergebracht sei und daß ein paar Rebellenführer am folgenden Tag zu einem Besuch nach Peking aufbrechen würden. Diese Simba, die Hemd und Hose trugen, nahmen uns freundlich auf. Sie waren sichtlich angetan von unserem Vorschlag, einen Filmbericht über sie zu machen. Und hier geschah das Außergewöhnliche, dessen Bedeutung mir erst viele Jahre später klar werden sollte.

Der Führer dieser Gruppe, ein stämmiger junger Mann mit Vollbart, stellte sich unter dem Namen »Laurent Kabila« vor und bezeichnete sich als Vizepräsident und Außenminister des kongolesischen Befreiungskomitees. Er sprach fließend Französisch und drückte sich mit der vielen Afrikanern eigenen Begabung für preziöse Rhetorik aus. Es war kein anderer als jener Laurent-Désiré Kabila, der 1997 später durch die Gunst der Umstände und der USA nach dem Einmarsch seiner Tutsi-Verbündeten in Kinshasa an die Spitze der Kongo-Republik katapultiert werden sollte.

Er gewährte uns ein Interview. »Jawohl, unsere Partisanen betrachten sich als die Rächer Patrice Lumumbas«, beteuerte Kabila. »Mehr noch, wir werden sein Werk fortsetzen und vollenden. Wir sind seine Jünger. Wir fordern eine sozialistische Revolution.« Wir hatten es Kabila persönlich und auch dem belgischen Hafenkapitän von Bujumbura zu verdanken, daß wir Kontakt zur Aufstandsarmee des Simba-Führers Soumialot aufnehmen konnten. Es bestand immerhin noch Funkverkehr zwischen Burundi und den Rebellen. Die Antwort aus Albertville lautete, wir seien willkommen. Man erwarte uns mit dem nächsten Schiff.

## In den Klauen der »Simba«

Es war früh am Morgen. Über dem glatten Wasser des Tanganjika-Sees hingen Nebelschwaden. Der Himmel im Westen war noch dunkelgrau. Im Osten, wo sich einmal Deutsch-Ostafrika befand, ging die Sonne in Gold und Purpur auf. In spätestens einer Stunde würden wir unter drückender, feuchter Hitze leiden. Der Dampfer, der am Abend zuvor in Bujumbura abgelegt hatte, kam mir seltsam bekannt vor. Neben der Kapitänskajüte entdeckte ich ein Messingschild mit der Aufschrift »Antwerpen 1914«. Mit demselben Schiff hatte ich acht Jahre zuvor schon einmal die Überfahrt nach Kigoma, der Endstation der einstigen wilhelminischen Eisenbahn Deutsch-Ostafrikas, unternommen.

An Bord gab es alle mögliche Fracht, aber nur vier Passagiere. Mich begleiteten der Kameramann Rolf Friedrich und der Toningenieur Georg Meurer. Dazu kam eine katholische Ordensschwester. Der Kapitän war ein müder Kolonialbelgier, der sich nicht entschließen konnte, ins fröstelnde, enge Mutterland zurückzukehren. Wir standen hinter ihm in der Steuerkabine. Niemand sprach ein Wort. Der Dunst wurde plötzlich von der Sonne durchbrochen, wir erkannten die Docks und Anlegepiers des ostkongolesischen Hafens Albertville. Was wir dort erblickten, bestätigte unsere schlimmsten Ahnungen. Die belgische Nonne war leichenblaß geworden und bekreuzigte sich. Auch die schwarze Schiffsbesatzung sah mit vor Schreck geweiteten Augen auf das Ufer.

Das Empfangskomitee hätte der Komparsentruppe aus einem Dokumentarfilm über die Anfänge der Menschheit alle Ehre gemacht. Die schwarzen Krieger, die uns erwarteten, trugen Speere und Buschmesser, Pfeil und Bogen. Ihre abenteuerliche Uniformierung wurde durch Tierfelle, Grasbüschel und Lianen ergänzt. Zum Teil hatten sie sich mit weißer und roter Farbe das Gesicht beschmiert. Sobald unser Fallreep den Kai berührte, kamen diese Gestalten der Urzeit an Bord. Ich hatte einen hochgewachsenen

Afrikaner ausgemacht, der offenbar die Rotte anführte. Er trug immerhin Hemd und Hose sowie eine Kappe aus Leopardenfell.

Der Mann ging gleich auf mich zu: »Ich bin Minister für Information und Sicherheit der Kongolesischen Volksrepublik«, stellte er sich vor. »Mein Name ist Martin Kasongo. Sie sind wohl das deutsche Fernsehteam, das von unserem Vertrauensmann in Bujumbura angekündigt wurde. Nehmen Sie Ihr Gerät, und folgen Sie uns.« Wir wurden mit unserer Ausrüstung in zwei halbzertrümmerte amerikanische Limousinen verfrachtet und fuhren über die schnurgerade Asphaltstraße, die den Stadtkern von Albertville bildete, zum Hôtel du Lac. Wir sahen uns beklommen an – und bewegten uns ab da wie in einem Alptraum.

Da waren wir also bei den gefürchteten Simba, bei den »Mayi-Mayi«, bei den Kämpfern der »Kongolesischen Volksbefreiungsarmee«. Kasongo hatte auf der Fahrt versichert, daß Gaston Soumialot, sein Kommandeur, uns am Vormittag aufsuchen werde und zu einem Interview vor der Kamera bereit sei. Das Hôtel du Lac starrte vor Schmutz. In der Empfangshalle servierte uns Kasongo trotz der frühen Stunde volle Whiskygläser. Ich ließ unsere bewaffneten Begleiter, besser gesagt, Bewacher, nicht aus dem Auge. Durch Gewöhnung verloren sie nichts von ihrer unberechenbaren Fürchterlichkeit. Die schwarzen Männer – mit ihren Affenfellen und ihren Speeren – betrachteten uns aus blutunterlaufenen Augen. Sie standen unter der Wirkung irgendeiner afrikanischen Droge, die aus »indischem Hanf« und Gräsern gewonnen wird. Schon torkelten sie.

Als sie sich mit aufkommender Hitze anschickten, eine Bierflasche nach der anderen zu leeren, wurde unsere Situation vollends prekär. Kasongo hatte zwar zu unserer persönlichen Betreuung einen normal gekleideten jungen Mann herbeibefohlen, der ein Blatt Papier mit der Aufschrift »Protokoll« an seinem Hemd befestigt hatte. Aber dieser Jüngling war selber entsetzt. Er blickte verstört auf die Horrorfiguren mit den farbverschmierten Gesichtern, die uns am Verlassen der Hotelhalle hinderten und uns zunehmend mißtrauischer, ja feindseliger musterten, als wären wir bereits ihre Gefangenen oder Geiseln.

Eine Belgierin von etwa vierzig Jahren war ins Hotel gekommen. Das blonde Haar klebte ihr an der Stirn. Die Augen waren schreckgeweitet. Sie setzte ein erfrorenes Lächeln auf, als sie sich an Martin Kasongo wandte, um von ihm eine Ausreiseerlaubnis zu erbetteln. Die paar Weißen, die noch in Albertville lebten, als die Lumumbisten kamen, hätten furchtbare Zeiten durchgemacht, flüsterte sie mir zu. Die wüsten Ausschreitungen würden nicht abreißen. Ihre heimliche Mitteilung wurde durch das Hinzutreten des »Ministers« unterbrochen. Erst führte er mit der Frau ein überbetont höfliches Gespräch, dann schickte er sie rüde weg.

Auf der Straße vor dem Hotel zogen gelegentlich Afrikanerinnen im Gänsemarsch vorbei. Sie trugen Proviant und Brennholz auf dem Kopf. Dann kamen Autos mit Partisanen. Die Windschutzscheiben, aus denen Gewehrläufe ragten, waren zertrümmert, die Kotflügel zerbeult. Auf dem Kühler der Fahrzeuge waren Palmwedel befestigt. Auf Anraten ihres Zauberers, ihres »Munganga«, betrachteten die Simba den grünen Pflanzenschmuck als wirksamen Schutz gegen feindliche Kugeln.

Wie er es denn fertiggebracht habe, die Soldaten Mobutus so sehr zu verängstigen und in alle Winde zu verjagen, fragte ich Kasongo, um für gute Stimmung zu sorgen. »Ich lasse den Gefangenen die Ohren und die Lippen abschneiden«, antwortete der Sicherheitsminister, »das hilft.« Dann stand er auf und ließ uns allein mit den Wilden, die sich immer aufdringlicher an uns heranschoben. Sie waren jetzt in einem überreizten Zustand, lachten einmal wie Kinder und zankten sich dann wie Raubtiere.

Der Protokollchef gab seine Beschwichtigungsversuche nach einem Tritt ins Gesäß auf. Die Bewaffnung der Soumialot-Truppe war dürftig. Die Simba hielten nicht viel von Gewehren oder Granatwerfern. Sie vertrauten ihren Speeren, ihren Buschmessern, ihren Keulen. Vor allem aber waren sie von der Zauberkraft ihres »Dawa«, ihrer Amulette und Fetische, überzeugt. Das Wasser spielte bei der Abwehr von Kugeln, bei der Vermeidung von Verwundungen offenbar eine große Rolle, denn jedesmal, wenn sie mit ihrer magischen Überlegenheit prahlten, stießen die Krieger den Ruf »Dawa mulele maji« aus.

Diese Suaheli-Worte waren aus dem Arabischen abgeleitet. »Dawa« bedeutet »Medizin« oder »Wundermittel«. Mulele war jener ehemalige Lumumba-Minister, der den Aufstand im Westkongo ausgelöst hatte. »Mayi«, auf Arabisch »ma'«, hieß »Wasser«. Der Kampfschrei knüpfte, ohne daß die Simba es ahnten, mit jenem großen Mayi-Mayi-Aufstand des Angoni-Stammes im Süden von Deutsch-Ostafrika an, den die wilhelminische Schutztruppe zwischen 1905 und 1907 in einem langwierigen, überaus blutigen Kolonialfeldzug niedergeworfen hatte.

Die Zeit verging schleppend. Der verschüchterte Protokollchef suchte jetzt bei uns Schutz. Am gefährlichsten seien die jungen Lumumbisten, die »Jeunesse«, sagte er mit leiser Stimme. Im übrigen seien alle diese Freischärler von ihrer Unbesiegbarkeit, ihrer Unverwundbarkeit zutiefst überzeugt. Deshalb würden sie mit Todesverachtung gegen die verängstigten, selbst im Aberglauben wurzelnden Soldaten der Nationalarmee vorstürmen. Immerhin hatte ich auf einem vorbeifahrenden Lastwagen zwei Verletzte mit frisch durchgebluteten Notverbänden entdeckt. Ob sich ein solcher Anblick nicht demoralisierend auswirke, fragte ich. Doch die Simba waren um keine Erklärung verlegen. Wenn bei einem Gefecht Tote und Verwundete in den eigenen Reihen zu beklagen waren, führten sie das auf eine falsche Anwendung des »Dawa« zurück, dann war der »Munganga« ein Stümper oder ein Schwindler. In den meisten Fällen überlebte der »féticheur« einen solchen Kunstfehler nicht.

Zehn Stunden warteten wir mit wachsender Ungeduld und Beklemmung, als zwei Jeeps mit neuen Simba eintrafen. Dahinter hielt eine schwarze Limousine, die besonders kunstvoll mit Laubwerk verziert war. Ein kleiner Afrikaner mit einem nach Vorbild Lumumbas stilisierten spärlichen Spitzbart und einer Leopardenkappe auf dem Kopf kam uns entgegen und schüttelte uns die Hand. Der arrogante Kasongo benahm sich im Gefolge dieses Chefs fast devot. »Ich bin Gaston Soumialot«, sagte der Mann mit dem Bärtchen. »Ich hoffe, Sie fühlen sich wohl bei uns.« Es war höchste Zeit, daß eine Autoritätsperson eintraf. Zwei betrunkene Simba machten sich am Tongerät zu schaffen, zwei andere richteten spielerisch ihre Speere auf den Kameramann. Mit rollenden Augen wiegten sie sich in einem tranceähnlichen Rhythmus.

Neben Soumialot, der sich trotz seines vorstehenden Gebisses vorteilhaft durch Ruhe und Mäßigung von dieser Horde unterschied, hatte sich ein schwarzer Hüne mit Vollbart aufgestellt. Er hielt ein belgisches Schnellfeuergewehr schußbereit. Dieser Leibwächter war offenbar stumm, jedenfalls gab er nur unartikuliertes Röcheln von sich. Mit seinem grimmigen Gesichtsausdruck hätte er in jeden Gruselfilm gepaßt. Dennoch gewannen wir ihn schnell lieb, denn er verscheuchte die aufdringlichen Simba, wenn sie uns zu nahe kamen, mit einem wütenden Knurren und einem eindeutigen Griff an seine Waffe.

Im Interview, das später von mehreren europäischen Fernsehanstalten übernommen wurde, dementierte der ehemalige Kontorangestellte Gaston Soumialot die amerikanische Behauptung, seine »Volksbefreiungsarmee« werde von den Chinesen ausgebildet und beraten. Seine Bewegung trete für Blockfreiheit ein und positiven Neutralismus zwischen Ost und West. Die wenigen Waffen, über die er verfüge, hätten seine wackeren Krieger den Soldaten Mobutus abgenommen. Das klang durchaus glaubwürdig. Im übrigen sei es höchste Zeit, das Werk Lumumbas fortzuführen. Kasongo hatte inzwischen unsere Pässe eingesammelt und sie mit einem gekritzelten Visum der »Kongolesischen Volksrepublik« versehen.

Der Abend senkte sich über die Ufer des Tanganjika-Sees. Wir hatten den sehnlichen Wunsch, wieder aufs Schiff zu kommen, das noch im Hafen lag und bald die Rückfahrt nach Bujumbura antreten würde. Ich bat Soumialot, uns persönlich bis zum Kai zu begleiten, denn außerhalb des Hotels waren wir unseres Lebens nicht sicher. Auf dem Dampfer ging es chaotisch zu. Die Simba durchsuchten jeden Winkel nach versteckten Weißen. Das Wort »mercenaires«, Söldner, klang immer wieder auf. Damit konnten nur wir gemeint sein. Nach endlosem Palaver, das in gelegentliche Schlägerei unter den überreizten Lumumbisten ausartete, und einer letzten persönlichen Intervention Soumialots durfte der Kapitän endlich die Maschinen anwerfen. Das Schiff löste sich vom Ufer und lief aus. Auf dem Tanganjika-See empfing uns eine wohltuende Brise. Wir atmeten tief auf. Der Tag in Albertville lag wie eine beklemmende Wahnvorstellung hinter uns, wie der Ausflug auf einer irrealen Zeitmaschine in eine grauenhafte Frühphase der Menschheit.

## Verzweiflung an Afrika

Seit meiner Begegnung mit Gaston Soumialot sind sechsunddreißig Jahre vergangen. Doch die Vergangenheit holt uns immer wieder ein. Am späten Abend sollten an dieser Uferstelle des Tanganjika-Sees Flußpferde auftauchen. Aber neben dem Safari-Gate-Hotel, das altmodischen Kolonialcharme bewahrt hatte, wurde eine afrikanische Hochzeit gefeiert. Der Lärm der Trommeln, die auf dem Kopf getragen wurden, verscheuchte die Tierwelt. Es war eine recht wohlhabende, fast elegante Gesellschaft, die sich da versammelt hatte, die Herren im dunklen Anzug, die Frauen im bunten, langen Kleid. Auf den ersten Blick, so schien es, war die Welt in Bujumbura wieder in Ordnung. Da gab es sogar einen Golf- und Reitclub, in dem Schwarz und Weiß problemlos miteinander verkehrten.

Nach Einbruch der Dunkelheit wandelte sich jedoch die Stimmung. Der Stadtkern der Hauptstadt von Burundi blieb zwar relativ sicher, aber die schwarzen Militärstreifen waren auf der Hut. Bei Nacht räumten die Soldaten der Burundi-Armee, die fast ausnahmslos der Tutsi-Ethnie angehörten, ihre Stellungen auf den Bergen nördlich des Sees, und die Rebellen vom Bantu-Volk der Hutu übernahmen die Kontrolle über die Dörfer.

Noch war der rote Sonnenball nicht untergegangen. Der Himmel hielt sich in jener Farbsymphonie aus Gelb, Grün und Violett, die ich nur in Äquatorialafrika angetroffen habe. Große schwarze Vögel glitten über das reglose Wasser, das nach Süden kein Ende fand. Von dieser Abendstunde ging eine seltsame Schwermut aus.

Der Kellner hatte Froschschenkel zum südafrikanischen Weißwein serviert. Sie schmeckten vorzüglich, wie auch jener große Fisch, den man als »Capitaine« bezeichnet. Der Tanganjika-See nahm die Farbe einer Kupferplatte an. Ein großes Eingeborenenkanu bewegte sich darauf wie eine schwarze Mondsichel. Der Lärm der fernen Disco war verstummt, und auch die amerikanischen Schnulzen, die über den Hotellautsprecher die elegische Stimmung störten, habe ich zum Verstummen gebracht.

Ich habe ein Buch zur Hand genommen, das ich mir in der Deutschen Botschaft von Kigali ausgeliehen hatte. Auf dem Umschlag war der argentinisch-kubanische Revolutionär Ernesto Che Guevara im Kampfanzug mit schwarzem Barrett abgebildet. Das weckte Erinnerungen an jene turbulenten Tage der Pariser Mai-Revolution von 1968, als im Innenhof der Sorbonne, wo diese Ikone an jeder Mauer hing, der berühmte Guerillero mit dem Lied »Commandante Che Guevara« gefeiert wurde. Aber hier war Afrika. Hier wurde nicht gespaßt. Hier wurden keine Scheingefechte geliefert. Die Höhenzüge am Westufer des Sees waren nur noch in vagen Konturen zu erkennen. Was mag Ernesto Guevara bewogen haben, ausgerechnet die Mitumba-Berge und deren primitive Stämme zum Ausgangspunkt seines weltrevolutionären Feldzuges in Afrika auszusuchen?

Beim Blättern im Tagebuch des Che habe ich mit Erstaunen festgestellt, welch gewichtige Rolle Laurent Kabila bei dem utopischen Vorhaben am Westufer des Tanganjika-Sees gespielt hatte. Guevara selbst erscheint in seinen Aufzeichnungen zwischen Juni und Dezember 1965 als ein extrem engagierter, todesmutiger Kämpfer. Die afrikanische Mentalität blieb ihm jedoch total versperrt. Als verbohrter Ideologe und ziemlich kläglicher Stratege hatte er sich wie ein Don Quichote in diese Wildnis der Mitumba-Berge verirrt. Sehr bald verzweifelte er daran, daß seine schwarzen Gefolgsleute, statt sich zum marxistisch-leninistischen Credo zu bekehren, ihr Heil und ihre Unverwundbarkeit in altafrikanischen Zauberbräuchen suchten, sich der »Dawa« anvertrauten. »Der Zauber wird hier als Glaubensartikel angesehen«, schrieb der Che.

An dieser Stelle sollte man den Gefährten Fidel Castros im Wortlaut zitieren, zumal man mich – bei meinen Schilderungen ähnlicher afrikanischer Magie – der ausschweifenden Phantasie, ja, der rassistischen Voreingenommenheit bezichtigt hatte. »Das Prinzip ist folgendes«, so heißt es bei dem Revolutionär. »Der Soldat wird mit einer Flüssigkeit übergossen, die sich aus Kräutersäften und anderen magischen Substanzen zusammensetzt; dann werden geheimnisvolle Zeichen gemacht, und meist wird dem Kämpfer ein Kohlefleck auf die Stirn gemalt. Jetzt ist er gegen alle feindlichen Waffen geschützt... Doch er darf keinen Gegenstand anfassen, der ihm nicht gehört. Er darf keine Frau berühren und auch keine Angst haben, sonst verliert er den magischen Schutz. Die Erklärung für ein Versagen des Zaubertranks ist somit sehr einfach: Toter Mann: Mann hat Angst gehabt, Mann hat gestohlen oder mit einer Frau geschlafen... Der Glaube ist so stark, daß niemand ohne die Anwendung der ›Dawa‹ in die Schlacht zieht.«

Hätte er sich intensiver mit afrikanischer Geschichte als mit dem »Kapital« von Karl Marx beschäftigt, wäre ihm bekannt gewesen, daß schon die deutschen Kolonisatoren auf ähnlich befremdliche Bräuche gestoßen waren. 1905 hatte der Mayi-Mayi-Aufstand gegen die europäische Fremdherrschaft und deren korrupte »Akidas«, die arabischen Steuer- und Ernteeintreiber, mit den Predigten eines Magiers namens Kinjikitile begonnen, der vorgab, vom Schlangengeist »Hongo« besessen zu sein. Das Losungswort dieser Vorläufer wurde den Nachfahren überliefert: »Hongo, die Schlange, oder die Weißen, wer ist stärker?« Die Antwort lautete »Hongo«. Kinjikitile wird heute als Nationalheld Tansanias verehrt.

Besonders hart ging Che Guevara mit jenen afrikanischen Studenten ins Gericht, die in den Ostblockstaaten studiert und dort auch eine militärische Ausbildung genossen hatten. »Oberflächlich mit Marxismus poliert«, schrieb er, »erfüllt von ihrer Bedeutung als Kader, kehren sie zurück, durchdrungen von einem gewaltigen Streben nach Macht, das sich in Disziplinlosigkeit und sogar konspirativen Akten äußerte.«

Mit der Entsendung von etwa dreißig kubanischen »Internacionalistas« war »Carlotta«, so wurde das Unternehmen von der CIA bezeichnet, in Gang gekommen. Doch diese Latinos – es wurden vorzugsweise schwarze Genossen aus der Karibikinsel nach Afrika geschickt – gerieten sehr bald in Konflikt mit den Eingeborenen. »Statt eine Kubanisierung der Kongolesen« vorzunehmen«, so stellte der Commandante schmerzlich fest, »findet eine Kongolisierung der Kubaner statt.«

Ich habe das Buch »Pasajes de la guerra revolucionaria« aus der Hand gelegt. Meine Gedanken waren bei diesem Mann aus Argentinien, der sich in den Schwarzen Erdteil verirrt hatte und daran fast zerbrochen war. »Dieses ist die Geschichte eines Scheiterns«, hatte Ernesto Guevara selbst feststellen müssen. War sich der Che am Ende vielleicht bewußt geworden, daß seine Person von diesen mißtrauischen Afrikanern als ein böser, unerbittlicher Dämon empfunden wurde, daß er wider Willen eingetaucht war in eine prähistorische Unterwelt, wie jener Elfenbeinjäger Kurtz, den Joseph Conrad beschrieb? Das Tagebuch endete mit dem erschütternden Fazit: »Während jener letzten Stunden am Kongo hatte ich mich so alleine gefühlt wie nie ... Ich konnte sagen: Auf meinem ganzen Weg bin ich nie so einsam gewesen wie heute!« Der schreckliche Kurtz, der sich in seinem Wahn – im Gegensatz zu dem tugendhaften Weltverbesserer aus Kuba – am Ende in einen mörderischen Rausch gesteigert hatte, war auf seine Weise vielleicht ein entarteter Bruder des Che gewesen, als er sein verpfuschtes Leben eben mit jenen Worten aushauchte: »The horror, the horror!«

# Geschichte eines Mordes

Im März 2001 bin ich wieder nach Kinshasa geflogen. Die Kongo-Metropole hatte sich bis an den Rand des Flugplatzes herange-schoben. Sechs Millionen Menschen bewegten sich dort in der Abenddämmerung wie ein riesiger Termitenhaufen. Neben den armseligen Blechhütten reihten sich Tausende winziger Verkaufs-stände mit allem nur denkbaren Ramsch aneinander. In Erman-gelung von Elektrizität waren überall Kerzen angezündet worden. Ein Massenflug von Glühwürmchen schien sich der asphaltierten Savannenpiste bemächtigt zu haben, und dann wirkte das Ganze wie ein endloser Friedhof am Allerseelenfest.

Aus dem Auto hielt ich nach politischen Proklamationen Aus-schau. Vor allem waren es Banderolen mit Werbung für Mobiltele-fone, E-Mail und Internet, die sich über die Fahrbahn spannten. Eine Reklame wiederholte sich immer wieder mit großen Lettern und einem glücklich lächelnden Kopf eines Schwarzen: »Je suis connecté au meilleur réseau cellulaire Celtel: À moi la parole – Ich bin an das beste Handysystem Celtel angeschlossen: Ich habe jetzt das Wort!«

Ein seltsames Schicksal wies mir das Hotel Memling, im Her-zen der früheren Europäerstadt gelegen, als Unterkunft zu. Schon 1956 war ich dort abgestiegen. Damals hatte ich, gefolgt von einem schwarzen Kofferträger, die Distanz vom »Beach«, von der Anle-gestelle der Kongofähre aus Brazzaville, zu Fuß zurückgelegt. Das Memling war inzwischen durch die belgische Luftlinie Sabena auf-wendig restauriert und modernisiert worden. Der klimatisierte Luxus dieser Schutzburg für zahlungskräftige Ausländer kontra-stierte mit dem afrikanischen Elend, das sich ringsum ausbreitete. Bis an das verchromte Eingangsportal drängte sich die armselige, aber auch leutselige Schar von Bettlern und Zigarettenhändlern, von Geldwechslern und Taschendieben, von Souvenirhändlern und Sonntagsmalern, von Krüppeln und Ganoven. Sie wurden durch ausgesucht kräftige Portiers in Schach gehalten.

In diesem Gewühl sortierte der schwarze Empfangschef des Hotels meinen Fahrer Faustin aus, der mir von nun an mit seinem klapprigen, immerhin klimatisierten Citroën zur Verfügung stand und sich sehr bald als unentbehrlich erwies. Faustin war ein etwa dreißigjähriger agiler Kongolese, der mit jeder Situation fertig wurde und sehr schnell mein Vertrauen gewann. Er redete mich – nach Eingeborenenbrauch und als Zeichen des Respekts vor meinem Alter – mit »Papa« an, was mich belustigte, mußte ich doch an jenen Staatschef der Zentralafrikanischen Republik, Jean-Bédel Bokassa, denken, der – bevor er als angeblicher Kannibale in Bangui eingekerkert wurde – mit irrsinnigem Prunk im Jahr 1977 die Krönung Napoleon Bonapartes imitiert und sich zum Kaiser von Zentralafrika proklamiert hatte. Bokassa hatte den von ihm abgöttisch verehrten General de Gaulle ebenfalls stets mit »Papa« angesprochen, bis dieser ihn freundlich zurechtwies: »Voyons, Bokassa, je ne suis pas votre père – Hören Sie mal, Bokassa, ich bin doch nicht Ihr Vater.«

Mein erster Ausflug sollte mich zu jener großen gelben Villa am Kongo-Ufer führen, wo ich im Verlauf des dramatischen Jahres 1960 der nunmehr legendären Gestalt Patrice Lumumbas so oft begegnet war. In dieser Residenz des früheren belgischen Generalgouverneurs hatte der erste schwarze Regierungschef seinen Amtssitz eingerichtet. Es ging in jener frühen und turbulenten Phase der Unabhängigkeit noch recht burschikos und ungezwungen zu zwischen den Pressevertretern und den frischgebackenen afrikanischen Exzellenzen. Hinzu kam, daß Lumumba früher einmal von Stanleyville aus als »Stringer« für die französische Nachrichtenagentur AFP gearbeitet hatte. Von dieser Berufsgattung blieb er offenbar so fasziniert, daß ihm – während seiner halbjährigen Zeit als Premierminister – die tägliche Pressekonferenz wichtiger war als die Kabinettssitzungen.

Lumumba war ein meisterhafter Rhetoriker. Wenn er antwortete, warf er den Kopf zurück, und es spielte oft ein triumphierendes Lächeln um seinen Mund. Doch es gehörte schon einige

Voreingenommenheit dazu, auf sein »Mephisto-Bärtchen« zu verweisen, die rollenden Augäpfel hinter den dicken Brillengläsern als beängstigend zu empfinden oder ihn gar als einen »schwarzen Lenin« zu bezeichnen, wie das so mancher weiße Korrespondent immer wieder tat.

Lumumba war ganz und gar Bantu, ein »wahrer Sohn Afrikas«. Er maß der verbalen Beschwörung eine fast magische Bedeutung bei, glaubte wohl, daß das Wort die Tat erzwingen könne. Tatsächlich war seine Redegabe bis zum Ende seine wirksamste Waffe. Weil seine Gegner die Sinnkraft dieser Sprache fürchteten, sahen sie keinen anderen Ausweg als seine Beseitigung. Sie machten ihn im wahrsten Sinne des Wortes »mundtot«.

Es war eine extravagante Situation damals am Kongo entstanden, »halb Rüpelspiel, halb Komödie«, wie der britische Premier Macmillan es beschrieb. Die agierenden Personen in Léopoldville waren durchaus würdig, in der Nachfolge von »Scoop« oder »Black Mischief« zu figurieren. Mancher weiße Reporter hätte den Redaktionen des »Daily Brute« und des »Daily Beast« – wie Evelyn Waugh es formulierte – alle Ehre gemacht. Den Vogel schossen die Amerikaner ab. Erst zwanzig Jahre später wurden die geheimen Anweisungen der CIA, die »Congo Cables«, durch Madeleine Kalb veröffentlicht, wurde das volle Ausmaß des Komplotts enthüllt, das in Langley in der Absicht, Lumumba zu beseitigen, geschmiedet worden war.

Natürlich kannte Lumumba mich von den zahllosen Pressekonferenzen. Ohne Spannungen waren diese Veranstaltungen nicht abgelaufen. »Aus Ihrer Frage spricht eine typisch kolonialistische Haltung«, hatte er mich eines Tages getadelt. Trotzdem war eine gewisse Vertrautheit zwischen uns entstanden, und an einem gewittrigen Nachmittag begegneten wir uns in einer fast brüderlichen Stimmung. Lumumba war gehetzt, verfemt, sein Leben bedroht, und das genügte, um ihn sympathisch erscheinen zu lassen. »Wir Afrikaner kennen unsere eigenen Probleme am besten, und unter uns Afrikanern wird es auch nicht zu Mißverständnissen kommen, wie sie leider gelegentlich hier mit den Vertretern anderer Nationen aufgetreten sind«, sagte er.

Das Kamerateam war schon dabei, die Geräte abzubauen, da lud mich der Premierminister zu einem Zwiegespräch in die Sesselecke ein. Es war seine letzte Aussage vor einem Journalisten. Sein Gesicht war ernst geworden. »Wie sehen Sie Ihre persönliche Zukunft?« forschte ich. Er schwieg eine Weile. Die sonst so unruhigen Augen blickten sehr gelassen, fast mit einer religiösen Verinnerlichung an mir vorbei. »Es sieht schlecht aus für mich«, gab Lumumba zu. »Vielleicht werde ich für die Einheit und Unabhängigkeit meines Landes sterben müssen«, sagte er wörtlich. »Vielleicht muß ich dem Kongo durch meinen Opfertod den größten Dienst erweisen. Afrika braucht Märtyrer.«

*

Die wahre Geschichte von Lumumbas Tod habe ich erst ein paar Monate später, im April 1961, erfahren. Ich wohnte zu dieser Zeit in einem Appartementhaus hinter dem Hotel Memling. Mein schwarzer Diener Maurice teilte mir eines Tages mit, ein gewisser »Monsieur Barnabé« habe in meiner Abwesenheit vorgesprochen, sich als Freund des Sicherheitschefs Nendaka bezeichnet und mich gebeten, am späten Abend in den Nightclub Afro-Négro zu kommen. Sehr empfehlenswert war dieser Treffpunkt nicht, und Nendaka war eine mächtige, aber zwielichtige Figur. Das Afro-Négro war vor kurzem eröffnet worden, verfügte über ein vorzügliches Orchester, galt aber ansonsten als Jagdrevier einer gehobenen Kategorie schwarzer Freudenmädchen. Wer sich als Weißer in diese Nahkampfdiele begab, geriet schnell in den Ruf »de s'encanailler«. Es stank dort nach Schweiß, Bier und Qualm.

Ich hatte mich kaum durch das Gewühl kreischender Mädchen und verzückt tanzender Afrikaner zu einem freien Tisch durchgedrängt und einen wässrigen Whisky bestellt, da setzte sich ein hünenhafter bärtiger Kongolese mit knallbuntem Hawaiihemd zu mir. »Mein Name ist Barnabé«, sagte er und warf einen mißtrauischen Blick auf die angetrunkene Runde von Belgiern, die sich am Nebentisch zuprosteten. Im Gedröhne des Cha-Cha-Cha war die Gefahr gering, daß jemand zuhören konnte. »Ich habe zwar behauptet, ich sei von Nendaka geschickt«, begann Barnabé, »aber ich habe mit diesem mörderischen Polizisten nichts zu tun. Im Gegenteil. Nendaka würde mich sofort verhaften lassen, wenn er wüßte, daß ich hier bin. Meine Freunde sind die Revolutionäre von Stanleyville, und in deren Auftrag soll ich Ihnen die tatsächlichen Umstände der Ermordung Patrice Lumumbas berichten.«

Seine Schilderung war faszinierend. Anfang Januar 1961 seien Kasavubu und Mobutu zu der Überzeugung gelangt, daß nur eine Entfernung Lumumbas aus dem brodelnden Militärlager von Thysville die Gefahr seiner neuerlichen Machtergreifung bannen könnte. Am 17. Januar wurde ein belgisches Flugzeug requiriert, Lumumba sowie seine Gefolgsleute Mpolo und Okito wurden unter strikter Bewachung an Bord gebracht. Das Ziel des Fluges war jedoch nicht die Katanga-Hauptstadt Élisabethville gewesen, wie seitdem hartnäckig behauptet wird. Der dortige Machthaber Tshombé habe sich energisch geweigert, den prominenten Gefangenen entgegenzunehmen, den man ihm unter dem Codesatz »Le colis est envoyé – Das Paket ist abgeschickt« angekündigt hatte. Moïse Tshombé habe sogar den Flugplatz von Élisabethville sperren lassen, um einen Landeversuch dieser kompromittierenden Fracht zu verhindern. Deshalb nahm der Gefangenentransport Kurs auf Bakwanga, die Hauptstadt des Diamantenstaates Albert Kalonjis, eines Politikers, der sich inzwischen in einer Anwandlung akuter Paranoia zum »Kaiser von Südkasai« hatte ausrufen lassen.

Das kongolesische Wachkommando, das sich aus eingeschworenen Stammesfeinden des gestürzten Premierministers zusammensetzte, begann ein gräßliches Spiel, sobald das Flugzeug in Kitona abgehoben hatte. Die Soldaten schlugen mit Gewehrkolben auf die Häftlinge ein und traktierten sie mit Fußtritten. Die Marterszenen waren so unerträglich, daß die beiden belgischen Piloten drohten, an ihren Ausgangspunkt zurückzufliegen, falls die Mißhandlungen nicht sofort aufhörten. Zu diesem Zeitpunkt war Lumumba bereits blutüberströmt zusammengebrochen.

»Was hatte Kalonji mit Lumumba vor?« fragte ich. Barnabé stieß ein grellbemaltes Mädchen beiseite, das versuchte, sich ihm auf den Schoß zu setzen. »Kaiser Kalonji bereitete sich auf seine große Stunde vor«, fuhr er fort, »auf die gnadenlose Abrechnung mit seinem Todfeind. Er hatte die Baluba-Häuptlinge von Südkasai um sich versammelt. Sie wollten Lumumba nicht nur feierlich hinrichten, sie waren entschlossen, seinen Leichnam zu verspeisen.« Ich schüttelte den Kopf. »Jetzt geht wohl doch die Phantasie mit Ihnen durch«, mahnte ich Barnabé, der aber überlegen abwinkte.

»Wann werdet ihr Weißen endlich begreifen, was in Afrika vorgeht? Natürlich wollten die Baluba-Häuptlinge Lumumba nicht aufessen, weil sie Hunger hatten. Sie sind lange genug in Afrika, um zu wissen, daß die Anthropophagie – dort, wo sie praktiziert wird – einer sakralen Handlung gleichkommt, daß sie wie eine mystische Vereinigung zelebriert wird. Mit der Leber und dem Herzen des Getöteten nimmt der Kommunikant, wenn Sie diesen Ausdruck gestatten, die Lebenskraft, die force vitale, des Geopferten in sich auf. Er macht sich dessen magische Gaben zu eigen. Im Falle Lumumbas wollten Kalonji und seine Kumpane der gewaltigen Zauberkunst, des Charismas dieses mächtigen Volkstribuns teilhaftig werden.«

»Aber Kalonji ist doch Christ, er ist auf eine Missionsschule gegangen«, protestierte ich. Barnabé sah mich nachdenklich, mit einem seltsamen Lächeln an. »Sie halten mich vielleicht für einen kleinen Gangster oder einen Zuhälter mit politischen Ambitionen«, sagte er. »In Wirklichkeit war ich Seminarist, habe es bis zum Diakonat gebracht. Das Menschenopfer, das sollte doch auch für euch Europäer ein gewohntes Ritual sein. Wie heißt es bei der eucharistischen Wandlung? Ecce enim corpus meum – dieses ist wahrlich mein Leib. Mysterium fidei. Mit dem christlichen Geheimnis der Transsubstantiation haben wir Afrikaner nie ein Glaubensproblem gehabt.«

»Wie ging es weiter mit Lumumba?« forschte ich. Barnabé lächelte wieder. »Beruhigen Sie sich. Der Nationalheld des Kongo ist nicht im Magen von ein paar Baluba-Kriegern geendet.« Als das Flugzeug zur Landung in Bakwanga ansetzte, entdeckten die belgischen Piloten, daß die Rollbahn durch UN-Soldaten aus Ghana blockiert war. Sie starteten durch. Jetzt blieb ihnen nichts anderes übrig, als doch nach Élisabethville zu fliegen. Über Funk kam es zu Kontroversen mit dem Kontrollturm von É-ville. Am Ende des Palavers erteilte Innenminister Munongo die Landeerlaubnis. Im Gegensatz zu Tshombé wollte sich dieser Nachkomme des gefürchteten Lunda-Königs Msiri die Beute nicht entgehen lassen.

Die Maschine wurde ans äußerste Ende der Piste dirigiert und militärisch abgeschirmt. Zwischen Bakwanga und Élisabethville waren die Gefangenen erneut gequält worden. Als die Maschine ausgerollt war und die hintere Luke sich öffnete, wurde Patrice Lumumba als blutendes, zuckendes Bündel auf den Beton geworfen. Ein Lastwagen der Katanga-Gendarmerie fuhr mit den drei bestialisch Gefolterten davon. Ein belgischer Capitaine soll Lumumba den Gnadenschuß gegeben haben.

Die zerstückelte Leiche des kongolesischen Premierministers wurde dann in eine Grube mit ungelöschtem Kalk versenkt, damit keine Reliquien von ihm übrigblieben. Moïse Tshombé sei über die Vorgänge, deren politische Folgen er ermessen konnte, zutiefst bestürzt gewesen. Er ließ die Falschmeldung verbreiten, die drei Verschleppten seien im Zuchthaus von Jadotville eingesperrt worden. Als diese Darstellung nicht länger aufrechtzuerhalten war, erfand er die Geschichte von der angeblichen Flucht Lumumbas in Richtung Angola und seine Ermordung durch Lunda-Krieger.

Barnabé stand auf und verabschiedete sich brüsk. »Ich werde von der Sûreté gesucht«, sagte der ehemalige Seminarist, »hier im Afro-Négro wimmelt es von Spitzeln.« Nie wieder habe ich von diesem mysteriösen Emissär gehört. Aber seine Aussagen über den Tod Lumumbas – insbesondere die Bakwanga-Episode, die mir in jener Nacht so extravagant erschien – wurden mir später von verschiedenen zuverlässigen Quellen im wesentlichen bestätigt. Auch ich verließ das lärmende Lokal und ging auf meinen geparkten Volkswagen zu. Die Nacht war klebrig heiß. Aus dem Afro-Négro dröhnte der »Indépendance-Cha-Cha-Cha«.

*

Im Sommer 2001 habe ich häufig abends aus meinem hochgelegenen Hotelfenster auf die Prachtallee geblickt, die Boulevard Léopold II hieß und in »Boulevard du 30 Juin« – das Datum der Unabhängigkeit – umgetauft wurde. Dieses Viertel war mir von früher extrem vertraut, aber irgendwie erkannte ich die Stadt nicht mehr. Das Postamt, wo wir einst Schlange standen, um unsere Telexe abzusenden, ist knallblau gestrichen worden. Neue Gebäude sind hochgeschossen, wurden oft nicht fertiggestellt. Eine riesige weiße Satellitenschlüssel verrostete wie eine trügerische Zukunftsvision neben zwei unbeweglichen Baukränen. Das Hochhaus der Grubengesellschaft Gécamines – Gesellschaft für die Kommerzialisierung der Gruben – beherrschte wie eine anmaßende Festung den ehemaligen Boulevard Léopold. Im Hintergrund erblickte ich den großen Strom. Die breite Flut wurde durch das späte Licht rötlich gefärbt, als hätte eine der biblischen Plagen Ägyptens den Kongo heimgesucht und das Wasser in Blut verwandelt.

Ich war zu später Stunde mit Christophe Gbenye verabredet. Der ehemalige Innenminister Patrice Lumumbas erwartete mich in seinem stattlichen Haus auf der Höhe von Binza. Es hatte wohl einem begüterten Flamen gehört und war im Stil des »Gelsenkirchener Barocks« möbliert. Nach vierzig Jahren begegnete ich wieder Christophe Gbenye, der nun an der Spitze des »Mouvement National Congolais« neben manchen anderen das Erbe des gemeuchelten »Erweckers« beanspruchte. Gbenye hatte sich damals durch überstürzte Flucht nach Stanleyville retten können, wo sich die prosowjetische Gegenregierung Gizengas gebildet hatte. Die ultramarxistischen Ideen, die dort vorherrschten, hatte er zwar nie geteilt, aber seine Abneigung gegen die »Yankees« war lebendig geblieben.

Gleich zu Beginn holte Gbenye, dem man seine siebzig Jahre nicht anmerkte, zu einer abenteuerlichen Behauptung aus: »Wissen Sie, warum die weißen Amerikaner in ganz Afrika das Chaos und das Elend schüren? Sie wollen ihren eigenen Schwarzen vor Augen führen, daß die ›Neger‹ selbst in ihrem Ursprungskontinent zur Selbstverwaltung gar nicht fähig sind und damit die Minderwertigkeitskomplexe der ›Afro-Americans‹ wachhalten.« Gbenye war ein kraftvoller, kämpferischer Greis von hoher Statur. Er nahm kein Blatt vor den Mund, während mein Begleiter Gilbert Bango, der mir diesen Kontakt verschafft hatte und offensichtlich das volle Vertrauen Gbenyes genoß, sein undurchdringlichstes Pokerface aufsetzte.

Die »Thronbesteigung« des Adoptivsohnes Jeff Kabila als Nachfolger eines dubiosen Abenteurers erheiterte und irritierte Gbenye zugleich. Ganz ungeschickt sei dieser Mann ja nicht, und er habe von seinem trickreichen Ziehvater Laurent wohl einiges gelernt. So stelle sich der neue Präsident jetzt dem Westen als Garant des Abkommens von Lusaka dar, das 1999 den Abzug aller fremden Truppen aus dem Kongo, eine starke Präsenz der Vereinten Nationen und die Abhaltung freier Wahlen stipulierte. Joseph Kabila, ein authentischer Tutsi, mache neuerdings Front gegen sein eigenes Volk, vermeide es jedoch, gleichzeitig mit der Räumung des Ostkongo durch Ruanda und Uganda die Evakuierung des Westkongo durch die Simbabwer und Angolaner zu verlangen. Aus guten Gründen übrigens, denn seine persönliche Leibwache bestehe weiterhin aus Soldaten Robert Mugabes, und er würde nicht lange an der Macht beziehungsweise am Leben bleiben, wenn er der Feindschaft der Kongolesen ausgeliefert wäre.

Zum Abschied versicherte der alte Lumumbist, daß er für mich ein Treffen mit dem ehemaligen Revolutionsführer Gaston Soumialot arrangieren werde, der mich 1964 am Tanganjika-See aus den Klauen seiner wilden Simba gerettet hatte. »Den Ausdruck ›Simba‹ sollten Sie nicht länger verwenden«, fügte er lächelnd hinzu, »jetzt sagt man wieder ›Mayi-Mayi‹. Das Wort ›Simba‹ oder ›Löwe‹ bezeichnet heute den populärsten Fußballclub Kinshasas.«

Zu einem letzten Drink habe ich mich an die Bar des Memling gesetzt. Dort fielen mir drei Blauhelm-Offiziere der Vereinten Nationen auf, die in irgendeiner Mission an den Kongo gekommen waren. Der Anblick dieser »Friedensstifter« rief bei mir zwangsläufig Assoziationen mit der ersten UNO-Expedition wach, deren Augenzeuge ich Anfang der sechziger Jahre gewesen war. Dreißigtausend vorzüglich bewaffnete Soldaten hatten sich damals auf Weisung von Generalsekretär Dag Hammarskjöld nach Léopoldville in Bewegung gesetzt. Sie sollten die Ordnung wiederherstellen und der Sezession der Grubenprovinz Katanga unter dem Separatisten Moïse Tshombé ein Ende setzen. Dabei begnügten sich die Vereinten Nationen nicht mit einer »peace keeping mission«, sie holten zu einer – an afrikanischen Verhältnissen gemessen – erdrückenden Materialschlacht aus.

## Blauhelme und Söldner

Den ersten Katangafeldzug der Vereinten Nationen im September 1960 hatte ich auf Grund meiner Kriegsberichterstattung in Algerien verpaßt. Dieses Mal wollte ich dabeisein. Die Nachricht vom erneuten Ausbruch der Kämpfe hatten wir aus dem einzigen Rundfunkgerät des Hotels Kaiserhof in Dar-es-Salam vernommen. Da kehrte ich den Unabhängigkeitsfeiern Tansanias den Rücken und buchte die erste Maschine nach Ndola, der nordrhodesischen Grubenstadt nahe der Katanga-Grenze. Ich trat den Flug mit einer Gruppe britischer Kollegen an.

In Ndola haben wir dickbäuchige, halbverrottete amerikanische Limousinen gemietet, um nach Élisabethville weiterzufahren. Neue Wagen wollten die Verleihfirmen für dieses waghalsige Unternehmen nicht zur Verfügung stellen. Die Sicherheitsprämien auch für unsere morschen Vehikel waren horrend hoch.

Mehr als ein paar Stunden waren wir nicht gefahren, und schon erreichten wir die Vororte von Élisabethville. In der Ferne hörte man sporadische Schießereien. Die Siedlungen auf beiden Seiten der Asphaltstrecke waren in den ersten Unruhetagen nach der Unabhängigkeit niedergebrannt worden. Sehr bald nahmen uns baumbestandene Alleen auf und ein großzügig angelegtes Straßen-Schachbrett, wo die schwarzen Passanten als Fremdlinge erschienen. Wir waren auf der Hut, hielten wie Siouxindianer Ausschau nach Straßensperren und Schützengräben. Drei Tage zuvor hatten die Gurkhas der UN-Armee die Roadblocks der Katanga-Gendarmerie gestürmt, die den Zugang zum Flugplatz blockierten. Aber Blauhelmen begegneten wir nicht auf unserer Strecke.

Bei ihrem Vorrücken auf das Stadtzentrum von Élisabethville hatte sich die UN-Armee nicht geziert. Die verschreckten belgischen Familien im Hôtel Léo II erzählten von Artilleriebeschuß und Tieffliegerangriffen der Friedenstruppe. Sogar ein Krankenhaus war getroffen worden. Es hatte Verwundete und Tote unter der Zivilbevölkerung gegeben. An der Spitze einer kleinen Prozession hatte ein dicker Belgier ein totes schwarzes Kind in den Armen getragen und Flüche gegen die »Mörderorganisation von Manhattan« gebrüllt.

Den französischen Fallschirmoffizieren, die aus der Armee ausgestoßen worden waren, nachdem sie sich in Algerien gegen de Gaulle aufgelehnt hatten, war in Katanga eine Art Bewährungsprobe geboten worden. Der geheimnisumwitterte Afrika-Beauftragte des Élysée-Palastes, Jacques Foccart, hatte vom General die Weisung erhalten, die durch die Verdrängung der Belgier in Katanga entstandene Lücke zu füllen und Frankreichs Interessen im frankophonen Teil des »Kupfergürtels« Afrikas geltend zu machen. Colonel Roger Trinquier, der im Jahr 1946 als Capitaine im Commando Ponchardier mein unmittelbarer Vorgesetzter in Indochina gewesen war und sich in Algerien Anfang 1961 in den Generalsputsch gegen de Gaulle verwickeln ließ, war beauftragt worden, die Katanga-Gendarmerie und somit den gesamten Separatstaat Katanga unter französische Kontrolle zu bringen. Ich habe ihn dort leider nicht mehr angetroffen, denn sehr bald war er in Zentralafrika mit seiner »mission impossible« gescheitert, nachdem die Belgier und vor allem die Amerikaner sich ihm resolut in den Weg gestellt hatten.

Drei Wochen lang habe ich den Katangafeldzug der Vereinten Nationen »gecovered«, wie man im Pressejargon sagt. Es war eine Zeit grotesker Verwirrung. Mit Max Clos, einem Kollegen des Pariser »Figaro« – später sollte er dessen Chefredakteur werden –, war ich aus den frühen Jahren des französischen Indochinakrieges befreundet. Wider Erwarten hatte er zwei Zimmer im Hôtel Albert für uns gefunden. Ein schüchterner Schwarzer händigte uns die Schlüssel aus – und ward nicht mehr gesehen. Die Straße vor unserer Herberge, die zum Bahnhof Élisabethville führte, war verdächtig leer. Unmittelbar hinter den Gleisen hatten sich die Vorposten der Vereinten Nationen eingegraben. Die schwedischen Blauhelme fuhren dort Patrouille in ihren lächerlichen »Badewannen«, so nannte man ihre nach oben weit geöffneten Transportpanzer.

Gleich am zweiten Morgen wurden wir jäh aus dem Schlaf gerissen. Eine Granate war durch das Wellblechdach geschlagen und auf unserer Etage in einem Nebenzimmer explodiert. Max kam mir gipsverkrustet auf dem Gang entgegen. Auch in meinem Zimmer war der Mörtel von der Wand gefallen, die Scheiben waren geplatzt. Der geringe Widerstand, den das leichte Regendach dem Sprengstoff bot, hatte Schlimmeres verhütet. Ein Verbleiben im Hôtel Albert war wenig ratsam. So verlagerten wir unser Quartier in die verlassene Wohnung eines geflüchteten belgischen Beamten. Zwar war dieses Appartement im obersten Stockwerk gelegen, aber die Betondecke flößte Vertrauen ein.

Post- und Radiostation von Élisabethville waren in diesem Feldzug Hauptziel der UN-Offensive gewesen. Die Gebäude waren von Granaten- und Raketeneinschlägen gezeichnet. Von hier zu telexen oder gar eine Hörfunkleitung nach Europa herzustellen, war ein langwieriges und meist vergebliches Bemühen. Ich zog es deshalb vor, mich zweimal in der Woche an das Steuer meiner klapprigen amerikanischen Limousine zu setzen und, an den Stellungen der

UNO vorbei, auf immer neuen Schleichwegen nach Nordrhodesien – dem heutigen Sambia – zu kutschieren. Die Strecke nach Kitwe über den Grenzposten Kipushi nahm nicht mehr als drei Stunden in Anspruch. Der eine oder andere Korrespondent ist auf dieser Tour unter Beschuß geraten. Die schwedischen Straßenposten waren aus Angst und Nervosität ebenso »trigger-happy« wie die Katangesen. Es gab ein paar Verwundete, aber ich hatte stets Glück.

Der Kontrast zwischen den umkämpften, verwahrlosten Außenvierteln von Élisabethville und den blitzsauberen Straßen von Kitwe, wo die »Pax Britannica« voll erhalten und durch angelsächsisches Phlegma noch überbetont wurde, beeindruckte mich immer wieder. Das Hotel Edinburgh, wo lediglich die Zimmerboys Afrikaner waren, hielt unerschütterlich den alten Kolonialstil hoch. Wir kamen verdreckt und übermüdet aus Katanga, aber niemals hätte uns der Butler ohne Krawatte in die Bar oder in das Restaurant eingelassen. Die in Kitwe ansässigen Briten betrachteten unseren Wegelagerer-Look mit Geringschätzung. Sie meinten wohl, daß wir alles dramatisch übertrieben. Vielleicht erschienen wir ihnen auch als Vorboten des Unheils, als unfreiwillige Künder jenes »wind of changes«, den ihr eigener konservativer Premierminister Harold Macmillan für den südlichen Teil Afrikas angekündigt hatte.

In Kitwe gab es nie Pannen oder Verzögerungen bei der Überspielung meiner Hörfunkreportagen aus dem Studio der »Rhodesian Broadcasting«. Danach flanierte ich durch das europäische Geschäftszentrum mit seinen spießigen Auslagen, suchte auf ein Bier die Bar neben dem Edinburgh auf, wo weder Schwarze noch Frauen zugelassen waren und wo jeder Blick von außen durch blinde Glasziegel versperrt war, als handele es sich um ein Bordell.

Am nächsten Morgen ging die Fahrt durch Savannen, Dörfer und Termitenhügel zurück. Kurz vor dem Grenzübertritt ragten die Fördertürme einer britisch geführten Kupfermine in den Himmel. Am Grubentor – wo die schwarzen Arbeiter die Asphaltstraße zu überqueren pflegten – wurden die Automobilisten durch ein

Verkehrsschild gewarnt: Ein schwarzes Strichmännchen war darauf abgebildet, und darunter stand »Natives crossing«, so wie am Rand der großen Farmen Rhodesiens die Straßenzeichen eine Kuh darstellten mit der Aufschrift »Cattle crossing«.

*

Der Offensivbefehl war wohl von Washington ausgegeben und über New York nach Léopoldville gekabelt worden. Als Speerspitze der Blauhelm-Armee bewährten sich in diesen Tagen kleine, schlitzäugige Männer aus dem Himalaja, das Elitekorps der Gurkhas. Mehr als hundert Jahre britischen Drills wirkten auch unter indischem Kommando fort. An der Hüfte hatten diese stämmigen Nepalesen das breite, geschwungene Kampfmesser hängen, den Kukri. Der Ehrenkodex verlangt angeblich, daß der Kukri feindliches Blut vergießen muß, wenn sein Träger ihn einmal gezückt hat. Bei den indischen Offizieren fiel uns eine tiefe Niedergeschlagenheit auf. Sie hatten soeben erfahren, daß ihre besten Regimenter im Himalaja von chinesischen Gebirgstruppen eingekreist und zur Kapitulation gezwungen worden waren.

Die Gurkhas zogen auf das Stadtzentrum zu, ruhig, systematisch. Das waren keine Schweden oder Iren. Die kleine Gruppe des französischen Colonel Faulques, der sich ihnen entgegenstellen wollte, wußte, was die Stunde geschlagen hatte. Die schwarzen Gendarmen liefen auseinander. Die Militärlager der Peripherie fielen unter die Kontrolle der Weltorganisation. Über Élisabethville ging ein kalter Sprühregen nieder. Die Schützenlöcher der letzten Para-Kommandos, die die Linie am Bahndamm hielten, standen voll Schlamm und Wasser. Die Sandsäcke brachen auseinander. Die französischen und belgischen Freiwilligen und Söldner waren übernächtigt. Sie trugen Stoppelbärte. In Gruppen zu zweit trafen sie gelegentlich in ihren verdreckten Tarnuniformen in einer Bar ein. Eine Art Euphorie der Verzweiflung hatte sich ihrer bemächtigt, wie sie sich in Situationen der Niederlage gelegentlich bei den Kämpfenden einstellt. Es klang unglaublich: Ein Dutzend kriegserfahrener »Affreux«, so nannte man sie, gestützt auf eine kleine Truppe treu ergebener schwarzer Gendarmen, hatte den Stadtkern von Élisabethville ein paar Wochen lang gegen das Weltaufgebot unter der blauen Friedensflagge verteidigt. Jetzt war das Ende gekommen.

## Requiem für einen Rebellenführer

Im März 2001 stand mein Abschied vom Kongo bevor. In diesem Leben würde ich das Land, das in meiner beruflichen Entwicklung eine entscheidende Rolle gespielt hatte, vermutlich nicht mehr aufsuchen. Ein wirklich intimes Verhältnis wie zu Indochina habe ich zum Schwarzen Kontinent nie aufbringen können, und die Verwahrlosung von Kinshasa-Léopoldville ging mir weniger zu Herzen als die Verwüstung der libanesischen Hauptstadt Beirut.

Dennoch überkam mich zwei Tage vor dem Heimflug ein Hauch von Wehmut. Über den Kongo hatte ich 1961 mein erstes Buch geschrieben, das das Wort »Matata« – in der Übersetzung »Aufruhr« oder »Streit« – im Titel führte. Durch den Hörfunk hatte ich – man stelle sich das heute vor – meinen journalistischen Durchbruch, endlich im Alter von sechsunddreißig Jahren erzielt und war offiziell zum Afrikakorrespondenten sämtlicher ARD-Sender ernannt worden. Mein Berichterstattungsgebiet reichte von Algier bis Kapstadt. Ein paar Jahre später erhielt ich für die Dokumentation »Die Rächer Lumumbas« meinen ersten Fernsehpreis. Zentrale Figur dieser Filmreportage war der Rebellenführer Gaston Soumialot mit seinen Simba-Kriegern am Ufer des Tanganjika-Sees.

Der Kreis schloß sich. Christophe Gbenye hatte den greisen Soumialot im Eingeborenenviertel von Kinshasa ausfindig gemacht. Er gab mir zwei seiner jungen Gefolgsleute als Pfadfinder und Beschützer mit auf den Weg. Es war recht schwierig, sich im Gassengewirr des riesigen Slums, dieser Bidonvilles, zurechtzufinden, die das ehemals exklusive Residenzviertel Binza umklammerten. Wir mußten das Auto verlassen, weil die Hütten hier zu eng aneinanderklebten. Die holprigen Schlammpfade waren mit Unrat übersät.

Der Abendhimmel hatte sich noch einmal in roter Glut verfärbt, dann war die Nacht mit äquatorialer Plötzlichkeit hereingebrochen. Es gab keine Elektrizität in dieser Elendszone. Zum Schein von Kerzen bewegte ich mich fast ohne Sicht durch eine Flut tiefschwarzer Körper und durch ein ganz und gar unafrikanisches Schweigen.

Ich hatte für meine Begegnung mit Soumialot einen hellen Stadtanzug mit Krawatte angezogen. In dieser Kostümierung mußte ich den Einheimischen unheimlich und fremd erscheinen. Vielleicht weckte ich sogar Assoziationen mit jenem Schreckgespenst, das einst die Cité heimsuchte. »Mundele ya muinda – der Weiße mit dem Licht« wurde dieser Unhold genannt, der angeblich kleine schwarze Kinder raubte und zu Konservenfleisch verarbeiten ließ. War nicht ein strahlender kleiner »Mohr« auf den Corned-Beef-Büchsen abgebildet, die die Belgier in den Handel gebracht hatten?

Aber von Feindseligkeit war ringsum keine Spur. Wir erreichten eine kümmerliche Baracke mit abgeschirmtem Vorhof. Es kam zu einem ergreifenden Erlebnis. Auf dem Zementboden ruhte – in sich zusammengerollt und mit einem Tuch bedeckt – eine Art menschliches Bündel, und dieses Wrack war niemand anderer als Gaston Soumialot. Seine Verwandten trugen in aller Eile zwei schwere Sessel und ein verschmutztes Sofa herbei. Irgendwo hatten sie die Möbel aufgestöbert. Jetzt richtete sich der Greis mit verblüffender Behendigkeit auf und stand mir gegenüber.

Soumialot war von schwerer Krankheit gezeichnet. Sein Ende war wohl nicht mehr fern. Der ehemalige Kommandeur der Steinzeitkrieger vom Tanganjika-See, jener finsteren »Mayi-Mayi«, die Stanleyville terrorisierten und den Rückfall in die Steinzeit ankündigten, bemühte sich, freundlich und gastlich zu wirken. Im Schein der Karbidlampe, die die nackten Lehmwände erhellte, kamen mir seine Gesichtszüge – trotz der fortgeschrittenen Auszehrung – immer noch vertraut vor, vor allem die weit ausladende

Kinnpartie. Das Bärtchen von damals hatte er abrasiert, und die Leopardenkappe des Rebellenführers war nur eine ferne Erinnerung.

Wir setzten uns nebeneinander auf das Sofa. Er tat so, als würde er mich wiedererkennen. »Sie haben uns damals das Leben gerettet in Albertville«, sagte ich, um die Situation aufzulockern. Da lächelte er beinahe. Seine Familie hielt sich respektvoll auf Entfernung während der wortkargen Begegnung der beiden Alten. Soumialot hatte nach der belgischen Militärintervention in Stanleyville und dem Zusammenbruch der kommunistischen Gegenregierung über Khartum nach Kairo fliehen müssen. Später setzte er sich sogar nach Kuba ab. Marschall Mobutu, der nicht rachsüchtig war, hatte den gescheiterten Revolutionär zehn Jahre später in seine Heimat zurückkehren lassen und ihm ein bescheidenes Gnadenbrot angeboten.

Nun fristete Soumialot seine letzten Tage als armer Mann. Er wurde von seiner Familie ernährt. Die Enkel des alten Mannes hatten mich vorgewarnt, daß er nur noch unzusammenhängend reden könne. So tauschten wir ein paar nichtssagende Höflichkeiten aus. Doch in seinen tiefliegenden, müden Augen beobachtete ich einen Schimmer von Freude und Stolz, noch einmal für ein paar Minuten in seine große kriegerische Vergangenheit zurückversetzt zu sein.

Ich stand auf, und auch er erhob sich mühselig. Ich nahm seinen geschrumpften Körper – fast schon eine Mumie – in die Arme und küßte ihn auf beide Wangen. Dem Schädel, den ich dabei berührte, würde man bald nicht mehr anmerken, ob er mit weißer oder schwarzer Haut bespannt war. So feierte ich meinen Abschied vom Kongo, zelebrierte mein afrikanisches Requiem.

## »Facing Mount Kenya«

Die Versuchung ist groß, in diesem Kapitel zu einer afrikanischen
Enzyklopädie auszuholen. Meine Erinnerungen reichen von erbärmlichen Exzessen der Apartheid bis zum lyrischen Lobgesang
auf die Négritude durch den Präsidenten des Senegal, Léopold
Sédar Senghor, der einige seiner schönsten Gedichte seiner schwarzen Zugehörigkeit widmete. Da wären eine Flußreise auf dem
Niger-Strom von Gao bis Koulikouro zu erwähnen – umrahmt von
den magischen Lehmruinen Timbuktus oder Moptis – im heute
heißumkämpften Mali oder die bizarren Riten des koptischen
Patriachats von Äthiopien, das sich plötzlich mit der Hinwendung
des Diktators Haile Mariam Mengistu zum Marxismus-Leninismus
konfrontiert sah. Ich werde mich auf ein paar Impressionen aus
zwei Staaten, aus zwei kolonialen Kulturkreisen beschränken – auf
Kenia für die Briten, auf Angola für die Portugiesen.

Im Oktober des Jahres 2000 war ich in Nairobi und wollte in
Richtung der White Highlands fahren. Die Abbiegung zum Wald-
gebiet der Aberdares hatte ich verpaßt und war mit dem Miet-
wagen viel zu weit nach Norden gekommen. Mein Irrtum wurde
mir bewußt, als ein großes, buntes Plakat mitteilte, daß ich den
Äquator erreicht hatte. Ich kehrte auf der trostlosen Strecke um,
die auf beiden Seiten durch hastig errichtete Baracken und die unvermeidlichen grellen Reklameschilder gesäumt war. Kenia litt in
diesem Jahr unter der schlimmsten Dürreperiode seit Jahrhunderten. Nur für die Bewässerung endloser, tiefgrüner Ananasplantagen
schien ausreichend Wasser vorhanden zu sein.

Allmählich war ich es leid, stets der schillernden Vergangenheit
nachzutrauern. Am Rande der hier verlaufenden Piste bewegten
sich einst Zebraherden und hochmütige Giraffen in aller Freiheit.
In den Aberdares selbst stand mir zusätzliche Enttäuschung bevor. Das Dschungelgebirge, wo sich zu Beginn der fünfziger Jahre
die schwarze Aufstandsbewegung der Mau-Mau zu Überfällen auf

weiße Farmen sammelte, hatte man zum Naturschutzgebiet erklärt. Ein paar Elefanten und Raubkatzen haben dort überlebt.
Der Country Club – im Stil der früheren britischen Cottages er-
baut – war zum Sammelpunkt meist japanischer Touristen geworden. Ein Rudel Warzenschweine bot die einzige Attraktion. Wer
in den fünfziger Jahren das exotische Tiergewimmel von Serengeti,
später die paradiesische Unberührtheit des Caprivizipfels bewun-
dern konnte, ist gegen Safari-Unternehmen in den heutigen Tier-
reservaten Kenias gefeit.

Mein letzter Besuch dieses ostafrikanischen Staates ging auf das
Jahr 1985 zurück. Ich hatte damals ausnahmsweise im Pressetroß
Helmut Kohls an einer Staatsvisite im Schwarzen Erdteil teilgenommen. Auf dem Programm des Kanzlers, dessen wuchtige Statur
den afrikanischen Gastgebern stets imponierte, stand nach den offiziellen Empfängen in Nairobi natürlich auch ein Abstecher zu einem Wildlife-Park an. Es war ein schöner Äquatorabend mit groß-
artigen Wolkenstrukturen. Aber die »game show« war nüchtern, ja
betrüblich. Eine Herde weißer Touristen – abenteuerlich be- oder
entkleidet – umringte mit ihren Minibussen einen einsam lagern-
den Löwen, bestaunte, fotografierte und filmte ihn. Der König der
Tiere hatte sich majestätisch auf einem großen Felsblock niedergelassen, nahm die fremden Eindringlinge gar nicht zur Kenntnis,
brachte ihnen nur – so schien mir – unsägliche Verachtung entgegen.

Der Kollege Behrens hatte mir den Tip gegeben, meine Erinnerungen an das Buch Tania Blixens, »Jenseits von Afrika«, aufzu-
frischen und deren Farm zu Füßen der Ngong Hills aufzusuchen.
Obwohl dieses bescheidene Landhaus – mit einer altertümlichen
Zinkbadewanne ausgestattet – gar nicht weit vom Getümmel der
Hauptstadt entfernt lag, hatte es einen Hauch von Romantik bewahrt, war eine Idylle geblieben. Aber die Welt der Tania Blixen,
die von ihr geschilderte Gentry, die gefügigen Kikuyu-Tagelöh-
ner, die in den Kaffeeplantagen arbeiteten, die »Splendor« des britischen Empire gehörten inzwischen der afrikanischen Prähistorie

an. Die Realität unserer Tage spiegelte sich in der menschenwimmelnden Metropole Nairobi, und die wurde mit jedem Bevölkerungsschub, der vor dem Durst der Steppe in ihre Mauern floh, mit jedem Hochhaus, dessen klobige Konturen die Innenstadt erdrückten, immer häßlicher, unwohnlicher und unsicherer.

Nairobi galt im Jahr 2000 als die kriminellste Stadt Afrikas. Trotz der Warnung vor Taschendieben bin ich zu Fuß über die alte Hauptachse, die heutige Kenyatta Avenue, bis zur bescheidenen Westminster-Imitation des Parlaments geschlendert. Gleich daneben befindet sich die Grabstätte des Gründers der Nation, Jomo Kenyatta. Dieser Vorkämpfer des schwarzen Nationalismus in Ostafrika, Inspirator – wie viele Kolonialbeamte seinerzeit behaupteten – des Mau-Mau-Aufstandes, Vater der »Uhuru«, der Unabhängigkeit Kenias und erster Staatschef dieser Commonwealth-Republik, liegt in einem Kraal aus Felsblöcken und Stahl bestattet. Darüber wehten die Fahnen Kenias, Schwarz-Rot-Grün, mit einem Schild und zwei gekreuzten Speeren.

Seltsames Schicksal dieses schwarzen Propheten! Während seines Studiums in England war sich der Sohn des Kikuyu-Volkes der Unterdrückung seiner Rasse voll bewußt geworden. »Facing Mount Kenya« hieß seine Kampfschrift, in der er die Afrikaner beschwor, sich ihrer eigenen Überlieferungen zu entsinnen, ihrer wahren Natur treu zu bleiben. Sie bescherte ihm viele Anhänger. Kenyatta habe einen schwarzen »Blut-und-Boden-Mythos« gepredigt, sagten seine Gegner. Als in den fünfziger Jahren die Mau-Mau-Bewegung Schlagzeilen lieferte, grausige Ritualmorde den Kikuyu-Stamm zum willfährigen Instrument finsterer Partisanenführer machten und die englischen Siedler der »White Highlands« um ihr Leben bangten, wurde Jomo Kenyatta von der britischen Kolonialjustiz zum Verantwortlichen dieser Revolte gestempelt und in den wüstenähnlichen Norden des Landes verbannt.

Bei meinem ersten Kenia-Aufenthalt im Frühjahr 1956 lebte er bereits seit drei Jahren in der Hungersteppe von Lodwar unter strenger Isolation, war aber auch zum Nationalhelden geworden.

»Die Zeit wird ihn aufbrauchen«, sagten die Engländer damals, »der Alkohol wird ihn in seiner Einsamkeit ruinieren; in zwei Jahren spätestens ist Kenyatta nur noch ein Wrack, und er wird keine politische Rolle mehr spielen.«

Doch es kam ganz anders. Der alte Zauberer vom Mount Kenya büßte weder seine Vitalität noch den mythischen Einfluß auf sein Volk ein. Als das Empire sich stückweise auflöste und auch in Nairobi die Stunde des »self government« schlug, führte kein Weg mehr an Kenyatta vorbei. Im Sommer 1961 erlebte ich den Umbruch. Die Lebensbedingungen des verbannten Nationalistenführers in seiner neuen Zwangsresidenz Maralal wurden sehr viel komfortabler. Er wurde zum Schiedsrichter im partei- und stammespolitischen Machtkampf der schwarzen Abgeordneten Nairobis, die die Engländer mit den Insignien ihres Parlamentarismus, mit weißen Perücken und der feierlich getragenen »Maice«, ausgestattet hatten. Alle Ethnien beugten sich seiner Autorität. Dem Luo-Politiker Tom Mboya, der sich an die Spitze der »Kenya African National Union«, KANU, gedrängt hatte, blieb nichts anderes übrig, als Kenyatta auf den Schild zu heben und ihn zum Ehrenpräsidenten dieser führenden Partei zu machen.

In diesem Zusammenhang sei nur kurz erwähnt, daß der erste schwarze Präsident der Vereinigten Staaten von Amerika, Barack Hussein Obama, diesem weitgehend islamisierten Luo-Volk väterlicherseits entstammt. Die ausländischen Konsuln wurden von Kenyatta in Maralal zur Audienz empfangen. Sie zeigten sich beeindruckt von der liebenswürdigen Autorität und der politischen Mäßigung dieses als blutrünstigen Terroristen verschrienen Patriarchen, dessen Steppenexil nach acht Jahren zu Ende ging.

Jomo Kenyatta hat sein Land von 1962 bis zu seinem Tod im August 1978 als unumschränkter Herrscher regiert. Im Gegensatz zu so manchen anderen afrikanischen Potentaten, denen die Unabhängigkeit kampflos in den Schoß fiel und die sich gerade deshalb bemüßigt fühlten, fremdenfeindliche Überkompensation zu betreiben, hat dieser authentische afrikanische Widerstandsführer eine überaus versöhnliche Linie gegenüber der früheren Kolonialmacht und sogar gegenüber den arroganten weißen Siedlern bezogen. In dieser Hinsicht läßt sich Kenyatta durchaus mit Nelson Mandela vergleichen, der seinen bornierten burischen Peinigern nach seiner Entlassung aus endloser Haft mit bewundernswertem Großmut begegnete. Kenia blieb auf prowestlichem Kurs und lief auch nicht den Schimären des afrikanischen Sozialismus nach. Ein solches System extremer Toleranz konnte auf die Dauer nur von einer charismatischen Persönlichkeit vom Format Kenyattas getragen werden.

Nach dem Tode des alten Magiers warteten jedoch explosive Kräfte hinter der oberflächlichen Idylle rassischer Koexistenz auf die turbulente Stunde der tribalen Auseinandersetzung. So steht heute der Sohn des Patriarchen, der auf den schönen Vornamen »Uhuru« hört – ein Wort, das der Suaheli-Sprache entspricht und von dem arabischen »Hurria« abgeleitet ist –, in schwerer Bedrängnis und soll wegen vergangener Massaker sogar dem Internationalen Gerichtshof von Den Haag überstellt werden. Schon fragt man sich, ob die weltweite, geradezu maßlose Trauer, die den Tod Nelson Mandelas in Südafrika begleitet hat, nicht wie eine krampfhafte Beschwörung der Segenskräfte des Verstorbenen wirkt, um das Abgleiten der Republik von Pretoria in mörderische Feindschaften hinauszuzögern.

Schon zu Beginn des zwanzigsten Jahrhunderts hatte sich übrigens der junge Winston Churchill in »My African Journey« illusionslos über die kolonialen Zustände in Kenia geäußert. Als Nachkomme des Herzogs von Marlborough ließ er sich durch die feudale Arroganz der nach Kenia und den White Highlands ausgewanderten Aristokratie nicht beeindrucken. Tief schockierte ihn die damals übliche Auspeitschung schwarzer Hausangestellter, etwa weil sie einer weißen »Lady« widersprochen hatten – und er hätte am liebsten das »House of Commons« auf diese Übergriffe aufmerksam gemacht. In Nairobi gelangte Churchill zu der deprimierenden Feststellung, daß die Rassenkonflikte in Ostafrika mit dem Verhalten einer »Nashornherde« zu vergleichen seien. Es gehe da plump zu, mit dickem Panzer und aggressiven Hörnern, mit kurzer Sicht, bösartiger Veranlagung und einem Trieb, beim geringsten Alarm alles wild niederzuwalzen.

*

An einem schläfrig-angelsächsischen Morgen des Aprils 1985 war ich in weiter Schleife rund um den Mount Kenya gefahren – in das Herzland des Kikuyu-Volkes und des Mau-Mau-Aufstandes der fünfziger Jahre. Von der hochgelegenen Asphaltstraße schweifte der Blick auf das düstere Grün der Aberdares und die gelbe, feierliche Weite des Great Rift Valley. Im Outspan Hotel von Nyeri genoß ich den Ausblick auf das Schneegebirge, das endlich aus den Wolken herausragte. »I was facing Mount Kenya.« Das Städtchen Nyeri mit seinen schmucken Villen aus der Kolonialzeit wirkte verödet. Am oberen Ende einer Art »Main Street« erhob sich immer noch die Statue des britischen Königs George V. Weiter unten, an einer Kreuzung, fiel mir eine hübsche Pyramide aus Stein auf. Ich hielt an und las die Inschrift: »In Erinnerung an die Angehörigen des Kikuyu-Stammes, die für die Freiheit gestorben sind – who died for freedom; 1951–1957«. Dieses war die einzige, bescheidene, fast verschämte Huldigung an die Mau-Mau-Krieger, die ich bei dieser Rückkehr nach Kenia entdeckte.

Fünfzehn Jahre später, im Oktober 2000, wollte ich mich keinen neuen Enttäuschungen aussetzen. So hatte ich unser Kamerateam beauftragt, nach Nyeri aufzubrechen und die Filmaufnahmen in meiner Abwesenheit zu machen. Nicht nur die Bronzegestalt des King George war dort verschwunden, was dem normalen Entkolonisierungsprozeß entsprach, sondern von den angehäuften Felsbrocken des Mau-Mau-Denkmals war – auf skandalöse Weise – die ehrende Inschrift entfernt worden. So sei diesen verzweifelten »Wilden«, die vor fünf Dekaden den wütenden Aufstand gegen die britische Fremdherrschaft gewagt hatten, mit meinen flüchtigen Notizen von damals ein schlichter Nachruf gewidmet.

# Das Ende der Mau-Mau

Auf dem vergilbten, halb abgerissenen Zettel, der neben dem Empfangsbüro des Stanley Hotel klebte, war ein Revolver abgebildet. Darunter stand die Warnung: »Gib auf deine Waffe acht!« Aber die meisten Gäste kamen auf dem Weg zu irgendeiner Soirée in Smoking und Abendkleid die Treppe herunter. Nur ein paar sonnenverbrannte Farmer aus dem Landesinnern mit Khakihemden und Südwester fielen aus dem Rahmen. Einer von ihnen trug sogar die Pistole am Gürtel, als wäre die Mau-Mau-Krise im Mai 1956 noch auf ihrem Höhepunkt. Mißmutig musterte er die eleganten Paare, und ich hatte ihn im Verdacht, daß er den abenteuerlichen Zeiten des Aufstandes schon nachtrauerte.

Die Straßen von Nairobi waren um diese Zeit verwaist. Bei Einbruch der Dunkelheit mußten die Schwarzen in ihre stacheldrahtumzäunten »Locations« am Rande der Stadt zurück. Es blieben nur flüsternde Gruppen von Indern und das Karussell der Autos. Neben dem Hotel hing ein Kinoplakat. Jede gewaltsame Szene war sorgfältig mit schwarzer Tinte übermalt, damit die Eingeborenen nicht auf schlechte Gedanken kämen. Sogar der freizügige Ausschnitt Lana Turners war mit roter Farbe überschmiert.

Das Auto meines Gastgebers hielt vor dem Portal. Wir fuhren in das Villenviertel weit vor den Toren der Stadt. Im Kegel der Scheinwerfer tauchten Gärten, Rasenflächen, stilvolle Cottages auf. Die Landschaft selbst wirkte mit ihren Hecken, sanften Hügeln und verträumten Baumgruppen in der Talsenke durchaus europäisch.

»Gut, daß Sie keinen weißen Smoking tragen«, sagte der Hausherr zur Begrüßung, »das ist verpönt bei uns und wirkt so kolonial.« Gleich neben der Tür polterte gerade ein Tablett zu Boden. »Geben Sie bitte nicht acht darauf«, entschuldigte sich der Gastgeber. »Unsere früheren Boys, die Kikuyu, sind alle irgendwo in einem Internierungslager, und mit diesen Schamba und Luo ist nichts anzufangen.« Der Abend hatte kaum begonnen, aber schon war die Stimmung fortgeschritten. Es waren etwa dreißig Menschen beisammen. Die anwesenden Frauen waren meist nicht mehr jung, aber jede war auf ihre Weise »good looking«. Die Eleganz dieser Gesellschaft war unerwartet. Die schwarzen Diener in den langen, weißen Gewändern gingen barfuß.

Eine ältere, schlohweiße Dame nahm sich meiner an. »Erzählen Sie mir von den spannenden alten Zeiten«, forderte ich sie auf und hoffte, sie würde auf das Mau-Mau-Thema eingehen. Aber sie hatte mich mißverstanden. »Die Tränen kommen mir, wenn ich daran zurückdenke«, antwortete sie. »Sie können sich nicht vorstellen, wie das war. Die Außenseiter und schwarzen Schafe der englischen Aristokratie kamen in den zwanziger und dreißiger Jahren nach Kenia. Sie kauften sich eine Farm und lebten hier so, wie es ihnen zu Hause die Rücksicht auf ihre Familien und den guten Ton nicht erlaubte. Wenn Sie die Feste von damals erlebt hätten! Um Mitternacht kletterten die Damen auf die Schultern der Herren. Da wurde mit Champagnerflaschen Polo gespielt. Und immer neue Skandale. Im exklusivsten Club von Nairobi waren zwei Speiseräume angelegt worden, damit die frisch geschiedenen Eheleute sich nicht zu begegnen brauchten. Eine wahre Hemingway-Gesellschaft aus den ›roaring twenties‹ war hier versammelt, eine wundervolle Mischung aus dem herben Parfüm von Mayfair und Raubtiergerüchen Afrikas. Wir lebten alle wie wahre Herren, wie wir das in Europa schon seit Ewigkeiten nicht mehr konnten.«

Ihr Redestrom war kaum aufzuhalten. »Entschuldigen Sie«, sagte ich schließlich, »aber ich wollte Sie nach den Mau-Mau fragen.« – »Ach, die Mau-Mau«, seufzte die alte Dame, »so etwas Langweiliges«, und schob mich einem müden Herrn mit blasiertem Blick zu, dem erfolgreichsten Farmer im wildesten Winkel Kenias, wie sie behauptete.

»Es war wirklich einmal sehr spannend hier«, begann er, »keine wahren Höhepunkte, wissen Sie, aber ein dauerndes Kitzeln im Rücken. Keine fünfhundert Meter von diesem Haus sind immerhin zwei Kinder am hellichten Tag von den Mau-Mau geschlachtet worden. Bei mir draußen auf der Farm ging man mit dem Revolver ins Bett und hatte ihn auch beim Essen neben dem Teller liegen. Jedesmal, wenn der schwarze Boy das Gericht brachte, war der Lauf auf ihn gerichtet. Ich war der einzige Weiße in einem Umkreis von zehn Kilometern, und man konnte dem bewährtesten alten Diener nicht mehr trauen. Es war schon eine grauenhafte Psychose, und wir wußten nicht, was gespielt wurde. Es hatte damit angefangen, daß der Kikuyu-Stamm unter seinen Angehörigen eine bestialische Justiz ausübte und die unzuverlässigen Elemente aus dem Weg räumte. Bis die Dienststellen des Gouverneurs entdeckten, daß diese Ritualmorde Teil einer gegen die Europäer gerichteten Verschwörung waren, vergingen lange Monate. Stellen Sie sich vor, über eine Million Kikuyu wurde durch einen solchen Terror zusammengehalten, daß zwei Jahre lang kein Sterbenswörtchen nach außen drang! Für die meisten Farmer, die seit Jahrzehnten ihre Felder bebauten und mit den Kikuyu täglich in Berührung kamen, tat sich auf einmal der Boden unter den Füßen auf. – Nun, wir haben es noch einmal geschafft.«

Die Gesellschaft wurde immer ausgelassener. Vom Mambo war man zur Raspa übergegangen, und schließlich hüpfte alles unter gellendem Geheul im Kreise. Die schwarzen Diener sahen mit fassungslosen Gesichtern zu. »Das ist der Tanz der wilden Massai-Krieger«, erklärte der Hausherr atemlos. »Wenn es so weitergeht, werden meine Gäste noch die furchtbaren Eideszeremonien der Mau-Mau nachahmen wollen.« Die weißhaarige Dame blieb melancholisch und dachte an die vergangene Epoche: »Fünfunddreißig Jahre habe ich in Kenia verbracht, und jetzt bin ich dabei, mit meinem Mann das Land zu verlassen. Wir wollen diesen ständigen Niedergang, die Proletarisierung, die Arroganz der Neger nicht länger mitmachen. Wir gehen nach Südafrika.« Der Farmer aus den Aberdares unterbrach sie: »Als ob Sie es dort aushalten würden, bei den Buren! In einem Jahr sind Sie wieder zurück.«

Auf der Rückfahrt zum Hotel teilte ich das Taxi mit einem polnischen Grafen, dessen Vater – einer der Gründer des Piłsudski-

Staates – nach 1918 als Warschaus Außenminister amtiert hatte. Heute lebte der Sohn in einem bescheidenen Angestelltenverhältnis in Nairobi und betrachtete sein eigenes Unglück unter einer Maske lächelnder Resignation. »Diese Engländer in Kenia sind mir besonders lieb«, sagte er, »irgendwie fühle ich mich ihnen verwandt. Wenn ich sie auf ihren Festen erlebe, muß ich an die letzten Jahre auf den polnischen Gütern denken, als wir das Ende unserer Ära kommen sahen. Die Mau-Mau sind am Boden, aber das war nur die erste Runde im Kampf um Kenia.«

Die Straßen lagen jetzt völlig verlassen unter kaltem Sprühregen. Ein Polizeiwagen kam um die Ecke. Zwei schwarze Gesichter schauten unter den Tommy-Helmen hervor, während der englische Sergeant Befehle in sein Walkie-Talkie sprach.

*

Wie eine grüne Brandung schlug der Dschungel über uns zusammen. Der Jeep suchte seinen Weg über einen versumpften Lateritpfad zwischen riesigen Bambusstangen und urwaldlichen Farnen. Das Gelände war ideal für einen Hinterhalt. In Indochina oder in Nordafrika wäre ich nie auf den Gedanken gekommen, eine solche Strecke zu benutzen. Aber weder der Fahrer noch der junge Major mit breitem Schnurrbart und gepflegtem Oxford-Akzent waren bewaffnet.

Gelegentlich waren gewaltige Spuren quer durch das Dickicht gewalzt. »Hier müssen Elefanten oder Nashörner durchgebrochen sein«, meinte der Major. »Das sind unsere gefährlichsten Feinde. In den letzten zwei Wochen hatten wir einen Toten und zwei Schwerverletzte durch Büffel und Nashörner.« – »Und die Mau-Mau?«, fragte ich. »Das ist ein sehr seltenes Wild geworden«, lachte er.

Schließlich erreichten wir die äußerste Patrouille an den Hängen der Aberdares. Etwa zwölf Mann hatten mitten im Dschungel ein Feldlager aufgeschlagen. Die Zeltbahnen ruhten auf Bambusstangen. Zwei Löwenhunde mit schwarzem Gegenstrich auf dem Rücken kamen uns entgegen. Bei den englischen Soldaten befanden sich zwei afrikanische »Tracker«, Fährtensucher, die jede Spur im Wald ausmachten. Das kleine Quartier war mit einem Verhau gespitzter Bambusspieße abgeschirmt. »Nicht etwa gegen die Mau-Mau«, sagte der Major grinsend, »sondern gegen die Elefanten.«

»Dies ist eine sehr erfolgreiche Patrouille«, berichtete er. »Vor acht Tagen haben wir einen Terroristen getötet, vor fünf Tagen zwei Gefangene gemacht. So schmal sind hier unsere Siegesmeldungen. In den Schlupfwinkeln rund um den Mount Kenya mögen sich noch ein paar hundert Mau-Mau versteckt halten. Ihre offensive Kraft ist heute gleich Null. Sie hätten sich wahrscheinlich längst ergeben, wenn sie nicht scheußliche Verbrechen auf dem Kerbholz hätten. Sie leben wie wilde Tiere in den Bergen. Wir machen ihnen mit unseren ewigen Patrouillen das Dasein unerträglich. Die Banden zählen nicht viel mehr als zehn bis zwölf Mann. Jede zentrale Organisation hat aufgehört. Ihr letzter Führer, Dedan Kimathi, ist immer wieder durch unsere Maschen entwischt. Unsere Taktik ist, sie auszuhungern.«

Draußen sammelten sich ein paar Patrouillen zur Pirsch und zum Waldgang. Die Männer trugen den runden Dschungelhut und grüne Tarnuniform. »Kommen Sie«, winkte mich der Major zum Jeep. »Jetzt will ich Ihnen etwas ganz anderes zeigen.« Wir fuhren eine gute Viertelstunde über abschüssige Schlammwege durch Lianen und Gestrüpp. Plötzlich öffnete sich das Dickicht, und vor uns breitete sich herrlicher englischer Rasen mit farbenprächtigen Blumenbeeten aus. Inmitten dieses Paradieses, zwischen Weiden und Eukalyptusbäumen entdeckten wir ein Gasthaus, das wie ein südenglisches Schlößchen gebaut war. Die Terrasse erhob sich über welligem, grünem Weideland, das gelegentlich durch saubere Quadrate tiefbrauner Ackererde unterbrochen war. In großen Abständen lagen die herrschaftlichen Farmhäuser zwischen Hecken und Blumen.

Über der frühlingsähnlichen Landschaft, in der das Laub der Eukalyptusbäume wie Silber zitterte, spannte sich zartblauer Äquatorhimmel. »Das sind die White Highlands«, sagte der Major. »Hier, innerhalb eines Gebietes von sechzehntausend Quadratmeilen, in dem nur Weiße siedeln dürfen, haben sich seit zwei Generationen die englischen Kolonisten niedergelassen und anstelle der Wildnis ein Ebenbild ihrer Heimat geschaffen, aber ein schöneres England mit endlosen Horizonten und strahlender afrikanischer Sonne. Sie werden verstehen, daß sie dieses Hochland nicht den afrikanischen Wilden überlassen wollen.«

Auf der Fahrt hinunter zum Naivasha-See, der wie ein milchiges Zyklopenauge im endlosen Löwenfell des Rift Valley schimmerte, durchquerten wir eine Kikuyu-Reserve, in der es vor Menschen nur so wimmelte. Die kreisrunden Strohhütten waren mit Stacheldraht und hölzernen Wachttürmen umzäunt. Die Menschen, die ihre winzigen Mais- und Maniokfelder mit primitivem Werkzeug bebauten und zusammengepfercht in ihren stickigen Kraalen lebten, mußten die fruchtbare Menschenleere der White Highlands als unerträgliche Herausforderung empfinden. Der Ursprung der Mau-Mau-Revolte lag hier offen zutage.

»Unser Einsatz ist hier bald zu Ende«, nahm der Major die Unterhaltung wieder auf. »Meine Truppe wird demnächst nach Malaya oder Zypern verlegt. Wir sind uns hier zwar wie die Pfadfinder vorgekommen, aber es war eine schöne Zeit.« Er gab mir die Statistiken dieses Feldzuges. Nach offiziellen Angaben waren 10 399 Mau-Mau im Kampf getötet worden. Weitere achtzigtausend wurden als Terroristen und Verschwörer in die Lager eingewiesen, die sich von der Küste des Indischen Ozeans bis zum Victoria-See erstreckten. Die Mau-Mau hatten rund zweitausend ihrer schwarzen Landsleute, die sie der Zusammenarbeit mit den Engländern verdächtigten, umgebracht. Dagegen wurden nur etwa dreißig europäische Soldaten und Polizisten von den Buschkriegern getötet; die Zahl der ermordeten weißen Zivilisten betrug sechsundzwanzig. Nach einer allmählichen Verringerung der britischen Streitkräfte um zwei Drittel blieben noch viertausenddreihundert englische und afrikanische Soldaten in Kenia. Der ganze Mau-Mau-Aufstand hat in dreieinhalb Jahren die englische Staatskasse nicht mehr als 39 Millionen Pfund gekostet.

»Wir haben uns immer gewundert, warum ein solcher Pressewirbel um diesen Kikuyu-Aufstand gemacht worden ist«, fuhr der Major fort. »Natürlich mußten wir unsere scharfen Repressionsmaßnahmen gegenüber dem Unterhaus und ›Fleet Street‹ rechtfertigen. Deshalb waren wir gezwungen, etwas zu übertreiben und die Trommel zu rühren. Im übrigen konnten wir nicht wissen, wie weit die Bewegung um sich greifen würde. Seit Stanley und Livingstone haben wir über das Seelenleben der Afrikaner nicht viel hinzugelernt. Und dann war da dieser ulkige Name Mau-Mau, ohne den unser Unternehmen wohl nur einen Bruchteil seines Widerhalls in der Weltöffentlichkeit gefunden hätte.«

\*

Die Häftlinge des Mau-Mau-Lagers von Umawa waren zur Gymnastik auf dem großen freien Platz vor ihren Baracken angetreten. Sie verrichteten mit einer Präzision, die besten militärischen Drill verriet, eine Reihe völlig sinnloser Übungen, klatschten sich auf die Schenkel, schlugen die Hände gegeneinander, daß die Hochebene widerhallte. Der pensionierte englische Captain, der dieses Jugendlager kommandierte – offenbar ein Jünger des legendären Colonel Blimp –, war von den Leistungen seiner Zöglinge sichtlich entzückt.

Zwei Stunden hatte er uns durch die hygienischen Baracken geführt und uns die jungen »Terroristen«, von denen manche noch Kinder waren, bei ihrer Schulung an Werkbank und Schiefertafel präsentiert. »Wir können sie ja schließlich nicht alle umbringen«, sagte er beinahe entschuldigend. »Also müssen wir versuchen, sie wieder in die menschliche Gesellschaft zu integrieren. Dazu gehören vor allem Disziplin und Gemeinschaftsgeist, der Verzicht auf niedrige Mißgunst, wie sie in diesen Kikuyu so tief verwurzelt ist.«

In den Wellblechhütten waren die Bastmatten säuberlich geschichtet. Jede dieser Unterkünfte war sinnigerweise nach einem Pionier des Britischen Empire benannt: Lord Kitchener, Lord Lugard, Lord Napier, Cecil Rhodes und andere. Über den Betten waren erbauliche Sprüche zu lesen: »Einigkeit macht stark« oder »Gemeinnutz geht vor Eigennutz«. – »Sie bringen diesen jungen Leuten all jene Organisationstugenden bei, die ihnen bei der letzten Revolte gefehlt haben«, sagte ich zum Spaß. »Das nächste Mal werden die Mau-Mau mit einer disziplinierteren Mannschaft antreten können.« Der Captain schätzte meinen Scherz nicht sonderlich.

Als er uns erklärte, »Wir versuchen die Jungens nach den Grundsätzen der englischen Public Schools zu erziehen«, stimmte Adelbert Weinstein ein so schallendes Gelächter an, daß der Offizier ihn verblüfft musterte. Ich hatte den Militärexperten der »Frankfurter Allgemeinen Zeitung«, einen Typ von Journalist, der heute leider nicht mehr anzutreffen ist, ein Jahr zuvor in Hanoi kennengelernt. In Nairobi waren wir uns zufällig begegnet und hatten die Expedition in die Aberdares gemeinsam unternommen. »Was man mit Menschen doch alles anfangen kann«, meinte Weinstein, während wir der hüpfenden und händeklatschenden Gruppe zusahen. Im Hintergrund wurden der Stacheldraht des Lagers und die hohen hölzernen Wachtürme mit den schußbereiten Posten sichtbar. Irgendwo bellten die Spürhunde. Die Engländer konnten wohl nicht begreifen, welche Erinnerungen für jeden Kontinentaleuropäer mit solchen Bildern verknüpft sind.

Nachdem die Turner eine kunstvolle Pyramide gebaut hatten, auf deren Gipfel – o Wunder! – sich der Union Jack entfaltete, bildete die Gruppe einen weiten Kreis. Monotoner, dumpfer Gesang stieg zum Himmel. Die jungen Männer bewegten sich in einem ekstatischen Rhythmus, der mit der präzisen englischen Gymnastik nichts mehr zu tun hatte. Die gefangenen Mau-Mau stimmten die Hymne der heidnischen Mannbarkeitsfeiern an. Mit einem Schlag war alles verändert: Da waren wir keine skeptischen Zuschauer einer problematischen Umerziehung mehr, sondern die verstörten Zeugen eines uralten Rituals. Jenseits der weißen Highlands zerriß die Wolkendecke. Der schneebedeckte Gipfel des Mount Kenya ragte hoch über diesen jungen Kikuyu, die einst den heiligen Eid geleistet hatten, die weißen Eindringlinge aus dem Land ihrer Ahnen zu vertreiben.

Zwei Wochen später, im Abteil des Zuges, der von Nairobi nach Kampala, der Hauptstadt von Uganda, ratterte, fragte mich ein weißer Farmer nach meinem nachhaltigsten Eindruck von Kenia. Ich zögerte eine Weile. War es die weihevolle Erscheinung des Kilimandscharo, der am frühen Morgen über der roten Steppe voll weidender Antilopen und Giraffen aufleuchtete? War es die Geschäftigkeit der Safarisnobs von Nairobi, die mit fahrbarer Dusche, Kühlschränken und seidener Bettwäsche in die grünen Hügel Afrikas aufbrachen, um ein paar Tage lang Hemingway zu spielen? Waren es die sportlichen britischen Militärs in den Aberdares oder die nostalgischen Feste der weißen Gentry?

Statt zu antworten, deutete ich mit der Hand zum Fenster des fahrenden Zuges hinaus. Über den bewaldeten Höhen, deren milde Konturen fast europäisch wirkten, zeichneten sich die Wachtürme und elektrifizierten Umzäunungen der »Detention Camps« gegen den violetten Abendhimmel ab. Diese Gefangenenlager hinter Stacheldraht waren für mich die beklemmende Bestätigung, daß Afrika seinen Einzug ins zwanzigste Jahrhundert vollzogen hatte.

## »Angola é nossa«

Als Erste waren sie nach Afrika gekommen, und als Letzte würden sie Afrika verlassen, die Portugiesen, die sich im Schwarzen Erdteil so sehr integriert hatten, daß der Spruch umging: »Gott schuf den Weißen und den Schwarzen, den Mulatten schuf der Portugiese.« Im März 1961 entdeckten die Portugiesen allmählich, daß sie sich im Kriegszustand befanden. Im Norden Angolas, dieser als »Provinz« bezeichneten Kolonie, war der Aufstand der Bakongo ausgebrochen. Die Überseeverwaltung des Diktators António de Oliveira Salazar wollte sich nicht in die Karten schauen lassen.

Mein Visumantrag für Angola beim zuständigen Ministerium

in Lissabon, wohin ich deswegen gereist war, wurde zunächst abgelehnt. Auf den Hafenkais des Tajo standen Militärlastwagen, Jeeps und ein Panzerspähwagen – natürlich aus NATO-Beständen – zur Verschiffung nach Afrika aufgereiht. Die Badegäste, die am Wochenende an den Strand von Cascais fuhren, sahen sich bei diesem Anblick vielsagend an. Das Gespräch in der Schnellbahn von Estoril, an deren Endstation »Cais do Sodre« kürzlich eine Bombe explodiert war, kam unvermeidlich auf Angola. Die grün-schwarzen Taxis von Lissabon trugen neuerdings auf der Hinterscheibe einen Klebestreifen mit der Aufschrift: »Angola é português – Angola ist portugiesisch.«

Die Zeitungen in Portugal unterlagen einer Zensur ohne Komplexe. In jeder Ausgabe war auf der ersten Seite gut sichtbar vermerkt, daß die Behörde den Inhalt des Blattes geprüft und für harmlos befunden habe. Die so kontrollierten Blätter Lissabons sorgten dafür, daß der Kampf in Angola nicht vergessen wurde. Jeden Tag war dort vom Einsatz der »heldenmutigen portugiesischen Soldaten und Siedler« zu lesen.

Auch wenn die Presse sich auf die Wiedergabe amtlicher Kommuniqués beschränkte und den Krieg in Zentralafrika mit einem Pathos beschrieb, das vergeblich an die »Lusiaden« des portugiesischen Nationaldichters Camões anzuknüpfen suchte, ließ die Zeitungslektüre doch keinen Zweifel darüber, wie ernst und blutig die Vorgänge in Angola waren. Bunte Landkarten der umstrittenen Überseeprovinz wurden an allen Ecken der Avenida da Liberdade angeboten. Die Khakiuniform der Kolonialtruppen gehörte zum Straßenbild der Hauptstadt.

Seit den napoleonischen Feldzügen hatte Portugal nicht mehr Krieg geführt, wenn man von der symbolischen Teilnahme am Ersten Weltkrieg absieht. Seit mehr als dreißig Jahren unterstand das Land dem strengen und knausrigen Schulmeisterregime des schweigsamen Diktators Salazar, dessen oberstes Streben darauf gerichtet war, die Finanzen in Ordnung und die Opposition in Schach zu halten. Portugal hatte von der großen, aktiven Geschichte, in die es unter Heinrich dem Seefahrer so glorreich eingetreten war, längst Abschied genommen. Ein müdes Volk, so schien es, lebte an der Mündung des Tajo.

Mit den Hiobsbotschaften aus Angola war etwas in Bewegung geraten. Zunächst haben die Portugiesen ganz anders auf den Aufstand der Schwarzen reagiert als die übrigen Kolonialmächte. Engländer, Franzosen und Belgier waren seit dem Zweiten Weltkrieg Kolonisatoren mit schlechtem Gewissen, sie waren beeindruckt, angekränkelt – wie die Portugiesen sagen würden – von den großen Schlagworten der Zeit: Gleichheit aller Menschen, Selbstbestimmungsrecht der Völker, Legitimität des farbigen Nationalismus.

Für die Portugiesen hingegen blieb die Kolonialherrschaft ein Gottesgnadentum, auch wenn man die überseeischen Besitzungen in »Provinzen« umgetauft hatte. Nach fünfhundert Jahren Kolonialgeschichte war Portugal in keiner Weise kolonialmüde. Selbst die Opposition gegen den einundsiebzigjährigen Salazar hatte sich beinahe geschlossen hinter dessen Afrika-Politik gestellt.

In Lissabon machte man sich große Illusionen. Fünfzehntausend Mann Militärs standen bereits in Angola. Fünfundzwanzigtausend Soldaten sollten insgesamt dort eingesetzt werden. Doch was bedeutete das in einer afrikanischen Wildnis, die vierzehnmal größer war als das Mutterland? In Algerien hatte ich beobachtet, daß die fünfhunderttausend Mann unter Waffen nicht Herr wurden über die Fellaghas, obwohl nur das Meer zwischen Algier und Marseille lag.

Aber die Portugiesen ließen sich durch militärische oder wirtschaftliche Argumente nicht beeindrucken. Es steckte viel Härte in diesem unscheinbaren, immer traurigen Menschenschlag. Die Partisanenbanden der Bakongo hatten nach offiziellen Schätzungen etwa zweitausend weiße Portugiesen umgebracht. Wenn man dagegenhielt, daß den Kongo-Wirren nicht mehr als ein Dutzend Belgier zum Opfer fielen, daß der Mau-Mau-Schrecken in Kenia allenfalls sechzig Weiße das Leben kostete, mag man ermessen, welche Kräfte in Angola entfesselt waren.

Gegen den Buschkrieg der Schwarzen sind die Portugiesen in Angola mit größter Härte vorgegangen. Man schätzte, daß mindestens zwanzigtausend Eingeborene umgebracht wurden. Im Gespräch würde kein Portugiese diese Zahl mit Entrüstung von sich weisen. »Die Neger sollen jetzt einmal spüren, was ein richtiger Kolonialfeldzug ist«, sagten die Kaffeehaus-Strategen an der Avenida da Liberdade.

In den portugiesischen Ministerien hingen Plakate, die die Überseeprovinzen auf eine Karte Europas projizierten, vom Atlantik bis tief nach Rußland. Darüber stand der Satz: »Portugal ist kein kleines Land.« Darum ging es tatsächlich. Nur der Besitz von Angola und Mosambik hinderte Portugal daran, in die bescheidene Rolle eines armen und schmächtigen europäischen Randstaates zurückzufallen. Ohne seine Kolonien erschien Portugal wirtschaftlich kaum lebensfähig. Gingen diese Gebiete verloren, so bliebe nur ein Küstenland mit Folklore für Touristen, wo Vinho Verde getrunken und Fado gesungen wird.

## Buschkrieg auf lusitanisch

Auf Umwegen bin ich im Sommer 1961 doch noch nach Angola gereist. In Brazzaville war es mir gelungen, bei der portugiesischen Vertretung ein Visum zu erschleichen, indem ich mich als Lehrer und als Tourist deklarierte. Bei meiner Ankunft in Luanda bemühte ich mich, nicht aufzufallen. Zwei Jahre zuvor, im Frühjahr 1959, als Unruhen und Revolten der Schwarzen noch unvorstellbar schienen, hatte ich Angola schon einmal, damals ganz offiziell als Journalist, besucht. Mein Name und Beruf mußten der PIDE, der »Polícia Internacional e de Defesa do Estado«, der einzigen perfekt organisierten Behörde des Salazar-Staates, bekannt sein. Die Hauptstadt Angolas erschien mir bei diesem Wiedersehen immer noch als die schönste Stadt in Schwarz-Afrika mit ihren pastellfarbenen Häusern, den schattigen Alleen und der herrlichen Marina. Die Einheimischenviertel hingegen, die »Musseques«, waren wohl die armseligsten des ganzen Kontinents.

Dieses Mal verzichtete ich auf den Besuch der Freizeitidylle jenseits der Lagune. Statt im Sand zu liegen, Camaões und Vinho Verde zu bestellen und das gute Leben zu genießen, das auch durch die Vielzahl der Armeeuniformen nicht beeinträchtigt wurde, suchte ich nach Möglichkeiten, in den Norden, in die Aufstandszone zu gelangen.

Der Zufall war auf meiner Seite. In der Bar des Hotels Continental kam ich mit einem einsamen portugiesischen Luftwaffen-Major ins Gespräch, der mich offenbar mit einem Offizier aus dem Stab der französischen Militärberater in Brazzaville verwechselte. Ich beließ ihn in diesem Glauben, erwähnte mein Interesse an einer vergleichenden Studie über die Partisanenbekämpfung in Angola und in Algerien, wo ich mich tatsächlich ein paar Wochen zuvor aufgehalten hatte, und äußerte meinen Wunsch, das Krisengebiet im Norden zu inspizieren. Ich solle über den Stützpunkt Negage nach Carmona (heute Uíge) aufbrechen, riet mir der Major. Jeden Vormittag, etwa um neun Uhr, starte eine Transportmaschine nach Negage. Ich solle mich auf ihn, Major López, berufen, mir vorher jedoch eine Unbedenklichkeitsbescheinigung beim Militärkommando im Fort São Miguel holen.

Am späten Nachmittag saß ich zum Aperitif an der Avenida Marginal. Wieder waren auf den Hafenkais portugiesische Soldaten aus dem Mutterland ausgeladen worden. Das Bataillon in Khakiuniform wurde von einem schwarzen Musikzug begrüßt. Die Zuschauer waren ausschließlich Portugiesen. Luanda erfuhr nur aus den Zeitungen vom Buschkrieg im Innern. Wer Angola nach dem Straßenbild seiner Hauptstadt beurteilte, mußte fehlgehen. Wären nicht die gesprenkelten Uniformen der Fallschirmjäger und – am Wochenende – jene Zivilisten, die sich in Hinterhöfen und vor Affenbrotbäumen im Pistolenschießen übten, hätte man weiterhin die Marginal für eine friedliche afrikanische Copacabana halten können.

Im Fort São Miguel habe ich mich wohlweislich nicht vorgestellt, aber am nächsten Morgen stand ich – von Kopf bis Fuß in

Khaki gekleidet – in einer Reihe portugiesischer Offiziere und Unteroffiziere am Flugplatz, um eine DC-4 nach Norden zu besteigen.
Meine Zielstrebigkeit täuschte die Militärpolizei, zumal ich mich
auf Major López berief und mit einem Pariser Dokument fuch-
telte, das den blau-weiß-roten Querstreifen trug. Im Flugzeug war
ich der einzige Zivilist und bangte bis zum verzögerten Start, ob
die PIDE mich nicht doch in letzter Minute identifizieren würde.

Endlich flogen wir ab und landeten nach knapp zwei Stunden
auf der Rollbahn von Negage, einem trostlosen Militärstützpunkt,
der auf drei Seiten vom Busch bedrängt wurde. Die mit mir reisenden Militärs wurden von ihren Fahrern oder Ordonanzen abgeholt. Ich stand allein mit meinem Sturmgepäck in der Hand
auf dem Stahlmaschennetz der Stahlpiste. Da entdeckte ich einen
Lastwagen, der von einem portugiesischen Zivilchauffeur und zwei
Schwarzen mit blökenden Schafen beladen wurde.

Nach kurzer Absprache und Entrichtung einer mäßigen Gebühr
kletterte ich in die Fahrerkabine. Er müsse mit seiner Fracht, die
für das Proviantamt der Armee bestimmt sei, ohnehin nach Carmona und wolle mich dort gern absetzen, sagte der Fahrer Mario,
ein schlichter Mann mit Stoppelbart. Seine schußbereite Jagdflinte
und seinen Revolver schob er zur Seite, um mir Platz zu machen.
Ich müsse allerdings das Risiko auf mich nehmen und allein mit
ihm durch das Guerilla-Gebiet rollen, denn er habe weder Lust
noch Zeit, auf den geschützten Konvoi zu warten.

Wir ließen die geparkten Jäger vom Typ Harvard, die veralteten
Bomber vom Modell PV-2 hinter uns und kurvten über eine stau-
bige Schotterpiste nach Carmona. Auf der ganzen Strecke begegneten wir keinem Fahrzeug und keinem einzigen Menschen, ob
weiß oder schwarz. Beim Anblick der ersten Dörfer nahm Mario
die Flinte in die linke Hand. Die Hütten brannten lichterloh. Wir
passierten eine ganze Kette von armseligen, verwüsteten Ortschaften. Auch die paar Steinhäuser und »Lojas«, die Faktoreiläden der
ansässigen Portugiesen, waren zerstört und trugen die Spuren von
Kugeleinschlägen. Auf geschwärzten Mauerstümpfen standen die

Buchstaben UPA, »Vereinigung der Bevölkerung Angolas«. Portugiesische Soldaten und Milizionäre mußten hier in den letzten zwei Tagen ein grausames Strafgericht abgehalten haben.

Die Reise war beklemmend. Der Himmel hatte sich verdüstert. Nebel kam auf, als wir die ersten Straßensperren von Carmona erreichten. Die Offiziersmesse war im Grande Hotel do Uíge untergebracht. Beim Empfang legte ich meinen Paß mit gültigem Visum vor. Ein weiteres Versteckspiel wäre sinnlos gewesen. Die portugiesischen Offiziere quittierten die Präsenz eines ausländischen Journalisten mit erstauntem Achselzucken und nahmen mich dann brüderlich in ihre Runde auf. Sie trugen zum Teil die gleiche Tarnuniform wie ihre französischen Kollegen in Algerien. Mehrere von ihnen hatten dort Ausbildungskurse für Partisanenbekämpfung absolviert. Sie hatten sogar die gescheckte Bigeard-Mütze mit Nackenschutz übernommen, die für die französischen Paras in Nordafrika typisch war.

*

Das war also die vielgerühmte Trockenzeit in Nordangola. Schwer hängende, grau-schwarze Wolken lasteten über den nahen Urwaldhöhen. Mit Einbruch der Dämmerung waren dichte Nebelschwaden bis an die Stadtgrenze von Carmona herangezogen. Auf dem Asphalt der Hauptstraße, der Avenida Ferreira, ging ein feiner Sprühregen nieder. Die Trockenzeit in Nordangola brachte den Cacimbo, diesen feucht-kühlen Dunst mit sich. Der Flugverkehr auf den Rollbahnen des Nordens, die oft höher als tausend Meter lagen, war dann tagelang gelähmt. Die Landschaft versank in unsagbarer Traurigkeit.

Die feuchte Nacht in Carmona war auch den ortsansässigen Portugiesen unheimlich. Im rechteckig gezogenen Stadtzentrum mit der modernen Zweckarchitektur waren die Kolonisten unter sich. Etwa zweitausend Europäer und portugiesische Mulatten wohnten in normalen Zeiten in Carmona. Die meisten Männer waren geblieben. Sie hatten die grünen Armbinden der Miliz angelegt, Baskenmützen übergestülpt und die Maschinenpistolen unter den Arm geklemmt, die der »Jefe do Posto« an sie verteilte. Es waren rauhe Gestalten, diese Portugiesen des Distrikts Uíge, die jetzt auf die Rebellen in der Umgebung der Stadt ebenso unermüdlich Jagd machten wie früher auf Antilopen und Gazellen. Wenn sie in Gruppen unter dem Neonlicht einer Bar saßen, glaubte man sich in den Spanischen Bürgerkrieg zurückversetzt.

Früher lebten fünfundzwanzigtausend Afrikaner in und um Carmona. Jetzt waren allenfalls auf den nahen Fazendas noch schwarze Kontraktarbeiter aus dem Süden zu finden, meist Männer des Lunda-Stammes, deren Feindschaft gegen die Völker des Nordens noch stärker war als ihre Abneigung gegen die portugiesischen Kolonisatoren. Aber wohin waren die Einheimischen von Nordangola verschwunden?

In den verstreuten Buschdörfern und Pflanzungen von Uíge hatte Mitte März der Aufstand gräßlich gewütet. Über Nacht, ohne jede Vorwarnung, fielen schwarze Rebellen über die verstreuten Europäer her, massakrierten sie wahllos – Männer, Frauen und Kinder – mit dem langen Buschmesser, der »Katana«. Viele Weiße wurden mit Kreissägen bei lebendigem Leibe in Scheiben geschnitten. Die Vergeltung der Portugiesen war gnadenlos. Die Dörfer lagen jetzt leer und verlassen, weil die Afrikaner von den Portugiesen kein Pardon erwarteten.

Es wurden keine Gefangenen gemacht. Ganze Siedlungsgebiete wurden als Kollektiv schuldig befunden. Wer irgendwie verdächtig erschien, wer auch nur lesen und schreiben konnte, stand mit einem Fuß im Grab. Die Zahl von zwanzigtausend Toten bei den schwarzen Angolanern dürfte eher untertrieben sein.

»Wie war das nur möglich?« fragten die Portugiesen, wenn sie abends fern von ihren Familien, die meist nach Portugal heimgeschickt wurden, mißmutig und gelangweilt beim Vinho Verde saßen. »Selbst in Belgisch-Kongo ist so etwas nicht passiert. Dort haben die Neger die Weißen geschreckt, haben sie gelegentlich mißhandelt, aber kaum jemals einen Belgier umgebracht. Was ist bei uns fehlgelaufen?« Die Antwort gaben sie teilweise selbst.

Die Schwarzen in Angola wußten, daß man ihre Kolonialherren nicht aus dem Land ekeln konnte. Die waren nicht nach Afrika gekommen, um in wenigen Jahren möglichst viel Geld zu sparen, das sie dann – in die Heimat zurückgekehrt – friedlich verzehren würden. Viele Lusitanier lebten unter recht armseligen Bedingungen seit Generationen auf dem Schwarzen Kontinent. Sie hatten dort ohne Hoffnung auf Wiederkehr Wurzeln geschlagen. Sie verteidigten in Angola mehr als einen hohen Lebensstandard, sie verteidigten ihre Existenz. Die Afrikaner wußten, daß nur nackter Terror die Portugiesen zwingen könnte, ihre Pflanzungen, ihre Handwerksbetriebe, ihre »Lojas« zu räumen.

Die Nacht war über Carmona hereingebrochen. Am Rand der Stadt kauerten die Posten hinter Sandsäcken und Bretterverschalungen. Scheinwerfer strahlten den undurchlässigen Cacimbo an. Vier Kilometer entfernt im Osten fiel zur selben Stunde eine kleine Gruppe von Guerilleros über eine isolierte Kaffeefazenda her. Die Besitzer hatten vorsorglich in der Stadt Carmona übernachtet, aber die Kontraktarbeiter vom Lunda-Stamm wurden mit der Katana in Stücke gehauen, soweit sie nicht in die Nacht entkamen. Zwei schwarze Wächter mit Gewehren waren zu den Rebellen desertiert.

Im Grande Hotel do Uíge, wo es zu jeder Mahlzeit Stockfisch gab, wurde nur halblaut geredet. Neben den Cangaceiro-Gestalten der bewaffneten Zivilisten erschienen die Offiziere als ausgesprochen feine Leute. Die meisten kamen aus dem Mutterland. Sie sahen diesen Krieg mit anderen Augen, und schon spürte man eine unterschwellige Spannung zwischen Armee und Miliz. Die reguläre Truppe möchte die willkürlichen Vergeltungsgreuel gegen die schwarze Bevölkerung einschränken. Aber auch die Soldaten waren Gefangene in dem unerbittlichen Wechselspiel von Terror und Gegenterror.

Die Masse der Eingeborenen lebte hungernd und frierend in den Wäldern. Sie folgten ihren nationalistischen Predigern. Ein Hauptmann, der gerade aus Mittelangola nach Carmona versetzt wurde, erzählte folgendes Erlebnis: Seine Kompanie hatte im Umkreis von Nova Lisboa (heute Huambo) ein paar schwarze »Terroristen« auf frischer Tat ertappt. Ihnen wurde kein langer Prozeß gemacht. Bevor sie erschossen wurden, riefen diese Partisanen nicht nur »Angola é nossa – Angola gehört uns«, sie schrien auch: »Viva Lumumba!«

Ab zehn Uhr abends lagen die Straßen von Carmona ausgestorben unter den Bogenlampen. Bei Tage hatten die in Pastellfarben gestrichenen Häuser ganz freundlich aus dem Grau des Cacimbo geleuchtet. Bei künstlichem Licht wirkte dieser Farbaufwand in Pistaziengrün, Himmelblau und Ocker wie eine schlechte Kulisse, vor allem der Wasserturm, der bonbonrosa angemalt war. Auf der Chaussee herrschten um diese Stunde die Hunde. Früher wurden sie von den Portugiesen mit Steinwürfen verjagt. Jetzt wurden sie als zuverlässige Aufpasser geschätzt. Der Cacimbo hing so dicht vor dem Stadtausgang, daß man sich lieber auf den Instinkt der Tiere verließ als auf die Wachsamkeit der Posten. Wer weiß, wie viele schwarze Partisanen um diese Zeit an den nahen Waldlichtungen lauerten und fasziniert auf die Lichter von Carmona starrten.

## Gefangener der PIDE

Natürlich konnte mein Eintreffen in Carmona der örtlichen PIDE-Antenne nicht entgehen. Ein Eilbericht nach Luanda war unterwegs. Hätte der Cacimbo den Flugverkehr nicht gelähmt, wäre ich vermutlich umgehend zurückgeschickt worden. So verzögerte sich meine Rückkehr um zwei Tage. Bei der Ankunft in Luanda war ich auf die Präsenz von Sicherheitsbeamten am Flugplatz gefaßt. Aber die waren nicht zur Stelle. Im Hotelzimmer stellte ich fest, daß mein Koffer durchwühlt worden war, ohne daß man sich die Mühe gemacht hätte, das zu verheimlichen. Als ich das Continental verlassen wollte, um zum deutschen Konsul Bornemann zu fahren, hielten mich zwei stämmige, bäuerlich wirkende Zivilisten an. »Begleiten Sie uns zu unserer Dienststelle!« sagte der Ältere. »Sie haben sich ohne Erlaubnis in die Sperrzone des Nordens begeben. Wir müssen Sie dazu verhören.«

Zwischen den beiden Sicherheitsbeamten eingekeilt, wurde ich in einen höher gelegenen Stadtteil gefahren. Wir hielten unterhalb des Forts São Miguel in einer abschüssigen Gasse. Das Haus, in dem die PIDE untergebracht war, fiel in keiner Weise auf. Eine einstöckige Villa im Kolonialstil. Die Bewachung war diskret. Beim Eintritt stellte ich fest, daß die Leuchttafel des Fahrstuhls mehrere unterirdische Etagen anzeigte. Die Keller mußten tief in den Felsen hineingehen. Dort befanden sich wohl die Verhörzellen und die Foltereinrichtungen, für die die PIDE berüchtigt war.

Doch ich spürte gleich, daß ich keine Mißhandlungen zu befürchten hatte. Meine Wächter führten mich in einen komfortablen Büroraum, boten mir einen Sitz an und überließen mich drei jungen Leuten in gutgeschnittenen Anzügen. Einer von ihnen sprach Französisch. Er lehnte meine Forderung nach sofortiger telefonischer Verständigung des deutschen Konsuls strikt ab, behandelte mich aber ansonsten mit großer Höflichkeit. Ich gehörte zur »non torturable kind«, wie Graham Greene gesagt hätte, zu jener Kategorie von Häftlingen, die nicht gefoltert werden.

Das Kreuzverhör dauerte dennoch bis in die späte Nacht. Immer wieder wollten die PIDE-Beamten wissen, wie ich nach Negage gelangt sei. Ich gab wahrheitsgemäß an, daß ich diesen Ausflug der eigenen Dreistigkeit verdankte, hütete mich jedoch, den Major López zu erwähnen. Die Polizisten wunderten sich hartnäckig über meine reibungslose Fahrt von Negage nach Carmona mitten durch das brennende Bandengebiet. Welche Komplizenschaft ich da genossen hätte? Ich verwies immer wieder auf den Lastwagenfahrer mit seinem Schafstransport. Am Ende schienen sie mir zu glauben. Der Französisch sprechende Polizist plädierte wohl zu meinen Gunsten. Als sein finster blickender Vorgesetzter hereinkam und zum zwanzigsten Mal nach geheimnisvollen Gefährten meiner Reise forschte, antwortete dieser Dolmetscher mit schallendem Gelächter: »Schafe waren es – eram borregos!«

Im Gang hörte ich, wie andere Gefangene – im Gegensatz zu mir offenbar mit Handschellen gefesselt – in den Fahrstuhl gestoßen wurden. Mein Verhör hatte sich nach und nach entspannt, ging in Konversation über. Von den drei ursprünglich anwesenden Beamten war nur einer geblieben. Dafür traten zusätzliche PIDE-Agenten in das Büro, musterten mich neugierig und verschwanden wieder. Sie sahen nicht aus wie Henkersknechte. Sie hatten ganz alltägliche Gesichter. Sogar ein Kapuzinerpater mit brauner Kutte und Rauschebart war dabei, ob echt oder verkleidet, blieb ungewiß. »Wir werden Sie vorerst nicht in Ihr Hotel zurückkehren lassen«, verkündete der Dolmetscher gegen zwei Uhr nachts, nachdem er im Nebenzimmer endlos telefoniert hatte. »Sie haben gegen das Gesetz verstoßen und werden in eine Gefängniszelle eingewiesen. Morgen mittag setzen wir Sie in das erste Flugzeug nach Brazzaville.«

Man führte mich auf die Straße. Dort wartete die Limousine mit denselben beiden Männern, die mich nachmittags eingeliefert hatten. Der joviale junge Dolmetscher setzte sich neben mich. Es war eine bedrückende Fahrt durch die leeren, neonerleuchteten Avenidas von Luanda. Wir rollten auf der breiten Marginal am Meer entlang, gerieten dann in ein ärmliches Hafenviertel. Außer patrouillierenden Soldaten war keine Menschenseele zu sehen. Schließlich hielten wir vor dem eisenbeschlagenen Portal einer Festung. Das historische Fort war als Gefängnis berüchtigt und trug den Namen »São Paulo«. Es handelte sich um ebenjenes Kerkergemäuer, gegen das ein Trupp schwarzer Desperados am 4. Februar 1961 erfolglos angestürmt war. Sie hatten damals das Signal zum nationalen Befreiungskampf Angolas gegeben.

Ein alter, übermüdeter Wächter geleitete mich durch hallende Gewölbe zu einer Einzelzelle. Die Pritsche, die er mir anwies, war mir zu Ehren mit einem schmuddeligen Laken bedeckt. Der »Dolmetscher« verabschiedete sich. »Ich hole Sie morgen früh wieder ab«, sagte er, und dann mit einem Augenzwinkern: »Sie sind übrigens nicht ohne Beistand geblieben. Der deutsche und der französische Konsul haben sich gegen Mitternacht energisch für Sie eingesetzt.« Die schwere Tür fiel zu. Der Schlüssel drehte sich. Riegel wurden vorgeschoben. Ich befand mich allein unter einer schwachen Glühbirne, die nicht ausgeschaltet wurde und eine Vielzahl von Moskitos anlockte. Mit Genugtuung beobachtete ich, wie an den rissigen Zellwänden kleine Echsen mit langen Zungen Jagd auf die Insekten machten.

Am frühen Morgen wurde ich tatsächlich abgeholt. Vor dem Portal drängten sich schwarze und farbige Familienangehörige – auch zwei weiße Frauen waren darunter – mit Körben voller Nahrungsmittel für die Häftlinge. Das PIDE-Büro unterhalb des Fort São Miguel sah jetzt noch harmloser aus als bei meiner ungewissen Ankunft am Vortag. Im Raum, wo ich verhört worden war, wurde mir ein kräftiges Frühstück serviert. Kurz darauf trat der deutsche Konsul Jürgen Bornemann ein, der bis zu meinem Abflug aus Luanda keine Minute mehr von meiner Seite weichen sollte. Er ließ meinen Koffer aus dem Hotel Continental in seine Kanzlei an der Marginal kommen.

Vom kleinen Balkon des Konsulats blickte ich auf den Vorbeizug einer Infanterie-Einheit, die gerade aus dem Mutterland eingetroffen war und mit dem für die portugiesische Armee typischen, breitbeinigen Paradeschritt auf ihre Kaserne zumarschierte. Aus Lautsprechern dröhnte die bombastische Hymne »Angola é nossa«, die als konspiratives Geflüster beginnt und dann – von Fanfaren untermalt – zu einem gewaltigen Massenaufschrei portugiesischer Kolonialbehauptung anschwillt: »Angola gehört uns.« Eine Vielzahl weißer und brauner Zivilisten war dieses Mal zusammengeströmt, um der Truppe Beifall zu spenden. In der Menge entdeckte ich – als harmlose Passanten getarnt – jene Spitzel der PIDE, die mich in der vergangenen Nacht so neugierig begafft hatten, darunter auch den bärtigen Kapuziner.

Siebenundzwanzig Jahre später, im Februar 2001, saß ich im neu erbauten Hotel Méridien und blickte auf das große Hafenportal, hinter dem einst die portugiesischen Soldaten zu den Klängen von »Angola é nossa« an Land gegangen waren. Zur Linken erstreckte sich die Küstenfront, die Marginal. Deren Repräsentationsbauten waren verwahrlost, aber insgesamt erhalten geblieben. Nur die »Banco de Angola« mit ihrer lusitanischen Ornamentik war in Rosa und Weiß neu gestrichen worden. Die emsige Geschäftigkeit von einst, die mediterrane Atmosphäre der Straßencafés gehörten der Vergangenheit an. Dennoch war Luanda alles andere als eine erloschene Metropole. Der Kontrast zur tragischen Vereinsamung, zur Todesstimmung in den Ortschaften des Binnenlandes konnte größer nicht sein. Die Straßen strotzten von afrikanischem Leben, quollen über mit ihrer Bevölkerung von fünf Millionen Menschen – zehnmal mehr als am Unabhängigkeitstag. Der hupende Blechstrom der Autokolonnen wollte nicht abreißen. Aber der Charme war verlorengegangen.

## Die Blume im Gewehrlauf

Das Ende war plötzlich gekommen. Im Sommer 1974 bewegte sich ganz Portugal in einem romantischen Taumel. Die Hauptstadt am Tajo war von oben bis unten mit politischen Parolen zugeschmiert. Nach einem halben Jahrhundert der Knechtschaft explodierte die freie Meinungsäußerung und versetzte das sonst so besondere, etwas scheue Volk in einen Rausch der Begeisterung. Manches erinnerte mich an die Revolte des Quartier Latin im Mai 1968. Aber in Lissabon waren nicht Studenten und Intellektuelle die treibende Kraft, sondern jene Offiziere der Afrika-Armee, die dreizehn Jahre lang die Bürde des aussichtslosen Feldzuges und die Verbohrtheit eines mumifizierten Regimes auf ihren Schultern getragen hatten. Zum vereinbarten Klang des Liedes »Grândola, Vila Morena« war die meuternde Armee aus den Kasernen ausgerückt.

Dabei erschien es paradox, daß diese Revolution durch den ultrakonservativen General de Spínola repräsentiert wurde, der noch vor kurzem in Portugiesisch-Guinea mit erstaunlich liberalen

Reformen versucht hatte, dem schwarzen Nationalismus den Wind aus den Segeln zu nehmen. Im Hintergrund agierte die kleine, vorzüglich organisierte kommunistische Kaderpartei unter Führung des stahlharten Ideologen Álvaro Cunhal, der elf Jahre lang in den Kerkern der PIDE geschmachtet hatte.

Mein alter Bekannter Frank Carlucci, ehemaliger Konsul in Katanga, nun zum Botschafter der USA in Lissabon avanciert, hatte alle Mühe, Henry Kissinger von der totalen Boykottierung der turbulenten Offizierskomitees am Tajo abzubringen, die zwar rote Nelken schwenkten und sich progressiv gebärdeten, aber mit Moskau nicht viel im Sinn hatten.

An unserem letzten Abend in Lissabon hatten wir uns im »Teatro Maria Matos« ein revolutionäres Musical angesehen, das den Sturz der fünfzigjährigen Salazar-Diktatur zelebrierte, eine harte, derbe Satire. Bigotte Bäuerinnen und Bürgerinnen veranstalteten zu Ehren des Junggesellen und Kleriko-Faschisten Salazar einen Reigen, trugen Plakate mit den Aufschriften: »Die Mütter Portugals beten für Salazar und danken ihm.« – »Mit Salazar und der Jungfrau Maria wird Portugal stets groß sein.« Schließlich, in Anspielung auf das asketische Zölibat des Regierungschefs: »Gesegnet sei die fruchtbare Keuschheit Salazars.«

Antiklerikale Leidenschaft schwang mit, wenn ein Bischof in feuerrotem Ornat mit der Jungfrau von Fátima im Hintergrund das Volk zum Gehorsam vor der weltlichen und kirchlichen Hierarchie aufrief: »Gehorsam der Frau vor dem Mann, Gehorsam des Dieners vor dem Lohnherrn, Gehorsam des Schwarzen vor dem Weißen.«

Es folgte eine Zirkusszene im Stil Fellinis: Ein aufgeputschtes Weib, das die Pseudoverfassung nach Maßgabe des »Estado Novo«, des »Neuen Staates«, darstellte; ein Menschenaffe, der mit der Fistelstimme des verstorbenen Diktators Salazar fromme Platitüden verlas; das geknechtete Volk als trauriger Clown; im Hintergrund Folterknechte der PIDE. Mit Hilfe der »drei F«, so hörte man auf der Bühne, habe er die Portugiesen um ihr politisches Bewußtsein gebracht: mit Hilfe von Fußball, Fátima und Fado.

Am Schluß wurde der Krieg in Afrika dargestellt. Ein Kolonialist im Khakihemd und Tropenhelm verkündete: »Angola é nossa!« Eine Sklavenstimme erläuterte, daß die Bodenschätze der portugiesischen Kolonien längst internationalen Monopolen verpfändet seien. Doch der Kolonialist proklamierte weiter: »Portugal não se vende – Portugal wird nicht ausverkauft.« Ein junger portugiesischer Rekrut begegnete dem Aufstand der Schwarzen. Er mähte viele Freiheitskämpfer mit seiner Maschinenpistole nieder. Aber da standen immer neue afrikanische Nationalisten auf, und der weiße Soldat fiel als sinnloses Opfer der schwarzen Revolution. Als Finale sangen Schauspieler und Zuschauer, in begeistertem Chor vereint, den utopischen Vers, der mir bereits aus dem Chile Salvador Allendes vertraut war: »Un povo unido jamás será vencido – ein geeintes Volk wird nie besiegt werden.«

# Das Ende der Algérie Française

## Der Zorn der Centurionen

Zu dem Major René Courtin, der an unserem Arabischlehrgang in Bikfaya teilnahm, hatte ich seinerzeit keine enge Beziehung unterhalten. Das lag auch daran, daß mein Freund Capitaine Ganet gegenüber diesem Commandant, der sich ständig negativ und spöttisch über die eigene Armee äußerte, tiefe Abneigung empfand. Aber in diesem Sommer 1958, als ich Courtin zu meiner Überraschung im Gouvernement Général von Algier antraf, kam doch eine gewisse Kameraderie auf.

Courtin hatte sein listiges Lächeln aufgesetzt und rückte die randlose Brille zurecht. »Du hattest nicht erwartet, mich so bald in Nordafrika wiederzusehen«, sagte er. »Man hat mir hier im Generalgouvernement eines der schäbigsten Büros zugewiesen. Ein liberaler Offizier wie ich ist bei den Generalen, die in Algier den Ton angeben, reichlich suspekt. Wenn ich überhaupt als Berater für muslimische Angelegenheiten in diese Mammutverwaltung abgeordnet wurde, so ist das durch die Machtübernahme de Gaulles zu erklären, der offenbar sehr viel differenzierter im Maghreb taktiert, als die hysterischen Pieds-noirs es erwarteten.«

Wer hätte noch vor einem Jahr in Bikfaya geahnt, daß die Ereignisse in Nordafrika so schnell einem dramatischen Gipfel zusteuern würden? Der Zorn der Centurionen hatte die Vierte Republik und ihre parlamentarischen Possenspiele beiseitegefegt. Die Pariser Politiker, deren Regierungskarussell und mangelnde Entschlossenheit die Afrika-Armee in Wut und Verzweiflung versetzten, waren unter dem Druck der Militärs von Kapitulation zu Kapitulation getaumelt, seit ausgerechnet der sozialistische Ministerpräsident Mollet, der von einer linksliberalen Minderheit gewählt worden war, um nach Verhandlungsmöglichkeiten mit den Rebellen zu suchen, durch die Tomatenwürfe der Algier-Franzosen eingeschüchtert worden war. Das Offizierskorps hatte diesen jämmerlichen Auftritt mit sardonischem Gelächter quittiert.

Gegen den Protest von Pierre Mendès France, der aus der Regierung ausschied, hatte sich Guy Mollet nunmehr auf einen harten Kurs festgelegt. Am untauglichen Beispiel Algeriens wollten die französischen Sozialisten, die von bornierten Konservativen stets des mangelnden nationalen Engagements bezichtigt wurden, offenbar beweisen, daß sie untadelige Patrioten waren. Als der Aufstand in Nordafrika sich ausweitete, war Guy Mollet nicht davor zurückgeschreckt, die Dauer des Militärdienstes auf dreißig Monate zu erhöhen und junge Wehrpflichtige über das Mittelmeer zu schicken. Im Laufe der Jahre war das Aufgebot der französischen Algerien-Armee auf eine halbe Million angeschwollen.

Die entscheidende und tragische Wende hatte sich nicht in Algerien, sondern an den Ufern des Suezkanals vollzogen. Weniger um den ägyptischen Rais Gamal Abdel Nasser für die Verstaatlichung dieses internationalen Wasserweges zu strafen, als um diesen panarabischen Verschwörer und Förderer der algerischen Résistance auszuschalten, waren Anfang November 1956 französische Eliteeinheiten im Verbund mit britischen Truppen und im engen Zusammenspiel mit der israelischen Armee in der ägyptischen Hafenstadt Port Said gelandet.

Die strategische Rechnung Guy Mollets und Anthony Edens war ohne die beiden Supermächte USA und Sowjetunion gemacht worden, die diese Eigenmächtigkeit der Entente-Staaten nicht dulden wollten. Nikita Chruschtschow drohte mit Nuklearraketen, und General Eisenhower gab den erschrockenen Politikern an Seine und Themse zu verstehen, daß das Krisenmanagement der

Giganten nicht durch spätkoloniale Kanonenboot-Politik gestört werden dürfe. Das Unternehmen von Suez mußte sang- und klanglos abgeblasen werden, und diese Demütigung Frankreichs dröhnte im ganzen arabischen Maghreb wider.

Anfang 1957 kam es zu einer neuen Eskalation der Gewalt. Angesichts mangelnder militärischer Fortschritte auf dem offenen Land – die »Quadrillage« des Terrains durch die verstärkten französischen Einheiten begann sich auszuwirken – verlagerte die algerische Nationale Befreiungsfront den Schwerpunkt ihrer Aktivität in die Hauptstadt Algier selbst. Der Bombenterror wurde zum schrecklichen Instrument des nationalen Aufstandes. In den verschachtelten Gassen der Kasbah wurden geheime Laboratorien eingerichtet, wo die Sprengmeister des FLN ihre tödlichen Ladungen vorbereiteten. In der Person des Untergrundkämpfers und früheren Zimmermanns Yacef Saadi hatten die Verschwörer einen listenreichen Anführer gefunden. Der Widerstandskämpfer Ali La Pointe sollte dort wie ein authentischer Patriot sterben, als er sich mit seinem Explosivarsenal vor der Festnahme durch die Franzosen in die Luft jagte.

Die Bomben, die in den Cafeterias, den Bars, Kaufhäusern und Sportstadien der Europäerstadt explodierten und zahlreiche Opfer forderten, schürten unter den Algier-Franzosen Panik und Haß auf alle Muslime. Das Ziel der totalen Verfeindung der beiden Bevölkerungsgruppen wurde von den Aufständischen erreicht. Die Terroraktionen wirkten umso unheimlicher, als die ausführenden Agenten meist harmlose und unschuldig blickende arabische Mädchen waren. Die berühmteste dieser unerbittlichen Jungfrauen hieß Djamila Bouhired, algerische Jeanne d'Arc und islamischer Todesengel in einer schmächtigen, ja lieblichen Person.

Im Sommer 1957 wurde die 10. französische Fallschirmjägerdivision des General Massu aus dem Bled, aus dem Hinterland, nach Algier verlegt, um mit diesem Spuk aufzuräumen. Generalgouverneur Lacoste, ein bor
nierter sozialistischer Politiker aus dem französischen Südwesten, hatte den Militärs Carte blanche erteilt. Die

Schlacht um die Kasbah wurde zum düstersten Kapitel der »Pacification«. Gasse um Gasse, Haus um Haus, Keller um Keller wurden von den Paras systematisch durchkämmt. Tausende von Muslimen wurden verhaftet, die Verdächtigen der Folterung unterzogen.

In der Abgeschiedenheit des libanesischen Gebirges hatte ich mit Major Courtin gelegentlich über diese Entwicklung diskutiert. Was sich im fernen Maghreb vollzog, war uns aus der nahöstlichen Perspektive aussichtslos und absurd erschienen. Courtin trat jetzt ans Fenster und blickte auf die Bucht von Algier. Er war ein Außenseiter in dieser brutalen Kriegslandschaft. Er verabscheute die Colonels und hielt auch nicht viel von jenem General Massu, der sich als einer der ersten den Freien Franzosen de Gaulles angeschlossen, schon im Tschad unter Leclerc gekämpft und später in Indochina kommandiert hatte. »Immerhin hat Massu mit größtem Widerwillen die Schmutzarbeit in der Kasbah auf sich genommen«, räumte Courtin ein. »Die Politiker von Paris verlangen von mir, daß ich mich mit Blut und Scheiße beschmiere«, soll Massu damals gesagt haben. »Le sang et la merde.« Courtin wirkte wie ein Maulwurf und strich sich das schüttere, blonde Haar zurück. »Ich bin Republikaner, wie du weißt, und trotz meines Major-Rangs geheimer Antimilitarist; aber manchmal verstehe ich diese Armee, die am 13. Mai 1958 geputscht hat.«

*

Zum Zeitpunkt des Aufstandes der Militärs und der europäischen Ultras von Algier hatte ich mich in Prag befunden. Das dortige französische Botschaftspersonal, mit dem ich engen Kontakt hielt, sympathisierte ganz offen mit den Generalen Massu und Salan, die vor einer brodelnden Menschenmasse auf dem Forum von Algier die Bildung eines »Wohlfahrtsausschusses«, eines »Comité de salut public«, proklamierten. Der Auszug war dem jakobinischen Wortschatz der Revolution von 1789 entlehnt. Die Putschisten von Algier forderten die Regierung Pflimlin, die auf Guy Mollet gefolgt war, zum Rücktritt auf und wollten für alle Zeiten die Zugehörigkeit Algeriens zu Frankreich festschreiben. Sie drohten ganz offen mit der militärischen Invasion des Mutterlandes.

Ich war Gast bei einem Botschaftsempfang, als die Meldung kam, Korsika habe sich den Putschisten angeschlossen. Eine fiebrige Begeisterung bemächtigte sich der meisten anwesenden Franzosen. Mit der Kulturreferentin, einer blonden Normannin, war ich auf die Terrasse hinausgetreten. Wir blickten auf den von Scheinwerfern vergoldeten Hradschin. Sie sagte mir, ihr Bruder befinde sich unter den Fallschirmoffizieren, die gerade in Ajaccio an Land gegangen waren.

»Wir sollten nicht dem Pöbel der Algier-Franzosen den Lauf der Ereignisse überlassen«, sagte die herbe Frau, die in den Kriegsjahren für die France Libre gearbeitet hatte. »Es wird Zeit, daß Charles de Gaulle die Zügel übernimmt. Raoul Salan, der sich auf dem Balkon des Generalgouvernements von Algier von den Pieds-noirs feiern läßt, ist ein politischer General, ein Intrigant. Salan ist nie Gaullist gewesen. Einer unserer Vertrauensleute hatte ihm am entscheidenden Abend des 13. Mai das Stichwort souffliert: ›Vive de Gaulle!‹, und jetzt kommen die Schreihälse vom Wohlfahrtskomitee an dieser Kommandeurs-Statue nicht mehr vorbei.«

Von diesem Abend in Prag hatte ich Courtin erzählt. Er strich sich über die Stirn und lachte wieder. Ganz klug wurde man nie aus ihm. »Du weißt, daß ich alles andere als ein Bewunderer de Gaulles bin. Als die Vierte Republik angstschlotternd nach einem Retter vor den Militärs suchte, haben sie den Alten aus seiner Einsiedelei in Colombey-les-Deux-Églises, wo er zwölf bittere Jahre verbracht hatte, in den Élysée-Palast geholt. Die Generale von Algier haben mitgespielt. Die Pieds-noirs und ihre Rädelsführer hatten darauf spekuliert, daß sie den Einsiedler von Colombey in ihrem Sinne manipulieren könnten. Die Armee war ohnehin davon überzeugt, daß der Führer der Freien Franzosen ein bedingungsloser Anhänger des Verbleibs Algeriens beim Mutterland sein müsse. Sie haben den Alten wohl unterschätzt. Hier im Generalgouvernement hat man anfangs gejubelt, als de Gaulle den tosenden Massen des Forums die zweideutige Formel ›Je vous ai compris – Ich habe euch verstanden‹ zurief. Inzwischen sind sie ungeduldig, sogar mißtrauisch geworden. De Gaulle weigert sich, das Wort ›Algérie Française‹ in den Mund zu nehmen. Er trifft nicht die erwarteten radikalen Maßnahmen, um die Integration Algeriens zu vollziehen. Auch er, so munkelt man, will mit den aufständischen Arabern, mit den Fellaghas, verhandeln, ja, in seiner Umgebung wird angeblich ein Appell vorbereitet, den er demnächst an die Partisanen der Befreiungsfront richten will, um mit ihnen den ›Frieden der Tapferen – La paix des braves‹ zu schließen.«

»Ich mag den Alten nicht«, wiederholte Courtois, »aber ich unterschätze ihn nicht. Er ist listig und umsichtig wie ein Elefant. Ich amüsiere mich heimlich, wenn ich die siegesbewußten Mienen in unseren Stäben sehe. De Gaulle ist durch den Putsch der starke Mann Frankreichs geworden, aber hier in Algier – so scheint mir – wurde den Fröschen ein Klotz gesetzt.«

Der General war jetzt überall. Schon bei der Ankunft am Flugplatz von Maison Blanche war mir aufgefallen, daß jede Säule, jede Scheibe, fast jede freie Fläche mit dem riesigen Porträt Charles de Gaulles beklebt war. So ging es weiter längs der Anfahrtsstraße zur Stadtmitte, jener zwanzig Kilometer langen »Via Triumphalis«, wo die Algier-Franzosen dem neuen Regierungschef bei seinem ersten Besuch zugejauchzt hatten. Der Einreisende war von diesem ewig wiederkehrenden Plakat fasziniert, das ihn an allen Straßenecken, ja bis vor die erbärmlichen Lasterhöhlen am Eingang der Kasbah, begleitete. Das war nicht mehr das Bild des noch jugendlich straffen Mannes mit dem goldverbrämten Képi, wie es den Gaullisten von 1940 her vertraut war. Das Plakat von Algier – in ungewissen grauen Konturen gehalten – zeigte einen gealterten Mann, dessen Augen geheimnisvoll und seherisch in die Weite gerichtet waren.

Die militärischen Sicherheitsmaßnahmen in Algier selbst schienen seit Januar 1956, als ich das letzte Mal nordafrikanischen Boden betrat, fühlbar gelockert. Gewiß, die Fenster der Autobusse waren durch Drahtgitter gegen eventuelle Granaten gesichert. In regelmäßigen Abständen schoben sich Patrouillen durch die bunte, heitere Menschenmenge der Rue Michelet und der Rue d'Isly: Fallschirmjäger in gesprenkelten Tarnjacken, europäische Reservisten, deren verbissene »Volkssturm«-Gesichter und deren milizähnliches Auftreten wenig Vertrauen einflößten, Spahis und Kolonialinfanteristen. Doch nicht der militärische Aufwand befremdete. Nicht die Sicherheitsvorkehrungen schufen den Eindruck der Verpflanzung in eine neue, irritierende Umgebung. Ein Klima der Gereiztheit und Beklemmung lastete auf Algier. In der größten Zeitung, dem »Echo d'Alger«, hütete man sich, die liberalen Aussagen der Pariser Regierung hinsichtlich der algerischen Muslime auf der ersten Seite wiederzugeben.

Die tägliche Pressekonferenz des Oberkommandos wurde hoch über der Stadt abgehalten. In dem schlichten Konferenzraum schweifte der Blick über die dunkelblaue See, über Palmenwedel und weiße Hochhäuser. Den Hauptmann, der neben Oberst Lacheroy, dem Sprecher der Armee, saß, hatte ich bereits in Indochina im Pressecamp von Hanoi als jungen Leutnant kennengelernt.

Überhaupt ließ sich die Lage in Algier ohne das indochinesische Vorspiel schlecht begreifen. Die Armee wollte hier eine Scharte auswetzen. Sie hatte in den Dschungeln und Reisfeldern Asiens bitteres Lehrgeld für die Erkenntnis zahlen müssen, daß mit dem leichten patriotischen Sturmgepäck des Soldaten die Gefechte des zwanzigsten Jahrhunderts nicht mehr zu gewinnen waren. Die Armee hatte die psychologische Kriegsführung entdeckt, und der Journalist – früher ein etwas komischer, oft hämischer Außenseiter – wurde zum Kampfgefährten oder zum heimlichen Gegner für diese jungen Offiziere, die sich mit der Counterinsurgency vertraut machen wollten.

Deshalb lag das Interesse auf vielen Pressekonferenzen nicht so sehr bei den Zahlenangaben über getötete Rebellen, erbeutete Waffen, verhinderte Einsickerungen, sondern in den knappen Antworten auf politische Fragen, aus denen allzu oft eine ärgerliche Gereiztheit und das Unverständnis des Mutterlandes herausklangen. In den zahllosen Bistros und Terrassenrestaurants der Europäerstadt fand diese Erbitterung drastischen Ausdruck. Politische Entrüstung war der große Zeitvertreib.

Während ein Lautsprecherwagen der Armee zu propagandistischen Filmvorführungen über die »Revolution des 13. Mai« einlud, schaute das Bild General de Gaulles, dieser abweisende herrische Kopf, befremdet und einsam über das Treiben der südlichen, lärmenden Plebejer. Ein geschäftiger Trupp kam näher: drei Zivilisten unter der Anleitung eines Paras mit Klebetopf und Plakaten. Neben das Porträt de Gaulles, oft quer über den Kopf des Generals, wurde ein neuer Anschlag angebracht, eine Landkarte, die Frankreich und Algerien umfaßte. »Von Dünkirchen in Flandern bis Tamanrasset im Herzen der Sahara«, stand in roten Lettern geschrieben: »53 Millionen Franzosen.« Dieses Schlagwort der Integration war Trumpf. »Algerien soll eine französische Provinz werden wie die Bretagne oder Burgund«, so lautete nun die gebieterische Forderung des »Wohlfahrtskomitees«.

## Wiedersehen mit Trinquier

Der Sand von Sidi Ferruch ist historischer Boden. Ein massiver Turm, der die Bucht beherrscht, erinnert an die französische Landung im Sommer 1830, Auftakt zur Eroberung ganz Algeriens. Über die schwarzen Sanddünen, die durch graues Schilf verunstaltet sind, fuhren in diesem Sommer 1958 die sandgelben Command Cars des 3. Fallschirmjägerregiments. Der Kommandeur dieser Einheit, Oberst Roger Trinquier, war ein umstrittener Mann in Algier. 1946 hatte ich unter dem Colonel, der damals noch Hauptmann war, in Cochinchina gedient. Wer hätte damals vermutet, daß dieser elegante Offizier, der wie ein Filmstar wirkte, sich als Experte der härtesten Aufstandsbekämpfung entpuppen würde?

Drei Tage zuvor hatte ich Trinquier auf der Terrasse des Hôtels

Saint-Georges zum Sundowner getroffen. Es ging sehr herzlich zu, aber ein gewisser Vorwurf war nicht zu überhören, als er mich fragte: »Warum sind Sie eigentlich nicht bei uns in der Armee geblieben? Sie hätten doch vorzüglich in mein Regiment gepaßt.« In diesem Falle hätte ich mich zweifellos geweigert, an den Verhören und Folterungen teilzunehmen, wofür es leider ja stets genügend Freiwillige gab. Aber rückblickend kann ich mich nur dazu beglückwünschen, daß ich die militärische Karriere nicht eingeschlagen hatte. In Algerien wäre ich in einen heillosen Konflikt geraten zwischen der Solidarität mit meinen Kameraden, die in der Kasbah besonders gefürchtet waren und sich jeder Konzession an die algerischen Aufständischen bereits heftig widersetzten, und meiner Bewunderung für General de Gaulle, der die unseligen, ja katastrophalen Folgen einer eventuellen algerischen Integration in die von ihm begründete Fünfte Republik klar erkannt hatte.

Die Soldaten des 3ème R.P.C. (Régiment de Parachutistes Coloniaux) trugen immer noch den chinesischen Drachen im Wappen. Die Paras verluden ihre Feldbetten und Zelte. Sie rückten aus der Umgebung Algiers in die Bergschluchten des Quarsenis im südlichen Atlas aus. Ich schaute der gelben Wagenkolonne Trinquiers und seinen jungen Offizieren mit den kahlgeschorenen Köpfen und den roten Bérets lange nach.

Die Verlegung dieser Einheit aus dem Algérois an den Nordrand der Sahara, so munkelte man unter den radikalen Pieds-noirs, entspreche einem hinterhältigen Plan de Gaulles. Er würde die Hauptstadt von jenen politisierten Truppen entblößen, die sich am nachhaltigsten mit dem Verbleib Frankreichs in Nordafrika identifiziert hatten. Den »kleinen Weißen« erschien die Verleihung der vollen Gleichberechtigung an die Muslime als Auftakt des eigenen Untergangs. Das europäische Proletariat von Algier lieferte denn auch das Fußvolk für extremistische Bewegungen, die sich in den Arbeitervierteln von Belcourt oder Bab-el-Oued zusammenrotteten.

*

Am folgenden Tag stand ich am Straßenrand, als de Gaulle zum zweiten Besuch nach seiner Regierungsübernahme in Algier eintraf. Die schwarze Citroën-Kolonne steuerte auf den Sommerpalast der Generalgouverneure zu. Die Stunde wirkte tragisch. Die Wohlfahrtsausschüsse waren über die Weigerung de Gaulles, sich eindeutig für die Integration Algeriens auszusprechen, zutiefst erbost. Auch seine nuancierte Haltung gegenüber den algerischen Nationalisten alarmierte sie. Die Komplotteure hatten die Flüsterparole ausgegeben: »Kein Triumphzug für de Gaulle, sondern kühle Zurückhaltung.« Deshalb waren die Fahnen selten, und die Zuschauer standen in dünner Einerreihe hinter dem Spalier aus algerischen Tirailleurs. Aus einer Ecke, wo sich Halbwüchsige zusammenrotteten, ertönten Pfui-Rufe. »Schämt ihr euch nicht?« herrschte ein Major sie an. Plakate mit dem Bild des Generals waren zerfetzt worden. Die Inschriften »Es lebe Salan« waren über Nacht häufiger geworden als die Lothringer Kreuze, so daß die Armee in aller Hast neben jedes »Vive Salan« ein übergroßes »Vive de Gaulle« pinseln ließ.

Es war ein seltsamer Abend. Die europäischen Zivilisten trotzten, und die Muslime waren überhaupt nicht zu sehen, mit Ausnahme jenes blinden Veteranen mit dem roten Fez und den vielen Orden, der an seinem Stock ein blau-weiß-rotes Fähnchen befestigt hatte und es dem schwarzen Citroën des Generals entgegenschwenkte. De Gaulle war in seinem offenen DS 19 stehend durch die dämmerigen Straßen Algiers gefahren, als sähe er das alles nicht. Schon begegnete er den Algier-Franzosen mit jenem »mépris de fer«, der »eisernen Verachtung«, die zur Legende des Befreiers Frankreichs gehörte. Am nächsten Mittag warteten die ungestümen Zivilisten der Wohlfahrtsausschüsse vergeblich vor dem Gitter des Sommerpalastes in der glühenden Sonne. De Gaulle ließ sie nicht vor. »Der Alte führt die Ultras an der Nase herum«, kommentierte ein Pariser Korrespondent.

Die wahre Einstellung de Gaulles zu den französischen Départements in Nordafrika hatte ich aus berufenem Munde erfahren.

Ein paar Wochen zuvor hatte ich ein langes Gespräch mit Paul Delouvrier, dem neuernannten Generalgouverneur für Algerien, geführt, der mit dem Gedanken spielte, mich als Pressesprecher zu engagieren. Der Ingenieur Delouvrier war kein Politiker, sondern Technokrat. Im Hinblick auf Algerien war er völlig unbelastet, ja unbefangen. Der Auftrag de Gaulles, nunmehr die Rolle des »Generalresidenten«, wie es jetzt hieß, zu übernehmen, hatte bei ihm keinerlei Begeisterung ausgelöst, wie er mir gestand. »Sie sind doch Reserveoffizier?«, hatte de Gaulle gefragt. Delouvrier bejahte. »Dann können Sie sich dieser Berufung nicht entziehen.« Delouvrier hatte einen letzten Einwand versucht: »Mon Général, ich muß Ihnen gestehen, daß ich unter gewissen Umständen kein Gegner der algerischen Unabhängigkeit bin.« – »Et moi donc«, gab de Gaulle majestätisch von sich, »als ob ich das wäre.«

Statt der Zivilisten beorderte de Gaulle die Generale und Obersten in den Palais d'Été. Sie kamen – die Schultern rollend und selbstbewußt – in ihren Tarnuniformen mit aufgekrempelten Ärmeln, die Brust voller Orden. Ihnen gegenüber stand vor den maurischen Kacheln des großen Salons der einsame Mann im schlichten Khakituch des Brigadiers. Er war lediglich mit dem Lothringer Kreuz dekoriert. Aber er beherrschte alle Anwesenden mit der Höhe seines Wuchses und seiner eiskalten Autorität, die Furcht einflößte. De Gaulle redete nur kurz zu den Offizieren von Algier. Sie waren nicht zu einer politischen Aussprache, sondern zum Befehlsempfang gekommen. Nach der gebieterischen Audienz verweilten sie, ziemlich ratlos diskutierend, im Palmengarten. Die Journalisten aus aller Welt beobachteten die Offiziere von Algier mit Spannung, und als sie sich zum Gehen anschickten, sagte ein Amerikaner: »Here goes the glory of France.«

# Friedliches Tunis

In den französischen Stäben Algeriens wurde man eigenartig gemustert, wenn man erzählte, daß das nächste Reiseziel Tunis heiße. »Sie gehen also zum Feind«, schien jeder Blick zu sagen, und es klang beinahe etwas Neid durch. In Tunis, der Propaganda- und Nachschubzentrale der Rebellen, konnte sich der zivile Besucher jenen persönlichen Anschauungsunterricht vom algerischen Aufstand holen, der den französischen Offizieren in Nordafrika versagt blieb. Dort trat der Gegner aus der Anonymität der unfaßbaren Masse heraus und ließ die Maske des Partisanenkampfes fallen.

Als die Maschine in Tunis landete, war auf einmal der Druck fortgenommen. Ich hatte mich so daran gewöhnt, die schußbereiten Posten neben jedem Flugzeug stehen, die Rollfelder von Drahtverhau und Miradorketten eingezäunt zu sehen, daß die Nonchalance des tunesischen Personals, die Stille des Abends verwirrten. Der Frieden kam wie ein Schock.

Dennoch war hier seit meinem letzten Besuch im Herbst 1953 eine entscheidende Veränderung vor sich gegangen. Noch unter dem Eindruck des militärischen Debakels von Dien Bien Phu stehend, hatte der Regierungschef Mendès France kurz vor dem eigenen Sturz dem Protektorat Tunesien die Unabhängigkeit gewährt. Damit wurden dem unermüdlichen, aber moderaten Kämpfer für die nationale Emanzipation, Habib Bourguiba, der sich vom Volk als »Mujahid el-akbar«, als größter Streiter im Heiligen Krieg verehren ließ, alle politischen Vollmachten übertragen.

Jetzt schmiegten sich die Schnörkel der arabischen Schrift neben jede französischsprachige Reklame. Auf den Caféterrassen der Innenstadt, vor den italienischen Pizzerien, saßen überwiegend tunesische Gäste. In dem maltesischen Restaurant, wo unter trostloser Neonbeleuchtung die bescheidenen europäischen Familien schweigend ihre Ravioli aßen, drang aus dem Nebenzimmer lautes arabisches Rufen. Dann sangen die tunesischen Studenten, und durch das Speiselokal hallte ein zügiger Rhythmus, der an den libanesischen »Dabke« erinnerte.

Von Zeit zu Zeit sahen sich die jungen Europäer wortlos und vielsagend an. Die Süditaliener, die in Tunis besonders zahlreich waren, paßten sich wohl am geschmeidigsten an. Auf den Eisenstühlen der Avenue Bourguiba saßen sie bei Einbruch der Nacht wie auf dem Corso von Catania, Palermo oder Tarent: Schwerfällige Matronen in schwarzen Kleidern waren darunter und rehäugige, pummelige Mädchen mit weiten Röcken. Etwas deklassiert wirkten die Europäer hier schon, die in den Hotels Pförtnerdienste versahen oder vor den Postschaltern schwitzend Schlange standen.

Bevor ich durch ein mittelalterliches Stadttor die engen Straßen der Medina, der alten Araberstadt, betrat, blieb ich verdutzt unter zwei blauen Straßenschildern stehen. Da hieß der größte repräsentative Platz der tunesischen Hauptstadt weiterhin »Place de France«, und an ihm entlang lief die »Rue du Général de Gaulle«. Die Tunesier sind ein liebenswürdiges Volk, und die Unabhängigkeit war ihnen nicht zu Kopf gestiegen. Selbst die polemischen Inschriften zur staatlich angeordneten Sauberkeitskampagne: »Befreit euch vom Schmutz, wie ihr euch vom Kolonialismus befreit habt!«, waren nicht ganz so böse gemeint.

Zum erstenmal seit meiner Ankunft in Nordafrika betrat ich eine Medina ohne die geringste Beklemmung und ohne böse Vorahnung. Wie unendlich weit erschien mir die erstickende Kasbah von Algier. Im Vorbeigehen fiel mir auf, daß über den meisten Buden und maurischen Cafés neben dem Bild des Staatspräsidenten Bourguiba und den roten tunesischen Fähnchen auch regelmäßig der grün-weiße Wimpel der algerischen Befreiungsfront mit dem roten Halbmond flatterte und daß aus den Lautsprechern die feierlich beschwörende Stimme des Radiokommentators von Kairo tönte.

Sehr imposant war das Hauptquartier der algerischen Aufstandsbewegung nicht. Man brauchte eine Weile, bis man in der belebten, lärmenden Rue de Corse zwischen einem Bäckerladen und einem Limonadenverkäufer das anspruchslose Haus fand. Die Holztür trug weder Schild noch Namen. Ein tunesischer Polizist stand nebenan und musterte unauffällig die Besucher des stillen Hauses. Auf mein Klingeln öffnete ein junger Algerier, der mich argwöhnisch betrachtete. Als ich ihm meine Karte gab, sprach er mich auf Deutsch an. Er hatte in Deutschland gearbeitet. Aber in ein Gespräch ließ er sich nicht verwickeln.

Der Kontakt zu den Repräsentanten der Nationalen Befreiungsfront verlief leutselig, aber mit Distanz. Hinter der scheinbaren Ungezwungenheit lauerten Mißtrauen und trotziges Selbstbewußtsein. Die Propagandastellen, die mit erstaunlicher Begabung für großangelegte Public Relations die angereisten Journalisten aus aller Welt betreuten und beim überwiegend angelsächsischen und liberalen Pressekorps von Tunis – im professionellen Jargon »Maghreb-Circus« genannt – einen willigen Resonanzboden gefunden hatten, arbeiteten meisterhaft. Die schonungslose Wirklichkeit des algerischen Widerstandes wurde durch die Partisanenführer der algerischen Befreiungsarmee repräsentiert, und die waren verschlossen, aber rauh und leidenschaftlich. Bei den Befehlshabern der Aufständischen herrschten Mißmut und Enttäuschung.

Die militärischen Meldungen, die über die Grenze drangen, klangen nicht gut. Das Oberkommando der Befreiungsarmee hatte seine ehrgeizigen Pläne aufgeben müssen. Den teilweise in Bataillonstärke operierenden Partisanen der »Grenzarmee« war der Befehl gegeben worden, sich wieder in kleine Trupps, in Kataeb, aufzulösen und den individuellen Terror zu aktivieren. Die Franzosen hatten längs der Grenze elektrisch geladene Zäune und Minenfelder angelegt. Diese »Barrage«, die sogenannte Morice-Linie, erwies sich als mörderisches Hindernis für die Infiltranten. Sie sollte nach dem Sechs-Tage-Krieg des Jahres 1967 den Israeli als Modell dienen für die hermetische Abschirmung des besetzten palästinensischen Westjordanlandes gegen drohende arabische Eindringlinge. Mit einiger Sorge sah man in Tunis der großangekündigten französischen Offensive gegen die fünf Gebirgsbollwerke der Rebellen von den Nementschas bis zu den Höhen von Tlemcen entgegen.

Auf den Rat Bourguibas, sich mit den Franzosen an einen Tisch zu setzen, das übrige lasse sich dann schnell hinzugewinnen, Krieg sei gleichbedeutend mit List, reagierten die Kommandeure der algerischen Grenzarmee mit Verärgerung. Wer könnte auch innerhalb der Befreiungsfront die Verantwortung und vor allem die Autorität für eine erfolgverheißende Verhandlungsführung aufbringen? Etwa der alte Parteiroutinier Ferhat Abbas, der sich zwar anschickte, den offiziellen Vorsitz der ersten algerischen Exilregierung zu übernehmen, den die Militärs des FLN jedoch spöttisch den Befehlshaber der »Wilaya von Montreux« nannten, weil Abbas sich meist zu diplomatischen Kontakten in der Schweiz aufhielt?

Oder der joviale Anwalt Boumendjel, den man sichtlich ausgesucht hatte, um die ausländischen Journalisten verbindlich und freundlich zu unterhalten? Der unversöhnliche und zwielichtige Drahtzieher des Aufstandes in der Kabylei, Abane Ramdane, war bei seinem letzten Besuch im Kampfgebiet im Auftrag seiner eigenen Führungsgefährten und Rivalen umgebracht worden.

Der große Mann der Rebellion, der beim Volk über Beliebtheit und Prestige verfügte, Ahmed Ben Bella, war im Oktober 1956 an Bord eines marokkanischen Flugzeuges vom französischen Geheimdienst SDECE gekidnappt worden und befand sich seitdem – unter relativ komfortablen Bedingungen – in französischer Haft. Auf das Gesuch eines liberalen Politikers der Metropole, diesen »Zaim« freizulassen, der als ehemaliger Feldwebel der Armée française in Italien wegen seiner Bravour hoch dekoriert worden war, hatte der »Général« nur geantwortet, man solle dem Gefangenen lehrreiche Lektüre besorgen, damit er etwas für seine Bildung tun könne.

Wer war wirklich verantwortlich in diesem Führungskollektiv, dessen interne Feindschaften – nicht nur zwischen Kabylen und Arabern oder zwischen Politikern und Militärs – aufreibend und mörderisch waren wie in jeder Sammeldirektion und wie in jeder von außen gesteuerten Widerstandsbewegung? Aus der Sicht des meeroffenen Tunis mit seinen geschmeidigen Menschen wirkte der Aufstand der algerischen Hinterwäldler und Berber, die vom Raffinement des arabischen Orients kaum einen Hauch verspürten, dafür aber auf den Arbeitsplätzen in Frankreich den Dampf marxistischer Ideologie eingesogen hatten, wie ein maghrebinischer »Bundschuh« oder ein Sturm entfesselter Derwische.

Oberst Krim Belkassem galt zu jener Stunde als das Haupt des militärischen Flügels. Er hatte als Gefreiter bei den Franzosen gedient, bevor er die Gesetzlosigkeit wählte. Krim Belkassem, der gedrungene Mann mit dem düsteren Gesicht und dem sardonischen Lachen, gab in jenen Tagen einem ahnungslosen amerikanischen Reporter ein langes und sachliches Interview. Aber am Ende ging die makabre Dramatik des Kabylen, seine Freude am wilden Spiel mit ihm durch: »Haben Sie schon einmal einen Menschen mit bloßen Händen umgebracht?« fragte er den verblüfften Amerikaner. Nach der Unabhängigkeit seines Vaterlandes sollte Krim Belkassem von den gedungenen Schergen einer ihm feindlichen Fraktion des FLN in einem Frankfurter Hotel ermordet werden.

## Treibjagd auf Fellaghas

Das war kein Krieg mehr, das war eine Großwildjagd. Das Wild, das hier gejagt wurde, hieß Mensch, »fellouz«, wie die Soldaten jetzt statt Fellagha sagten. Es war im Sommer 1959. Mit dem Jeep fuhren wir durch den Akfadu-Wald in der Kabylei, ein undurchdringliches Dickicht aus Korkeichen und Macchia. In diesem Gelände hatte der Partisanenführer Amirouche sein Hauptquartier aufgeschlagen. Hier befand sich das Lebenszentrum des Aufstandes, das Herz der Rebellion, die Wilaya III. Die große Zeit der Befreiungsfront war in diesem Abschnitt vorbei. Der Jeep schwankte wie ein Schiff auf der Fährte, die Bulldozer erst vor zwei Tagen aufgebrochen hatten.

Der Hauptmann der Paras auf dem Vordersitz hielt den Karabiner schußbereit. Weniger wegen der Heckenschützen, die hier und da aus den Korkeichen feuern könnten, als wegen des Wildschweinbratens, den er für die Verpflegung der Truppe zum Lagerplatz bringen wollte. Hüfthohe Affen lebten im Akfadu-Wald, sprangen beim Nahen des Autos erschrocken aus den Baumkronen. Schakale huschten über die Lichtung. Der Capitaine hatte aus dem fahrenden Jeep geschossen. Der tote Schakal war fett und wohlgenährt.

Es hatte nicht an Leichen gefehlt im Akfadu-Wald. Hier war es unter den Fraktionen des FLN zu blutigen Säuberungsaktionen gekommen. Neuerdings forderte das »Unternehmen Jumelles«, das die Franzosen seit einem Monat gegen das Bollwerk des Aufstandes führten, schwere Opfer bei den Partisanen. Zwei Stunden waren wir mit einem Zug Fremdenlegionäre durch die Dornen und Sträucher auf Pirsch gegangen. Wir hatten keine Fellaghas entdeckt. Die Spuren ihrer Maultiere waren noch zu sehen. In der Ferne hörten wir einmal die Feuerstöße eines leichten Maschinengewehrs. Vielleicht lagen sie unmittelbar neben uns im Dickicht oder in einer Felshöhle.

Die Legionäre trugen grüne Bérets und Tarnjacken. Wir kamen am ehemaligen Befehlsstand der Wilaya III vorbei, einer Höhle im Waldboden, mit Zweigen und Wellblech zugedeckt. Aber der Stab war längst über alle Berge. Am Himmel kreiste ein knallrot gestrichenes Aufklärungsflugzeug. »Da schau mal, Richthofen persönlich«, sagte eine Stimme neben mir auf Deutsch. Während einer Marschphase hatte ich mich zu den Legionären gesetzt. Die Zahl der Freiwilligen aus der Bundesrepublik ging langsam zurück. Trotzdem machten die Deutschen noch rund siebzig Prozent der Mannschaftsbestände aus. Warum sie gekommen waren? Aus Abenteuerlust die einen, wegen zerrütteter Familienverhältnisse die anderen – Alimente spielten eine große Rolle –, manche auch, weil sie zu Hause etwas ausgefressen hatten. Der Krieg war für sie ein Handwerk, das sie vorzüglich beherrschten.

Die Franzosen waren dabei, den Algerienkrieg zu gewinnen. Vor vierzehn Tagen war ich von Marokko über die Grenzstadt Oujda mit dem Zug nach Oran gerollt. Im Scherifischen Königreich trat die algerische Grenzarmee diskreter auf als in Tunesien. Etwa dreitausend Soldaten dieser Truppe dürften zwischen Oujda und Figuig auf ihre Stunde warten. Aber auch im Westen bildeten die französischen Grenzsperren und elektrifizierten Warnsysteme ein fast unüberwindliches Hindernis für die Infiltranten.

Ein grauhaariger Oberst berichtete über die Fortschritte der Pazifizierung. Natürlich sei es schwer, einen Partisanenkrieg gegen eine Aufstandsorganisation zu gewinnen, die im Osten und im Westen, in Tunesien und in Marokko über unverletzliche rückwärtige Basen, über sogenannte »Sanctuaires«, verfügte. »Wir werden es trotzdem schaffen«, meinte der Colonel. »Wir sind dabei, den Fellaghas der Großen und Kleinen Kabylei gründlich das Handwerk zu legen. Im Quarsenis ist weitgehend Ruhe eingekehrt, und in den Nementscha-Bergen rührt sich nicht mehr viel. Bleibt noch der Aurès, aber dort hat es noch nie Frieden gegeben. Wenn Sie mich fragen, so schätze ich die Feuerkraft des FLN in Algerien selbst auf sechstausend Gewehre, und die meisten von ihnen sind tagsüber vergraben.«

Der Oberst war kein Schwadroneur. Ich war zwischen Oran und Algier durch eine weitgehend friedliche Landschaft gefahren, aus der die Spannung der zwei ersten Kriegsjahre gewichen war. Sogar die Kasbah von Algier hatte ich allein durchstreift. Die Widerstandsparolen der Befreiungsfront waren von den Mauern verschwunden. Stattdessen wurde für die Algérie Française mit allen Mitteln Stimmung gemacht. Die französischen Offiziere der »Sections Administratives Urbaines«, die sich um guten Kontakt zu den Algeriern bemühten, versuchten unter großer Gefahr und oft mit geradezu missionarischer Aufopferung, die Lebensbedingungen in den ihnen anvertrauten Meschtas zu bessern, den Schulunterricht zu organisieren und für sanitäre Betreuung zu sorgen. Sie gaben sich tatsächlich der Illusion hin, sie könnten das Vertrauen und die Loyalität der Einheimischen gewinnen.

Das Befriedungskonzept, das fünfzig Jahre später im Afghanistankrieg der Amerikaner von US-General McChrystal als »to win hearts and minds – Gemüt und Herz der Bevölkerung gewinnen« – ausgegeben wurde, entbehrte also jeder Originalität. Von den skeptischen Paras wurden diese humanitär engagierten Kameraden als Boy Scouts belächelt, aber deren Zuversicht war nicht zu erschüttern. Sie hatten über den flachen Dächern der Ortschaften Lautsprecher anbringen lassen, aus denen ohne Unterlaß Propagandaparolen und französische Marschmusik klangen. Mochte auch mal ein Zug entgleisen, ein Dutzend Telefonmasten gefällt werden oder eine Bombe hochgehen, im Ganzen gesehen konnte die Armee mit ihren Erfolgen zufrieden sein.

Wir saßen mit General Faure, dem Oberbefehlshaber für die Kabylei, und seinem Stab am Campingtisch unter einem geräumigen Zelt. Schon beim Aperitif ereiferte sich ein Hauptmann über die Ungewißheit der Pariser Direktiven. »De Gaulle hat uns den Auftrag erteilt, der Rebellion das Rückgrat zu brechen, und das haben wir geschafft. Aber ein klares politisches Konzept hat er uns nicht übermittelt. Manche fürchten, daß wir am Ende doch wieder zu einem Verzicht gezwungen werden sollen.« Der Capitaine stieß auf schweigende und trotzige Zustimmung.

Von de Gaulle wurde folgende, ernüchternde Anekdote berichtet. Der Général war bei einer Inspektion im Oranais auf einen allzu eifrigen jungen Offizier gestoßen, der die zerlumpten Muslime seines Bezirks zusammentrieb und »Vive l'Algérie française« schreien ließ. Dann trat er vor den mißmutigen Gründer der Fünften Republik und meldete: »Mon Général, was Sie hier sehen, diese Männer, die Ihnen zurufen, sind vollwertige Franzosen – des Français à part entière.« De Gaulle hatte den Eiferer wie abwesend gemustert und dann schneidend gesagt: »Ziehen Sie Ihre Schützlinge erst einmal anständig an – habillez-les d'abord.« Dann hatte er der Veranstaltung grußlos den Rücken gekehrt.

Immer wieder drehte sich das Gespräch um das Schlagwort »Integration«. Ob diese Offiziere, die in Nordafrika eine Art militäri-

schen Ordensstaat errichten wollten wie ihre Vorfahren, die Kreuz-
fahrer in der Levante, tatsächlich an diese These der Verschmelzung
glaubten oder sie auch nur wünschten? Ich wandte ein, daß – unter Berücksichtigung der hohen Geburtenrate bei den Nordafri-
kanern – die konsequente Durchführung der Integration zu einer
fatalen ethnischen Verschiebung führen müsse, daß in knapp dreißig Jahren auf drei Franzosen ein Algerier komme und daß Frankreich binnen einer Generation aufhören würde, eine europäische
und westliche Nation zu sein.

»Ich kenne Ihre Argumente«, entgegnete ein Major. »Aus dem
Élysée-Palast wird häufig kolportiert, die Schlacht von Poitiers gegen die Sarazenen sei von Karl Martell vergebens gewonnen worden, wenn man den Anhängern der Algérie Française nachgäbe.
Aber wir können doch nicht ewig kapitulieren. Wir können doch
die Algier-Franzosen und die Zehntausende von Harki, die freiwillig auf unserer Seite fechten, den Fellaghas nicht ans Messer lie-
fern.«

Am frühen Nachmittag waren wir wieder auf Patrouille, auf
Pirsch gegangen. Im nahen Wadi bellten plötzlich Maschinengewehre. Vier Partisanen mit zwei Maultieren waren gesichtet worden. Die Aufständischen trugen Drillichjacken, Blue Jeans und
grüne Schirmmützen. Durch die ersten Feuerstöße waren vierzig
andere Aufständische, die hinter den Felsen im Anschlag lagen,
aufgescheucht worden.

Französische Alpenjäger, pausbäckige Jungen des letzten Rekru-
tierungsjahrgangs, stürzten auf den Steilhang zu. Das waren nicht
mehr die militärischen Existentialisten des Indochinafeldzuges,
die im Dschungel von Annam »einen Flecken Erde ohne Asphalt«
suchten. Es waren die braven Söhne von Kleinbauern und links-
gerichteten Arbeitern, die unter der nordafrikanischen Sonne un-
versehens ihren patriotischen Instinkt entdeckten.

Die Freischärler versuchten, sich zwischen den Oleanderbüschen
in Trupps von vier und fünf Mann aufzulösen. Aber der Tag war
zu hell. Die Hubschrauber hatten den Weg zum Kamm versperrt.

Die meisten Algerier brachen im Feuer zusammen. Nur eine kleine Gruppe entkam. Auch die Franzosen hatten Verluste, vier Verwundete und zwei Tote. Die Verwundeten wurden am nächsten Morgen im Tagesbericht von Algier erwähnt. Die beiden Toten wurden verschwiegen.

Über dem Dorf Tifrit wehte die Trikolore. Tifrit war den Franzosen selbst in den schweren Jahren 1956 und 1957 treu geblieben. Das war kein Zufall. Hier lebte die zahlreiche Sippe und Klientel des Baschaga Boutaleb, dessen Vorfahre sich schon 1860 als erster auf die Seite der anrückenden französischen Truppen schlug. Der Baschaga, der als »Kaid« in den umliegenden Dörfern über herrische Autorität gebot und wenig beliebt war, wurde denn auch eines der ersten Opfer des Aufstandes. Er wurde von den Partisanen erschossen, ein Teil seiner Familie verschleppt. Erst die Ankunft einer französischen Kompanie rettete die Sippe vor der Ausrottung.

»Diese Rebellen sind keine wahren Muslime«, sagte ein überlebender Patriarch der Familie, ein Greis, der als einziger den Burnus trug. »Sie haben das Grab des Großen Marabu Mohammed Ben Malik, Stammvater unserer Sippe, der vor rund siebenhundert Jahren in der benachbarten Höhle lebte und Wunder wirkte, geschändet. Sie haben unsere Zawiya, unsere religiöse Bruderschaft, zerstreut. Wir sind das letzte fromme und gottesfürchtige Dorf im ganzen Umkreis.«

Das Grab des Heiligen war mit grellen Tüchern zugedeckt. Die grünen und roten Fahnen waren aufgerichtet. Aber die Koranschule war leer. Es war gar nicht so widerspruchsvoll, daß ausgerechnet dieses profranzösische Dorf des Baschaga Butaleb als letzte Ortschaft der Kabylei der Derwischtradition des nordafrikanischen Islam treu geblieben war. Die nationale Revolution der Befreiungsfront war zutiefst islamisch inspiriert. Sie richtete sich jedoch gegen die Vorrechte der Marabu-Familien, gegen die Bruderschaften, Tariqa oder Zawiya, gegen die abergläubischen Bräuche der Sufi, die damit verbunden waren.

Soweit die Revolutionäre des FLN sich auf eine religiöse Motivation beriefen, wollten sie die Lehre des Propheten in ihrer koranischen Reinheit wiederherstellen und von jenen schmarotzerhaften Bruderschaften, jenen Pseudomystikern säubern, die allerorts, auch in Marokko, mit den europäischen Behörden kollaboriert hatten. Ein halbes Jahrhundert später würde man diese rigorosen Eiferer des Islam als »Salafisten« bezeichnen.

Der bärtige Greis von Tifrit hatte sich an seine Landsleute gewandt: »Schart euch um das mächtige Frankreich, um euren Vater de Gaulle!« Doch plötzlich wurde alles hintergründig und fremd. Der Marabu beendete seinen Appell auf Arabisch mit einem Vers des Koran: »Oh, ihr Gläubigen! Satan hatte ihre Taten vor ihren eigenen Augen veredelt. Er hatte gesagt: ›Heute wird kein Mensch euch überwinden, denn in Wahrheit stehe ich euch bei. – Aber als beide Heere sich gegenüberstanden, wandte er sich von beiden ab und sagte: ›Wahrlich, ich habe keinen Anteil an euch. Ich sehe, was ihr nicht seht.‹ – Wahrlich, so spricht der Prophet, ich fürchte Allah, denn das Strafgericht Allahs ist unerbittlich ...«

Als der Abend über die Kabylei hereinbrach, konnte man sich in der Haute Provence wähnen, wäre nicht der schwefelgelbe Schein am Himmel gewesen. Diese karge Gegend war überaus dicht bevölkert. Bei Nacht leuchteten die Dörfer ebenso zahlreich im Gebirge wie auf den Hängen des Libanon. An den dunklen Flecken in den Wadis konnte man jene Ortschaften erkennen, die im Zuge französischer Vergeltungs- oder Sicherungsmaßnahmen ausgesiedelt oder total gesprengt worden waren. Bei Tage boten sie einen gespenstischen Anblick mit ihren offenen Steinwänden und verödeten Gassen.

\*

Ein fahler Morgen brach an. Wir erreichten den Akfadu-Paß. Die Paras mit den bizarren Schirmmützen, die angeblich den Kopfbedeckungen der japanischen Soldaten des Tenno gleichen, waren schwer bepackt. Der Gefreite, der den Granatwerfer schleppte, strauchelte unter dem Gewicht, bückte sich, als wollte er sich erbrechen, biß dann mit gelbem Gesicht die Zähne zusammen. Auf den Steilhängen bohrten sich die Dornen des Unterholzes tief unter die Haut. Hundert Meter vor uns hatte ein aufklärender »Voltigeur« eine Gruppe Fellaghas aufgescheucht. Er schoß hinter ihnen her. Aber die Partisanen waren wie Eber durch das Gestrüpp geprescht – mitten in den Kessel hinein. Denn die Höhen waren auch auf der Ostseite besetzt, und im Süden nahte wie ein Schwarm bösartiger Hornissen das Geschwader der »Fliegenden Bananen«, der schwerbäuchigen Transporthubschrauber des modernen Kommandokrieges. An der Felswand jenseits des Wadis, dort, wo die Ruinen des Dorfes Sidi-el-Hadj begannen, wurde durch Rauchsignal der Landeplatz angedeutet. In rascher Reihenfolge kreisten die Helikopter, stellten sich steil auf wie Seepferdchen, bevor die eine Kufe den Boden berührte und die Einsatztruppe heraussprang. Sie torkelten dann wieder nach Süden ab.

Der Ring war geschlossen. Die Treibjagd begann. Rund achtzig Fellaghas mußten in diesem Talkessel stecken. Dreitausend schwerbewaffnete französische Soldaten, zwanzig Sikorsky-Hubschrauber, Aufklärungs- und Jagdflieger, sogar eine Batterie Gebirgsartillerie waren aufgeboten, um ihnen den Garaus zu machen. Als Erste hatten die Fremdenlegionäre Feindberührung. Mit den bloßen Augen sahen wir sie den Steilhang hinabstürmen. Über das Sendegerät meldeten sie fünf tote Gegner. Wer jetzt bei den Partisanen nicht im Waldloch lag, in absolut sicherer Tarnung, der würde den Tag kaum überleben.

An einer Meschta, auf halbem Weg zum Wadi, kam es zum Gefecht. Drei Fallschirmjäger wurden verwundet, und die Aufständischen feuerten aus einer bunkerähnlichen Steinhütte. Da sprang ein Para aufs Dach, riß das Wellblech auseinander, warf eine Granate hinein und ließ sich seitlich abrollen. Die sechs toten Algerier in der Hütte hatten nur alte Flinten, Revolver und Jagdgewehre mit sich geführt. Man hätte sie für harmlose Wilderer halten können, wenn nicht die Fotos in ihren Taschen gewesen wären. Da sah man sie mit kriegerischer Miene inmitten einer Katiba von vierzig

Mann. Auf dem Bild hielten sie funkelnagelneue Karabiner und ein leichtes Maschinengewehr in der Hand. Vermutlich hatten sie diese modernen Waffen irgendwo im Gestrüpp, in einem unauffindbaren Versteck auf höheren Befehl vergraben. Ihre Ersatzleute würden sie finden. Der Krieg stirbt nicht aus.

In jede Höhle wurden Granaten geworfen. Die Macchia wurde durchkämmt. Trotzdem waren nur vierzig der achtzig gemeldeten Fellaghas gefallen, man möchte sagen, zur Strecke gebracht, so ungleich war der Kampf. Die französischen Soldaten würden die bitterkalte Nacht im Freien verbringen. Naßkalter Nebel zog auf.

Über den Felsbrocken des Djurdjura-Gebirges lag der letzte rote Streifen des Tages. Tief unten im breiten Geröllbett quälte sich der wasserarme Summam-Fluß. Hier hatte im Sommer 1956 der erste große politische Kongreß der Befreiungsfront getagt, und hier würde demnächst die Pipeline verlaufen, durch die das Erdöl der Sahara zum Mittelmeer gepumpt werden sollte. Ein blonder, schmächtiger Leutnant aus der Touraine hatte ein grün-weißes Abzeichen aus der Tasche geholt. Er hatte es am Nachmittag auf der Bluse des algerischen Anführers entdeckt. Ob ich das lesen könne, fragte er. Auf dem grün-weißen Tuchfetzen mit dem roten Halbmond der Mudjahidin waren arabische Schriftzeichen gestickt: »Armee der nationalen Befreiung«, entzifferte ich, und darüber einen Spruch des Korans: »Allahu ma'a es sabirin – Allah ist mit den Standhaften.«


## Die »blaue Nacht«


In der Nacht zum 5. März 1962 wurde Algier durch eine schier unaufhörliche Folge von Explosionen erschüttert. Ich war wie die meisten Journalisten im Hotel Aletti abgestiegen. Gemeinsam mit August Graf von Kageneck blickte ich in die Nacht, die »nuit bleue«, wie sie später in der französischen Presse bezeichnet wurde. Hundertsiebzehn Bomben gingen in dieser »blauen Nacht« hoch,

die meisten kurz vor Morgengrauen. Die Sirenen der Kranken-
wagen heulten. In mehreren Vierteln wurde geschossen. Die OAS,
die »Organisation de l'Armée Secrète«, in der sich meuternde Militärs und verzweifelte Pieds-noirs zusammengefunden hatten, protestierte noch einmal mit allen Mitteln der Einschüchterung und
des Terrors gegen die »Preisgabe« Algeriens durch das Mutterland.

»Opération Rock 'n' Roll« war der Codename, unter dem diese
Sprengstoffaktion gestartet wurde. Dahinter standen jene »soldats
perdus«, wie de Gaulle sie nannte, jene »verlorenen Soldaten«, die
der Armee den Rücken gekehrt hatten, die ihrem Oberbefehlshaber
den Gehorsam verweigerten, die mit Gewalt versuchten, »la grande
Zohra« umzubringen. Der Generalsputsch vom April 1961 wirkte
in schrecklicher Weise fort.

De Gaulle war damals im Fernsehen aufgetreten, und das hatte
den Ausschlag gegeben. Der alte Magier hatte sich in seiner schlichten Uniform an seine Landsleute gewandt. Er machte Front gegen
den »Quarteron de généraux« von Algier und beschwor seine Zuhörer mit dem pathetischen Ruf: »Françaises, Français, aidez-moi –
Französinnen und Franzosen, helft mir!« Die Verschwörer mußten
binnen vierundzwanzig Stunden begreifen, daß die vorherrschende
Meinung im Mutterland sich selbst mit der Loslösung Algeriens,
die de Gaulle vorschlug, abgefunden hatte. Die Komplotteure hatten nicht einkalkuliert, daß die Nordafrika-Armee, die sich mehrheitlich aus Reserveoffizieren und Wehrpflichtigen zusammensetzte, die nach Hause wollten, keinerlei Neigung verspürte, in das
Abenteuer eines Bürgerkrieges zu schlittern.

Das letzte Carré der aufsässigen Generale, das 1. Fallschirmregi-
ment der Fremdenlegion, ließ sich in seiner Garnison von Zéralda
durch die »Gendarmes mobiles« entwaffnen. Das 1. REP wurde
aufgelöst. Die Offiziere dieses Regiments, soweit sie nicht rechtzeitig zu den Putschisten und der OAS in den Untergrund gegangen waren, stimmten nach ihrem Fehlschlag voll Trotz und Trauer
das Lied von Édith Piaf an: »Non, je ne regrette rien ... Nein, ich
bereue nichts ... Mit meinen Erinnerungen habe ich ein Feuer an-

gezündet… Je me fous du passé… Ich pfeife auf die Vergangenheit…«

Seitdem ging in Algier »Fantômas« um, jene unfaßbare Gruselgestalt aus einer französischen Kriminalserie, die mit gespenstischer Lust Mord und Schrecken verbreitete. Jeden Tag wurden Muslime auf offener Straße niedergeschossen. Aber auch jene Offiziere, die treu zu de Gaulle standen, waren aufs Äußerste bedroht. Die algerische Befreiungsfront hatte sich ihrerseits die an Anarchie grenzende Verwirrung ihrer Gegner zunutze gemacht. Die Kasbah war längst der Kontrolle der französischen Ordnungskräfte entglitten. Die Paras waren abgezogen. Die FLN-Führer hatten die grünweiße Fahne der Revolution mit rotem Halbmond und Stern über den flachen Terrassen der Altstadt gehißt, und wehe dem Europäer, der sich in Sichtweite der algerischen Scharfschützen wagte.

Schon am späten Nachmittag leerten sich die Straßen, und sehr bald gewöhnte ich mir an – wie alle anderen Bewohner Algiers –, beim Gehen stets hinter mich zu spähen. Die bewährte Taktik, wenn in einer einsamen Gegend ein anderer Passant einem folgte, bestand darin, den Schritt zu verlangsamen, um ihn vorgehen zu lassen. Sobald der Unbekannte überholt hatte, schielte er seinerseits nach hinten und versuchte, das Manöver im umgekehrten Sinne nachzuvollziehen. Es gingen schlimme Gerüchte um. Um den totalen Zerfall der Staatsgewalt zu verhindern, waren aus Frankreich Antiterrorgruppen eingeflogen worden, sogenannte »Barbouzes«, die unter den Attentätern der OAS aufräumten und denen grausame Foltermethoden nachgesagt wurden.

Auf der arabischen Seite übten die Kommissare des FLN unerbittliche Vergeltung an jenen Landsleuten, die der Zusammenarbeit mit den Franzosen verdächtig waren. Während die wohlhabenden Algier-Franzosen ihre Familien längst über das Mittelmeer in das Mutterland verschickt hatten, bauten die »petits blancs« von Belcourt und von Bab-el-Oued ihre verschlampten Arkadenhäuser und baufälligen Mietskasernen zu Festungen aus, bereiteten sich mit einem selbstmörderischen Mut, den ihnen keiner zugetraut hatte, auf den Untergang vor. Wie hatte doch sogar Albert Camus, der liberale Schriftsteller des humanistischen Existentialismus, ein Sohn bescheidener Algier-Franzosen, geschrieben: »Wenn ich die Wahl habe zwischen meiner Mutter und der Gerechtigkeit, dann hat meine Mutter den Vorrang.« Zwischen Algier und Oran war die »Pest« ausgebrochen.

Am 1. Juli 1962 ging die Präsenz Frankreichs in Nordafrika offiziell zu Ende. Mehr als eine Million Algier-Franzosen flüchteten überstürzt und unter Zurücklassung aller Habe auf die Schiffe nach Marseille und kehrten in ein Mutterland zurück, das viele von ihnen niemals betreten hatten. Während des Krieges hatten die französischen Streitkräfte 25 614 Gefallene beklagt. 2788 europäische Siedler waren zwischen 1954 und 1962 umgebracht worden. Die Zahl der toten Algerier konnte nicht annähernd ermittelt werden: Die Schätzungen bewegten sich zwischen einer halben und einer Million.

## Friede über den Gräbern

Im Jahr 1954 hatte der damalige Innenminister der Vierten Republik, François Mitterrand, im Palais Bourbon feierlich verkündet: »Algerien ist Frankreich – l'Algérie, c'est la France.« Siebenundzwanzig Jahre später reiste Mitterrand, der erste sozialistische Präsident der Fünften Republik, zum Staatsbesuch nach Algier. Für mich war es ein seltsames Gefühl, Mitterrand genau an jener Straßenkreuzung – im offenen Wagen neben dem algerischen Präsidenten stehend – in Richtung Sommerpalast abbiegen zu sehen, wo de Gaulle im Sommer 1958 den ersten Schmähungen durch die Algier-Franzosen ausgesetzt gewesen war.

Am Rande des offiziellen Staatsempfangs im Palais d'Été war ich plötzlich meinem alten Arabischlehrer und Mentor Jacques Berque begegnet. Berque, obwohl selber in Algerien geboren, hatte zu jener Gruppe französischer Linksintellektueller gehört, die sich der Repressionspolitik der Vierten Republik im Maghreb widersetzt hatten. Ich fragte meinen ehemaligen Mentor nach seinen jüngsten Erfahrungen mit der islamischen Soziologie. Er hatte seinerzeit die These vertreten, erst die Säkularisierung, die Loslösung der Politik von der alles beherrschenden koranischen Botschaft, könne der islamischen Welt die längst fällige, unentbehrliche Modernisierung bescheren. Jacques Berque, dem die inzwischen verflossenen Jahrzehnte kaum anzumerken waren, war ein Mann der Wissenschaft, der sich neuen Realitäten nicht verschloß. Er lächelte etwas hintergründig: »Früher habe ich versucht, die Muslime von den Vorzügen der Laizität zu überzeugen, ihnen die Notwendigkeit der Trennung von Religion und Staat nahezubringen. Heute bin ich zwangsläufig zu einem Verkünder des Islam bei jenen marxistisch beeinflußten Ideologen des Westens geworden, die durch den materialistischen Fortschritt oder die Rationalität geblendet sind. Ich mag Ihnen widersprüchlich erscheinen, aber glauben Sie mir: Alles steht im Koran.« Wenige Jahre später sollte der hochbetagte Jacques Berque zum Islam konvertieren.

Auf dem Europäerfriedhof von Saint-Eugène wollte der Patriot Mitterrand den aus Nordafrika vertriebenen Landsleuten eine letzte Huldigung erweisen. Das Viertel Saint-Eugène war seit der Unabhängigkeit umgetauft worden und hieß nun Bologhine. Auf den Steinen und Grüften waren sehr mediterrane Namen zu lesen: Martínez, Bossa, Palermo und viele andere.

Vielleicht war dies die ergreifendste Stunde des Staatsbesuchs. Zwei Mädchen mit roten Rosen erwarteten den Präsidenten vor dem zentralen Gedenkstein. Ein paar katholische Geistliche waren ebenfalls zugegen. Mitterrand, gefolgt von seinen engsten Mitarbeitern und einigen Luftwaffenoffizieren, legte den Kranz mit der blau-weiß-roten Schärpe nieder. Er hatte sichtlich Mühe, das schmerzende Rückgrat zu beugen. Dann verharrte er schweigend vor diesen makabren Überresten imperialer französischer Präsenz jenseits des Mittelmeeres. Sein blasses Gesicht glich einen Moment lang dem Profil eines römischen Imperators.

Die schwarze Wagenkolonne Mitterrands ließ wie ein Begräbniszug den Friedhof von Saint-Eugène unter dem Sirenengeheul der Motorradeskorte hinter sich. Ich schaute auf den Totenacker und das smaragdgrüne Meer. Am Portal von Saint-Eugène hatte ich eine lateinische Inschrift entziffert: »Hodie mihi, cras tibi ... aequo pulsat pede – Mit gleichgültigem Fuß stößt der Tod ... heute mich, morgen dich.«

# »Adieu à la gloire«

Ich bin immer wieder gefragt worden, welche der großen Persönlichkeiten, denen ich in meinem Leben begegnet bin, mich am
tiefsten beeindruckt hat. Die Antwort lautete stets: Charles de
Gaulle. Ich neige nicht zur Heldenverehrung und war mir der eigenen Exaltation dieses ungewöhnlichen Mannes stets bewußt.

Wenn gewisse Politiker sich heute »gaullistisch« aufspielen, sollte
man ihnen den Satz André Malraux', eines der wenigen Vertrauten
des Generals, entgegenhalten: »Le Gaullisme sans de Gaulle, c'est
idiot – Gaullismus ohne de Gaulle macht keinen Sinn.«

Meinen Erlebnisbericht über Frankreich will ich dennoch dieser ungewöhnlichen Erscheinung widmen, deren Namen ich zum
ersten Mal im Juni 1940 in einer Provinzzeitung in Fribourg entdeckte – als »Karl von Gallien« in einer aussichtslosen Situation das
besiegte Frankreich zum Widerstand aufrief. Der traurige Zustand,
in dem die Fünfte Republik sich heute befindet – man denke nur
an die Ohnmacht und Mediokrität des derzeitigen Staatschefs, an
die gefährliche Demagogie des Front National –, läßt die Vorstellungen des Genies von einst in nostalgischem Glanz erstrahlen.

*

Die Stunde meiner Frankreich-Berichterstattung hatte 1958, als
de Gaulle an die Macht kam, noch nicht geschlagen. In den folgenden fünf Jahren setzte ich meine weltweite Tätigkeit als Reisekorre-
spondent fort. Ich verfügte über spärliche Finanzierung, was mich
zwang, eine bescheidene Existenz in exotischer Umgebung zu füh-

ren. Neben der »Saarbrücker Zeitung« fand sich eine Reihe deutscher Blätter bereit, meine Artikel zu publizieren. Auch die Hörfunkstationen der ARD gehörten bald zu meinen Klienten.

In Erinnerung bleibt mir eine Reportage über die zentralasiatische Republik Usbekistan. Ich weitete sie zu zweiundzwanzig Artikeln aus. Mein französischer Paß und meine Berufsangabe »Orientalist« hatten mir in der sowjetischen Botschaft in Paris die extrem seltene Einreiseerlaubnis nach Taschkent und Samarkand verschafft. Dank meiner Studien im Libanon konnte ich Einblick in das Wesen des Islam dort nehmen. Ansonsten gehörten der Algerienkrieg und die Emanzipation Schwarzafrikas aus der Kolonialverwaltung hauptsächlich zu meiner Berichterstattung.

1962 faßten die Intendanten der ARD den Beschluß, das Fernsehen auszubauen – mit weltweiter Berichterstattung. In Paris sollte ein Studio eröffnet werden. Die Wahl fiel auf mich. Es gehörte einiger Wagemut dazu, dem ehemaligen Sprecher der autonomen Saarregierung, dem ehemaligen Soldaten im französischen Indochinakrieg und Bewunderer de Gaulles diese Schlüsselstellung anzuvertrauen. In Erwartung der Nominierung war ich in die damals französische Kolonie Tschad gereist. In der Wüste des Tibesti erkundete ich die feindseligen Konturen des dortigen Geländes und die Stammesstrukturen. Die Wüstenstämme der Tubu und Goran lebten mit vererbten Blutfehden, islamischer Sektiererei und angestautem räuberischem Nomadentrieb in stets angespanntem Argwohn nebeneinander. Diese Erfahrungen sollten mir später bei der Beurteilung der Sahelkonflikte zugute kommen.

Das ARD-Studio Paris wurde – noblesse oblige – auf den Champs-Élysées untergebracht. Ich habe mich dort sehr wohlgefühlt. Mit der damals noch rudimentären Technik der Television habe ich mich gar nicht erst befaßt, sondern die »intendance« dem zuverlässigen und sympathischen Team überlassen, das aus Köln an die Seine übergesiedelt war.

Ich wurde ins kalte Wasser gestoßen. Unsicherheit vor der Kamera blieb mir zum Glück erspart. Aber wie würde das Fernsehpublikum reagieren? Schon bei meiner Radioberichterstattung aus dem Kongo hatten ein paar Sender Anstoß an meiner nasalen Aussprache genommen, bis man erkannte, daß dies mein »Markenzeichen« geworden war. Obwohl ich nicht unbedingt wie ein deutscher Held aussah, wurde ich innerhalb von drei Monaten zum beliebtesten Korrespondenten des deutschen Fernsehens. Schon nach wenigen Wochen genoß ich einen erstaunlichen Grad an Bekanntheit. Der jeden Sonntag ausgestrahlte »Weltspiegel« bot mir die Chance einer regelmäßigen Bildschirmpräsenz. Die Leute meinten zwar, daß ich mit meinem Gaullismus ein bisschen spinne, aber sie achteten mich und gestanden mir eine gewisse Autorität zu. Wenn ich montags in einem Bistro auf den Champs-Élysées meinen Café au Lait mit Croissant zu mir nahm, haben mich stets deutsche Touristen erkannt, was bald lästig wurde. Diese Beliebtheit erlaubte es mir gegenüber dem Sender – wenn es galt, die eigenwillige Politik Charles de Gaulles zu interpretieren –, mich gegen den vorherrschenden Meinungstrend durchzusetzen. Ich versuchte, de Gaulles politische Ideen zu vermitteln, wenngleich sie in völligem Gegensatz zur öffentlichen Meinung in Deutschland standen. Aber es ging ja nicht darum, was die Deutschen über de Gaulle dachten, sondern darum, was de Gaulle vorhatte.

## Im Museum der Zeitgeschichte

Am 9. September 1965 war General de Gaulle der Frage nach seinen Wahlkampfplänen noch einmal ausgewichen. »In zwei Monaten werden Sie wissen, ob ich kandidiere«, hatte er listig geantwortet. Die Finte löste einen Sturm des Gelächters aus im überfüllten Festsaal des Élysée-Palastes. Dabei gab es nicht den geringsten Anlaß zur Heiterkeit. Die Tatsache, dass der General-Präsident drei Monate vor dem Termin zur Wahl des französischen Staatsoberhauptes seine Karten immer noch nicht aufdeckte, zeugte nicht gerade von hoher Achtung vor seinen Wählern. Das Katz-und-Maus-Spiel in der Kabinettspolitik und in der Diplomatie gehörte gewissermaßen zur »règle de jeu«, zur Spielregel. Aber auf eine Präsidentschaftswahl übertragen, die in Frankreich auch heute noch betont plebiszitäre Züge trägt, konnte diese Taktik leicht beleidigend wirken für das souveräne Volk.

Etwa eintausend Menschen waren unter dem vergoldeten Stuckwerk versammelt, Journalisten und Höflinge. So sehr sie sich auch sträubten, so kritisch die Kommentare sein mochten, sie waren alle schon wieder in den Bann dieses alten Mannes geraten, der gerade mit unsicheren Bewegungen hinter dem roten Vorhang hervorgetreten war und das Hochamt des Gaullismus zelebrierte, die sogenannte Pressekonferenz im Élysée-Palast. Jeder suchte in dem aschfahl gepuderten Gesicht nach den Spuren der schleichenden Krankheit, die angeblich an ihm nagte. Ich konnte keine wesentlichen Veränderungen an ihm feststellen seit der Südamerikareise des vergangenen Jahres. Schwere Tränensäcke hingen unter den kleinen Augen. Die ungestüme Nase beherrschte das Profil. Die Karikaturisten, die de Gaulle als Elefanten zeichneten, hatten einen sicheren Blick. Nicht nur politisch gesehen war er ein Lebewesen aus einer anderen Zeit, ein Saurier, wie ein britischer Diplomat bemerkte, und hinzufügte: »Hoffentlich lebt er keine vierhundert Jahre.«

Die Kurzsichtigkeit des Generals, die gelegentlich an Blindheit grenzte, ersparte ihm den Anblick der goldenen Schnörkel. Der General mochte den Élysée-Palast nicht. Er hätte viel lieber die Residenz des französischen Staatschefs nach Vincennes verlagert, in jenes Schloß im Osten von Paris, dessen Architektur einen Querschnitt durch die ganze französische Baukunst bietet. In Vincennes hatte schon Ludwig der Heilige unter einer Eiche Recht gesprochen. Stattdessen sah sich de Gaulle in diesen verspielten Käfig gesperrt, das frühere Lustschloß der Pompadour, einen Palast, in dem das Komplott geschmiedet wurde, das zur Errichtung des Zweiten Kaiserreichs führte. De Gaulle hingegen fühlte sich der imposanten Linie der Kapetinger verwandt.

Das Spähen von eintausend Menschen nach dem Gesundheitszustand eines alten Mannes, diese massive Indiskretion, sie hatte etwas Bedrückendes. Wenn de Gaulle auf Fragen horchte, bewegte sich sein Kopf in eigenartiger Zuckung, ein Tick, der mir schon in Südamerika aufgefallen war. Aber sobald er zu sprechen begann, war er beherrscht, souverän, so sicher wie eh und je. Der General lebte in der Zwangsvorstellung, er könne alt werden, ohne es zu merken. Er hatte das Beispiel des Marschalls Pétain vor Augen. »La vieillesse est un naufrage – das Alter ist ein Schiffbruch«, hatte er im Hinblick auf Pétain gesagt. Nun stand er selber auf ungewisser Kommandobrücke.

Wer würde dem König sagen, dass er nackt ist? Wer würde de Gaulle sagen, dass er alt geworden ist? Der General verließ sich auf einen Test. Solange sein phänomenales Gedächtnis funktionierte, waren seine geistigen Fähigkeiten intakt. Das war die Bedeutung dieser Pressekonferenz, die in Wirklichkeit eine lange Rezitation war, eine brillante Pflichtübung der Rhetorik. Eineinhalb Stunden lang frei zu sprechen, einen Text zu deklamieren, der auf Grund seines stilistischen Niveaus verdiente, in eine Anthologie der politischen Literatur Frankreichs aufgenommen zu werden – welcher Politiker Europas wäre außer de Gaulle dazu in der Lage?

Jedes Wort war auf seine Wirkung, seine Nuancen und seinen Doppelsinn geprüft. Die Journalisten lauerten auf jede Pause im Vortrag, und wenn sich herausstellte, dass ein gewisses Zaudern im Redefluß nicht die Folge von Gedächtnisschwäche war, sondern einer effektsicheren Absicht entsprach, waren sie enttäuscht. Es war ein grausames Spiel zwischen dem alten Mann auf dem Podium und der Meute auf den unbequemen goldenen Stühlen.

Das Orakel hatte sich an diesem Tag menschlich gegeben. De Gaulle war frei von der aggressiven Nervosität, die er 1963 zur Schau getragen hatte, als er den Engländern die Tür zum Gemeinsamen Europäischen Markt vor der Nase zugeschlagen hatte. Er verzichtete sogar auf die ätzende Schlagfertigkeit, mit der er noch unlängst über einen Journalisten von »L'Aurore« hergefallen war, als dieser sich nach seinem Gesundheitszustand erkundigt hatte: »Es geht mir nicht schlecht, aber seien Sie unbesorgt, eines Tages werde ich bestimmt sterben.«

Als ihn ein Korrespondent bei der Pressekonferenz provozierend und der eigenen Blasphemie wohlbewusst fragte, was der General von der Gerontokratie, der Herrschaft der Greise, in der Politik halte, huschte ein beinahe belustigtes Lächeln über den Elefantenrüssel. De Gaulle suchte in dieser Pressekonferenz nicht den Eklat. Mochte er auch das NATO-Bündnis praktisch aufkündigen, mochte er den Gemeinsamen Markt mit neuen und anmaßenden Forderungen belasten, die dessen Existenz in Frage stellten, mochte er den Werdegang der europäischen Einigung in geradezu skandalöser Verzerrung aufzeichnen und die historische Wahrheit misshandeln, er tat es mit sanfter, väterlicher Stimme, deren gelegentliche Brüchigkeit er auszukosten schien. Der schlaue alte Mann glaubte, daß das breite Volk, die Millionen kleiner Leute, die ihm ihre Stimme schenken sollten, durch diese Anfälligkeit gerührt würden. Was kümmerten ihn da die hämischen Glossen der Journalisten?

Die Minister saßen links zu seinen Füßen wie eine Schulklasse, in der ersten Reihe Georges Pompidou, eine undurchdringliche Maske unter buschigen Brauen, und André Malraux, von nervösen Zuckungen geplagt, den Blick auf den General gerichtet, als gälte es, einen kostbaren El Greco zu entschlüsseln. Wußten sie schon, ob de Gaulle Präsidentschaftskandidat sein würde?

Politische Prognosen waren das nicht mehr. Das war Hofklatsch. Aber symptomatisch waren diese »ragots«, dieses Geflüster, und das politische Gewicht, das ihm beigemessen wurde, für die Reibungslosigkeit, ja für die geheime Wonne, mit der ein Teil Frankreichs nach einigen Jahrzehnten wechselvoller Experimente mit der parlamentarischen Republik zurückgefunden hat zur Urform des französischen Staates, zur großen höfischen Tradition, zur Monarchie. Der Wahlmonarch Charles de Gaulle mit dem Profil eines Ludwigs XI., mit der Selbstherrlichkeit eines Sonnenkönigs und der hausväterlichen Bedächtigkeit eines Ludwigs XVIII. hatte Platz genommen am Ende der großen Ahnengalerie, die von Hugo Capet bis Napoleon III. reichte.

In ihrem Unterbewußtsein ist die Mehrzahl der Franzosen bis heute – bei aller Beteuerung ihrer republikanischen Prinzipien – wohl zufrieden mit einem der Größe des Staates und der Sache angemessenen Regierungsstil. Das Frankreich de Gaulles klammere sich an die nationale Souveränität wie eine »alte Jungfer an ihre Tugend« hatte »Le Monde« die Pressekonferenz des September 1965 kommentiert.

*

In dieser goldenen Salle des Fêtes sollte ich am 21. Mai 1981 die Amtsübernahme, die Inthronisierung François Mitterrands erleben. Die großen Körperschaften der Republik, die Repräsentanten der corps constitués, waren im Quadrat angetreten. Meist waren es noch Männer des alten Régimes, und sie begegneten dem ersten sozialistischen Staatschef, dessen wechselvolle Vergangenheit jedem bekannt war, mit Skepsis, teilweise mit offener Feindseligkeit. Da standen die Generale mit dem goldbetreßten roten Képi, die Präfekten in silberbesetzter, schwarzer Uniform, die Universitätsrektoren im feierlichen Talar, die Hohen Richter in Hermelin und der Generalstaatsanwalt in blutroter Robe, dazu die in Marineblau gekleideten Honoratioren der verschiedenen Stände.

Die Militärs hatten noch die antinuklearen Bekenntnisse des sozialistischen Tribuns Mitterrand in den Ohren. Die Juristen sahen mit bösen Ahnungen der Auflösung und Verwirrung aller Strafvollzugsregelungen entgegen, zumal einer der Lieblingsjünger Mitterrands, der ultraliberale Staranwalt Robert Badinter, als Justizminister in Aussicht stand. Die hohen Professoren befürchteten demagogische und nivellierende Zugeständnisse an die starke, marxistisch unterwanderte Lehrergewerkschaft. Die Präfekten wußten um die Regionalisierungspläne und die beabsichtigte Beschneidung ihrer departementalen Allmacht, die auf Napoleon zurückreichte.

Im schlecht geschneiderten dunklen Anzug, in gebührendem Ab-

stand gefolgt von seiner Frau Danielle im blau-weiß-roten Hemd-
blusenkleid, betrat der neue Staatchef diese abweisende Arena. Er
war am Ziel. Fast vierzig Jahre lang hatte er auf diese Stunde gewartet, alle Verrenkungen der Vierten Republik auf sich genommen,
unzähligen Koalitionsregierungen als Minister angehört, ehe er nach
der Machtübernahme de Gaulles 1958 die Rolle des unerbittlichen
Zensors, des kompromisslosen Verneiners an sich riß.

Sein Gesicht erstarrte an diesem ersten Tag als Herrscher des
Élysée zu jener Cäsarenmaske, von der er sich bei öffentlichen An-
lässen nicht mehr trennen sollte. Seine Bewegungen waren unverändert. Er schob den steifen Oberkörper nach vorne und schien
die Beine nachzuziehen, »der Gang eines Provinznotars«, wie mir
ein Kritiker zuflüsterte. Aber der neuen, außergewöhnlichen Situation, der massiven Herausforderung war er gewachsen. Er wußte,
daß die französische Staatselite mit monarchischer Autorität, ja
mit Arroganz geführt werden mußte. Mitterrand ließ sich die Insignien des Großmeisters der Ehrenlegion überreichen, leistete mit
fester Stimme den Eid auf die Verfassung der Fünften Republik, die
er einst als »permanenten Staatsstreich« diffamiert hatte, und gab
allen zu spüren, daß er die Prärogativen seines Amtes bis zur Neige
auszukosten gedachte.

Zwei Schritte von mir entfernt standen in brüderlicher Gemeinschaft der oberste Mufti der Moschee von Paris und der Großrab-
biner Sirat, der erste Sepharde, der die mächtige israelitische Glau-
bensgruppe führte. Gleich daneben Jean-Marie Lustiger, Kardinal
von Paris, dessen jüdische Eltern aus Polen eingewandert waren.
Diese drei Söhne Abrahams fügten sich in das Dekorum der pompösen Szenerie. Der ganze Vorgang war so unzeitgemäß feierlich,
daß Willy Brandt, als Ehrengast ins innere Karree aufgenommen,
beim Verlassen des Saals grübelnd innehielt. »Das ist doch ein
Staat!« entfuhr es ihm und mir war, als klänge ein wenig Neid in
seiner rauchigen Stimme.

*

Natürlich ist de Gaulle in jenem Dezember 1965 in die Wahl-schlacht gezogen. Er wurde – allerdings nur mit Mühe – nach einer demütigenden Stichwahl gegen Mitterrand in seinem Präsidenten-amt bestätigt. Georges Pompidou wurde sein Premierminister. Die-ser sollte dem Mann, der von sich gesagt hatte, er habe keinen Suc-cesseur, vier Jahre später im Élysée-Palast nachfolgen.

1964 – ein Jahr vor der Präsidentschaftswahl – hatte ich François Mitterrand in unser ARD-Studio auf den Champs-Élysées eingela-den. Er kam in Begleitung einer attraktiven jungen Sekretärin, um ein Interview zu geben für die TV-Dokumentation »Frankreichs Herz schlägt links«. An seiner telegenen Begabung habe ich seit je-nem Tag nie gezweifelt. Auf mein Kompliment hatte Mitterrand mit einem Lächeln reagiert, das die stark entwickelten Eckzähne freilegte, sein »Wolfslächeln« – so hieß dieser Riktus in der franzö-sischen Presse. »Wissen Sie, dass ich hier bei Ihnen zum ersten Mal vor einer Fernsehkamera sprechen darf?« hatte Mitterrand nach dem Interview mit einem Hauch von Bitterkeit gesagt. »Die staat-liche Télévision hat mir bisher niemals Gelegenheit dazu gegeben.« François Mitterrand hat sich an der Télévision Française gerächt. Als 1965 die Wahlkampfvorschriften den staatlichen Monopolsen-der zwangen, allen Präsidentschaftskandidaten gleiche Sendezeiten einzuräumen, brachte er die Regisseure und Kameraleute schier zur Verzweiflung. Er witterte stets irgendeine Sabotage oder eine ge-zielte Beeinträchtigung seiner optischen Vorzüge. Um eine TV-An-sprache von zwanzig Minuten aufzuzeichnen, brauchte er vier bis fünf Stunden, kämpfte um jede Einstellung und war mit Licht und Dekor nie zufrieden. Er hat an seinem Fernsehbild wie an einer Säule gearbeitet.

In den späten siebziger Jahren, als Mitterrand sich anschickte, die Union de la gauche zum Sieg zu führen, hat er mir diese Ini-tiationshilfe vor dem starren, unerbittlichen Auge der Kamera schlecht gedankt. Bei den gelegentlichen Interviews, die wir seinen stets hübschen, stets weiblichen Presseattachés abringen mußten, gab er sich von seiner mißlaunigsten, arroganten Seite. Zu jener

Zeit hatte er sich angeblich die verräterischen Eckzähne, *les canins*, abfeilen lassen, um den fatalen Dracula-Effekt zu verwischen. Erst im Élysée-Palast verkörperte er ab 1981 – am Ziel seiner immensen Ambitionen angelangt – jene »force tranquille«, jene »stille Kraft«, die seine Propagandisten als werbendes Merkmal seiner Person herausstellten und auf einem riesigen Plakat vor dem Hintergrund einer idyllischen Dorfsilhouette meisterhaft suggerierten. Der vom Volk bestätigte Wahlmonarch Mitterrand konnte es sich jetzt leisten, selbst ausländischen Korrespondenten wie mir gegenüber Wohlwollen, ja eine distanzierte Höflichkeit zu bekunden.

*

Die latente Spannung zwischen de Gaulle und Pompidou wucherte in den Jahren nach 1965 zur Unverträglichkeit der Temperamente aus. Der mißgünstige Verdacht des Alten gegen den Jüngeren, die ungeduldige, vitale Auflehnung des Jüngeren gegen die Besserwisserei des Älteren war für alle sichtbar. Die Zusammenarbeit war so lange ohne spürbare Reibung abgelaufen, solange Pompidou als »graue Eminenz« im Schatten agierte. Der psychologische Bruch hingegen war auf den Tag seiner offiziellen Berufung zum Regierungschef zu datieren. »Das kommt davon, wenn man seine langjährige Geliebte am Ende heiratet«, spottete man in jenen Tagen in Paris.

Der rundlich-joviale Lebemann Pompidou und seine elegante Frau Claude waren das Gegenteil des Generals. In ausländischen Illustrierten war Madame Pompidou mit dem Nudistenstrand von Pampelonne bei Saint-Tropez in Zusammenhang gebracht worden. Obwohl diese Vorwürfe nicht stichhaltig waren, soll Yvonne de Gaulle sich tadelnd geäußert haben. Das erklärte wohl auch jenen Zwischenfall, den mein Team bei Dreharbeiten in Südfrankreich auslöste. Sie sollten im südfranzösischen Cajarc Außenaufnahmen des Landhauses von Pompidou machen und den Bürgermeister fragen, was man in Cajarc vom Premierminister hielt. Als das Team auf das geschmackvoll restaurierte Bauernhaus zuging, stellten die

Mitarbeiter fest, daß Claude Pompidou mit ein paar Freundinnen anwesend war. Sie baten um Filmerlaubnis, die Madame Pompidou gerne erteilte. Sie tauschte erst ihren Bademantel gegen Hose und Bluse aus. Dann stellte sie sich freundlich der Kamera inmitten ihrer Bekannten, die einer Beatles-Platte lauschten und der äußeren Erscheinung nach eher den Kreisen von Saint-Germain-des-Prés entsprachen als der steifen Hofgesellschaft des Élysée.

In der Hauptstadt hatte sich inzwischen der Staatsapparat in Bewegung gesetzt. Claude Pompidou hatte ihrem Mann gegenüber beiläufig erwähnt, daß sie von einem deutschen Kamerateam gefilmt worden sei. Das reichte aus, um beim Premierminister schreckliche Ahnungen zu wecken. Offenbar nahm er an, seine Frau mitsamt der Freundesgruppe sei aus einem Versteck heraus und ohne ihr Wissen aufgenommen worden, während sie in knapper Bekleidung der Sonne des Midi huldigten. Die Deutsche Botschaft in Paris wurde von der Presseabteilung des Premierministers alarmiert. Im Hôtel Matignon war man wohl darauf gefaßt, anzügliche Bilder in der nächsten Ausgabe der französischen Oppositionspresse zu sehen. Um unseren guten Willen und unser reines Gewissen zu beweisen – und weil uns am Ende auch keine andere Wahl geblieben wäre –, überreichte ich der Presseattachée die unentwickelte Filmrolle aus Carjac. Wir bekamen den Film übrigens bald zurückgestellt, mit den Komplimenten des Premierministers.

Die Wahl Pompidous zum Staatspräsidenten 1969 war ein schmerzhafter Übergang für den greisen General de Gaulle. Seit der Studentenrevolte des Mai 68, der er sich fassungslos und verständnislos ausgesetzt sah, war die magische Wirkung dieses »Zauberers Merlin« zerbrochen, und – was schlimmer war – er zweifelte selber an seiner bislang unfehlbaren Intuition. De Gaulle hat Pompidou die flexible Standhaftigkeit bei den Verhandlungen mit den Gewerkschaften im Mai 1968 nie gedankt, vermutlich hat er ihm sogar seinen Erfolg geneidet. Die Rivalität, ja die Feindschaft zwischen Staatspräsident und Premierminister ist in der Verfassung der Fünften Republik gewissermaßen vorprogrammiert. Das zeigte auch die argwöhnische »Cohabitation« zwischen Staatspräsident Mitterrand und seinem Premierminister Chirac 1986. Mitterrand residierte damals seit fast sechs Jahren im Élysée und wachte eifersüchtig darüber, daß seine wahlmonarchische Sonderstellung an der Spitze des Staates durch die Umtriebigkeit Jacques Chiracs nicht beeinträchtigt wurde.

## Die Pflastersteine des Quartier Latin

Den Beginn der Mai-Revolution 1968 hatte ich verpaßt, weil ich in Begleitung de Gaulles nach Rumänien gereist war. Während in Paris die ersten Schmährufe gegen de Gaulle durch die Straßen hallten, ließ sich der General in Rumänen feiern. De Gaulle wollte sich nicht die Schwäche geben, diesen Staatsbesuch abzusagen. Er war über die Ereignisse zu Hause ständig informiert. Als er sein Reiseprogramm um einen Tag abkürzte, hatten die Studenten ihre Herrschaft über das Quartier Latin errichtet. In der Pressemaschine zurück nach Paris hörten wir die Ansage des Piloten, das Bodenpersonal des Flughafens Orly weigere sich, den General und sein Gefolge landen zu lassen, die Journalisten müßten deshalb mit dem Flugplatz Basel vorliebnehmen und sehen, wie sie weiterkämen. Unter der ansonsten recht regimeergebenen presse présidentielle wäre es daraufhin fast zur Bildung eines Revolutionskomitees gekommen.

Gemeinsam mit dem späteren Staatssekretär im Verteidigungsministerium, Lothar Rühl, und Jan Reifenberg von der »Frankfurter Allgemeinen Zeitung« stürzte ich mich in Basel auf eines der wenigen verbliebenen Taxis. Natürlich streikten in Frankreich auch sämtliche Eisenbahnen. Bei untergehender Sonne fuhren wir durch Mülhausen. Dann nahm uns eine gespenstische Nacht auf. Die Ortschaften, die wir durchquerten, wirkten ausgestorben. Nur selten begegneten uns Autos, denn Benzin war knapp geworden. Im Morgengrauen erreichten wir Paris und entdeckten, welches

Erdbeben die Hauptstadt seit unserem Aufbruch nach Rumänien heimgesucht hatte.

Die Mauern waren mit zahllosen, teils großspurigen, teils lyrischen Parolen beschmiert. »L'imagination au pouvoir – die Phantasie an die Macht!«, hieß es immer wieder. De Gaulle hatte die jugendliche Revolte in seiner Verärgerung als »Chienlit«, als das Werk von »Bettscheißern« abtun wollen. Nun klebten überall Plakate, auf denen der General mit seinem Képi und hilflos ausgestreckten Armen wie ein Guignol, wie ein Kasperle, abgebildet war, und darunter standen die blasphemischen Worte: »Le Chienlit, c'est lui – der Bettscheißer, das ist er.«

Ich habe den Mai 68 als lyrisches Schauspiel, als eine hinreißend romantische Darstellung genossen, obwohl ich als Mittvierziger bereits zu jenen gehörte, die die aufsässige Jugend aus ihrer Revolutionseuphorie ausgeschlossen hatte. Eine TV-Reportage aus dieser Zeit hatte ich eingeleitet mit einem Satz des französischen Historikers Alexis de Tocqueville über die Revolution von 1848: »Die Franzosen waren ebenso verblüfft wie das Ausland über das, was sie so plötzlich angerichtet hatten.«

Nur sechs Monate vorher hatte ich einen Film produziert über die französische Jugend unter dem Titel »Idole und wenig Ideale«. Was damals richtig erschien, schien in einer Nacht verändert worden zu sein. Die seichten Idole von damals, die Idole des Konsums, der Mode und des Schlagers, wurden von ihren Sockeln gestürzt oder in den Kindergarten der Unbedarften verwiesen. Stattdessen profilierten sich am Horizont der französischen Jugend die Ideale, zahlreich und konfus, erhaben und närrisch, beängstigend und begeisternd. Man dachte an die Barrikaden von 1848: Paris stand auf gegen die Herrschaft des »Bürgerkönigs« Louis-Philippe. Es stürzte einen anfangs liberalen Monarchen. Wie viele andere Franzosen hatte wohl auch de Gaulle in diesen Mai-Tagen 1968 an den Aufruhr gegen den Bürgerkönig und an dessen überstürzte Abdankung und Flucht ins Ausland gedacht. De Gaulles Bemerkung auf dem Höhepunkt der Krise: »Ich bin nicht Louis-Philippe.«

Gewiß war de Gaulle ein Präsident durch die Stimme des Volkes, aber vielen erschien er, wenn er huldvoll die Staatsoberhäupter Europas empfing, wie ein Monarch von Gottes Gnaden. Der Mann, der 1940 durch einen Akt der Revolte gegen den Staat in die Geschichte eingegangen war und 1958 den Putsch von Algier zur eigenen Machtergreifung genutzt hatte, wirkte paradoxerweise wie ein bleibendes Symbol französischer Legitimität. Wenn er in der Provinz die französischen Bauern, Schulkinder und Veteranen besuchte, glaubte er verzichten zu können auf Parteien und Parlament. Das Bad in der Menge war nicht nur ein Jungbrunnen für den greisen Präsidenten, es sollte auch Beweis seiner unangetasteten Volkstümlichkeit sein. Seit er den Algerienkrieg mit einzigartiger Autorität und kalter Staatsräson beendet hatte, war de Gaulle in den Augen der Dritten Welt zum populärsten europäischen Politiker geworden. Er hatte den Kampf gegen die beiden Hegemonialmächte proklamiert, und da Frankreich Bestandteil der westlichen Welt war, richteten sich seine diplomatische Aktivität in erster Linie gegen die USA. Zwar hatte der General in Europa wenig Widerhall gefunden, aber das Frankreich de Gaulles, so schien es, sprach im Namen eines Kontinents, der seine Mündigkeit noch nicht wiedergefunden hatte.

Nicht nur am Hofe de Gaulles, auch in seinem Gefolge triumphierte das Prestigedenken und das Mandarinat der Macht. Das Proletariat stand weiterhin am Rande der Nation. Von der im Kommunismus gesammelten Arbeiterschaft abgelehnt, von einer bürgerlichen Mehrheit getragen, für die er nur Geringschätzung empfand, stets auf die Größe Frankreichs und seine Ausstrahlung in der Welt bedacht, blieb de Gaulle einsam in seiner nationalen Meditation und in seiner Menschenverachtung. Sollte er sich Illusionen über die Beständigkeit seiner Anhänger gemacht haben, von der Tragik der Macht war er stets durchdrungen.

\*

Es begann in Nanterre, fern vom Gaullismus, in der Bannmeile von Paris. Zwischen Bauplätzen, Abfallhalden und den Slums der

Bidonvilles wuchsen damals die Hochhäuser des sozialen Wohnungsbaus in trostloser Einförmigkeit aus dem schlammigen Boden. Ausgerechnet in diesen Rahmen hatte die Universität von Paris, die im Quartier Latin aus allen Nähten platzte, einen Teil der ehrwürdigen Sorbonne delegiert. Sechzehntausend Studenten besuchten die ultramodernen Hörsäle. Es handelte sich im Wesentlichen um Studenten der Philosophie und der Soziologie. Hier wurde die Revolte der Studenten geboren. Man hatte die angehenden Soziologen, meist bürgerlichen Ursprungs, in ein eigenartiges Labor gesteckt. Sie wurden brutal konfrontiert mit den Ärmsten der Armen, den Fremd- und Saisonarbeitern, die in den Bidonvilles mehr vegetierten als lebten. Die Studenten von Nanterre forderten Mitbestimmung und freie politische Betätigung auf dem Fakultätsgelände. Sie verlangten eine Ausrichtung der Universität auf die sozialistische Gesellschaft der Zukunft. Der Dekan von Nanterre hatte auf das ungestüme Brodeln mit der Schließung der Hörsäle geantwortet. Damit wurde der Protest zur Revolte.

Der Funke sprang über ins Quartier Latin. Äußerer Anlaß war das Attentat gegen Rudi Dutschke. An der Spitze des Protestes stand ein dreiundzwanzigjähriger Soziologiestudent, der in Frankreich geboren war, aber einen deutschen Paß besaß, Daniel Cohn-Bendit. Man nannte ihn den »roten Dany«. In einer Bar der Rue de Pontoise habe ich mich in diesen Tagen mit Daniel Cohn-Bendit verabredet. »Was sind unsere Ziele? Ich glaube – das ist selbstverständlich –, eine radikale Änderung der Universität bedeutet eine radikale Änderung der Gesellschaft«, bestätigte er.

Eine Fehlentscheidung des Rektors der Sorbonne löste die Explosion im Quartier Latin aus. Es war zu Schlägereien im Innenhof der Sorbonne zwischen Linksradikalen aus Nanterre und Rechtsextremisten gekommen. Rektor Roche rief am 3. Mai die Polizei in die Alma Mater von Paris, ließ die Rädelsführer verhaften, verletzte die akademische Immunität und ließ das Gebäude, in dem Thomas von Aquin gelehrt hatte, durch Polizeikordons abriegeln.

Die Antwort der Studenten war ein Aufruhr, wie ihn Paris seit der Befreiung von der deutschen Besatzung im Sommer 1944 nicht mehr erlebt hatte. Mehr als zehntausend Demonstranten stürmten gegen die Sperrkordons, die Wasserwerfer, die Tränengasgranaten der Ordnungskräfte. Die Gendarmerie und die Bereitschaftspolizei CRS gingen mit Helm und Schutzschild wie eine antike Phalanx vor. Es gab Hunderte von Verwundeten. Die Bevölkerung von Paris – Einwohner des Quartier Latin und unbeteiligte Zuschauer – hatte in ihrer Masse mit den Studenten und nicht mit der Polizei sympathisiert. In jenen ersten Tagen des Aufruhrs explodierte selbst bei Teilen des Bürgertums der lateinische Überdruß an der selbstherrlichen gaullistischen Ordnung, die bereits zehn Jahre dauerte. Endlich wurden in Paris – getreu der revolutionären Überlieferung – wieder Barrikaden errichtet und das Pflaster aufgerissen.

Schöne, romantisch beschwingte Mai-Abende habe ich im Innenhof der Sorbonne erlebt, der mir aus den eigenen Studienjahren so vertraut war. Das Denkmal Richelieus war mit roten und schwarzen Fähnchen geschmückt. Revolutionsliteratur aus aller Herren Länder und in vielen Sprachen wurde an den improvisierten Ständen von langhaarigen Mädchen und exotisch kostümierten Jünglingen angepriesen. An den über und über mit Politparolen bekritzelten Mauern klebten die Porträts Mao Zedongs, Ho Chi Minhs, Lenins, Trotzkis, Lumumbas. Aber beherrschend war das bärtige Gesicht Che Guevaras unter der legendären Baskenmütze. »Commandante Che Guevara«, tönte denn auch seine Hymne aus zahlreichen Lautsprechern, untermalt von melancholischen Indioweisen aus dem Andenhochland.

Im Hof der Sorbonne – da war ich mir einig mit Adelbert Weinstein und Robert Held, Spitzenjournalisten der behutsamen »Frankfurter Allgemeinen Zeitung« – herrschten Begeisterung, das Gefühl eines unbändigen jugendlichen Freiheitsdurchbruchs, ein Traum von Brüderlichkeit, die Hoffnung auf Welterlösung. Und diese schönen Utopien waren frei von jenen Angst- und Untergangsgefühlen, die sich erst viel später in die alternative Studentenbewegung einschleichen sollten. Man zelebrierte »les lendemains qui chan-

tent«. Immer wieder dröhnte die »Carmagnole« zwischen Boulevard Saint-Michel und der Rue Saint-Jacques. »Ah! Ça ira, ça ira,
ça ira«, sangen die Studenten den mitreißenden Refrain im Chor,
»les aristocrates à la lanterne.« Auch wenn von Guillotine, von
Schreckenstribunalen nicht die Rede sein konnte bei dieser litera-
risch-verharmlosten Veranstaltung im Quartier Latin des Mai 68.

In jenen Tagen bin ich zu Füßen der Statue des Revolutionärs
Danton höchstpersönlich getroffen worden. Mein Kameramann,
die Optik vor dem Auge und deshalb blind für alles, was außerhalb
seines engen Blickfeldes vor sich ging, war auf gefährliche Weise
zwischen die Fronten geraten. Ich sprang über die Barrikade, um
ihn vor einer bedrohlichen Phalanx knüppelschwingender Gendarmen zu retten, da feuerten die Voltigeurs ihre Tränengasgranaten
fast horizontal ab. Ich sah das Geschoß nicht, das in flacher Kurve
auf mich zukam und unmittelbar hinter mir explodierte, aber ich
spürte einen Peitschenschlag am Gesäß und sah dann eine Blut-
lache, die sich zwischen meinen Füßen bildete. Eine sehr glorreiche
Verletzung war das nicht, aber der Schmerz war heftig. Erst Wochen später wurde ein größerer Blechsplitter herausoperiert.

In der Zwischenzeit war ich bei den zahlreichen Autofahrten,
die ich unternehmen mußte, auf einen lächerlichen, ringförmigen
Gummischlauch angewiesen, der – mit Wasser gefüllt – Erschütte-
rungen der Fahrt dämpfen sollte. Um meine Fernsehbeiträge zum
WDR nach Köln überspielen zu können, mußte ich mehrfach pro
Woche die Fahrt über die Autoroute du Nord in Richtung Brüssel
antreten. Beim französischen Rundfunk wurde gestreikt, und die
Studios waren verriegelt. Den Abstecher nach Belgien benutzte ich
auch, um jedesmal ein halbes Dutzend Benzinkanister mitzubrin-
gen, damit die Kamerateams unserer ARD-Niederlassung auf den
Champs-Élysées weiterhin beweglich und einsatzfähig blieben. Die
wallonischen Tankwarte wechselten meine französischen Francs bei
diesen nächtlichen Expeditionen zu einem lächerlich geringen Kurs.

*

Die Studenten hatten den Arbeitern gezeigt, wie man dem gaullistischen Regime trotzen konnte. Die Fünfte Republik schien entlarvt als ein Koloß auf tönernen Füßen. Auch das Proletariat von Paris ging jetzt auf die Straße. Etwa fünfhunderttausend defilierten durch die Hauptstadt. Die Gewerkschaften hatten nur zur partiellen Arbeitsniederlegung aufgerufen, aber der faktische Generalstreik breitete sich ganz spontan aus und lähmte alsbald das ganze Land. Die Studentenführer, an ihrer Spitze Cohn-Bendit, der mit einem Megaphon die Entfaltung seiner Anhänger dirigierte, verwiesen die parlamentarischen Größen der anti-gaullistischen Opposition – die Sozialisten Mitterrand und Mendès France, Guy Mollet und Waldeck Rochet von den Kommunisten – in das hintere Glied, straften sie mit Nichtachtung. Schon an diesem Tag des Triumphs wurde die Schwäche der Studentenbewegung offensichtlich, und die erdrückende Stärke der Gewerkschaften offenbarte sich.

Kulturrevolution und Jahrmarktstimmung. Lautsprechermusik und romantischer Überschwang im Innenhof der Sorbonne, am Grab jenes Kardinal Richelieu, den man häufig mit de Gaulle verglichen hatte. Erinnerte nicht diese Begeisterung der Studenten Europas für die exotischen und farbigen Doktrinäre der Dritten Welt, die Bewunderung für Che Guevara, für Frantz Fanon, Mao Zedong und Lumumba an die literarischen Zirkel der Aufklärung des achtzehnten Jahrhunderts, die im Gefolge Jean-Jacques Rousseaus von der Idealgestalt des »guten Wilden – le bon sauvage« träumten? »Der Mensch ist gut«, proklamierten auch die roten Humanisten im Innenhof der Sorbonne, die durch ein paar neugierige Arbeiter verstärkt worden waren. »Nur die Gesellschaft hat ihn verdorben.« Die uralten Fortschrittsutopien erstanden im neuen Gewand.

Aber die Fabriktore blieben für die Studenten geschlossen. In der roten Bannmeile von Paris offenbarte sich ein deutlicher Kontrast zwischen der jovialen Gelassenheit der Arbeiter und der hektischen ideologischen Gärung der Studenten. Bei Renault, in Boulogne-Billancourt, hießen die Parolen: »Vierzig Arbeitsstunden in der Woche – tausend Francs Mindestlohn.« Hier vergaß man nicht, daß nur fünf Prozent der Studenten Arbeiterkinder waren.

Am Mittwoch, dem 29. Mai 1968, schlug die Bombe ein. De Gaulle war nach Colombey-les-Deux-Églises abgereist. Alle Auguren der Hauptstadt schienen sich einig: De Gaulle hatte seinen Rücktritt beschlossen. Aber dann kam die Meldung, der General sei in Baden-Baden und habe sich mit Generalen jener französischen Truppenteile beraten, die in Südwestdeutschland und Ostfrankreich stationiert waren. Niemand interessierte sich mehr für die Studenten. Die französische Staatskrise, das spürte jeder, näherte sich ihrem dramatischen Höhepunkt. Der 30. Mai brachte den großen Flutwechsel in Frankreich. Wie viele es waren, fünfhunderttausend oder eine Million, niemand hat sie zählen können. Aber die Gaullisten schienen auf einmal alle da zu sein, zwischen der Concorde und dem Arc de Triomphe, und mit sich führten sie ein unübersehbares Meer von blau-weiß-roten Fahnen.

De Gaulle hat an diesem Nachmittag über den Rundfunk gesprochen. Das war keine politische Rede, das war ein napoleonischer Tagesbefehl. Der General kündigte an, daß er bleiben werde und daß die Nationalversammlung aufgelöst sei. Sollte der Streik in offenen Aufruhr ausarten gegen die republikanische Legalität, so sei er bereit, dieser Situation mit allen Mitteln zu begegnen. Am Mittag hatte das Land noch am Rande des Bürgerkrieges gestanden. Am Abend hatte jeder Franzose begriffen, daß de Gaulle das Heft in der Hand hielt. Die junge Generation hatte vielleicht zum ersten Mal empfunden, welche magische Kraft dieser Stimme innewohnte, die 1940 die Franzosen wieder in einen bereits verlorenen Krieg hineingezwungen hatte. Dieser Abend des 30. Mai war ein Triumph de Gaulles, gleichzeitig aber auch seine Tragödie. Die Menschen, die ihm hier zujubelten, die »Partei der Angst«, die sich an ihn klammerte, kam erneut aus jener rechten Ecke, die ihn 1958 an die Macht gebracht hatte. Der Sieg des 30. Mai hatte einen bitteren Nachgeschmack.

*

Inzwischen sind wir alle klüger geworden. Eine politische Revolution, so ist man sich einig, war im Mai 1968 nicht einmal im Ansatz vorhanden, wohl aber eine Kulturrevolte. Frankreich hatte sich in den wenig rühmlichen, aber wirtschaftlich dynamischen Nachkriegsdekaden von einem Agrar- zu einem Industriestaat entwickelt. »Les Trente Glorieuses – die dreißig glorreichen Jahre« nennen Zeithistoriker jene Epoche zwischen 1947 und 1977, die das Antlitz der Nation zutiefst verändert haben. Es waren Deiche gebrochen, die jahrhundertelang allen Anfechtungen standgehalten hatten. Die Kirchen hatten ihre Glaubwürdigkeit, die Familien den Zusammenhalt, die Kultur ihr Sendungsbewußtsein verloren. Durch die Staubwolken der in Schutt versinkenden tradierten Werte waren die Konturen einer neuen »société« noch nicht zu erkennen.

General de Gaulle ist die Pseudorevolution des Mai 1968 dennoch zum Verhängnis geworden. Ein knappes Jahr behauptete sich die stolze Figur noch an der Spitze der Fünften Republik. Dabei nahm er mehr und mehr die Züge jenes Don Quichote an, der auf dem Gobelin hinter seinem Schreibtisch im Élysée-Palast abgebildet war. Er spürte wohl selbst, dass sein Abgang fällig, dass sein Herbst gekommen war, wie die Chansonniers der Linken sangen: »…que son automne est arrivé …« Er hat seinen Abgang von der Politik mit Allüre gestaltet. Das Volk in seiner Gesamtheit sollte ihm noch einmal anläßlich eines Referendums sein unverbrüchliches Vertrauen aussprechen. Dabei stellte der störrische alte Mann zwei Themen zur Wahl, die bei der konservativen politischen Klasse zutiefst verpönt waren. Die »Participation«, die verschwommen formulierte Vorstellung, die Werktätigen müßten am Ertrag ihrer Arbeit, am Gewinn des Unternehmens unmittelbar beteiligt sein. Und die »Regionalisierung«. Der zentrale Staat der Könige und Jakobiner sollte zurückfinden zur organischen Eigenständigkeit seiner Provinzen.

Am 11. April 1969 war das Urteil gefällt: »C'est foutu – alles ist im Eimer«, hatte de Gaulle im rüden Militärjargon gesagt, als er –

noch vor Auszählung der Stimmen – nach Colombey-les-Deux-Églises abreiste. Sein Rücktritt vollzog sich würdig, ohne jede Klage. De Gaulle fügte sich in die Rolle des Cincinnatus. Er unterwarf sich den Spielregeln der Demokratie, wohl ahnend, daß er damit vor dem Gericht der Geschichte zusätzliches Ansehen erwarb.

Den Mai '68 habe ich, wie gesagt, als großes Fest, als herrliches Spektakel in Erinnerung. In keiner Phase habe ich mich mit den Protagonisten des Quartier Latin identifizieren können, aber sympathisiert habe ich mit ihnen. Es war, als würde ein Stück Geschichte lebendig. In einer ähnlichen Laune des Übermuts wurde vielleicht die Bastille gestürmt, hatten die Generalstände von 1789 getagt, wurden die Vorrechte des Adels mit Ingrimm, aber wohl auch unter ungeheurem Gelächter weggefegt. Bei aller Wehmut, die mich 1968 angesichts der Demontage des Denkmals de Gaulle überkam, bei aller Skepsis gegenüber einem Volksaufstand, der sich – im Gegensatz zur Kommune von 1871 – in Abwesenheit des wahren Volkes, des Proletariats, vollzog, habe ich die mächtige Welle der Hoffnung, den utopischen Rausch gespürt, der sich plötzlich der Kinder der Konsumgesellschaft bemächtigte. Unter den vielen Hysterikern, Radaubrüdern, Träumern, Schreiern und Gaffern gab es immerhin ein paar »lachende Löwen«. Das Gefühl war übermächtig, bestätigte sich später auch, daß eine Vielzahl von Tabus in diesen Tagen melodramatischen, verbalen Exzesses zerschellten, daß die vielfältige Heuchelei überholter, bürgerlicher Konventionen bloßgestellt wurde. Der Mai 68 war mehr als nur ein »Strohhalm im Gebälk der Geschichte«. Er stellt – wie das britische Meinungsforschungsinstitut Louis Harris fast zwanzig Jahre später, im April 1987, herausfand – für den Durchschnittsfranzosen nach dem Ersten und dem Zweiten Weltkrieg das bedeutendste Ereignis des zwanzigsten Jahrhunderts dar.

# Der Rußlandfeldzug des Generals

Im Juni 1966 hatte ich mich im Troß de Gaulles befunden bei dessen »Campagne de Russie«. Sie zählt zu meinen intensivsten Erlebnissen aus der gaullistischen Ära.

Die Männer des Kreml wollten sich urban und großzügig zeigen. Sie ließen eine ganze Meute französischer Kameramänner und Fotografen im feierlichen Katharinensaal zu, um den Beginn der französisch-sowjetischen Besprechungen im Bild festzuhalten. Die Führer der Sowjetunion glaubten wohl, sie würden mit diesem Zugeständnis an westliche Presse-Usancen dem Gast aus Paris entgegenkommen. Das Resultat war eine protokollarische Katastrophe. Als General de Gaulle der neuen sowjetischen Troika – Breschnew, Kossygin, Podgorny – gegenüberstand und mit seinen Verhandlungspartnern einige Worte der Begrüßung wechseln wollte, hörte er seine eigene Stimme nicht, so laut surrten die Kameras. Die Fotografen kletterten auf die kostbaren Stilmöbel, zwängten sich zwischen die Delegationsmitglieder an den Tisch, fluchten heftig, wenn der Film zu Ende ging, und blendeten den lichtempfindlichen General mit ihrem Blitzlicht.

Der sowjetische Ordnungsdienst war ratlos. Breschnew schüttelte leicht verärgert sein Löwenhaupt, Kossygin wirkte mißmutiger denn je. Nur de Gaulle – ansonsten kein Freund von Fotografen – schien sich zu amüsieren und weidete sich an der Verlegenheit seiner Gastgeber: »Tout passe – alles geht vorüber, selbst Journalisten. Nur die Präsidien bleiben bestehen.«

»Ich war schon einmal in diesem Saal«, sagte de Gaulle. Die Russen verstanden die Anspielung und kamen dem General zuvor. »Das war zu Zeiten Stalins«, sagte Kossygin. De Gaulle nickte. »Ja, er saß dort, und ich saß hier.« Stalin war ein trefflicher Lehrmeister gewesen. Er hatte de Gaulle rüde Verhandlungsmethoden im Umgang mit den Russen gelehrt. Der französische Staatschef war mit der Absicht nach Moskau gekommen, die Sowjets durch seine Offenheit zu schockieren. Die französischen Begleiter des Generals, Diplomaten, in der Tradition Talleyrands erzogen, trauten ihren Ohren nicht, als de Gaulle den eindringlichen Hinweis Breschnews auf die internationale Existenz der Deutschen Demokratischen Republik mit stalinscher Ungeschminktheit konterte. De Gaulle fragte die Russen im Katharinensaal, ob die Sowjetunion es nicht leid sei, in Ostberlin stets mit sich selbst zu reden. »Die DDR ist eure Schöpfung«, sagte er rundheraus.

Drei Tage lang wurde im Kreml in Form eines zwanglosen Meinungsaustausches, wie die französischen Sprecher versicherten, diskutiert. Der General verzichtete nicht darauf, sich sibyllinisch zu geben: »Im Rahmen einer allgemeinen Entspannung«, meinte er, »wird die deutsche Wiedervereinigung auf lange Sicht als eine fast unerhebliche Angelegenheit erscheinen.«

De Gaulle hatte großen Wert darauf gelegt, daß die deutsche Presse während der Rußlandreise in seinem Gefolge vertreten war. Er wollte auf keinen Fall in der Bundesrepublik den Eindruck aufkommen lassen, in Moskau würde hinter dem deutschen Rücken konspiriert. Ich hatte in Paris in allen Einzelheiten die zähen Verhandlungen miterlebt, die schließlich zur Zulassung der deutschen Korrespondenten führten. Die französischen Stellen hatten mir bereits angeboten, im Rahmen des französischen Fernsehens an der Berichterstattung teilzunehmen, wenn die Sowjets kein Einsehen zeigten. Schließlich hatte das sowjetische Außenministerium zwanzig nichtfranzösischen Journalisten die Einreise gewährt. Da ich keinen deutschen Kameramann mitnehmen durfte, stellte man uns von französischer Seite das Team einer Pariser Privatfirma zur Verfügung, mit der wir seit Jahren zusammenarbeiteten.

Die deutsche Pressegruppe war nicht wie die französischen und angelsächsischen Kollegen im Metropol untergebracht, sondern im Hotel National, das unmittelbar gegenüber dem Kreml lag. Dort hatte man nicht nur die Bürger der Bundesrepublik einquartiert, sondern auch all jene Journalisten, die offenbar nach sowjetischen Maßstäben einer deutschsprachigen Gruppe zuzuordnen waren.

Dazu gehörten zwei Korrespondenten aus der DDR, zwei Schweizer, zwei Finnen, eine Reihe von Polen und Tschechen und – zwei israelische Kollegen.

Der französische Staatschef plädierte im Kreml nicht nur für das Selbstbestimmungsrecht der Deutschen, er erwies sich auch – bei aller Kritik an der Vietnamstrategie Präsident Johnsons – als loyaler Verbündeter der USA. Den vorsichtigen Komplimenten Breschnews zur französischen Politik der Unabhängigkeit gegenüber Washington begegnete de Gaulle mit einem rücksichtslosen Bekenntnis zum europäischen Egoismus. Frankreich lehne zwar jede Form der amerikanischen Hegemonie im Westen Europas ab, aber es wende sich auch gegen jeden Hegemonialanspruch in Osteuropa. Statt zwischen den Hegemonien aufgeteilt zu sein, sei es die Rolle der Europäer, zwischen den beiden Supermächten zu vermitteln und auszugleichen. Mit pragmatischer Unbefangenheit setzte sich de Gaulle über den ideologischen Manichäismus seines sowjetischen Gegenübers hinweg.

Er reagierte überhaupt allergisch, wenn von Sozialismus und Kapitalismus, von friedlicher Koexistenz beider Systeme die Rede war. Wie Napoleon Bonaparte zeigte sich de Gaulle als Verächter der Ideologen. »Wir haben unsere Revolution, lange vor Ihnen, im Jahr 1789, gemacht«, sagte er zu Breschnew. Der erwiderte, daß die russische Revolution im Gegensatz zur französischen nicht erlahmt sei, sondern ständig weiterwirke. Der General schüttelte ungläubig den Kopf. Was Rußland jetzt durchmache, sei keine Revolution mehr, sondern eine Evolution. Man solle die Kraft der unvermeidlichen Evolution nicht unterschätzen. Der französische Staatschef konnte es sich leisten, eine unverblümte Sprache zu führen.

Sechs Tage später reisten wir nach Wolgograd, das damals noch Stalingrad hieß. Auf dem Tatarenhügel, dem Mamajew-Kurgan, wo lange vor der Geburt des Moskowiter-Reiches die Führer der Goldenen Horde ihre Reiterscharen im Zeichen des Halbmonds versammelt hatten, reckte sich zwischen letzten Baugerüsten eine fünfzig Meter hohe, ungeheuerliche Frauengestalt aus Bronze, als wollte sie ihren Siegesschrei in die Unendlichkeit der Wolgasteppe brüllen. Zu ihren Füßen lag Stalingrad. Die Eisenbahnstrecke, die sich am Ufer der Wolga entlangzog, markierte das schmale Gelände, den winzigen Brückenkopf, den der sowjetische Major Saizew im Sommer und Herbst 1942 gegen den Ansturm der 6. deutschen Armee behauptete, wo er sich mit seinen todgeweihten Männern in den Boden verkrallte und ihnen wie ein moderner Cortés zurief: »Jenseits der Wolga gibt es für uns kein Land mehr.«

De Gaulle war schwerfällig die endlosen Stufen, die zu dem Ehrenmal führten, hinaufgestiegen. Zu beiden Seiten waren die tragischen Masken von Kriegern und Heroen der Roten Armee in gewaltige Felsblöcke gemeißelt. Sie verherrlichten den Widerstand der Sowjetsoldaten und ihren Marsch nach Berlin. Der französische Präsident zog das im Ersten Weltkrieg verwundete Bein nach. Er tat, als sähe er die im Schatten der Siegesgöttin aufgereihten Mikrophone nicht. Er verzichtete in diesem sowjetischen Verdun auf die allseits erwartete Rede. Er hat an dieser tragischen Stelle die Russen nicht aufgerufen, dem französischen Beispiel zu folgen und sich mit den Deutschen zu versöhnen. Dieses erbarmungslose Denkmal war kein Ort für fromme Sprüche. Er hatte sich aber auch von seinen Gastgebern ausbedungen, daß die Angriffe auf die Bonner »Revanchisten« und Militaristen, wie sie in der sowjetischen Presse zum fünfundzwanzigsten Jahrestag des Kriegsausbruches besonders heftig vorgetragen wurden, in seiner Gegenwart strikt unterblieben.

Jenseits der Wolga flimmerte die Luft in der Hitze des Nachmittags. Das Schweigen war die eindringlichste Huldigung an die Größe der Schlacht. Der alte Mann aus Frankreich war sichtlich bewegt. De Gaulle winkte den Hauptmarschall der Artillerie, Woronow, der bei Stalingrad den Einsatz befehligt hatte, zu sich. Wir Journalisten hatten den hünenhaften Marschall mit den blauen Augen und dem flächigen Bauerngesicht – so ähnlich mußte Kutusow ausgesehen haben – beinahe liebgewonnen. »Woronow«, wandte sich der General an den russischen Heerführer, als würde Napoleon zu einem seiner Marschälle sprechen, »erklären Sie mir,

nach welchem Plan Sie damals Ihre Artillerie eingesetzt haben.«
Der Marschall suchte überrascht und verlegen in seinen Erinnerungen. Da lächelte de Gaulle ihm freundschaftlich zu. »In unserem
Alter läßt uns das Gedächtnis manchmal im Stich.« Auch Woronow lächelte. Das war die einzige heitere Note an diesem Nachmittag über der Steppe von Stalingrad.

Am Abend waren die Journalisten zu einer Flußfahrt eingeladen.
Nach dem ernsten Nachmittag hatte sich der französischen Gäste
eine gewisse Euphorie bemächtigt. Sie gossen die Gläser randvoll
mit Wodka, strichen den Kaviar fingerdick auf das Schwarzbrot
und schäkerten mit den Intourist-Führerinnen. Nur die kleine
Gruppe deutscher Journalisten sonderte sich ab. Der eine oder andere von uns suchte auf dem oberen Deck einen einsamen Platz,
blickte auf die hell erleuchtete schicksalhafte Stadt und dachte an
einen Verwandten, einen Klassenkameraden oder einen Freund,
der unter den Fabriken, den neuen Wohnblocks oder der barbari-
schen Siegesgöttin begraben lag.


## »Gipfel des Ruhms«

Als mythische Verherrlichung nationaler Größe war die Fünfzigjahrfeier der Schlacht von Verdun 1966 gedacht. Sie wurde zur
Heerschau menschlicher Gebrechlichkeit. Die Zeitungen hatten
fünfhunderttausend Pilger zu dieser Stätte nationaler Bewährung
angekündigt. Doch in der Nacht der Erinnerung waren nicht mehr
als fünfundzwanzigtausend Veteranen vor dem endlosen Schach-
brett der Kreuze am Beinhaus von Douaumont versammelt. Sie
waren fast alle über siebzig Jahre alt. Sie waren den Stahlgewittern
des Krieges, in denen die Blüte ihrer Generation gefallen war, entkommen. Aber jetzt standen auch sie unwiderruflich am Rande des
Grabes.

Der Abend über Douaumont war kalt und klar. Wie der weiße
Arm eines Skeletts tastete der Scheinwerfer vom Turm des Bein-

hauses die Friedhöfe ab. Die alten Männer fröstelten auf den eisernen Stühlen. Die meisten trugen die Baskenmütze verwegen auf dem gelichteten grauen Haar. Ihre Orden hingen in vierfacher Reihe an den Jacken. Viele stützten sich auf Stöcke. Der eine oder andere trug einen verbeulten Helm oder den roten Fes der Zuaven.

Dumpfe Trommelwirbel leiteten die Feier ein. Der Mond schien auf die Parade der Kreuze. Zwischen den Gräbern waren die Traditionsfahnen wie ein flatternder Wald angetreten, den die Scheinwerfer blau-weiß-rot umspielten. Vier alte Männer bewegten sich mühsam auf einen Katafalk zu, um dort die Flamme zu entzünden. Die »clairons« bliesen zur Totenehrung. Am Eingang des Mausoleums, vor dem runden Tor, das zu den Gebeinen von dreihunderttausend französischen und deutschen Soldaten führt und über dem in goldenen Lettern »PAX« steht, salutierte General de Gaulle, eine riesige graue Gestalt zwischen den vom Alter geknickten Veteranen.

Zwischen den Gräbern waren Tausende von Fackeln aufgeflammt. Ergriffenheit hatte sich aller Anwesenden bemächtigt. Die Veteranen blickten mit leeren, tränenden Augen auf das Schauspiel und sahen über die Lichter hinweg, deren Qualm die Fahnen wie Pulverdampf einhüllte, zu jenen Höhen hinauf, wo sechshunderttausend Menschen ihr Leben gelassen hatten und wo die Vegetation bis auf den heutigen Tag durch den Einschlag von fünfzig Millionen Granaten verkrüppelt bleibt.

Charles de Gaulle war nicht nur nach Verdun gekommen, um die »gloire« von 1916 zu zelebrieren. Der General wollte auch versuchen, die Schmach des Jahres 1940 zu löschen. Ein Name war symbolisch für den erfolgreichen Widerstand Frankreichs im Ersten Weltkrieg und die glanzlose französische Niederlage im Zweiten Weltkrieg: Marschall Philippe Pétain. De Gaulle und Pétain verkörperten beide die Tragödie der jüngsten französischen Geschichte. Unter dem Befehl Pétains hatte der Hauptmann de Gaulle auf den Höhen von Verdun gekämpft, ehe er – zum dritten Mal verwundet – in deutsche Gefangenschaft geriet. Nach dem Krieg hatte der Marschall die Karriere des jungen und begabten Stabsoffiziers de Gaulle gefördert, bis sie sich zerstritten. Der Zank mit Pétain artete in schicksalhafte Gegnerschaft aus, als der Marschall nach der Besetzung Nordfrankreichs durch die Deutschen in Vichy den »État Français« errichtete und die Kollaboration mit den Besatzern billigte, während der unbekannte Brigadegeneral de Gaulle von London aus zum Widerstand aufrief. Beide Männer waren gezwungen, sich gegenseitig im Namen des Vaterlandes zum Tode zu verurteilen.

Pétain und de Gaulle verkörperten zwei scheinbar unversöhnliche Gesichter der französischen Geschichte. Aber de Gaulle wäre der monarchischen Tradition Frankreichs untreu geworden, hätte er nicht versucht, auch über die Spaltungen der jüngsten Vergangenheit den Mantel der nationalen Union zu breiten. Mit Rücksicht auf seine eigenen Überzeugungen und auf einen Teil des französischen Volkes, der sich heute noch mit der Résistance identifiziert, konnte er die von vielen Veteranen geforderte Überführung der Leiche des Marschalls nach Douaumont nicht gutheißen. Doch in seiner Rede am Totenmal, die wie ein meisterhafter Vortrag in der Kriegsschule begann, zollte de Gaulle dem siegreichen Feldherrn von Verdun höchstes nationales Lob.

Die Veteranen hatten die Huldigung an den Marschall Pétain mit Beifall aufgenommen. De Gaulle leitete den letzten Teil seiner Ansprache ein. Er wandte sich an die Deutschen. Der Aufruf war nicht frei von Resignation, als könnten ihn nur jene Deutschen hören, die in der französischen Erde von Douaumont ihre letzte Ruhestätte gefunden hatten und die über die Schlacht von Verdun hinaus Kunde gaben von der grandiosen Sinnlosigkeit einer verjährten deutsch-französischen »Erbfeindschaft«.

Die Deutschen waren zur Fünfzigjahrfeier ebenso wenig eingeladen wie die Amerikaner. Die Bundesregierung hatte um eine Beteiligung deutscher Frontkämpfer an dieser Gedenkstunde ersucht. In Paris hatte man ausweichend auf eine eventuelle spätere Feier an der Somme verwiesen. In Verdun wollte Charles de Gaulle offenbar Frankreichs späten »jour de gloire« in nationaler Intimität begehen, als wäre er sich bewußt, daß er einen Schlußstrich unter die kriegerische Geschichte seines Landes setzte. Er wollte in nationaler Einsamkeit diese letzte Seite patriotischer Größe umblättern.

»Franzosen und Deutsche«, rief de Gaulle über die Friedhöfe, »haben hier den Gipfel ihres Ruhms erreicht, aber sie mußten erkennen, daß die Frucht dieser gewaltigen Anstrengungen am Ende nur Leiden war.« Er forderte die Deutschen auf, jenen Vertrag des Jahres 1963 nicht verdorren zu lassen, der die Zusammenarbeit Frankreichs mit Deutschland als »unmittelbarem und privilegiertem« Partner bekräftigen sollte. An dieser historischen Stätte von Verdun, erinnerte de Gaulle, habe sich vor tausendeinhundertdreiundzwanzig Jahren das Reich Karls des Großen gespalten, die getrennte Geschichte Deutschlands und Frankreichs ihren Ausgang genommen. Wie anders hätte dieser Erinnerungstag von Verdun gestaltet werden können, wenn die deutsch-französische Versöhnung in den letzten drei Jahren ausgereift wäre, wenn Charles de Gaulle und Ludwig Erhard diesem Festakt der Toten gemeinsam eine zukunftsweisende Bedeutung verliehen hätten. Aber das waren 1966 wohl Träume in Douaumont.

Fast zwanzig Jahre später war auch François Mitterrand zu den endlosen Gräberfeldern von Verdun gepilgert. Es waren zwar keine deutschen Gäste zugegen, aber jedem französischen Teilnehmer dieser Gedenkstunde wurde eine Plakette angeheftet, auf der sich ein deutscher und ein französischer Soldat in der Uniform von 1916 umarmen. Dieser nationalen Feier war unter grauen Wolken und Regenschauern ein Treffen am Fort Douaumont mit Bundeskanzler Helmut Kohl vorausgegangen. Ich konnte jene Szene beobachten, jene ergreifende und etwas linkische Geste der Verbrüderung, als die beiden Staatsmänner vor der Narbenlandschaft der Stahlgewitter Hand in Hand verharrten.

## Unter dem Kreuz von Lothringen

1986 bin ich für eine TV-Dokumentation nach Ostfrankreich gereist, nach Colombey und Domrémy. Stets war ich hin- und hergerissen zwischen historisierender, mythisch bewegter Verklärung dieses Landes und dem ärgerlichen Überdruß, dem Unwillen geradezu an einer »postmodernen« Gesellschaft, die den an sie gestellten, viel zu hoch gesteckten Ansprüchen gar nicht gerecht werden kann. War ich in den Sog des Generals geraten? Zu Beginn seiner Memoiren beschreibt de Gaulle das von ihm verehrte Frankreich in der Sprache eines verzückten Minnesängers als eine »Märchenkönigin, ein Madonnenfresko«, während er später – auf der Höhe der absolutistischen Wahlmonarchie – seine unzulänglichen Landsleute, die ihn zwangsläufig immer wieder enttäuschen mußten, als »Kälber« abqualifizierte. »Les Français sont des veaux.«

Das monumentale Lothringer Kreuz aus rosa Granit ragt über dem höchsten waldigen Hügel bei Colombey empor. Es hat die herbe Landschaft verwandelt. An diesem brütend heißen Sommertag war alles anders als sonst. Zu normalen Zeiten hing der Himmel schwer und grau über den dunklen Forsten. Die Niederungen weiteten sich zu Schlachtfeldern. Die Höhen boten sich als Linien des Widerstandes an. Wahrhaft, dies ist kein Frankreich für Touristen. Das mächtige Lothringer Kreuz hat die Gegend sakralisiert, ihr die Aura einer Wallfahrtsstätte verliehen. Auf dem bescheidenen Dorffriedhof von Colombey, zwischen Bauern und »manants«, ruht General de Gaulle unter einer schlichten Grabplatte wie der Großmeister eines unzeitgemäßen Ordens vom Heiligen Gral.

»Wo kann schon ein aktiver Offizier seinen Landsitz wählen, wenn nicht auf halbem Wege zwischen Paris und dem Rhein?« Mit diesen Worten soll Charles de Gaulle seine Niederlassung in Colombey-les-Deux-Églises begründet haben. Er diente damals, zwischen den beiden Weltkriegen, in der Garnisonsstadt Metz. Diesen störrischen Charakter zog es ohnehin nicht in die lieblichen Landschaften der douce France. Colombey war von Metz aus schnell zu erreichen, und die Abgeschiedenheit des Hauses »La Boisserie«, umgeben von einem weiten Park hinter starken Mauern, bot eine ideale Pflegestätte für Anne, die kranke Tochter der de Gaulles.

Wer in Colombey siedelte, der sah die Rheingrenze als die entscheidende Schicksalsfrage Frankreichs an und konnte sich schwerlich erwärmen für eine militärische Ausbreitung in Afrika und Asien, wie sie die Dritte Republik unter dem Trauma der Niederlage von 1870 forciert hatte. Wenn der Ostwind um La Boisserie blies, das wie ein Artillerie-Beobachtungsposten die Straßen nach Saint-Dizier und Bar-sur-Aube beherrscht, dann mochte der Colonel de Gaulle daran denken, daß in diesem Teil Europas die Toten mächtiger seien als die Lebenden – wie Maurice Barrès es schrieb.


## »Die Eichen, die man fällt«

Der drückenden Hitze und dem Umstand, daß den Franzosen die Stunde des Mittagessens heilig ist, verdankte ich es wohl, daß ich den Hügel von Colombey-les-Deux-Églises unter dem gewaltigen Lothringer Kreuz als einsamer Besucher besteigen durfte. Die wenigen Gendarmen, die die Gedenkstätte schützten, nahmen keine Notiz von mir. Im Vorbeigehen fiel mir eine umzäunte Anpflanzung von Zedern auf, eine Spende von Bewunderern oder Getreuen aus dem Libanon. »In den komplizierten Orient reiste ich mit einfachen Vorstellungen«, hatte der Hauptmann de Gaulle geschrieben, als er während der zwanziger Jahre vorübergehend in das französische Mandat der Levante abkommandiert worden war.

Vor dem Eingang zur Boisserie parkten nur wenige Autos, darunter ein Wohnwagen aus der Bundesrepublik. Der Sohn des Generals, Admiral Philippe de Gaulle, hatte das stattliche, efeuumrankte Anwesen zur Besichtigung freigegeben. Die unteren Räume dieses Schlößchens, dem ein spät angefügter Turm Wehrhaftigkeit verleiht, waren bis in Detail getreulich erhalten geblieben, wie an jenem Novemberabend 1970, als de Gaulle durch einen plötzlichen Herzinfarkt hingerafft wurde.

Ich stand vor der hohen Steinmauer, die das Innere dieser herrischen Einsiedelei abschirmt, genau wie an jenem Septembertag 1958, als Konrad Adenauer auf Einladung des Generals nach Colombey aufgebrochen war und Dutzende von Journalisten sich auf der Landstraße drängten.

Adenauer war mit bangen Erwartungen in die ostfranzösische Provinz gereist. Seine außenpolitischen Ratgeber – noch ganz in der supranationalen Europavorstellung Robert Schumans, Jean Monnets und Walter Hallsteins befangen – hatten ihm den einstigen Rebellen der France Libre als einen unverbesserlichen Chauvinisten, als Deutschenhasser und Totengräber der keimenden europäischen Einigung beschrieben. Allen voran hatte der damalige Botschafter Bonns in Paris, Herbert Blankenhorn, ein vernichtendes, gehässiges Porträt von dem Mann entworfen, der durch den Putsch der Algerien-Armee und die Selbstauflösung der Vierten Republik mit einem Schlag und ohne nennenswerten Widerspruch an die Spitze Frankreichs befördert worden war.

Niemand hatte dem Patriarchen aus Rhöndorf rechtzeitig erklärt, welch ungewöhnliche Auszeichnung es für ihn bedeutete, als erster und einziger ausländischer Staatsmann im Privatdomizil des Generals empfangen zu werden. Die Begegnung von Colombey wurde zum historischen Akt. Der Funke sprang über zwischen den beiden alten Abendländern. Schon an diesem ersten Nachmittag wurden die präferenzielle deutsch-französische Zusammenarbeit und das Konzept des Élysée-Vertrages entworfen. Adenauer verließ die Boisserie als glücklicher, beschenkter Mann. Der hier geschlossene Männerbund, die gegenseitige Hochachtung sollten sich bis zum Ende bewähren. Aber die Unterschiedlichkeit der Charaktere wurde durch einen Satz de Gaulles illustriert. »Ich bewundere und beneide Sie«, hatte der General zum rheinischen Kanzler gesagt. »Sie glauben, daß die Wirklichkeit wirklich ist; ich habe dabei meine Schwierigkeiten.«

Gleich nach dem Eintritt in die wohltuende Kühle des Erd-
geschosses fiel mein Blick auf eine rheinische Madonna aus dem
fünfzehnten Jahrhundert, ein persönliches Geschenk Adenauers.
Daneben hing eine Darstellung Antwerpens aus dem siebzehnten
Jahrhundert. Damit erschöpften sich schon die künstlerischen Sehenswürdigkeiten einer ansonsten banalen, fast spießigen Innenein-
richtung. Für die Ausstattung dieser Landresidenz war Yvonne de
Gaulle, die biedere und prüde Gattin des Generals, »Tante Yvonne«
genannt, zuständig gewesen. Ich verharrte vor dem Bridgetisch, an
dem de Gaulle seine Patiencen legte, als ihn der Tod ereilte. Im Sessel hat er regelmäßig auf dem Fernsehschirm die Abendnachrich-
ten verfolgt.

Über der Tür hingen ein paar dürftige Imitationen von Masken,
wie sie auf den Märkten von Dakar und Abidjan den Touristen feil-
geboten werden. Auf dem Kaminsims reihten sich eine ganze Serie
von Grubenlampen und daneben Fotos mit Widmungen ausländischer Staatsoberhäupter, darunter Eisenhower, Nixon, Kennedy
und sogar Franklin D. Roosevelt, trotz dessen tiefer Abneigung gegen den Chef des »Freien Frankreich«. Ich konnte keinen antiken
Teppich, kein wirklich schönes Möbelstück entdecken.

Ein paar Ahnenbilder hingegen verdienten Beachtung, insbesondere jener königliche Staatsanwalt, »procureur du roi«, 1720
porträtiert. Das bestätigte, dass die Familie de Gaulle nicht aus
dem Schwert, sondern aus dem Amtsadel hervorgegangen ist. Die
mächtige Nase dieses Urahnen, sein abweisendes Gesicht verrieten
Ähnlichkeit mit dem berühmten Nachfahren.

Wir traten in die Turmstube. Vom Schreibtisch schweifte der
Blick weit über die Wälder und Äcker, über sanfte Täler und Höhen. Hier hat er seine Erinnerungen geschrieben – von sich selbst
in der dritten Person berichtend wie Julius Cäsar im »Bellum Gallicum« –, seine Reden und Pressekonferenzen entworfen. Hier hat
er sich seinen Meditationen gewidmet über den Sinn der menschlichen Existenz, über das Schicksal Frankreichs. Vergeblich suchte
ich nach jenem Spruch Friedrich Nietzsches, der angeblich zu Leb-

zeiten de Gaulles gerahmt auf der Schreibtischplatte lag: »Alles ist leer, alles ist gleich, alles war«, was de Gaulle bei Gesprächen mit seinen unverzagten Ordensbrüdern – insbesondere während der zwölfjährigen »Durchquerung der Wüste«, jenen Jahren zwischen seinem Rücktritt 1946 und seiner Neuberufung durch das Volk im Jahr 1958 – auf Französisch komprimiert hatte: »Et puis, rien ne vaut rien.«

Der winzige Friedhof neben der Kirche von Colombey wurde ebenfalls von Gendarmen bewacht. Das Familiengrab der de Gaulles unterscheidet sich nicht von denen der übrigen Dorfbewohner. Unter der schlichten weißen Marmorplatte ruhen der General, seine Frau Yvonne und jene Tochter Anne, das kranke Sorgenkind, dem die besondere Zuneigung des Vaters gegolten hatte. In der alten, geduckten Kirche zeigte mir der Sakristan den Platz, an dem der General betete. Es ist schon ein seltsamer Zufall, daß das Meßopfer hier zwischen zwei bunten Glasfenstern zelebriert wird, die auf der einen Seite des Schiffes Ludwig den Heiligen und auf der anderen die Jungfrau von Orléans darstellen.

Das Seelenamt, die Bestattung de Gaulles, die in aller Schlichtheit im Winter 1970 in diesem Rahmen stattfand, hatte ich mir als Fernsehkorrespondent in Paris ganz anders ausgemalt. Im Sommer 1966 hatte ich eine Dokumentation unter dem Titel »Was kommt nach de Gaulle?« produziert. Als Einstimmung war mir ein ungewöhnliches Szenario eingefallen, die Simulation des feierlichen Staatsbegräbnisses zu Ehren des verstorbenen Gründers der Fünften Republik, der sich zu diesem Zeitpunkt im Élysée-Palast noch bester Gesundheit erfreute. Ich ließ einen pompösen Trauerzug mit Fackeln, Trommelwirbel und chopinscher Marche funèbre durch Paris defilieren.

Die Bilder zu diesem nächtlichen makabren Schauspiel hatte mir die Überführung des Résistance-Helden Jean Moulin ins Pantheon an einem bitterkalten Wintertag des Jahres 1965 geliefert. Ein paar deutsche Zuschauer fragten am Abend der Ausstrahlung des Fernsehfilms beim WDR an, warum denn die Agenturen den Tod des französischen Staatschefs nicht gemeldet hätten. Das Auswärtige Amt in Bonn war über meine »Frivolität« im Umgang mit einem noch lebenden und befreundeten Staatschef zutiefst schockiert und entschuldigte sich beim französischen Botschafter François Seydoux de Clausonne. Aber Seydoux sah keinerlei Anlaß zur Entrüstung. »In dem Moment, wo Sie den General in Ehren und Würde sterben und zu Grabe tragen lassen, habe ich nicht den geringsten Einwand, am wenigsten de Gaulle selber, der ein Vertrauter des Todes ist und mit diesem Gefährten ein fast brüderliches Verhältnis pflegt«, hatte er beschwichtigt. Sehr viel später sollte ich erfahren, daß der General sich im Élysée-Palast eine Kassette des beanstandeten Films hat vorführen lassen und davon angetan war.

Die wirkliche Bestattungszeremonie fiel ganz anders aus – schlichter, einfacher und großartiger. Jeder Aufwand, jeder Pomp waren aus Colombey verbannt, als die Panzerlafette mit der sterblichen Hülle de Gaulles zum Friedhof rollte. Yvonne de Gaulle hatte den Sarg nur kurze Zeit im Salon der Boiserie offengehalten für die engsten Familienangehörigen, für die Compagnons, die Gefährten des Freien Frankreich, die bei Nacht herbeigeeilt waren.

Als der amtierende Präsident und Nachfolger Georges Pompidou, mit mehreren Stunden Verspätung vom Tod des Generals benachrichtigt, in Colombey eintraf, stand er bereits vor dem verschlossenen Sarg. Madame de Gaulle ließ Pompidou fühlen, daß sie ihn als unerwünschten Erben, als ungeeigneten Nachfolger auf Distanz halten wollte. In Notre-Dame de Paris, vor einem leeren Katafalk, fanden sich inzwischen die Staatschefs der ganzen Welt zusammen – von Nixon bis Podgorny, von Ben-Gurion bis zum Schah des Iran –, um dem ersten Widerstandskämpfer Frankreichs die letzte Ehre zu erweisen.

Am Abend des Todes von Charles de Gaulle brachte das Deutsche Fernsehen eine Sondersendung mit einem biographischen Rückblick und einem Kommentar, der mir aufgetragen wurde. »Der General de Gaulle«, so begann ich, »hat einen guten Tod gehabt.« Und ich beendete die Würdigung mit den Worten: »Wenn

Charles de Gaulle in einem anderen, einem frommen Jahrhundert gelebt hätte, er wäre heiliggesprochen worden.« Die deutsche Öffentlichkeit nahm diesen Satz widerspruchslos hin.

Nicht alles ist weihevoll an der postumen Verehrung, die dem großen Toten von Colombey entgegengebracht wird. Der nationale Kitsch hat sich seiner bemächtigt. Unweit des Friedhofs bieten die Souvenirhändler gräßlich kolorierte Erinnerungsbilder und häßliche Statuen an. Der Gipfel der Geschmacklosigkeit war eine Darstellung des Generals in einer Glaskugel. Wenn man sie schüttelte, geriet de Gaulle in ein künstliches Schneetreiben. Das erinnert mich an ein Kapitel aus dem »Miroir des limbes« von André Malraux.

Der Schnee und de Gaulle. Die Szene, die Malraux in »Spiegel der Vorhölle« beschreibt, ist auf den 11. Dezember 1969 datiert, ein halbes Jahr nach dem Rücktritt des Generals. Sie gibt ein langes Gespräch am Kaminfeuer der Boisserie wieder. Zwei alte Männer dialogisieren in Anwesenheit der Katze Grigri über den Sinn und den Un-Sinn alles Seins, alles Handelns, über die grandeur, immer wieder über die grandeur, erdrückende Wiederholung und Besessenheit. Und über den Tod natürlich, wobei Stalin zitiert wird: »Am Ende gewinnt nur der Tod«, hatte der Georgier einst zu de Gaulle gesagt, als der Franzose sich im Herbst 1944 im Kreml um eine Art Rückversicherungsvertrag bemühte.

In Frankreich erfährt selbst der erfolgreichste Staatsmann seine höchste Genugtuung in seiner Bestätigung als Literat, als Homme de Lettres. Wie sollte der humanistisch versierte Gymnasiallehrer Pompidou darunter leiden, daß er nur eine Anthologie seiner liebsten Autoren der Nachwelt hinterließ! Ganz zu schweigen von Giscard d'Estaing, der sich an der Lektüre des frivolen Maupassant delektierte, statt sich an der Orgelsprache eines Chateaubriand zu berauschen. Erst François Mitterrand, Bannerträger unentwegter Gegnerschaft und dann Kontinuator der de Gaulleschen Staatsidee, hat an den schriftstellerischen Glanz des Befreiers Frankreichs wiederangeknüpft.

Über dem Dorf Colombey und dem Wald, den die gaullistische Hagiographie stets als »forêt gauloise«, als gallischen Wald, beschreibt, fiel der Schnee, den Malraux in seiner dichterischen Eingebung als »merowingisch«, also germanisch, empfand. Was an diesem Dezembergespräch war Wahrheit, was Dichtung? Unter der Feder des Autors der »Condition humaine« wird die Anekdote zur Legende, die Erinnerung zur »antimémoire«, die Wahrnehmung zum »imaginären Museum«. Die Literatur profitiert davon, und die Erfindung erscheint oft wirklichkeitsnäher als die spröde Wahrheit. Bei Malraux nährt sich das Genie stets von seinem Hang zur Mythomanie.

Aus diesem Kamingespräch in der Boisserie stammt auch das Zitat des Generals, das der seherischen Exaltation seines Gastes einen Dämpfer versetzt: »Man wird ein großes Lothringer Kreuz errichten auf dem Hügel, der die anderen überragt«, sagte de Gaulle und blickte in das Schneetreiben hinaus, »alle Welt wird es sehen können. Aber da niemand kommen wird, wird niemand das Kreuz sehen. Es wird die Waldkaninchen zum Widerstand anregen.«

Was ist in diesem Gedankenaustausch Erfindung von Malraux, was wirkliche Aussage de Gaulles? Die in den Sand gezeichneten Mäuse, die den Strick des zum Tode verurteilten Malers durchnagen, sind auch in dieser Fortsetzung der »Antimémoires« am Werk. Da steht der Satz de Gaulles: »Wenn die Geschichte Frankreichs uns die Ehe mit Deutschland – le mariage avec l'Allemagne – auferlegt, so sei es denn.« Und dann die glaubwürdige Klage des Einsiedlers von Colombey: »Wir sind die letzten Europäer Europas… nach dem Christentum… Frankreich wird Europa nicht schaffen können, und der Tod Europas ist für Frankreich die Gefahr des Todes.«

Draußen fiel der »merowingische Schnee«, und Malraux fügte hinzu: »Was war denn schon Europa zu Zeiten Alexanders?… Die Wälder jenseits des Fensters.«

# Epilog

*Von Cornelia Laqua**

## Paris, Herbst 2015

»Den zweiten Teil fangen wir mit dem amerikanischen Vietnam-krieg an und enden mit Afghanistan.« Es war der 10. August 2014, mein letztes Gespräch mit Peter Scholl-Latour in seiner Rhöndorfer Wohnung, eine Woche vor seinem Tod. Unermüdlich hat er an seiner Autobiographie, mit deren Niederschrift er so zögernd begonnen hatte, gearbeitet. Handschriftlich – so wie er alle seine Bücher geschrieben hatte – feilte er in diesen Tagen an seinen Erinnerungen an Charles de Gaulle, Frankreich, strich durch, korrigierte, nie ganz zufrieden.

Die Stichworte des ursprünglich geplanten zweiten Teils seiner Erinnerungen, die er mir an diesem Sonntag diktierte, sind eine Reise durch die Welt und die Weltgeschichte: Vietnam, Gefangenschaft beim Vietcong, Fall von Saigon, unterwegs mit den Khmer rouges in Kambodscha, Bürgerkrieg im Libanon, Gespräche mit der Hizbullah. Und natürlich Persien, Interview mit Schah Reza Pahlevi, Begegnungen mit Ayatollah Khomeini, 1979 der historische Flug mit ihm nach Teheran – Peter Scholl-Latour war im Hinblick auf die Unsicherheit, die die Rückkehr des Imam umgab, zwei Stunden lang der »Wächter« der Verfassung der geplanten Islamischen

* Cornelia Laqua hat seit 1980 mit Peter Scholl-Latour zusammengearbeitet und ihn jahrzehntelang auf seinen Dreh- und Recherchereisen in die verschiedensten Länder der Welt begleitet. Außerdem hat sie seine Bücher als Lektorin betreut. Cornelia Laqua arbeitet im ZDF-Studio in Paris.

431

Republik –, im Ersten Golfkrieg eine Expedition an die Front in Khorramshahr. Daneben Afghanistan – vor, während und nach der sowjetischen Besetzung –, die zentralasiatischen Staaten der Sowjetunion, China und natürlich Reisen in den Irak – unter Saddam Hussein und während des Bürgerkrieges. Und das sind nur die Stationen, die Peter Scholl-Latour spontan eingefallen waren.

Er hat all diese Länder seit den sechziger Jahren immer wieder bereist und konnte – dank seines enzyklopädischen Wissens und hervorragenden Gedächtnisses – einen einzigartigen Bogen schlagen zwischen Vergangenheit und Gegenwart. Durch Rückgriffe auf Geschichte und Religion Ereignisse von heute einordnen. Egal, zum wievielten Mal er in ein Land reiste, stets hat er sich vorbereitet, als besuchte er es zum erstenmal. Er hat alles gelesen, jedes neue Buch, jede Analyse, jeden Artikel. Peter Scholl-Latour hat sich seinen unabhängigen, eigenwilligen Geist bewahrt – politisch korrekt zu sein, das hat ihn nicht interessiert –, seine Neugierde trieb ihn. Seine Maxime war stets, nur über das zu berichten, was er selbst vor Ort gesehen und erfahren hatte.

Wie oft haben wir im Irak oder in Afghanistan endlose Strecken in meist unbequemen Autos auf unbequemen Straßen hinter uns gebracht. Peter Scholl-Latour wollte die Landschaft sehen und spüren, die Menschen beobachten. Seinen Gesprächspartnern, ob Staatspräsident, Minister oder einfacher Arbeiter, ist er immer auf Augenhöhe, mit Respekt begegnet. An seine Kamerateams stellte er die gleichen hohen Anforderungen wie an sich selbst. Wie gefährlich die Situation vor Ort auch sein mochte, mit Scholl, wie wir ihn nannten, fühlten wir uns in Sicherheit; sein Gespür für unsichtbare Gefahren war legendär. Sein Verantwortungsgefühl gegenüber seinen Teams auch

Vor vier Jahren begleiteten wir eine Patrouille der Bundeswehr im nordafghanischen Baghlan. Aus Sicherheitsgründen mußten wir eine kugelsichere Weste, Helm, Splitterbrille und Schutzhandschuhe tragen – extrem unbequem und anstrengend an diesem glühendheißen Sommertag. Scholl hatte, zum Entsetzen der Verantwortlichen der Bundeswehr in Kundus, darauf bestanden, sein Team bei diesem Dreh zu begleiten. »Das habe ich immer so gemacht, daran ändere ich nichts«, war sein einziger Kommentar. Da war er siebenundachtzig Jahre alt.

Mit unglaublicher Disziplin schrieb Peter Scholl-Latour jeden Abend – so ermüdend die Reise oder so lange der Drehtag auch war – seine Beobachtungen, Eindrücke, Gesprächsnotizen nieder. Handschriftlich auf kleine Blocks, mit römischen Zahlen durchnumeriert. Erst dann war er zufrieden.

Auch für den zweiten Teil seiner Autobiographie hätte der Satz des französischen Philosophen Montaigne gegolten, der Peter Scholl-Latours Motto war: »Je n'enseigne pas, je raconte – Ich belehre nicht, ich erzähle.«

# Personen- und Ortsregister

## A

Abbas, Ferhat 274, 378
Adenauer, Konrad 32, 90, 174, 175, 424 f.
Adoula, Cyrille 304
Albertville (heute: Kalemie) 306, 307, 308 ff., 313, 333
Albright, Madeleine 287, 288
Alexander der Große 429
Alexandria 226, 229
Algier 146, 153, 261, 265, 266, 271 ff., 276, 331, 350, 364, 366 ff., 370 ff., 374, 376, 381, 387 ff., 390, 406
Ali Ibn Ali Talib 251
Allende, Salvador 363
Amirouche, Aït Hamouda 379
Amman 28
Amrillah, Hakim bi 253
Anders, Władysław 75, 168
Andlauer, Joseph Louis Marie 173
Annan, Kofi 286
Antonius der Große 238
Assad, Hafez el 253
Assuan 229
Atatürk, Kemal 274
Augustinus von Hippo 67, 238 f.

Augustus (röm. Kaiser) 18
Aurès-Gebirge 264, 268 ff., 381
Aziz, Tariq 28

## B

Baalbek 248 f.
Bab-el-Oued 372, 389
Badinter, Robert 399
Badoglio, Pietro 113, 123
Bagdad 28, 255
Baghlan 12, 431
Bao Dai 149, 193 f., 220, 221
Balzac, Honoré de 66, 87
Banna, Hassan el 245
Batna 264, 266 ff., 271
Baudouin (König von Belgien) 297
Beauvoir, Simone de 246
Belkassem, Krim 379
Ben Bella, Ahmed 267, 378
Ben Malik, Mohammed 384
Ben Youssef, Mohammed 274
Ben-Gurion, David 427
Bernanos, Georges 225
Berque, Jacques 231, 233 f., 242, 246, 255, 390 f.
Bidault, Georges 173, 211

Bikfaya 231, 232 ff., 240 ff., 245, 250 ff., 255, 257, 260, 364

Bismarck, Klaus von 34

Bismarck, Otto von 31

Blixen, Tania 335 f.

Blum, Léon 100

Bokassa, Jean-Bédel 318

Bölling, Klaus 176

Bonfils, Yves 47, 55

Boniface 282 f., 285, 288, 301

Bonifatius 39

Bornemann, Jürgen (Konsul) 357, 360

Bossuet, Jacques Bénigne 13

Boudiaf, Mohammed 267

Bouhired, Djamila 366

Boumendjel, Ahmed 378

Bourguiba, Habib 274, 375, 376, 378

Boustany, Émile 250

Boutaleb, Abdelhadi 384

Brandt, Willy 400

Brassens, Georges 233, 280

Brecht, Bertolt 273

Breschnew, Leonid Illjitsch 414 ff.

Bubu, Fuad 247

Buchoud, Pierre 116 ff., 120 f.

**C**

Calvin, Johannes 38

Camões, Luís Vaz de 349

Camus, Albert 390

Canisius, Petrus (Peter de Hondt) 38 f., 44

Cao Bang 182

Cao Dai 132, 142, 143, 148 f., 151, 152, 185, 186

Carlucci, Frank 362

Carmona 352 ff., 356 ff.

Cäsar, Gaius Julius 11, 63, 400, 425

Castries, Christian Marie de 210

Castro, Fidel 304, 315

Chamoun, Camille 254

Charabié, Antoine 250

Chateaubriand, François-René 11, 51, 428

Chevalier, Maurice 191

Chirac, Jacques 224, 404

Cholon 153, 185 f.

Chopin, Frédéric 426

Chruschtschow, Nikita 365

Churchill, Winston S. 338 f.

Cicero, Marcus Tullius 63

Clairvaux, Bernhard von 12

Clausewitz, Carl von 215

Clos, Max 328

Cocteau, Jean 225

Cohn-Bendit, Daniel 407, 410

Colombey-les-Deux-Églises 153, 368, 411, 413, 422 f., 424, 426 ff.

Conrad, Joseph 16, 281, 282, 289, 316

Cook, James 29

Coquilhatville 292

Corneille, Pierre 96

Cortés, Hernán 417

Courrin, René 243 f., 364, 367, 368

Cunhal, Álvaro 362

Cyrenaika 235, 240

## D

Dagher, Émile 242 f.
Dagher, Georges 242 f.
Dahrendorf, Ralf 179
Daladier, Édouard 50
Dalí, Salvador 253
Dante Alighieri 93
Danton, Georges 409
Darlan, François 98
Darrieux, Danièle 68 f.
De Gasperi, Alcide 174
Delouvrier, Paul 374
Dien Bien Phu 200, 208 ff., 216,
    261, 375
Disraeli, Benjamin 64
Döblin, Alfred 84
Dohuk 29
Domrémy 422
Doriot, Jacques 98
Dos Passos, John 225
Dreyfus, Alfred 100
Dufhues, Josef Hermann 34
Dulles, John Foster 211
Durrell, Lawrence 229
Dutschke, Rudi 407
Duverger, Maurice 271
Dwinger, Edwin 169

## E

Eden, Anthony 230, 365
Eisenhower, Dwight D. 87, 156,
    222, 365 f., 425
El Greco 398
Erhard, Ludwig 421
Ernesti, Dirk 31
Esser, Günter 34 f.

## F

Fanon, Frantz 410
Farès, Abderrahman 271
Faruk I. (König von Ägypten) 227
Faulkner, William 225
Faulques, Roger 330
Faure, Edgar 176, 382
Fellini, Federico 362
Fest, Joachim 10 f.
Feuchtwanger, Lion 66
Foccart, Jacques 327
Foucauld, Charles de 49, 235 f.
Frangié (Clan) 255
Friedrich, Caspar David 66

## G

Galen, Clemens August Graf
    von 76
Gallieni, Joseph (franz. General)
    153, 185
Gamelin, Maurice (General) 51
Gandhi, »Mahatma« 274
Gaulle, Anne de 423, 426
Gaulle, Charles de 11 f., 51, 97,
    105, 115, 133 ff., 144, 146, 148,
    153, 156 f., 173 f., 189, 212, 213,
    222, 260, 318, 327 f., 364, 368 f.,
    371 ff., 374, 376, 382, 385, 388 ff.,
    393 ff., 396 ff., 400 ff., 410 f.,
    412 ff., 416 f., 428 ff.
Gaulle, Philippe de 423
Gaulle, Yvonne de 402, 425, 426 f.
Gbenye, Christophe 324 f., 331
Gemayel, Pierre 241, 244, 251, 254
Genscher, Hans-Dietrich 36
Ghailani, Rashid el 69, 82
Gheorghiu, Constantin Virgil 131

Gia Long (vietnam. Kaiser) 193

Giap, Vo Nguyen (vietnam. General) 159 f., 183, 209, 211, 213 ff., 216

Giscard d'Estaing, Valéry 428

Gizenga, Antoine 324

Globke, Hans 90

Goebbels, Joseph 59

Goerdeler, Carl Friedrich 89

Goethe, Johann Wolfgang von 236

Göring, Hermann 84, 197

Grandval, Gilbert 173, 175 ff.

Gréco, Juliette 225, 226

Greene, Graham 16, 287, 358

Gries, Wilhelm 259

Grillparzer, Franz 81

Grimmelshausen, Hans Jakob Christoffel von 57

Grönemeyer, Herbert 33, 37

Gross, Johannes 12, 13

Guevara, Ernesto »Che« 304 ff., 314 ff., 408, 410

Gyurek, Stephan 118 f.

**H**

Haiphong 154 f., 159 f., 186, 261

Hallstein, Walter 424

Halong-Bucht 154 f., 160

Hammarskjöld, Dag 286, 326

Hanoi 136, 149, 150, 152, 157, 186 ff., 190, 193, 194, 197 f., 208, 209, 211, 213, 215 ff., 222, 347, 370

Hartmann, Theo 34

Haydn, Joseph 124

Hedin, Sven 29

Heinrich der Seefahrer 350

Heinrich IV. (König von Frankreich) 78

Held, Robert 408

Hemingway, Ernest 15, 156, 225, 341, 348

Heredia, José-Maria de 137

Heydte, Friedrich August von der 179

Himalaja 330

Himmler, Heinrich 14, 100

Hindenburg, Paul von 30

Hindukusch 36

Hitler, Adolf 13, 24, 25, 26, 29 f., 32, 35, 48, 49, 53, 62, 70, 74, 79, 80, 84, 88, 100, 102, 113, 118, 119, 127

Ho Chi Minh 149, 150, 156 ff., 159, 181, 196, 214, 216, 221, 261, 274, 408

Hoa Hao 132, 148 f., 185

Hoa Binh 193

Hoffmann, E. T. A. 81

Hoffmann, Johannes 176 f., 178, 179

Hugo, Victor 96, 151 f., 278 f.

Hussein, Saddam 28, 431

**I**

Ibn Khaldun 224, 256

Idris, Suhail 246 f., 255

**J**

Jamahiriya 17

Jaurès, Jean 244

Jinnah, Mohammed Ali 274

Johnson, Lyndon B. 416

Jumblatt, Kamal 242, 252 ff.

Jünger, Ernst 14, 278

## K

Kabila, Joseph 325
Kabila, Laurent-Désiré 207, 287, 298, 301 f., 314
Kabul 36
Kabylei 262, 378, 379, 381, 384 f.
Kageneck, August Graf von 387
Kalb, Madeleine 319
Kalonji, Albert 321 f.
Karl der Große 86, 135, 421
Karl der Kühne 47
Karl I. (Kaiser von Österreich-Ungarn) 77
Karl V. (Kaiser) 273
Karthago 17 f.
Karzai, Hamed 36
Kasavubu, Joseph 303, 304, 321
Kasongo, Martin 309 f., 312
Katanga 146, 286, 297, 306, 321, 323, 326 ff.
Kempski, Hans Ulrich 176
Kennedy, John F. 11, 425
Kenyatta, Jomo 336 ff.
Kerbela 28
Khartum 228, 333
Khomeini, Ayatollah Ruhollah 248, 249, 256, 430
Khorramshahr 431
Kigali 283, 288, 314
Kim Il Sung 163
Kipling, Rudyard 134, 188, 295
Kisangani 281 ff., 285, 286, 290, 297, 298, 301 f.
Kissinger, Henry 362
Kitchener, Herbert (Lord) 228, 346
Kohl, Helmut 11, 335, 421
Kossygin, Alexej N. 216, 414

Kublai Khan 201
Kühn, Fritz 33 f.
Kundus 12, 432
Kutusow, Michail Illarionowitsch 417
Kuzorra, Ernst 21
Kwangsi 158, 181

## L

La Ferronnière, Baron Jean de 95, 97, 98 ff., 109, 120
Lacheroy, Charles 370
Lacoste, Robert M. 228, 366
Lacouture, Jean 231
Lai Chau 197, 198, 200, 201, 207
Lammens S. J. 251
Lang Son 182
Lang, Fritz 25
Lansdale, Edward 222
Lattre de Tassigny, Bernard 193
Lattre de Tassigny, Jean de 183, 188 ff., 193
Läufer, Helmut 72, 92
Laurent, Pierre 170 f.
Laval, Pierre 98
Lavigerie, Charles Martial 236
Le Carré, John 16, 170, 190, 388
Leclerc de Hauteclocque, Philippe 131, 139, 156 f., 367
Lenin, Wladimir Illjitsch 119, 306, 334, 408
Léonard, Roger 271
Leopold II. (König von Belgien) 288, 294, 324
Liszt, Franz 70
Livingstone, David 346
Livius, Titus 127

Lorscheider, Gotthard 178 f.
Loyola, Ignatius von 39, 45
Ludwig IX. (Ludwig der Heilige; König von Frankreich) 396, 426
Ludwig XI. (König von Frankreich) 398
Ludwig XIV. (König von Frankreich) 13
Ludwig XVI. (König von Frankreich) 102
Ludwig XVIII. (König von Frankreich) 11, 398
Lugard, Frederick (Lord) 346
Lumumba, Patrice 297 ff., 288, 301 ff., 307, 311, 312, 318 ff., 324, 331, 357, 408, 410
Lustiger, Jean-Marie 400

**M**

MacArthur, Douglas 191
Macmillan, Harold 319, 329
Magellan, Ferdinand 29
Malraux, André 16, 121, 393, 398, 428 f.
Mamajew-Kurgan 416
Mandela, Nelson 338
Mann, Thomas 81
Mao Zedong 157, 181, 183, 197 ff., 205, 206, 208, 215, 304, 306, 316, 408, 410
Martell, Karl 383
Marx, Karl 115, 119, 152, 159, 245, 252, 255, 315, 334, 391
Massu, Jacques 366 f.
Maugham, William Somerset 16
Maupassant, Guy de 428
Mauriac, François 225

Maurras, Charles 97
May, Karl 28, 29
Mboya, Tom 337
Mehmet Ali Pascha 231
Meitner, Lise 80
Mendès France, Pierre 175, 217, 219, 271, 365, 375, 410
Mengistu, Haile Mariam 334
Mesopotamien 214
Messali Hadj, Ahmed Ben 267
Messmer, Pierre 148
Meurer, Georg 308
Meyer, Colonel de (Vater von s. Henri de Meyer) 52
Meyer, Henri de 52
Mheite 251
Misrata 16
Mitidja 267 f.
Mitterrand, Danielle 400
Mitterrand, François 275, 390 ff., 399 f., 401 f., 404, 410, 421, 428
Mobutu, Joseph-Désiré 285, 298, 301, 302 f., 305, 310, 321, 333,
Mohammed (Prophet) 250 f., 235, 238 f.
Molière (Jean-Baptiste Poquelin) 15, 64
Mollet, Guy 230, 241, 259, 275, 365, 367, 410
Monnet, Jean 424
Monroe, Marilyn 11
Montaigne, Michel de 433
Montgelas, Albrecht Graf 171
Moulin, Jean 426
Mountbatten, Louis 134
Mozart, Wolfgang Amadeus 82
Mpolo, Maurice 321

Mugabe, Robert 325
Müggenburg, Günter 176
Mulele, Pierre 305, 311
Mulumba, Badimanyi 284 f.
Mummendey, Dietrich 303 f.
Musa Sadr 248 f.
Munongo, Godefroid 323
Muslimbrüder 228
Mussolini, Benito 29, 245

**N**
Nagib, Mohammed (ägypt.
  General) 274
Naipaul, V. S. 281, 301
Nairobi 334 ff., 338, 341, 343, 347,
  348
Najaf 28
Napier, William (Lord) 346
Napoleon I., Bonaparte 11, 27, 180,
  214, 230 f., 318, 349, 399, 411,
  416, 417
Napoleon III. 399
Nasser, Gamal Abdel Nasser 227 ff.,
  246 f., 255, 267, 365
Navarre, Henri 208 f.
Nazareth 256
Nendaka, Victor 320 f.
Neudeutschland (ND, Jugend-
  organisation) 31 f.
Ney, Hubert 180
Ngo Dinh Diem, Jean-Baptiste
  221 f.
Ngo Dinh Thuc, Pierre Martin
  (Erzbischof von Hue) 221
Niemöller, Martin 59
Nietzsche, Friedrich 425 f.
Nixon, Richard M. 425, 427

Noguère, Francis 244 f., 247, 257
Nußbaum, Robert 21
Nyeri 339

**O**
Obama, Barack Hussein 337
Okito, Joseph 321
Olivier, Max 190
Omdurman 228
Oran 263, 381, 390
Orinoco 14
Oued Zem 177
Oujda 381

**P**
Paeckelmann, Wolfgang 57 ff., 63,
  65, 79, 138
Pankraz (heute: Pankrác; Gefängnis
  in Prag) 108 ff., 116, 167
Pascal, Blaise 239 f.
Pasquier, Joseph (Präfekt in Saint-
  Michel) 40 f., 47, 48, 54
Pasteur, Louis 269
Pawelitsch, Ante 123
Pétain, Philippe 12, 85, 98 f., 105,
  107, 116, 145, 189, 397, 419 f.
Petrus (Apostel) 238
Pflimlin, Pierre 367
Pham Van Dong 217
Philby, Kim 242
Philippeville 260
Phong To 202, 208
Piaf, Édith 388 f.
Piłsudski, Józef Klemens 342 f.
Pius VI. (Papst) 102
Pius XII. (Papst; bürgerlich:
  Eugenio Pacelli) 32, 61

Piusbrüder 44
Podgorny, Nikolai Wiktorowitsch
    414, 427
Pompidou, Claude 402 f.
Pompidou, Georges 398, 401 ff.,
    427, 428
Ponchardier, Dominique 144
Ponchardier, Pierre 131, 139, 140,
    143, 144, 146, 161, 182, 222, 327
Prévert, Jacques 225
Proust, Marcel 137, 162

**Q**

Qadhafi, Muammar el 16 f.
Qom 248
Quierschied 179
Quinet, Edgar 269
Qutb, Sayyid 45, 228

**R**

Ramdane, Abane 378
Rauschning, Hermann 48
Reifenberg, Jan 404
Reis, Hans 81, 87
Remarque, Erich Maria 29
Revers, Georges M. (franz.
    Generalstabschef) 181
Reza Pahlevi, Schah Mohammed
    430
Rhodes, Cecil 346
Rice, Susan 288
Richelieu, Armand-Jean du Plessis,
    Kardinal 408, 410
Richthofen, Manfred von 380
Roche, Jean 407
Rochet, Waldeck 410
Röhm, Ernst 30

Rommel, Erwin 70, 84
Roosevelt, Franklin D. 150, 274,
    425
Rousseau, Jean-Jacques 302, 410
Rühl, Lothar 404

**S**

Saadi, Yacef 366
Sachsenhausen 116
Sagan, Françoise 226
Saida 232, 247 f., 254
Saigon 131 ff., 141, 142, 144, 147, 148,
    153, 154, 160, 161, 181, 182 ff., 186,
    187, 190, 194, 219 ff., 430
Saint-Luc, Comte de 109 ff.
Saint-Michel (Internat in Fribourg)
    38 ff., 43 f., 46 ff., 51, 54, 57, 63 f.,
    74, 250, 409
Saizew, Wassili Grigorjewitsch 417
Salan, Raoul (franz. General) 367,
    368, 373
Salazar, António de Oliveira 348,
    349, 350, 351, 362
Samain, Albert 97
Samarkand 394
Sankt Gotthard 52
Sankt Meinolfus (Kirche in
    Bochum) 22
Sartre, Jean-Paul 134, 224, 225,
    246
Schiller, Karl 62
Schlöndorff, Volker 15
Schmitt, Saladin 27
Schnitzler, Arthur 119
Scholl-Latour, Eva 10
Scholl, Mathilde Zerline, geb.
    Nußbaum (Mutter) 20 f., 26 f.,

30, 32 f., 36, 39 f., 46, 61, 69, 71, 75, 89 f., 105, 138

Scholl, Otto Konrad (Vater) 20, 24, 26 f., 29, 30, 33, 69 f., 80, 93, 103 f., 138, 162

Schuman, Robert 174, 424

Schumann, Maurice 271

Schwelin, Joachim 176, 178

Scipio, Publius Cornelius Africanus 17

Seger, Heinrich 60, 61, 76 f., 92

Senghor, Léopold Sédar 334

Seoul 163

Serraj, Abdul Hamid (ägypt. Oberst) 247

Severin, Erich 92

Seydoux de Clausonne, François 427

Shanghai 146

Sidi Ferruch 371

Sirat, René Samuel 400

Sirte 17

Sollier, Hervé 96, 100

Son Tay 217 f.

Sorbonne 57, 169, 172, 224, 314, 407 f., 410

Soumialot, Gaston 306 f., 310, 312 f., 331 ff.

Soustelle, Jacques 271 f., 275

Spínola, António de (port. General) 361 f.

Stalingrad (heute: Wolgograd) 70, 84, 92, 164, 416 ff.

Stanley, Henry Morton 15, 278 f., 290 ff., 296, 346

Stanleyville 281, 285, 288, 290, 294, 300, 324, 332

Stauffenberg, Claus Schenk Graf von 88

Stiff, Hans 178

Stumm, Hugo Rudolf von 173

Stürmer, Michael 13

Sun Tzu (chin. Philosoph) 215

**T**

Takmalakan (Wüste) 29

Talleyrand, Charles-Maurice de 415

Tamanrasset 49, 234 f.

Tan-Son-Nhut 186, 190

Taschkent 394

Tauber, Jochen 92

Tay Ninh 141, 142, 146, 148, 150, 186

Taylor, Frederick Winslow 25

Thai Binh 194

Thierry d'Argenlieu, Georges (franz. Admiral) 156 f.

Thomas von Aquin 407

Thorez, Maurice 115

Timbuktu 334

Tiso, Jozef 119

Tito, Josip Broz 91, 94 f.

Tlemcen 378

Tocqueville, Alexis de 405

Toledo 73, 74

Tonking 145, 149 f., 154 ff., 158, 160, 181, 188, 191, 193, 197 f., 203, 206, 208, 212, 217, 219

Tourrettes-sur-Loup 9, 10, 16, 17

Toynbee, Arnold 256 f.

Trinquier, Roger 140 f., 146, 222, 327 f., 371 ff.

Tripolis 17, 254

Troja 13, 17 f., 48

Trotzki, Leo 408
Tschamran, Mustafa 248
Tschiang Kai-schek 149 f., 154,
    157 f., 205, 207
Tshombé, Moïse 286, 304, 306, 321,
    323, 326

**U**
Uíge 352, 354, 355
Unzner, Gerhard 62, 92, 164

**V**
Ventura, Lino 143
Verdun 12, 98, 418 ff.
Vergil 17, 18, 48, 63
Vester, Frederic 172
Vian, Boris 225
Vichy 100, 125, 129, 134, 189, 420
Villon, François 226
Vinh Yen (Festung) 182 f., 188, 190
Vivaldi, Antonio 233
Voltaire (François-Marie Arouet)
    62

**W**
Walsdorff, Friedrich 59 f.
Waugh, Evelyn 319
Weinstein, Adelbert 176, 347
Wiechert, Ernst 66
Wilhelmschule (Gymnasium in
    Kassel) 57 ff., 62 f., 90
Wladiwostok 136
Wlassow, Andrei 124
Wolter, Günter 88 f.
Woronow, Nikolai Nikolajewitsch
    417

**X**
Xinjiang 29

**Y**
Yao San 204
Yen Bai 158

**Z**
Zhou Enlai 216, 217, 219
Zwingli, Huldrych 38

# Bildnachweis

Cornelia Laqua: 5, 10, 11, 12, 13, 14, 15, 16, 17, 19, 20, 21, 22
Keystone Pressedienst, Hamburg: 6
laif, Köln: 18 (Hans Christian Plambeck)
Picture Alliance, Frankfurt: 2 (Keystone), 3, 4 (dpa), 7 (Horst Ossinge),
    8 (Röhnert/Keystone)
Privat: 9
Süddeutsche Zeitung Photo, München: 1 (Ursula Röhnert)